Nationalsozialistische Publizistik zwischen Weimarer Republik und Drittem Reich am Beispiel der Augsburger „Neuen National-Zeitung" und ihrer Vorgängerorgane unter besonderer Berücksichtigung der Jahre bis 1939

Dissertation zur Erlangung des akademischen Grades
Doktor der Philosophie
in der Geschichtswissenschaftlichen Fakultät
der Eberhard-Karls-Universität Tübingen

vorgelegt von
Manuela Rapp
aus
Illertissen
2001

*Nationalsozialistische Publizistik zwischen
Weimarer Republik und Drittem Reich
am Beispiel der Augsburger
"Neuen National-Zeitung"
und ihrer Vorgängerorgane
unter besonderer Berücksichtigung
der Jahre bis 1939*

von

Manuela Rapp

Tectum Verlag
Marburg 2004

Rapp, Manuela:
Nationalsozialistische Publizistik zwischen Weimarer Republik und Drittem Reich am
Beispiel der Augsburger "Neuen National-Zeitung" und ihrer Vorgängerorgane
unter besonderer Berücksichtigung der Jahre bis 1939
/ von Manuela Rapp
- Marburg : Tectum Verlag, 2004
Zugl.: Tübingen, Univ. Diss. 2002
ISBN 978-3-8288-8624-7

© Tectum Verlag

Tectum Verlag
Marburg 2004

Inhaltsverzeichnis

Einleitung 9
I. Die Ausgangssituation: Augsburg am Ende der
   Weimarer Republik 27
   1. Die politische, wirtschaftliche und soziale Lage 27
   2. Ursprünge und Aufstieg der NSDAP am Lech 29
   3. Der Augsburger Zeitungsmarkt 35
      3.1 Die „München-Augsburger Abendzeitung" („MAA") 36
      3.2 Die „Augsburger Postzeitung" („AP") 39
      3.3 Die „Schwäbische Volkszeitung" („SV") 43
      3.4 Die „Neue Augsburger Zeitung" („NAZ") 46
      3.5 Die „Augsburger Neuesten Nachrichten" („ANN") 47
II. Die Gründungsjahre der „Neuen National-Zeitung" 49
   1. Anfänge der NS-Publizistik in Augsburg 49
      1.1 Vom „Deutschen Michl" („DM") zum
          „Schwäbischen Beobachter" („SB") 49
      1.2 „Sturmglocke" und „Schwabenspiegel" 59
   2. Vom Wochenblatt zur Tageszeitung 62
      2.1 Erste Versuche, Tageszeitungen im Gau Schwaben zu etablieren 62
      2.2 Die Augsburger Nationalsozialisten ziehen nach 71
         2.2.1. Die Rolle der ‚großen Drei' Wahl, Mayr und Schneider 79
         2.2.2. Der Lohndrucker: Franz Xaver Schroff 87
      2.3 Augsburgs sechste Tageszeitung 89
         2.3.1. Die erste Ausgabe 89
      2.4 Das gescheiterte „Kampfblatt-Konzept" 98
      2.5 Die Erscheinungsverbote 104
         2.5.1. Verbote als Reputation 107
      2.6 Das verratene Amtsgeheimnis 124
      2.7 Die gescheiterte Übernahme der
          „Augsburger Neuesten Nachrichten" 126
      2.8 Die Entwicklung der Auflage 129
         2.8.1. Die Absatzzahlen in der Weimarer Republik 131
      2.9 Redaktion und Verlag 136
      2.10 Studien zur Leserstruktur 146
      2.11 Das Erscheinungsbild der „NNZ" in der ‚Kampfzeit' 152
         2.11.1. Layout und Gestaltung 152
         2.11.2. Sprache und Themen 156

III. Gaublatt im Dritten Reich 163
1. Die Folgen der Machtübernahme Hitlers für die „NNZ" 163
   1.1 Letzte Gefechte mit den Behörden.. 163
2. Die Wahlen vom 5. März 1933 und ihre Folgen............................ 166
   2.1 Die Machtübernahme der Nationalsozialisten in Augsburg............ 166
   2.2 Die Rettung vor der Pleite.. 174
   2.3 Zwischen Theorie und Praxis: Die Presse im ‚Neuen Staat'........... 182
      2.3.1. Die Theorie: Die Tageszeitung als Mittel der Staatsführung ... 182
      2.3.2. Die Praxis: Die Schaffung neuer Rechtsgrundlagen................ 188
3. Das Ende der Konkurrenz auf dem Augsburger Zeitungsmarkt .. 201
   3.1 Die „München-Augsburger Abendzeitung" 201
   3.2 Die „Augsburger Postzeitung".. 203
   3.3 Die „Schwäbische Volkszeitung" 206
   3.4 Die Ausnahme: Die „Neue Augsburger Zeitung" bleibt bestehen ... 209
4. Die „Neue National-Zeitung" auf Erfolgskurs 215
   4.1 Leserwerbung auf nationalsozialistische Art 215
   4.2 Expansion nach innen: Veränderungen im Redaktionsablauf 225
   4.3 Expansion nach außen: Der Aufbau eines Zeitungsimperiums 240
      4.3.1. Zweigverlage... 246
      4.3.2. Beteiligungen 257
      4.3.3. Gewinnbeteiligungen 259
      4.3.4. Interessengemeinschaften 261
      4.3.5. Verlagsrecht im Krieg gepachtet...................................... 267
5. 1936: Aus der „Neuen National-Zeitung" wird die
   „Augsburger National-Zeitung".. 269
6. Die Entwicklung der Auflage vom März 1933 bis
   September 1939 270
7. Das veränderte Erscheinungsbild des Gaublatts 276
   7.1 Veränderungen im Layout 1933 bis 1939...................................... 276
   7.2 Themen und Sprache nach den Märzwahlen 1933 bis zum Krieg ... 279
IV. Größter Erfolg und das Ende: Die „ANZ" im Krieg........................ 284
V. Ausblick 291
VI. Schlussbetrachtung 298

VII. Anhang: Die wichtigsten Mitarbeiter in Schriftleitung und Verlag 302
1. Vorbemerkung 302
2. Die wichtigsten Verlagsleiter 303
   2.1 Georg Boegner: 1932 bis 1936 303
   2.2 Georg Hiemer: 1936 bis 1937 305
   2.3 Friedrich Füger: 1938 bis 1945 305
3. Die Hauptschriftleiter 306
   3.1 Hans Freiherr von Zobel: 1931 bis 1932 306
   3.2 Dr. Josef Sewald: 1932 bis 1945 308
4. Die wichtigsten Redakteure 310
   4.1 Heinrich Eisen: 1931 310
   4.2 Dr. Ludwig Grösser: 1933 bis 1940 311
   4.3 Dr. Leo Hintermayr: 1933 bis 1941 312
   4.4 Hans Kastler: 1933 bis 1943 313
   4.5 Otto Königsberger: 1933 bis 1941 313
   4.6 Dietrich Loder: 1931 314
   4.7 Eduard A. Mayr: 1931 bis 1945 315
   4.8 Anton Saule: 1931 bis 1933 317
   4.9 Gertrud Seyboth: 1934 bis 1945 318
   4.10 Werner Weitze: 1933 bis 1939 318

Abkürzungen 319
Quellen- und Literaturverzeichnis 320

Einleitung

„Wir sind zur Stelle."
(NNZ, Nr. 1 vom 21. Februar 1931)

Manchmal sind es die vermeintlich unbedeutenden Ereignisse, die große Wirkungen zeitigen. Als am Samstag, 21. Februar 1931, die „Neue National-Zeitung" („NNZ") erstmals erschien, dachten wohl nicht einmal ihre ‚Paten' ernsthaft, dass ausgerechnet dieses sich Tageszeitung nennende, nationalsozialistische Blatt einmal Totengräberin der vielfältigen und gewachsenen Zeitungslandschaft der Stadt Augsburg, ja fast ganz Bayerisch-Schwabens sein würde. Allein in Augsburg gab es zu dieser Zeit fünf werktäglich erscheinende Publikationen, darunter zwei Blätter, deren Tradition bis ins 17. Jahrhundert zurückreichte. 13 Jahre später, am 1. September 1944, war auch die letzte noch bestehende Konkurrenz verschwunden. Die auf kleinste Anfänge zurückgehende NSDAP-Gründung, die sich seit August 1936 „Augsburger National-Zeitung" („ANZ") nannte, hatte nun vollends das Nachrichtenmonopol am Lech. Doch kaum auf dem lang ersehnten Gipfel des Triumphes angelangt, folgte mit dem Einmarsch der Amerikaner Ende April 1945 das Ende. Die Nummer vom 26. April sollte die letzte in der Geschichte des Blattes sein. Dass die NS-Gründung nach dem Krieg wieder auferstehen konnte, war illusorisch, stand sie doch beispielhaft für Diktatur und Nationalsozialismus. Bei einem demokratischen Neuaufbau hatte sie keinen Platz.

Ihr Erfolg, der einzigartig in der Augsburger Mediengeschichte dasteht, lässt sich auch nur im Zusammenhang mit der ‚Mutterpartei' NSDAP und ihrem Aufstieg in der Stadt, im Gau Schwaben und im Reich betrachten. Denn gerade die Wahlsiege der Nationalsozialisten ab 1930 waren es, die eine Art Startschuss für die Gründung von Tageszeitungen in ganz Deutschland bildeten. Die Machtübernahme war es, die eine Menge dieser Blätter – darunter die „NNZ" vor dem Konkurs rettete. Der Zusammenbruch ihrer Diktatur war es, der ihre Publikationen mit in den Abgrund riss, denn nur zusammen mit der Hitler-Bewegung hatten Restriktionen und Zusammenlegungen der Presse – vor allem in den 40er Jahren. „Presse in Fesseln" offeriert eine zu undifferenzierte und zu unreflektierte Sicht auf die Entwicklungen im Printmedienbereich unter Hitler, die aber über Jahre hinweg den Weg der Forschung in eine Richtung beeinflusste. Gleichzeitig vermittelt es einen Rest jener damals herrschenden Stimmung angesichts der unwiederbringlichen Zerstörung einer jahrhundertealten gewachsenen Presselandschaft.

Es blieb vorerst bei Schmidts Anklagen. Danach erschienen keine größeren Untersuchungen mehr zur komplexen NS-Pressepolitik – vielleicht war das Faktum, dass sich führende Vertreter der im Dritten Reich blühenden Zeitungswissenschaft dem Regime gegenüber als sehr aufgeschlossen erwiesen hatten,[1] mit ein Grund für diese Zurückhaltung. So stammt denn auch das in vielen Fragen immer noch gültige Standardwerk, an dem bis heute niemand vorbeikommt, der sich mit der Materie beschäftigt, aus der Feder eines Amerikaners.

In seinem 1965 in deutscher Sprache (englisches Original 1964) erschienenen Buch „Presse in der Zwangsjacke: 1933-1945" gibt Oron J. Hale erstmals einen wissenschaftlich fundierten Überblick über die Gründung und Entwicklung der Parteiorgane, wobei er, das legt allein schon die Themenstellung nahe, nicht näher auf einzelne Blätter eingeht.[2] Jedoch neigt auch er, mangels entsprechender Einzeldarstellungen, dazu, sich zu sehr auf den Druck von oben bei der Umsetzung der nationalsozialistischen Pressepolitik zu konzentrieren. Hale, der im Krieg Chef der Auslandspresse-Abeilung im US-Kriegsministerium war, berücksichtigte ausführlich die Pressegesetzgebung dieser Jahre und analysierte ihre Folgen, richtete sein Augenmerk aber auch auf die Ausnahmestellung des parteieigenen Eher-Verlages, dessen Chef Max Amann er 1945 als amerikanischer Vernehmungsoffizier persönlich verhören konnte.[3]

Doch auch Hales Blick konzentriert sich noch zu intensiv auf die Knebelung der deutschen Presse durch das Regime. Zu stark lässt er hingegen die Handlungsmöglichkeiten der Redaktions- und Verlagsführung der Provinzverlage außer Acht, ebenso den Einfluss der dortigen Parteifürsten, die vor allem 1933/34 versuchten, ihre Macht in den häufig von ihnen gegründeten Zeitungen zu wahren, beziehungsweise auszudehnen. Denn: Trotz der Zentralisierung der Presse und der immer engeren Einschnürung durch entsprechende Gesetze boten sich, wie zu zeigen sein wird, bei zielstrebiger Eigeninitiative eben durchaus expansive, wirtschaftliche und politische Möglichkeiten, die die Behörden willfährig unterstützten.

Eben dies versuchte Norbert Frei in seiner 1980 veröffentlichten Untersuchung „Die nationalsozialistische Eroberung der Provinzpresse" einzubeziehen.[4] Mit seinem Ansatz, „eine an Strukturfragen orientierte pressegeschichtliche Betrachtung" unmittelbar „mit den in diesem Kontext wesentlichen allgemeinpoli-

---

1   Zu nennen sind in diesem Zusammenhang etwa Emil Dovifat vom Deutschen Institut für Zeitungswissenschaft in Berlin oder sein Leipziger Kollege Hans A. Münster, aber auch Karl d'Ester (Institut für Zeitungswissenschaft München). Näheres bei Wolfgang MÜSSE, Die Reichspresseschule – Journalisten für die Diktatur? Ein Beitrag zur Geschichte des Journalismus im Dritten Reich, München (usw.) 1995.
2   Oron J. HALE, Presse in der Zwangsjacke, 1933-1945, Düsseldorf 1965 (Original: The Captive Press in the Third Reich, Princeton 1964).
3   Vgl. NS-Presseanweisungen 1933/I, S. 46.
4   Norbert FREI, Die nationalsozialistische Eroberung der Provinzpresse: Gleichschaltung, Selbstanpassung und Resistenz in Bayern (Studien zur Zeitgeschichte, Bd. 17, hg. vom Institut für Zeitgeschichte), Stuttgart 1980.

tischen Entwicklungstendenzen" zu verknüpfen, schlug der Verfasser eine neue Richtung in der Forschung ein.[5] Zwar war die Idee nicht neu, sich mit der Rolle der Provinzblätter in der Diktatur zu beschäftigen; dazu existierten einige Untersuchungen – vorzugsweise aus den 50er und 60er Jahren über das Schicksal von Heimatzeitungen im Dritten Reich.[6] Häufig werteten die Autoren mangels Akten auch nur die vorliegenden Zeitungsbände aus. Eigenes Erleben oder persönliche Verbindungen zu den Verlegerfamilien flossen je nach dem Grad der Betroffenheit ebenfalls mit ein. Diese Arbeiten, deren Betonung auf dem Wort „Schicksal" liegt, entstanden durchaus nicht nur zu Forschungszwecken, dienten sie doch nicht selten als Rechtfertigung oder Entschuldigung für eine allzu eilfertige Kooperation mit den neuen Machthabern.

Mehr sachliche Aufmerksamkeit und weniger persönliche Betroffenheit genossen bei den Historikern und Zeitungswissenschaftlern die großen Publikationen wie die Hauptstadtblätter oder die „Frankfurter Zeitung",[7] die auch während der nationalsozialistischen Herrschaft im Ausland noch über eine gewisse Reputation verfügte, die 1940 gegründete Wochenschrift „Das Reich"[8] und natürlich der „Völkische Beobachter", über den Sonja Noller bereits 1956 eine Dissertation verfasste, die nach wie vor in keiner Bibliographie über Medien in der NS-Zeit fehlen darf.[9] Für diese Organe galten andere Bedingungen wie für die klei-

---

5   *Ebd.*, S. 16.
6   Zu dieser Thematik siehe Rolf RICHTER, Kommunikationsfreiheit = Verlegerfreiheit? Zur Kommunikationspolitik der Zeitungsverleger in der Bundesrepublik Deutschland 1945-1969, Pullach 1973. Beispiele bei FREI, Eroberung, S. 13 Anmerkung 10.
7   Eine kurze Einführung bieten Norbert FREI/Johannes SCHMITZ, Journalismus im Dritten Reich (Beck'sche Reihe; 376), München 1999 (3. überarbeitete Auflage), S. 39ff. Hier finden sich auch weiterführende Literaturangaben.
8   Siehe hierzu *ebd.*, S. 108ff.
9   Sonja NOLLER, Die Geschichte des „Völkischen Beobachters" von 1920 bis 1923, phil. Diss. München 1956. – DIES./Hildegard von KOTZE (Hg.), Facsimile Querschnitt durch den Völkischen Beobachter (Facsimilie Querschnitte durch alte Zeitungen und Zeitschriften), Bern/München, o. J. – Weitere Beiträge zum „VB" bei Kurt KOSZYK, Deutsche Presse 1914-1945, Geschichte der deutschen Presse, Teil III, Berlin 1972, S. 380ff. – Heinz Dietrich FISCHER, Handbuch der politischen Presse in Deutschland 1480-1980, Synopse rechtlicher, struktureller und wirtschaftlicher Grundlagen der Tendenzpublizistik im Spannungsfeld, Düsseldorf 1981, S. 624ff. – Paul HOSER, Die politischen, wirtschaftlichen und sozialen Hintergründe der Münchner Tagespresse zwischen 1914 und 1934, Methoden der Pressebeeinflussung, Bd. 1 (Europäische Hochschulschriften: Reihe 3, Geschichte und ihre Hilfswissenschaften, Bd. 447), Frankfurt am Main (usw.) 1990, S. 120ff. – Lars JOCKHECK, Der „Völkische Beobachter" über Polen 1932-1934; eine Fallstudie zum Übergang vom „Kampfblatt" zur Regierungszeitung (Osteuropa, Bd. 22), Hamburg 1999. – Edmund LAUF, Der Volksgerichtshof und sein Beobachter, Bedingungen und Funktionen der Gerichtsbe-

nen Heimatzeitungen, deshalb können sie für Untersuchungen über die Gaupresse nur von bedingtem Nutzen sein.

Dies war auch Norbert Frei bewusst, denn seine Intensionen zielten ja gerade darauf ab, die „Fixierung auf spektakuläre Einzelfälle" aufzubrechen.[10] Er verknüpft vielmehr in seiner viergeteilten Untersuchung die ‚große' mit der ‚kleinen' Politik und versucht so, kausale Zusammenhänge aufzuzeigen. Weil sich der renommierte Zeitgeschichtler jedoch, nicht zuletzt aufgrund der günstigen Quellenlage, ein ziemlich weites Feld ausgesucht hat – bayerische Provinzregionen, die sich von der so genannten Bayerischen Ostmark mit ihrem Kerngebiet um Bayreuth über fünf Bezirke in Südostbayern bis zur Stadt Bamberg erstrecken –, konnte er naturgemäß nicht zu tief in die Materie eindringen, was aber angesichts der reichlich vorhandenen Archivalien durchaus Anreize geboten hätte.

Um seine These zu untermauern, dass eine Interdependenz zwischen wirtschaftlicher Struktur, sozialer Verankerung der Presse in der Bevölkerung und politischem Durchsetzungsvermögen der NSDAP vor Ort bestimmend war für „die lokalen publizistischen Eroberungserfolge",[11] musste er, um Vergleiche ziehen zu können, diese Analyse zu Recht möglichst breit anlegen. Andererseits wäre es eine Überlegung wert gewesen, einen außerbayerischen ‚Gau' in die Untersuchung mit einzubeziehen. Dennoch bietet die komprimierte Darstellung eine Menge Fakten. Hinzu kommt, dass Frei den Schwerpunkte auf die Monate März bis November 1933 legt, wo sich die schwerwiegendsten Eingriffe und Umwälzungen abspielten. Die Frage mag jedoch gerechtfertigt sein, ob die nationalsozialistische Eroberung der Provinzpresse damit wirklich schon abgeschlossen war? Bei all dieser Kritik ist und bleibt Norbert Freis Studie ein Meilenstein für eine weitere Beschäftigung mit diesem Thema.

Ein ganz anders geartetes Kompendium über die Provinzblätter der NSDAP legte Peter Stein 1987 vor, indem er sich speziell mit deren Entwicklung vor der Machtübernahme auseinander setzte: „Die NS-Gaupresse 1925-1933" erhebt für sich den Anspruch, gleichzeitig „Forschungsbericht – Quellenkritik – neue Be-

---

     richterstattung im Nationalsozialismus (Studien zur Sozialwissenschaft, Bd. 148), Opladen 1994. – Der „VB" hat bereits nationalsozialistische Autoren zu geschichtlichen Abhandlungen animiert. Genannt seien Adolf DRESLER, Geschichte des „Völkischen Beobachters" und des Zentralverlages der NSDAP, Franz Eher Nachf., München 1937, sowie Hans A. MÜNSTER, Zeitung und Politik: Eine Einführung in die Zeitungswissenschaft, Leipzig 1935, S. 89ff. – DERS., Geschichte der deutschen Presse – in ihren Grundzügen dargestellt (Meyers kleine Handbücher, Bd. 26), Leipzig 1941.

10   FREI, Eroberung, S. 16.
11   *Ebd.*, S. 31.

standsaufnahme" zu sein.[12] Wenn er allerdings schreibt, dass die nationalsozialistischen Zeitungen vor 1933 eigentlich nie ein Thema gewesen seien, dann hätte er korrekterweise Larry Wilcox erwähnen müssen, der sich in seiner 1970 veröffentlichten Dissertation „The National Socialist Party Press in the ‚Kampfzeit', 1919-1933" dieses Kapitels angenommen hat.[13] Im Laufe seiner Einführung nimmt er dann doch auf diese zu Unrecht etwas in Vergessenheit geratene Arbeit Bezug, um jedoch sofort die Unterschiede beider Ansätze hervorzuheben, die in der Tat anders gelagert sind.

Auf die Aussagen führender NS-Politiker gestützt, die mündliche Propaganda sei im Zusammenhang mit „mass rallies" ausschlaggebend gewesen, überlegte der Amerikaner, ein Hale-Schüler übrigens, warum dann eigentlich ein Netzwerk an Parteizeitungen in ganz Deutschland errichtet worden ist?[14] Bei der Beantwortung dieser Frage zielt er primär auf die erzieherische Funktion der Provinzpresse ab: „The newspaper served not as a means of winning adherents for the movement, but as a vehicle of party education."[15] So sollte in den Zeitungsspalten der Glaube an den ‚Führer' täglich oder wöchentlich gestärkt werden. Um zu diesem Ergebnis zu kommen, hat Larry Wilcox die so genannte Kampfpresse während der gesamten Weimarer Republik ausgewertet, obgleich er eigentlich davon ausging, dass jeder Gauleiter erst nach 1925 die Absicht hatte, eine lokale Zeitung aufzubauen, damit er auch auf diesem Sektor Adolf Hitler, der den „VB" herausgab, auf Gauebene nacheifern konnte. Doch dabei lässt er weder die dem innewohnenden Gefahren noch die sich anbietenden Kontrollmechanismus außen vor.

Grundlage dieser Sisyphusarbeit, die sie zweifellos ist, bildeten die erhaltenen Dokumente des NSDAP-Hauptarchivs und der so genannten Sammlung Schumacher. Als Resultat kam ein informativer und fundierter Überblick über die Ursprünge der nationalsozialistischen Provinzzeitungen inklusive einer kurzen Charakteristik jedes einzelnen Produkts zustande, der allerdings, wie sich im Falle des „Deutschen Michl", eines Vorläufers der „NNZ", zeigt, auch Fehler birgt. Im Gegensatz zu Peter Stein rüttelte Larry Wilcox jedoch nicht am Primat der Rede im Kampf um Wählerstimmen und Sympathisanten. Darüber hinaus vernachlässigt die Dissertation die Frage nach Außenwirkung sowie Verbreitungsgrad und -dichte der Parteizeitungen.

---

12 Peter STEIN, Die NS-Gaupresse 1925-1933: Forschungsbericht – Quellenkritik – neue Bestandsaufnahme (Dortmunder Beiträge zur Zeitungsforschung, Bd. 42), München (usw.) 1987.
13 Larry D. WILCOX, The National Socialist Party Press in the „Kampfzeit", 1919-1933, phil. Diss. University of Virginia 1970.
14 *Ebd.*, Abstract (ohne Seitenangabe).
15 *Ebd.*

Diesem Defizit wiederum versuchte Stein in seinem nicht weniger fleißig recherchierten Werk abzuhelfen. Sein Ansinnen lag darin, die Anzahl und die Auflage der nationalsozialistischen Publikationen auf einen realistischen Stand zu bringen. Keine einfache Angelegenheit, wie der Verfasser angesichts der schwierigen Quellenlage und der „wuchernden Vielgestaltigkeit und Wandelbarkeit" dieser Presse anmerkt.[16] Deshalb ist das Unterfangen, eine Bibliographie aller nationalsozialistischen Organe nach Gauen geordnet mitzuliefern, eine löbliche Absicht. Er prägte dafür übrigens den Ausdruck ‚Gaupresse', da dieser Terminus besser als der Begriff ‚Provinzpresse' den dezentralen Entstehungsansatz als auch den eingegrenzten Wirkungsbereich dieser Publikationen auf die Partei-Gaue umfasse.[17] Peter Stein sieht aber durchaus die Grenzen zwischen Anspruch und Wirklichkeit seines Werkes: Wegweiser und Quellengrundlage solle sie sein für weitere Spezialuntersuchungen. Auch versteht er die Liste der Zeitungen, die er zusammengetragen hat, nicht als Bibliographie, sondern als Baustein.[18]

In der Tat kann sie nur als Ausgangsbasis genutzt werden – fehlerhafte Angaben sind auch bei ihm, zumindest für den Gau Schwaben, nachweisbar.[19] Einen weiteren Schwachpunkt spricht der Wissenschaftler ebenfalls gleich an: Im Wesentlichen beruhen seine Angaben auf Informationen aus zweiter und dritter Hand.[20] Ebenso macht es die schier unendliche Zahl an Fakten dem Leser nicht immer leicht, sich in dem Buch zu Recht zu finden. Steins Fazit, dass sich durch die These vom Vorrang des gesprochenen vor dem geschriebenen Wort, die mit Goebbels- und Hitlerzitaten belegt werde, der Zugang zur „relativen Eigenständigkeit, Vielfalt und Funktionsvariabilität" sowie zum Entwicklungsprozess der ‚Gaupresse' die längste Zeit nicht öffnen ließ,[21] ist jedoch eine wichtige Erkenntnis, die wiederum die Notwendigkeit von Büchern wie Freis „Nationalsozialistische Eroberung der Provinzpresse" oder Aufsätze wie „Gegründet 1928/29: Die ‚Schleswig-Holsteinische Tageszeitung'. Erste Gau-Tageszeitung der NSDAP" von Rudolf Riezler aus dem Jahr 1983 nur zu deutlich vor Augen führen.[22]

---

16 STEIN, NS-Gaupresse, S. 13.
17 Vgl. *ebd.,* S. 12.
18 Vgl. *ebd.,* S. 168.
19 Näheres in Kapitel II.1.1.
20 Vgl. STEIN, Eroberung, S. 16.
21 *Ebd.,* S. 44.
22 Rudolf RIEZLER, „Gegründet 1928/ 29: Die ‚Schleswig-Holsteinische Tageszeitung', Erste Gau-Tageszeitung der NSDAP", in: Erich HOFFMANN/Peter WULF (Hg.), „Wir bauen das Reich", Aufstieg und erste Herrschaftsjahre des Nationalsozialismus in Schleswig-Holstein, Neumünster 1983, S. 117-133.

Trotz des neu erwachten Interesses der Historiker an den NS-Provinzzeitungen in den 80er Jahren und ihrer Bedeutung für die Verbreitung des Nationalsozialismus hielt sich der Forscherdrang nicht dauerhaft. Dies ist insofern ein Phänomen, als das Studium des Alltagslebens unterm Hakenkreuz einen wichtigen Platz eingenommen hat, um das Funktionieren der Diktatur und die Penetrierung der Bevölkerung überhaupt begreifen zu können.

Ein Dauerbrenner, gerade der deutschsprachigen Wissenschaft, blieb hingegen die Erforschung der eigentlichen Mechanismen der Presselenkung, aber auch der Methodik der Propaganda. Namen wie Walter Hagemann, der bereits 1948 seine „Publizistik im Dritten Reich" veröffentlichte,[23] Karl Dietrich Abel (1968),[24] Jürgen Hagemann (1970),[25] Ernest Bramsted (1971),[26] Henning Storek (1972),[27] oder jetzt in jüngerer Zeit die zukunftsweisende Arbeit von Gerhard Paul (1990),[28] sind in diesem Zusammenhang zu nennen.

Hat Walter Hagemann erstmals die von Fritz Sänger gesammelten Presseanweisungen, mit denen das Regime die Zeitungen steuerte, veröffentlicht,[29] so war das der erste, wenn auch heute als unzureichend bekannte Versuch, dieses als verloren geglaubte Material auszuwerten. Er fasste die Anweisungen unter thematischen Aspekten zusammen, anstatt sie systematisch auszuwerten. Jürgen Hagemann beutete über 20 Jahre später neben den Sänger-Dokumenten auch die Sammlung von Karl Brammer aus und ahmte dabei mit derselben Willkür seinen Vater nach. Diese Vorgehensweise ist vor allem von den Mitarbeitern der Reihe „NS-Presseanweisungen der Vorkriegszeit" kritisiert worden.[30]

Dieses ehrgeizige Projekt basiert auf den Sammlungen der Journalisten Sänger, Brammer und Oberheitmann, die die in die zehntausende gehenden Vorschriften trotz Verbotes aufbewahrt haben. Chronologisch geordnet, umfasst die Serie die Jahre ab 1933. Soeben sind die die Monate Januar bis August 1939 umspannenden Bände herausgegeben worden.[31]

---

23 Walter HAGEMANN, Publizistik im Dritten Reich: Ein Beitrag zur Methodik der Massenführung, Hamburg 1948.
24 Karl-Dietrich ABEL, Presselenkung im NS-Staat, Eine Studie zur Geschichte der Publizistik in der nationalsozialistischen Zeit, Berlin 1968.
25 Jürgen HAGEMANN, Die Presselenkung im Dritten Reich, Hamburg 1970.
26 Ernest K. BRAMSTED, Goebbels und die nationalsozialistische Propaganda 1925-1945, Frankfurt am Main 1971.
27 Henning STOREK, Dirigierte Öffentlichkeit: Die Zeitung als Herrschaftsmittel in den Anfangsjahren der nationalsozialistischen Regierung, Opladen 1972.
28 Gerhard PAUL, Aufstand der Bilder: Die NS-Propaganda vor 1933, Bonn 1990.
29 Vgl. HAGEMANN, Publizistik, S. 8.
30 NS-Presseanweisungen der Vorkriegszeit 1933/I, S. 50f.
31 „NS-Pressenanweisungen der Vorkriegszeit", Edition und Dokumentation, Bde. 1-7: 1933-1939, Bearbeitet von Gabriele TOEPSER-ZIEGERT et. al., hg. von Hans

Doris Kohlmann-Viand, eine der Bearbeiterinnen, hat sich, daran anknüpfend, mit der veränderten Nachrichtenpolitik des Regimes im Krieg auseinander gesetzt.[32] Das Buch „NS-Pressepolitik im Zweiten Weltkrieg" kann gewisser Hinsicht als eine Art Fortsetzung der obigen Reihe oder als Überbrückungshilfe bis zum Vorliegen der Presseanweisungen von September 1939 bis zum Kriegsende 1945 betrachtet werden. Bis zu deren vollständigem Erscheinen werden sicherlich noch Jahre vergehen.

Jeder der sich mit Pressegeschichte beschäftigt, stößt zwangsläufig auch auf die Stadt Augsburg. Sie hat nicht umsonst den Ruf, eine der Wiegen des europäischen Nachrichten- und Zeitungswesens zu sein. Im Umfeld der großen Handelshäuser war nämlich schon früh das Bedürfnis nach aktuellen politischen und ökonomischen Neuheiten entstanden, um den Gang der Geschäfte erfolgreich steuern zu können.[33] Zunächst erfolgte deren Übermittlung per Brief – als berühmtestes und bedeutendstes Beispiel hierfür gelten die so genannten „Fuggerzeitungen" aus der zweiten Hälfte des 16. Jahrhunderts.[34] Das dafür benötigte Papier lieferte eine eigene Mühle, die wohl schon um 1460 in Betrieb war, aber erst 1483 urkundlich erwähnt wird.[35] Im Übrigen war Augsburg die sechste Stadt, die den 1445 von Johannes Gutenberg erfundenen Buchdruck einführte, in dessen Todesjahr 1468.[36]

Der 1997 im Auftrag der Lechstadt erschienene, über 1400 Seiten starke „Augsburger Buchdruck und Verlagswesen" widmet sich in über 50 Einzelbeiträgen dieser großen „Bedeutung Augsburgs in der Geschichte des deutschen, ja des europäischen Buchdrucks und Verlagswesen."[37] Er schließt damit zumindest oberflächlich eine Lücke, da Forschung und Öffentlichkeit ihr Augenmerk bislang nur zu gerne auf das berühmteste Augsburger Blatt – die „Allgemeine Zeitung" – die fast ein Jahrhundert lang die Informationsquelle schlechthin für das

---

BOHRMANN et. al., Institut für Zeitungsforschung der Stadt Dortmund, München (usw.) 1984ff.
32 Doris KOHLMANN-VIAND, NS-Pressepolitik im Zweiten Weltkrieg: die vertraulichen Informationen" (Kommunikation und Politik, Bd. 23), München (usw.) 1991.
33 Vgl. Karl d'Ester, Augsburg und die deutsche Presse, Augsburg 1955, S. 395.
34 Vgl. Hermann KELLENBENZ, „Wirtschaftsleben der Blütezeit", in: Gunther GOTTLIEB et. al. (Hgg.), Geschichte der Stadt Augsburg von der Römerzeit bis zur Gegenwart, Stuttgart 1984, S. 258-301, S. 268.
35 Vgl. Frieder SCHMIDT, „Papierherstellung in Augsburg bis zur Frühindustrialisierung", in: Augsburger Buchdruck und Verlagswesen: Von den Anfängen bis zur Gegenwart, hg. von Helmut GIER und Johannes JANOTA im Auftrag der Stadt Augsburg, Wiesbaden 1997, S. 73-95, S. 75f.
36 Vgl. d'ESTER, Augsburg, S. 365.
37 Augsburger Buchdruck, Vorwort des Herausgebers, S. XI.

gebildete Bürgertum gewesen war und 1887 nach München abwanderte,[38] gerichtet hatten.[39] Ansonsten erschien nach einer Blütezeit in den 30er Jahren nach dem Krieg kaum etwas. Eine Ausnahme bildet die Dissertation Richard Walzels aus dem Jahr 1956 über die „Augsburger Postzeitung", deren Inhalt sich jedoch eher mit der Leidensgeschichte des Blattes unter dem Nationalsozialismus auseinandersetzt und somit dem Trend der damaligen Zeit folgt.[40]

„Augsburger Buchdruck und Verlagswesen" ist der erste Versuch, anhand eines aktuellen Überblicks ein Kontinuum herzustellen, das Augsburgs Bedeutung als Druckerstadt – diese beschränkte sich keineswegs nur auf das Zeitungswesen – vom Spätmittelalter bis in die Gegenwart aufzeigt. Dabei sollte, so die Herausgeber, aber nicht nur eine handbuchartige Gesamtübersicht geboten werden. Vielmehr könne auf dieser Grundlage der Kontext zu unmittelbar angrenzenden, aber auch übergreifenden Aspekten im Auge behalten werden.[41] Ein rühmliches Unternehmen, nur sieht sich der Benutzer mit dieser riesigen Fülle an Fakten auch allein gelassen. Was nämlich schmerzlich fehlt, ist zum einen eine Gesamtbewertung der vielen Detailbetrachtungen, zum anderen ein eingehender Vergleich mit anderen Städten mit einer derartigen Tradition, um mehr Verständnis für das Gelesene zu erhalten. Augsburgs Bedeutung als Drucker- und Zeitungsstadt aus ausländischer Sicht darzustellen, ist ebenfalls versäumt worden.

Zu diesem Prestigeprojekt hat auch Gerhard Hetzer, der sich in seinen Veröffentlichungen als profunder Kenner der lokalen Geschichte vor allem der ersten Hälfte des 20. Jahrhunderts profilierte, seinen Beitrag geleistet. In dem Aufsatz „Presse und Politik 1890-1945 – Beobachtungen des lokalen Kraftfeldes" nimmt er sich der Aufgabe an, Augsburgs Presselandschaft zwischen Kaiser-

---

38   Vgl. Heinz STARKULLA, „Zur Geschichte der Presse in Bayern", in: 50 Jahre Verband Bayerischer Zeitungsverleger e. V. 1913-1963, München 1963, S. 7-47, S. 18.
39   Einen einführenden Einblick gibt Michaela BREIL, „Die Allgemeine Zeitung", in: Augsburger Buchdruck, S. 1119-1134. – Siehe auch Günter MÜCHLER, „Wie ein treuer Spiegel: die Geschichte der Cotta'schen Allgemeinen Zeitung", Darmstadt 1998. – Michael von RINTELEN, Zwischen Revolution und Restauration: die Allgemeine Zeitung 1798-1823 (Europäische Hochschulschriften: Reihe 3, Bd. 597), Frankfurt am Main (usw.) 1994. – Elke BLUMENAUER, Journalismus zwischen Pressefreiheit und Zensur: die Augsburger Allgemeine Zeitung im Karlsbader System (1818-1848) (Medien in Geschichte und Gegenwart, Bd. 14), Köln (usw.) 2000. Zur Arbeit in der Cotta'schen Unternehmung siehe Roger MÜNCH, „Verlag und Druckerei Cottas in Augsburg", in: Augsburger Buchdruck, S. 1063-1080.
40   Richard WALZEL, Die Augsburger Postzeitung und der Nationalsozialismus; Ein Beitrag zur Geschichte der katholischen Presse, phil. Diss. München 1956.
41   Augsburger Buchdruck, Vorwort des Herausgebers, S. XI.

reich, Weimarer Republik und Drittem Reich zu skizzieren.[42] Hierin nimmt er selbstverständlich auch die „Neue National-Zeitung" ins Visier. Hetzer bewältigt in seiner Abhandlung den schwierigen Spagat, dem Leser das breite Zeitungsspektrum der Stadt dieser Jahrzehnte unter den sich wandelnden Rahmenbedingungen in geraffter Form nahe zu bringen. War der promovierte Archivar bereits in früheren Publikationen auf örtliche Zeitungen eingegangen und hatte sie für seine Zwecke ausgewertet, so setzte er sich in diesem Aufsatz am intensivsten mit der Materie auseinander. Heraus kam ein überaus informativer, mit vielen bislang unveröffentlichten Details gespickter Überblick, der einen lebhaften Eindruck vermittelt, wie vielfältig, ja teilweise exotisch die politische Zeitungslandschaft am Lech in erster Linie nach der Jahrhundertwende war.

Dass die Ursprünge der nationalsozialistischen Publizistik weit vor der „NNZ" gründen, zeigt der Verfasser ebenfalls kurz auf, wobei sich freilich auch Wilcox schon 1970 mit diesen Zusammenhängen beschäftigt hatte. Dazu zählen der „Deutsche Michl" des Franz Xaver Weixler, aus dem dann der unmittelbare Vorläufer der „NNZ", der „Schwäbische Beobachter" („SB"), hervorging, aber auch die „Sturmglocke" von Max Mender, eine unregelmäßig erscheinende Zeitung aus dem Jahr 1923. Bei Letzterer hat Hetzer allerdings eine aufschlussreiche, wenn auch dubiose Quelle nicht verwendet, einen Bericht Menders im „Archiv der NS-Presse", der, bei aller Subjektivität, ein paar interessante Hinweise über dieses Blatt liefert.[43] Gerhard Hetzer verdient dennoch das Prädikat, eine erste richtige Einführung in die Geschichte der „NNZ" erstellt zu haben, die sich auch bemüht, gerade den Aufbau des Zeitungsimperiums im Dritten Reich in den richtigen Kontext zu stellen. Gleichzeitig wird bei der Lektüre nur zu deutlich, welch Nachholbedarf in der Aufarbeitung dieses Bereiches weiterhin besteht.

„Presse und Politik 1890-1945" kann allenfalls Auftakt und Bodensatz für tiefer gehende Recherchen sein, denn selbst für die damals größeren Publikationen am Lech – die „Schwäbische Volkszeitung" und die „Neue Augsburger Zeitung" – mangelt es an grundlegenden Untersuchungen. Nachholbedarf nach einer jeweiligen Gesamtdarstellung besteht auch für die beiden überregional bekannten Organe „Augsburger Postzeitung" und „München-Augsburger Abendzeitung" – trotz Ansätzen, da sich Josef Mancal ihrer zumindest in mehreren

---

42   Gerhard HETZER, „Presse und Politik 1890-1945 - Beobachtungen des lokalen Kraftfeldes", in: *ebd.*, S. 1135-1157.

43   Max MENDER, „Die Augsburger ‚Sturmglocke': Geschichte einer nationalsozialistischen Zeitung der ersten Kampfzeit", in: Archiv der NS-Presse 11 (1939), Blatt 31 Vorderseite – Blatt 32 Rückseite. – DERS., in: *ebd.* 12 (1939), Blatt 33 Vorder- und Rückseite.

Aufsätzen angenommen hat, die sich allerdings auf die Epoche vom Ende des 17. bis zur Mitte des 19. Jahrhunderts beziehen.[44]

Vor und im Dritten Reich waren diese beiden Blätter in den Blickpunkt des Interesses gerückt, als ernsthaft darüber diskutiert wurde, ob die älteste Tageszeitung aus Augsburg stammte.[45] So gesehen kann Josef Mancals pauschaler Feststellung „Der bisherige Forschungsstand zur Augsburger Pressegeschichte ist unbefriedigend" sowohl im Allgemeinen als auch im Besonderen nicht ganz widersprochen werden.[46]

Nicht weniger verwunderlich, ja fast beschämend ist die Tatsache, dass die „NNZ" bislang in der Forschung kaum richtige Beachtung gefunden hat. Die wenige Literatur, die sich mit ihr auseinandersetzt, ist verstreut und unzureichend und beschäftigt sich, wenn überhaupt, nur marginal mit dem Wandel im Selbstverständnis des Blattes oder mit dem Beitrag ihrer Gründer und ihres Personals zur Verankerung des Nationalsozialismus in der Bevölkerung.

Ein Beitrag auf dem Weg, die Augsburger Presseszenerie der späten Weimarer Republik und des Dritten Reiches, insbesondere der Friedensjahre, aufzuarbeiten, soll die vorliegende Dissertation sein. Der Schwerpunkt liegt freilich auf der nationalsozialistischen Publizistik. Es wird dabei versucht, die Wurzeln eines für Augsburg einzigartigen Phänomens freizulegen und den Aufstieg eines drittklassigen nationalsozialistischen Blattes zur einzigen Tageszeitung am Lech, vom maroden Kleinverlag zum mächtigsten Pressekonzern im Gau Schwaben nachzuvollziehen. Dass es unabdingbar zum Verständnis der sich anbahnenden Entwicklungen gehört, die juristischen, gesellschaftlichen, politischen und ökonomischen Rahmenbedingungen im Reich und in der Stadt zu berücksichtigen, bedarf keiner näheren Erklärung mehr.

Parallel dazu ist immer wieder ein kurzer vergleichender Blick auf andere derartige nationalsozialistische Gründungen unabdingbar. Damit wird klar, dass ein für Schwaben und Augsburg singuläres Ereignis auf Reichsebene eigentlich gar nichts Ungewöhnliches war. Und dennoch: Trotz der helfenden Hand der NSDAP, die sie als nunmehr einzige Partei ihren Blättern nach der Regierungsübernahme Hitlers dauerhaft reichte, hingen Erfolg oder Misserfolg des Produkts, aber auch der Bewegung und ihrer Repräsentanten, doch in starkem Maße vom Personal ab. Wer waren also die Gewinner und gab es dabei auch Verlie-

---

44 Siehe hierzu Josef MANCAL, „Augsburger Zeitungen: Abend- und Postzeitung", in: Aufbruch ins Industriezeitalter, Aufsätze zur Wirtschafts- und Sozialgeschichte Bayerns: 1750-1850, Bd. 2, hg. von Reiner A. MÜLLER unter Mitarbeit von Michael HENKER, München 1985, S. 607-620. – DERS., „Zu Augsburger Zeitungen vom Ende des 17. bis zur Mitte des 19. Jahrhunderts: Abendzeitung, Postzeitung und Intelligenzzettel", in: Augsburger Buchdruck, S. 683-733.
45 Siehe hierzu Kapitel I.3.1. Anmerkung 51.
46 MANCAL, „Zeitungen (17. bis 19. Jhdt.)", S. 683.

rer? Wichtig erscheint es in diesem Zusammenhang zu klären, wie sich das Image der „NNZ/ANZ" änderte, welche Regeln sie in der Demokratie, welche in der Diktatur zu befolgen hatte. Diesen Fragen geht die Arbeit in sieben Abschnitten (inklusive Einleitung, Ausblick und Schluss) nach, die wiederum in Kapitel und Unterkapitel eingeteilt sind.

Der mit „Die Ausgangssituation: Augsburg in der Weimarer Republik" überschriebene Abschnitt I vermittelt die nötigen Kenntnisse, aus der heraus die Gründungsgeschichte des Augsburger NS-Organs verständlich wird. Nachgezeichnet wird ein grober Überblick über die Probleme Augsburgs anfangs der 30er Jahre. Wie so viele andere auch war die Stadt damals stark von den Auswirkungen der Wirtschaftskrise betroffen. Hohe Arbeitslosenzahlen, niedere Löhne, eine geringe Kaufkraft, aber auch eine wachsende Hoffnungslosigkeit unter der Bevölkerung resultierten daraus. In diesem Nährboden gedieh die NSDAP bis zu einem gewissen Grade, obgleich sie am Lech nicht die Erfolge erzielte, die sie vor allem im Norden und Nordosten der Republik bei den Wahlen einfuhr. Eine der Hauptursachen dafür lag sicherlich in der tiefen Verankerung des überwiegenden Teils der Einwohner im Katholizismus. Dies wird nicht nur aus den Wahlergebnissen für die konservative Bayerische Volkspartei (BVP) ersichtlich, dies reflektiert sich auch in der damaligen Augsburger Zeitungslandschaft.

Marktbeherrschend waren eindeutig die dieser Partei nahe stehenden Blätter des Verlages Haas & Grabherr – an erster Stelle die „Neue Augsburger Zeitung" („NAZ"), eine Art katholischer Generalanzeiger, und die „Augsburger Postzeitung" („AP"), die als eine der führenden Publikationen des politischen Katholizismus in Süddeutschland galt und vorwiegend von den gebildeten Schichten und der katholischen Intelligenz gelesen wurde. Doch verfügten auch die Sozialdemokraten mit der „Schwäbischen Volkszeitung" („SV") und die bürgerliche Rechte mit der „München-Augsburger Abendzeitung" („MAA") sowie den „Augsburger Neuesten Nachrichten" („ANN") über eigene Sprachrohre. Insgesamt teilten sich fünf Tageszeitungen den örtlichen Markt, der also mehr als gesättigt war. Dabei handelte es sich teilweise um seit Jahrhunderten bestehende Blätter, in deren traditionelle Pressestrukturen nun das nationalsozialistische Medium einzubrechen versuchte. Bei allen wirtschaftlichen Schwierigkeiten in diesen Jahren: Selbst in Zeiten von mit Notverordnungen regierenden Kabinetten konnte sich das Blatt nicht halten – wie ja seine verzweifelte Lage im Januar 1933 nur zu deutlich macht. In einer einigermaßen funktionierenden Demokratie wäre die „NNZ" erst recht untergegangen.

Die eigentlichen Gründungsjahre der „NNZ", mit denen konkret der Zeitraum zwischen 1931 bis zur Wende 1932/33 gemeint ist, stehen im Mittelpunkt des zweiten großen Abschnitts. Ohne sich lange mit ökonomischen Überlegungen zu belasten, dafür jedoch mit großen Hoffnungen versehen, entschloss sich die Augsburger Gauleitung unter Karl Wahl, eine sechste Tageszeitung am Lech zu installieren. Ursache war zum einen der sensationelle Aufschwung der Hitler-Bewegung nach den Reichstagswahlen im September 1930, zum anderen hatten sich die Allgäuer Parteigenossen als tatkräftiger erwiesen und noch im Dezember desselben Jahres eigene Blätter in Sonthofen und Memmingen eingeführt.

Selbstüberschätzung oder Naivität, vielleicht auch beides, kamen hinzu, und so brachten die Nationalsozialisten unter dem Druck, jetzt schnell handeln zu müssen, überstürzt und bevor sie noch gänzlich über das zusammengebettelte Grundkapital von 30.000 Reichsmark verfügten, die „NNZ" heraus. Dabei kamen ihnen zwei Dinge zustatten: Nur durch die Wirtschaftskrise, die die ökonomischen Rahmenbedingungen völlig veränderte, war es überhaupt möglich, mit so wenig Gründungskapital eine Zeitung auf die Beine zu stellen. Der zweite Pluspunkt bestand eben darin, dass die NSDAP-Ortsgruppe schon eine Wochenschrift herausgab. Hitler-Anhänger hatten sich dabei mit einem nicht unproblematischen Geschäftspartner namens Franz Xaver Weixler eingelassen, der ihnen sein antisemitisches Hetzblatt „Deutscher Michl" kostenlos zur Verfügung stellte. Eine Rückblende darauf erschien also sinnvoll.

Am 21. Februar 1931 kam die „NNZ" erstmals heraus. Damit ist aber nicht geklärt, ob eine nationalsozialistische Tageszeitung für Augsburg und Schwaben aus der Sicht der Bewegung denn wirklich notwendig war. Nach Auswertung der Auflagezahlen ließe sich diese Frage rasch verneinen. Alles andere als rentabel war die Neugründung – für ihre Herausgeber eine schmerzliche Erkenntnis, die sich nur allzu schnell einstellte. Mit Blick auf die Notwendigkeit einer innerparteilichen Kommunikation ergibt sich schon ein anderes Bild: Karl Wahl und seine Mitstreiter – primär sein Vertrauter, der nachmalige Oberbürgermeister Josef Mayr, und beider Rivale, der damalige Ortsgruppen- und spätere Kreisleiter Gallus Schneider – wollten sich ihr Meinungsmonopol im Gau sichern. Sie tendierten wie der Großteil der Schriftleitung zum linken Parteiflügel um Gregor Strasser, doch wäre es keinem von ihnen eingefallen, gegen Hitlers Parteilinie aufzubegehren; obgleich die Zahl der immerhin sechs Verbote und mehrerer Beschlagnahmungen des Blattes eine andere Sprache sprechen.

Diese Verstöße datieren interessanterweise nur bis zum April 1932 und bezogen sich zum überwiegenden Teil auf übernommenes Agenturmaterial der parteieigenen Korrespondenz, so dass auch weitere Schwesterpublikationen davon betroffen waren. Das erste und gleichzeitig längste Verbot vom 10. bis 30. Juni 1931 hingegen begründete sich auf pekuniäre Schwierigkeiten. Die Rolle des Scharfmachers fiel damals und auch später Anton Saule, Gaugeschäftsführer, Adlatus des Gauleiters und Kontaktmann zur SA, zu, der eine Art Statthalter Wahls in der „NNZ" gewesen zu sein scheint.

Die Schriftleitung selber wurde aufgrund der hohen Erwartungen an die Zeitungen in der Anfangszeit personell erstaunlich gut ausgestattet, musste aber ziemlich schnell wieder verkleinert werden, da der Verlagsleitung sehr bald klar geworden war, in welcher finanziellen Lage sich das Unternehmen befand. Zwar war die technische und redaktionelle Qualität des Blattes von Beginn an nicht besonders professionell, aber mit dem Übergang zum so genannten „Kampfblatt-Konzept" im Juni 1931 vergraulte sich die „NNZ" dann offenbar auch ihre treuesten Parteigänger. Da dieser neuartige Zeitungstyp in Augsburg nicht ankam, machte die Publikation eine Kehrtwende und das zu einer Zeit, als genau dieses „Kampfblatt-Konzept" überall im Reich bei den NS-Organen en vogue war. Für die Augsburger bedeutete die Rückkehr zum alten Stil allerdings keinen Anstieg der Nachfrage.

Wer die eigentlichen Bezieher der „NNZ" waren, welcher Schicht sie angehörten, kann – aufgrund fehlender soziologischer Studien – heute trotz vergleichender Analysen nur noch ungefähr nachvollzogen werden. Dass es sich dabei um Sympathisanten und Parteimitglieder handelte, muss vorausgesetzt werden. Anhand der 1935 erschienenen Parteistatistik und einer Untersuchung für die Gegend um Memmingen, die zwar im Gau Schwaben, aber nicht im Verbreitungsgebiet der „NNZ" lag, immerhin jedoch daran angrenzte, lassen sich einige Rückschlüsse ziehen. Informationen über die Leserklientel vermitteln auch die Anzeigenkampagnen und die Schwerpunktthemen des NS-Organs.

Mit dem Jahr 1933 verbindet sich eine Zäsur in der deutschen Geschichte. Mit der Niederlage der Demokratie und dem Beginn der Diktatur schienen auch die „NNZ" und ihre Herausgeberin, die National-Verlag GmbH., die im Januar noch vor der Pleite standen und alles, was nicht niet- und nagelfest war, verpfändet hatten, schienen gerettet. Primär ging es nun darum, der die Zeitung fast überrollenden Nachfrage von opportunistischen Lesern und Inserenten gerecht zu werden. Mit dem Anbruch des Dritten Reiches war es notwendig, einen eigenen, dritten Abschnitt anzulegen, der sich mit der Entwicklung der Publikation unter neuen politischen Vorzeichen beschäftigt.

Parallel zu diesem wirtschaftlichen und politischen Boom änderten sich Aussehen und Zielsetzungen des nunmehrigen Gaublattes diametral. Nach dem Willen der neuen Regierung sollte die Presse zum Mittel der Staatsführung umfunktioniert werden. Diese Intension galt zwar für alle Arten von Zeitungen, doch wurden die NS-Blätter in jeder Hinsicht gefördert und bevorzugt. Der Ursache der finanziellen Schieflage des Augsburger Verlages ging derweil eine parteieigene Gesellschaft, die „Cura-Revisions- und Treuhand G.m.b.H.", nach. Die einstigen Gründer wurden jetzt aus ihren Zeitungen zugunsten straff organisierter Gauverlagsgesellschaften herausgedrängt. Auch Gauleiter Karl Wahl gelang es nicht, sich seine Herausgeberschaft zu erhalten. Doch wie es scheint – hier fehlen entsprechende Unterlagen – standen erst 1939 die Mittel zur Verfügung, um die einstigen Gesellschafter der Nationalverlag GmbH. auszuzahlen und 1940 dann die Umwandlung in die NS-Gauverlag Schwaben GmbH. zu vollziehen. Der Gauleiter wurde zum ehrenamtlichen Treuhänder von 50 Prozent des Grundkapitals der Gesellschaft, die zweite Hälfte kontrollierte die „Standarte GmbH." in Berlin. Eine Entwicklung übrigens, die in anderen Gauen nach dem gleichen Schema ablief oder schon abgeschlossen war.

Flankiert wurde diese weitgehende Entmündigung der Presse von der Schaffung neuer Rechtsgrundlagen durch das Hitler-Regime. Das Reichsministerium für Volksaufklärung und Propaganda, die Reichskulturkammer, der unter anderem auch die Reichspressekammer angehörte, sowie das Schriftleitergesetz wurden noch 1933 auf den Weg gebracht und sorgten für eine immer engmaschigere Kontrolle der Medien. Die so genannten Amann-Verordnungen vom April 1935 bereiteten schließlich den meisten bürgerlichen Blättern ein schnelles Ende. War die „Schwäbische Volkszeitung" bereits im März 1933 endgültig verboten worden, so folgte ‚freiwillig' Ende 1934 die „München-Augsburger Abendzeitung". Im Herbst 1935 musste die „Postzeitung" ihr Erscheinen einstellen. Lediglich die „Neue Augsburger Zeitung", die sich seit 1936 in Parteibesitz befand, blieb bis zu ihrer kriegsbedingten Schließung und Fusionierung mit der „ANZ" am 1. September 1944 eine Konkurrenz für die Gauzeitung und war bis zur Jahreswende 1943/44 sogar Marktführerin.

Freilich – vor allem in den Anfangsjahren des Dritten Reiches – verhielt sich das nationalsozialistische Verkündigungsorgan alles andere als zimperlich, um seine Leserzahlen anzukurbeln. Es ist nicht übertrieben zu behaupten, dass „NNZ"-Werbekolonnen Angst und Schrecken verbreiteten und vor Lügen und Drohungen nicht zurückschreckten.

Doch nicht nur Augsburg konnte sich einer breiten Presselandschaft rühmen, vielmehr glich Bayerisch-Schwaben mit seinen vielen kleinen Heimatblättern einer Art publizistischem ‚Fleckerlteppich'. Selbst in kleinsten Orten gab es Mini-Zeitungen, die oft genug von einer einzelnen Person redigiert, geschrieben, umbrochen und gedruckt wurden. Auf sie warf die „NNZ"-Verlagsleitung bald nach der Machtübernahme ein begehrliches Auge, nachdem bereits ab Oktober 1932 versucht worden war, ein Netzwerk von Kopfblättern in der Provinz aufzubauen. Schon im Frühsommer 1933 aber begann Georg Boegner, die treibende Kraft an der Führungsspitze, das ‚Expansionsproblem' anders zu lösen. In einem komplexen System unterschiedlicher Abhängigkeiten errichteten er, aber auch seine Nachfolger, ein richtiggehendes Presseimperium, das nach und nach alle wesentlichen Heimatblätter in seinem Einflussgebiet einschloss.

Als sinnvoll erwies es sich auch, in die Abschnitte II und III jeweils eine kurze Betrachtung der Zeitungsinhalte und der Aufmachung des Blattes einzuflechten. In einer groben Übersicht werden dabei grundlegende Feststellungen und Beobachtungen dargelegt, ohne näher darauf einzugehen, da weitergehende

Betrachtungen den Rahmen der Dissertation sprengen würden, deren Ziel die Skizzierung der Geschichte der nationalsozialistischen Publizistik in Augsburg ist. Dennoch dienen diese Kapitel zum Verständnis dieser Untersuchung.

Der vierte Abschnitt, der sich mit der Kriegszeit und ihren Auswirkungen auf das Gauorgan beschäftigt, ist bewusst kürzer gehalten, da sich das Hauptinteresse der vorliegenden Arbeit auf die Jahre bis zum Kriegsanfang konzentriert, denn zwischen 1939 und 1945 ist die „ANZ" – wie die anderen Zeitungen natürlich auch – in erster Linie den Erfordernissen und Restriktionen des Krieges untergeordnet. Nun verlor sie sozusagen fast jeden Rest ihrer ohnehin von Vorgaben des Regimes eingeschränkten Individualität. Die Zeitung unterlag den üblichen und immer stärkere Ausmaße annehmenden Kürzungen des Umfangs ebenso wie auch einem kontinuierlichen Personalabbau, denn die Beschäftigten wurden nach und nach eingezogen oder für kriegswichtige Aufgaben abgestellt. Jedoch erwiesen sich die ‚schlechten' Rahmenbedingungen geradezu als Goldgrube für den Verlag – begann nun doch die Jahren, in denen richtig satte Gewinne eingefahren werden konnten. Zudem gelang es dem dritten und letzten Verlagsleiter Friedrich Füger, das Terrain weiter zu arrondieren und nun auch ganz kleine Tageszeitungen sowie Wochen- und Halbwochenblätter unter die Obhut Augsburgs zu bringen.

In der Nacht vom 27. auf den 28. April 1945 standen Soldaten der VII. US-Armee vor Augsburg. Mit ihrem Einmarsch endete der Krieg für die Stadt. Bereits am 26. April war die letzte Ausgabe der „ANZ" produziert worden. Bis zur Lizenzierung der „Schwäbischen Landeszeitung" am 30. Oktober 1945 wurde die Bevölkerung durch eine amerikanische Heeresgruppenzeitung informiert. Nicht nur auf dem Schlachtfeld, auch auf dem Pressesektor erlitten die Nationalsozialisten also eine bedingungslose Niederlage. Doch hatten sie, wie der Gau Schwaben sehr gut zeigt, während ihrer Herrschaft eine beispiellose Verwüstung gewachsener Zeitungsstrukturen vorgenommen.

Sich mit der Geschichte der „NNZ/ANZ" auseinander zu setzen, erinnert stark an ein Puzzlespiel, da die Quellen verstreut sind und die ohnehin nicht allzu üppige Aktenlage vor allem für die Jahre zwischen 1933 und 1943 spärlich ausfällt. Während des Bombardements auf Augsburg am 25./26. Februar 1944 wurden viele Dokumente der NS-Gauverlag Schwaben GmbH. beziehungsweise ihrer Vorgängerin, der National-Verlag GmbH., vernichtet. So erging es auch der Druckerei Schroff.

Einiges aus der Zeit bis März 1933 ist jedoch erhalten geblieben: Dies betrifft eine Korrespondenz mit dem NSDAP-Hauptarchiv über die Auflage, aber auch über die Verbote des Blattes. Sie gehören zu den Beständen des NSDAP-Hauptarchivs und befinden sich unter der Signatur NS 26 im Bundesarchiv Berlin – Abteilungen Potsdam (BA), wo der Benutzer auch in der Sammlung

Schumacher und in den Archivalien des Reichsorganisationsleiters der NSDAP (Signatur NS 22) fündig wird.

Eine wichtige Quelle ist im Münchner Institut für Zeitgeschichte (IfZ) Mikro verfilmt. Dabei handelt es sich um eine zwischen 1935 und 1936 auf der Grundlage einer breit angelegten Befragung erstellte, aber nie veröffentlichte Geschichte der NS-Parteizeitungen, die dort unter der Signatur MA 726/1 und 2 zugänglich ist und den Titel trägt „Die statistische und geschichtliche Entwicklung der N.S.-Presse 1926-1935, Bd. I: (NS-Gaupresse)" und vom Hauptarchiv der NSDAP München 1936 herausgegeben wurde. Die darin beschriebene Geschichte der „Neuen National-Zeitung" wiederum beruht auf einer Sondernummer des Blattes, die im Juni 1933 anlässlich der räumlichen, technischen und personellen Vergrößerung der Gauzeitung zusammengestellt worden ist.[47] Im zweiten Band wurden die Auflagezahlen handschriftlich fortgeführt.

Die Halbmonatsberichte der Regierung von Schwaben und Neuburg, die im Hauptstaatsarchiv München (HStA) liegen, veranschaulichen sehr deutlich die Stimmungslage am Ende der Weimarer Zeit, waren aber für diese Arbeit nicht so sehr von Nutzen. Das gilt übrigens auch für ihre teilweise erhaltenen Berichte nach der Machtübernahme. In Teilen vorhanden sind die monatlichen Analysen der Polizeidirektion Augsburg ab 1933, die hier ebenfalls nur rudimentär Verwendung fanden.

Aus dem Vollen schöpfen lässt sich erst für die Jahre 1944 und 1945. Im Staatsarchiv Augsburg (StA) ist unter der Rubrik „NS-Gauverlag Schwaben" ein reicher Fundus vorhanden. Dies trifft erst recht für die Bestandsaufnahme der Vermögensverhältnisse des Konzerns nach dem Krieg zu. Die Akten der Vermögenskontrolle ermöglichen es zusätzlich, auch die Vorgänge in einigen der kleinen Heimatzeitungen nachzuvollziehen.

Die Biographien der Redaktions- und Verlagsmitglieder beruhen zu einem großen Teil auf den Spruchkammerakten, die im Amtsgericht Augsburg (AG) aufbewahrt werden. Nur Eduard A. Mayrs Urteil befindet sich beim Amtsgericht Günzburg. Die Familienbögen im Stadtarchiv Augsburg (StdtA) lieferten ebenfalls wichtige Hinweise, doch umfassen sie nur grob die ersten beiden Dekaden des vergangenen Jahrhunderts. Ergänzend, wenn auch nicht besonders ergiebig, sind die Recherchen im ehemaligen Berlin Document Center zu nennen, wo noch Material über „NNZ/ANZ"-Mitarbeiter aufbewahrt wird.

Die „NNZ/ANZ", die Hauptquelle dieser Studie, kann komplett von Februar 1931 bis April 1945 in der Augsburger Staats- und Stadtbibliothek eingesehen werden, ebenso wie sämtliche Nummern ihrer Vorläuferin, der Wochenzeitung „Schwäbischer Beobachter", die vom Juli 1930 bis zum Februar 1931 erschie-

---

47 NNZ, Nr. 127 vom 2. Juni 1933, S. 3f.: „Die ‚Neue National-Zeitung' als Kampfblatt der Bewegung".

nen sind. Der „Deutsche Michl" hingegen, wurde erst ab 1. August 1924 archiviert. Die frühen NS-Publikationen „Sturmglocke" und „Schwabenspiegel" existieren nicht mehr, dafür sind die anderen genannten Augsburger Tageszeitungen vorhanden.

Zum Verständnis sei noch gesagt, dass die „Neue National-Zeitung" bis zu ihrem Namenswechsel am 3. August 1936 im Text als „NNZ" abgekürzt wird. Danach hieß sie bis 1945 „Augsburger National-Zeitung" („ANZ"). Obgleich die vorliegende Arbeit in der neuen Rechtschreibung verfasst wurde, werden Bezeichnungen, Begriffe und Zitate in der Originalschreibung verwendet.

I. Die Ausgangssituation: Augsburg am Ende der Weimarer Republik

1. Die politische, wirtschaftliche und soziale Lage

Der Wirtschaftsraum Augsburg war Anfang der 30er Jahre geprägt von der relativ hohen Zahl industrieller Großbetriebe, das heißt, Unternehmen mit mehr als 50 Arbeitern.[48] Von den 110 Firmen, die 1933 dazu gezählt wurden, gehörten allein elf der Metall- und 26 der Textilbranche an. Insgesamt 33 Prozent aller Erwerbspersonen der Stadt fanden zu jener Zeit in den großen Firmen des Textil-, Maschinen- und Papiersektors Lohn und Brot.

Dabei war die Arbeitslosigkeit bereits vor dem Börsenkrach im Oktober 1929, der zum Auslöser für die breite Verelendung der nächsten Jahre wurde, ein Thema in Augsburg. Schon zu Beginn des Jahres heißt es in einem Halbmonatsbericht des Regierungspräsidenten von Schwaben und Neuburg: „Die Arbeitslosigkeit ist weiter in starkem Zunehmen begriffen. Insbesondere auch ländliche Bezirke berichten über das gewaltige Anschwellen der Erwerbslosenziffern."[49] Betroffen war nicht nur der Bezirk Augsburg, schlecht sah es auch in Dillingen, Kaufbeuren, Kempten, Markt Oberdorf und Wertingen aus. Allein am Lech war Mitte Januar 1929 die Zahl der beschäftigungslosen Personen innerhalb von zwei Wochen von 4855 auf 5351 gestiegen. Die Zahlen blieben das ganze Jahr über im Vergleich mit dem Vorjahr relativ hoch. Die Sorge um das finanzielle und wirtschaftliche Auskommen verschaffte den Nationalsozialisten dann bei den Kommunalwahlen in Augsburg im Dezember 1929 drei Sitze im 50-köpfigen Stadtrat,[50] doch war ihre Fraktion nur eine unter neun. Die Mehrheit der Wähler vertraute weiterhin den demokratischen Parteien – an der Spitze die BVP mit 17 Mandaten, dicht gefolgt von der SPD mit 14.[51]

Mit regelmäßiger Wiederkehr berichtete nun die Regierung von Schwaben und Neuburg in den kommenden Jahren von der „bangen Sorge um die Zukunft",[52] die in der Bevölkerung herrsche, aber auch von einer Verschlechterung der öffentlichen Sicherheit.

---

48 Vgl. Peter L. SOBCZYK, Partei, Industrie und Arbeiterschaft in Augsburg: 1933-1945, phil. Diss. Augsburg 1984, S. 3.
49 HStA München, MA 102149, Halbmonatsbericht der Regierung von Schwaben und Neuburg, 18. Januar 1929.
50 Näheres zur NSDAP in Kapitel I.2.
51 Die KPD und die bürgerlichen Parteien hatten jeweils neun, die DNVP verfügte über drei Sitze. Vgl. Wolfgang ZORN, Augsburg – Geschichte einer europäischen Stadt, Augsburg 1994 (3. Auflage), S. 319.
52 HStA München, MA 102149, Halbmonatsbericht der Regierung von Schwaben und Neuburg, 5. Dezember 1930.

Besonders schlimm traf es die Metall- und Textilindustrie, trostlos war aber auch die Lage des Bau- und des Baunebengewerbes. Die Zahl der Beschäftigten ging in Augsburg innerhalb des Jahres 1929 von 60.387 auf 58.219 Personen zurück.[53] 1930 verschlimmerte sich die Lage weiter. Eine Zunahme von fast 1000 Arbeitslosen innerhalb von 14 Tagen meldete die „NAZ" Anfang Dezember 1930: In Augsburg war die Zahl der Erwerbslosen auf fast 15.600 (ohne Kurzarbeiter) angestiegen.[54] Im Laufe des Jahres 1931 häuften sich die Konkurse in der Stadt, darunter auch so namhafter Firmen wie die „Bayerischen Flugzeugwerke" oder „Epple & Buxbaum", Produzent landwirtschaftlicher Maschinen.[55] Die MAN, einer der größten Arbeitgeber der Stadt, musste im April 1931 sogar Mitarbeiter entlassen, die schon 25 Jahre in ihren Diensten standen.[56] Die Wochenarbeitszeit sollte auf drei Tage eingeschränkt werden.

Im März 1932 wurde mit 18.160 der Höchststand an Erwerbslosen vor Hitlers Kanzlerschaft gezählt. Dabei betrug die Quote im Baugewerbe etwa 50 Prozent, im Maschinen- und Fahrzeugbau über 40 Prozent und in der Textilindustrie etwa zehn Prozent.[57] Viele der Betroffenen hatten durch ihre Langzeitarbeitslosigkeit den Anspruch an Arbeitslosen- und Krisenfürsorgeunterstützung verloren.[58] Ihnen blieb nur noch der Gang zu den Wohlfahrtsämtern. Selbst im Krisenjahr 1923 hatte es kein derartiges wirtschaftliches Elend gegeben.

Die ungelernten Kräfte, die Metaller, die Büro- und kaufmännischen Angestellten sowie die Berufsgruppe Baugewerbe litten am meisten unter der Krise.[59] Diejenigen, die noch eine Beschäftigung hatten, mussten nicht nur drastische Arbeitszeitverkürzungen, sondern auch Lohnabbau, die Beamten Gehaltsminderungen, hinnehmen. Immerhin hatte die Textilindustrie die Talsohle der Krise

---

53   Vgl. SOBCZYK, Partei, S. 9.
54   Vgl. „15.570 Arbeitslose in Augsburg", in: Karl FILSER/Hans THIEME (Hgg.), Hakenkreuz und Zirbelnuß: Augsburg im Dritten Reich, Quellen zur Geschichte Bayerisch-Schwabens für den historisch-politischen Unterricht, Bindlach 1983, S. 10. Vgl. hierzu auch das Diagramm zur „Arbeitslosigkeit in Augsburg 1929-1933", in: *ebd.*, S. 10.
55   Vgl. SOBCZYK, Partei, S. 11.
56   Vgl. „Weitere Entlassungen bei der M.A.N.", in: FILSER/THIEME (Hgg.), Hakenkreuz, S. 10.
57   Vgl. Wolfgang ZORN, Schwaben und Augsburg in der ersten Hälfte des 20. Jahrhunderts (Schriften der Philosophischen Fachbereiche der Universität Augsburg Nr. 5, hg. von Josef BECKER und Rolf BERGMANN), München 1976, S. 12.
58   Vgl. Gerhard HETZER, „Von der Reichsgründung bis zum Ende der Weimarer Republik", in: Gunther GOTTLIEB et. al. (Hgg.), Augsburg, S. 568-592, S. 587. Arbeitslosenunterstützung erhielten Personen, die kurzfristig ohne Arbeit waren, Krisenunterstützung ging an seit längerer Zeit Erwerbslose und Wohlfahrtsunterstützung bekamen diejenigen, die seit Jahren keinen Job mehr hatten.
59   Vgl. SOBCZYK, Partei, S. 15.

bereits 1930/31 durchlaufen und bot gerade für die Frauen eine, wenn auch kärglich entlohnte, Beschäftigungsmöglichkeit.[60] Auch in der Schuhindustrie ging es ab Sommer 1932 leicht aufwärts. Ende Januar 1933 waren im Stadtbezirk Augsburg 18.067 Personen ohne Stelle – damit kamen 101,94 Arbeitslose auf 1000 Einwohner.[61] Mit einem Beschäftigungsindex von 79 Prozent gegenüber 1928 war Ende März 1933 der absolute Tiefststand bei den Arbeitslosen erreicht, eine Trendwende zeichnete sich aber bereits seit Jahresanfang ab.[62]

Die danieder liegende Wirtschaft wirkte sich auf die finanzielle Situation der Stadt Augsburg katastrophal aus.[63] Die Kosten für die Wohlfahrtsunterstützung nahmen ständig zu, die Einnahmen an Steuern und Abgaben hingegen gingen stetig zurück. Der Haushaltsentwurf von 1932/33 zeigte trotz sparsamen Wirtschaftens ein Minus von 2,8 Millionen Mark. Die Schuldenlast der Stadt belief sich zum Jahresanfang 1933 auf knapp 60 Millionen Mark.[64] Und die Situation verschlechterte sich weiter, so dass die Verwaltung nach Vorlage von Empfehlungen einer Kommission der Hauptgläubiger bei der Kreisregierung um Entsendung eines staatlichen Kommissars nachsuchte. Dies wurde jedoch im Februar 1933 abgelehnt.

2. Ursprünge und Aufstieg der NSDAP am Lech

Augsburg bot nach dem Ersten Weltkrieg durchaus Nährboden für allerlei völkische Gruppen und Grüppchen. So hatten hier vor der Gründung der nationalsozialistischen Ortsgruppe rechte Organisationen wie etwa der „Hammerbund", die „Reichsflagge", der „Bund Oberland" oder der „Deutschvölkische Schutz- und Trutzbund" ihre Ableger.[65] Allesamt verfochten sie antisemitisches Gedankengut, das schon in den letzten Kriegsjahren in Teilen der frustrierten Bevölkerung auf fruchtbaren Boden gefallen war. Adolf Hitler sprach erstmals am 12. Januar 1921 auf Einladung des „Bundes für Deutsches Recht" am Lech, da er sich dem örtlichen Fabrikanten Dr. Gottfried Grandel gegenüber erkennt-

---

60 Vgl. Karl FILSER/Peter SOBCZYK, „Augsburg im Dritten Reich", in: GOTTLIEB et. al. (Hgg.), Augsburg, S. 614-637, S. 621.
61 Vgl. Kleines Statistisches Lexikon der Stadt Augsburg, Augsburg 1936, S. 8f.
62 Vgl. SOBCZYK, Partei, S. 14.
63 Vgl. HETZER, „Reichsgründung", S. 586ff.
64 Vgl. ZORN, Schwaben, S. 13.
65 Vgl. Karl BRASSLER, „Die nationalsozialistische Bewegung in Augsburg 1922-1924: Ihr Anfang, ihre Blütezeit und ihr Ende", in: DM, Nr. 41 vom 9. Oktober 1925, S. 2-5, S. 2f. – HETZER, „Reichsgründung", S. 588ff.

lich zeigen wollte. Dieser, seit August 1920 NSDAP-Mitglied, spielte unter anderem beim Erwerb des „Völkischen Beobachters" eine wichtige Rolle als Bürge und erwies sich auch sonst als nicht gerade kleinlicher Geldgeber und Helfer.[66]

Anhänger der Bewegung gründeten 1921 auch in Augsburg eine Ortsgruppe und eine SA,[67] die noch vor der parteiinternen Machtergreifung Hitlers Ende Juli 1921 entstanden sind. Während die SA bereits 1922 wieder aufgelöst wurde, aber weiterhin lose zusammenblieb,[68] geht der Ursprung der SS auf das Jahr 1925 zurück, wo sie sich unter Führung von Hans Rehm, dem späteren Handwerkskammerpräsidenten, erstmals konstituierte.[69]

Und doch gelang es Hitler und seinen Anhängern zunächst nicht, in Augsburg richtig Fuß zu fassen, da ihm im örtlichen NSDAP-Mitglied Dr. Otto Dickel ein gefährlicher Gegenspieler erwuchs,[70] obgleich er als „einer der farblosen, völkischen Honoratioren" charakterisiert wird.[71] Bereits bei Hitlers erstem Vortrag war ihm der Studienrat negativ aufgefallen.[72] Kurz darauf, im März

66 Vgl. Hellmut AUERBACH, „Regionale Wurzeln und Differenzen der NSDAP 1919-1923", in: Horst MÖLLER/Andreas WIRSCHING/Walter ZIEGLER (Hgg.), Nationalsozialismus in der Region (Sondernummer der Vierteljahreshefte für Zeitgeschichte), München 1996, S. 65-86, S. 79. – Werner MASER, Die Frühgeschichte der NSDAP: Hitlers Weg bis 1924, Frankfurt/Bonn 1965, S. 329 und S. 266f.
67 ANZ, Nr. 270 vom 20. November 1937: „15 Jahre Kampf und Sieg". In der nicht paginierten „Sonderbeilage der Augsburger National-Zeitung zur 15-Jahrfeier der NSDAP in Augsburg" heißt es, dass Karl Wahl die erste Augsburger SA im Gasthaus Pelikan aufgestellt und sie im Herbst 1923 an Rudolf Wagner, mittlerweile Gauamtsleiter und Ratsherr, übergeben habe.
68 NNZ, Nr. 272 vom 24. November 1934, S. 5: „13 Jahre Kampf in Augsburg und Schwaben".
69 ANZ, Nr. 270 vom 20. November 1937, S. 9: „Treu steht die SS".
70 Vgl. Gerhard HETZER, „Die Industriestadt Augsburg: Eine Sozialgeschichte der Arbeiteropposition", in: Bayern in der NS-Zeit III, Herrschaft und Gesellschaft in Konflikt, Teil B, hg. von Martin BROSZAT, Elke FRÖHLICH, Anton GROSSMANN (Veröffentlichung im Rahmen des Projekts „Widerstand und Verfolgung in Bayern" im Auftrag des Bayerischen Staatsministeriums für Unterricht und Kultus, bearb. vom Institut für Zeitgeschichte in Verbindung mit d. Staatl. Archiven Bayerns), München/Wien 1981, S.1-234, S. 51. Zu Dr. Otto Dickel siehe auch Albrecht TYRELL, Vom „Trommler" zum „Führer": Der Wandel von Hitlers Selbstverständnis zwischen 1919 und 1924 und die Entwicklung der NSDAP, München 1975, S. 110ff. und S. 116.
71 Wolfgang HORN, Führerideologie und Parteiorganisation in der NSDAP 1919-1933, Düsseldorf 1972, S. 86. – AUERBACH, „Wurzeln", S. 78, bescheinigt Dickel ein gutes Talent als Redner, der seine Überzeugungen mit Vehemenz vortragen konnte und ein starkes Sendungsbewusstsein hatte.
72 Vgl. AUERBACH, „Wurzeln", S. 77.

1921, gründete Dickel, dessen Antisemitismus viel gemäßigter als der Hitlers oder Streichers gewesen sein soll, die „Deutsche Werkgemeinschaft", die „ihrem Wesen nach überparteilich sein wollte, jede Parteipolitik als berechtigt anerkannte."[73] Er habe „offen und geheim" gegen Hitler gearbeitet und soll in München sogar eine Anti-Hitler-Plakatkampagne arrangiert haben.[74] Dickel, Verfasser eines Gegenentwurfs zu Oswald Spenglers philosophischem, damals sehr bekanntem Buch „Der Untergang des Abendlandes", das den bezeichnenden Titel „Die Auferstehung des Abendlandes. Die abendländische Kultur als Ausfluß des planetarischen Weltgefühls" trug, gelang es, den größten Teil der jungen Augsburger Ortsgruppe auf seine Seite und damit in die Reihen seiner „Deutschen Werkgemeinschaft" zu ziehen. Der Gymnasial-Sportlehrer knüpfte auch über Bayern hinaus Kontakte mit anderen Organisationen, wobei es ihm sogar gelang, Stützpunkte im Norden zu etablieren.[75] Die von ihm vertretene Ideologie war, ähnlich wie die der Hitler-Anhänger, stark von ‚Blut-und-Boden'-Visionen geprägt: Ihm schwebte ein auf germanischem Gedankengut aufbauendes Rechtswesen und eine ständisch geprägte, wahrhaftige deutsche Volksverfassung vor.[76] Auf kleinen Erblehenhöfen sollten die Nahrungsmittel für die ganze Bevölkerung produziert werden.

---

73 BRASSLER, „Bewegung", S. 2.
74 BA Berlin, NS 26/158, Schrift über die Vorkommnisse innerhalb der Gründung der N.S.D.A.P. von Pg. Karl Böhrer, Augsburg, vom 20. April 1941, S. 14. Karl Böhrer, ein Eisendreher, war während der Räterepublik als Mitglied des revolutionären Zwölferrats Wohnungskommissar gewesen. Er schloss sich der NSDAP an und war einer der Leiter der „Deutschen Werkgemeinschaft". 1941, rechtzeitig zu Hitlers Geburtstag, stellte er einen handschriftlichen Bericht über die nachrevolutionären Ereignisse in Augsburg und die Frühzeit der NSDAP fertig. Die 25-seitige Abhandlung, die chaotisch und umständlich formuliert ist, hatte vor allem den Zweck, sich selber ins rechte Licht zu rücken und sich als glühenden Hitler-Anhänger zu präsentieren – wahrscheinlich, um sowohl die eigene revolutionäre Vergangenheit als auch die Mitgliedschaft in der „Deutschen Werkgemeinschaft" vergessen zu machen. Deshalb ist das handschriftlich abgefasste Werk nur bedingt glaubwürdig.
75 Vgl. HETZER, „Reichsgründung", S. 588f. – Rudolf RIETZLER, „Kampf in der Nordmark": Das Aufkommen des Nationalsozialismus in Schleswig-Holstein (1919-1928) (Studien zur Wirtschafts- und Sozialgeschichte Schleswig-Holsteins, Bd. 4), Neumünster 1982, S. 180f.
76 Vgl. HETZER, „Industriestadt", S. 51. Der NS-Chronist Braßler schreibt später fast entschuldigend: „In ihrem Wesen und Wollen in sachlicher Hinsicht waren Nationalsozialistische Partei und Werkgemeinschaft Eines." Nur durch die Art, das Ziel einer Volkserneuerung zu erreichen, hätten sie sich unterschieden. Vgl. BRASSLER, „Bewegung", S. 2. Die „Deutsche Werkgemeinschaft", die sich in der Öffentlichkeit als „überparteiliche, wirtschaftlich-politische Vereinigung" vorstellte, propagierte jedoch keine detaillierten Vorschläge, vielmehr zielte sie auf die Verbreitung eines radikalen Antisemitismus ab. Vgl. RIETZLER, „Kampf", S. 195. In der nach ihm benannten Laubenkolonie ‚Dickelsmoor', seit 1972 ein Ortsteil der Stadt Friedberg, versuchte

Als Hitler im Frühjahr/Sommer 1921 die Alleinherrschaft über die Partei vorbereitete, gab Dickel das Signal zur parteiinternen Revolution. Während der spätere ‚Führer' sechs Wochen nach Berlin reiste, um dort für die Bewegung zu werben und Kontakte zu konservativen und rechtsradikalen Gesinnungsgenossen zu knüpfen, lud der alte Parteiausschuss – dabei handelte es sich um die einstigen Gründer der DAP, die sich von Hitler überspielt und nur noch ‚geduldet' sahen - das NSDAP-Mitglied Dickel im Juli 1921 zu einem Vortrag nach München ein.[77] Zusammen mit dem Parteigründer Anton Drexler und dem Leiter der Deutschsozialistischen Partei (DSP) in Nürnberg, Julius Streicher, plante Dickel einen Zusammenschluss ihrer Gruppen auf gleichberechtigter Basis, um Hitler ins Abseits zu manövrieren. Das Vorhaben scheiterte, da dieser zurückkehrte, seinen Austritt erklärte und sich durch diese Überrumpelungstaktik die konsternierten Münchner Parteigenossen unterwarf.[78] Hitler propagierte nun den Anschluss anderer Gruppen an die Bewegung, wobei die Führung bei den Münchnern liegen sollte. Wer sich dem nicht fügen wollte, der konnte gehen. Damit waren Dickels ehrgeizige Pläne gescheitert. In einem Rundschreiben der Parteileitung vom 21. September 1921 wurde er aus der NSDAP ausgeschlossen.

Richtig bergab ging es mit der „Deutschen Werkgemeinschaft" nach dem Übertritt Julius Streichers zur NSDAP im Oktober 1922.[79] Er war im Herbst 1921 mitsamt seiner etwa 800 Personen umfassenden DSF-Ortsgruppe und der Zeitschrift „Deutscher Sozialist" (später: „Deutscher Volkswille") zu Dickel übergegangen, weil sich das Blatt in finanziellen Schwierigkeiten befand. Nach einem Jahr brauchte er erneut Geld und geriet deswegen mit dem Augsburger in Streit. Auch passten Dickel die antisemitischen Ausfälle des Nürnbergers nicht. Als Konsequenz verließ Streicher im September die „Deutsche Werkgemeinschaft" und nahm Kontakt mit dem ihn heftig umwerbenden Hitler auf, der nicht

---

Dickel übrigens, sein Siedlungsmodell umzusetzen. Vgl. „Dr. Otto Dickel", in: Augsburger Stadtlexikon, hgg. von Günther GRÜNSTEUDEL, Günter HÄGELE und Rudolf FRANKENBERGER in Zusammenarbeit mit Wolfram BÄR et. al., 2., völlig neu bearbeitete und erheblich erweiterte Auflage von 1985, Augsburg 1998, S. 351.

77 Vgl. MASER, Frühgeschichte, S. 266ff.
78 Vgl. Konrad HEIDEN, Geschichte des Nationalsozialismus: Die Karriere einer Idee, Berlin 1932, S. 53ff. – MASER, Frühgeschichte, S. 273. – HORN, Führerideologie, S. 55ff. – AUERBACH, „Wurzeln", S. 77ff.
79 Vgl. RIETZLER, „Kampf", S. 197f. – HORN, Führerideologie, S. 86f. – HETZER, „Reichsgründung", S. 589. Dr. Otto Dickel wurde im Oktober 1934 zusammen mit anderen Mitgliedern völkischer und nationalrevolutionärer Gruppen verhaftet, weil er, so die Behörden, einen flüchtigen Funktionär der „Schwarzen Front" Otto Strassers unterstützt habe. Er wurde jedoch nicht verurteilt. 1944 beging Dickel Selbstmord. Vgl. HETZER, „Reichsgründung", S. 592 Anmerkung 36.

nur die Schulden zahlte, sondern auch noch ein Darlehen von 70.000 Reichsmark für die Erhaltung des „Volkswillen" gab.

Doch auch andere kehrten der sich zunehmend isolierende Splittergruppe den Rücken: „Die mit der Leitung und den Verhältnissen in der Deutschen Werkgemeinschaft Augsburg unzufriedenen Mitglieder trugen sich längst mit dem Gedanken, an Hitler heranzutreten und über den Kopf ihres ‚Führers' Herrn Dr. Dickel eine Ortsgruppe der Nationalsozialistischen Partei zu gründen."[80] Eine ordentliche Portion Opportunismus – nachdem Hitler im Kampf gegen Dickel die Oberhand behalten hatte – mag auch dabei gewesen sein. Jedenfalls wurde unter dem Vorsitz des Stadtamtmannes Dr. Adolf Frank[81] am 27. Oktober 1922 – dieser Tag galt künftig als offizieller Gründungstag – die fürderhin treu zu München haltende NSDAP-Ortsgruppe gegründet, deren Vorsitzender ein Arbeiter der Grandelschen Ölmühle namens Schröffer wurde.[82] Pikanterweise trat ausgerechnet der Renegat Julius Streicher als einer der Redner bei ihrer ersten öffentlichen Versammlung am 4. November 1922 im „Stockhauskeller" auf.[83] Beim Hitlerputsch ein Jahr darauf, am 8./9. November 1923, spielten weder die rund 200 Mitglieder starke Augsburger NSDAP noch die 90 Mann umfassende SA eine Rolle, da sie trotz Bereitschaft keinen Einsatzbefehl erhalten hatten.

Die November-Ereignisse in der Landeshauptstadt zogen die Auflösung und das Verbot der NSDAP nach sich. Zunächst im Augsburger „Kampfbund zur Brechung der Zinsknechtschaft" bei der Stange gehalten, organisierten sich die Mitglieder nach dessen Verbot im „Völkischen Block"[84] – von dem sich die von Dr. Adolf Frank geführte „Großdeutsche Volksgemeinschaft"[85] abspaltete – so-

---

80 BRASSLER, „Bewegung", S. 2.
81 Zur Biografie Dr. Adolf Franks siehe NNZ, Nr. 164 vom 18. Juli 1934, S. 6: „Oberamtmann Dr. jur. Adolf Frank". Bei dem Artikel befindet sich auch ein Foto.
82 Vgl. HETZER, „Reichsgründung", S. 589.
83 Vgl. Die NSDAP am Platze, hg. vom Organisationsamt der Nationalsozialistischen Deutschen Arbeiterpartei Gau Schwaben, Augsburg 1935, S. 15f.
84 Bei den Reichstagswahlen am 6. Mai 1924 erreichte der „Völkische Block" in Augsburg 20,6 Prozent der abgegebenen Stimmen, am 7. Dezember 1924 waren es nur noch 4,1 Prozent. Vgl. HETZER, „Industriestadt", S. 72. Hier sind alle Augsburger Reichstagswahlergebnisse von 1919 bis 1933 abgedruckt.
85 Die „Großdeutsche Volksgemeinschaft" entstand aus einem Richtungsstreit heraus. Die Streicher-Gruppe, die Münchner Gruppe um die Parteizentrale (unter anderem mit Esser, Amann, Rosenberg, Franz Xaver Schwarz und Philipp Bouhler) sowie die Thüringer Anhängerschaft des antisemitischen Pamphletisten Arthur Dinter schlossen sich zu ihr zusammen, da sie den parlamentarischen Weg des „Völkischen Blocks" nicht unterstützen wollten. Das Einzige, was die beiden Flügelgruppen verband, war die Anerkennung Adolf Hitlers als Parteichef. Die Mitglieder der „Großdeutschen Volksgemeinschaft" waren vorwiegend Angehörige des kleinen gewerblichen Mittelstandes, Arbeiter und Frauen, während der „Völkische Block" vor allem Offiziere und Beamte,

wie in weiteren parteipolitischen Tarngruppen. Nach der Wiedergründung der NSDAP in München am 27. Februar 1925 gingen auch die Augsburger daran, ihre Ortsgruppe im März desselben Jahres zu reaktivieren; die offiziöse Parteigeschichtsschreibung nennt übrigens den Juli.[86] Da die Führer der einzelnen völkischen Gruppen sich aufgrund von Streitereien und hohen Schulden gegenseitig bekämpften, dauerte es bis ins Jahr 1926, um die Wogen zu glätten.[87] Als am 1. Februar 1928 Schwaben zum eigenständigen Gau aufgestuft wurde, übernahm der bisherige Augsburger Ortsgruppenleiter Karl Wahl das Amt des Gauleiters, das er bis zum Zusammenbruch 1945 bekleidete. Wahls Nachfolger als Ortsgruppenleiter war sein Kontrahent Gallus Schneider, der mit Hilfe der das proletarische Element verkörpernden SA, der örtlichen HJ-Führung und der „Alten Kämpfer" ins Amt gehievt wurde.[88]

Mit der 1929 beginnenden Wirtschaftskrise boomte auch der Zulauf zur Augsburger NSDAP. Zwischen 1930 und Januar 1933 wuchs ihre Mitgliedschaft von 600 auf rund 1900. Bis zum Sommer 1933 waren es dann schon 5540 Parteigenossen in 22 Ortsgruppen.[89] Im 50-köpfigen Augsburger Stadtrat saßen mit Gallus Schneider, Hans Rehm und Josef Mayr seit 1929 drei Nationalsozialisten, die keine sonderlich große Rolle in diesem Gremium spielten, es jedoch im Dritten Reich alle zu bedeutenden Positionen im Gau Schwaben brachten.[90]

Dieser zunehmende Rechtsruck schlug sich sichtlich auf die Ergebnisse der Reichstagswahlen nieder: Hatte die NSDAP von den Augsburgern am 20. Mai

---

Kaufleute, den gehobenen Mittelstand sowie einige Arbeiter ansprach. Vgl. Falk WIESEMANN, Die Vorgeschichte der nationalsozialistischen Machtübernahme in Bayern 1932/33 (Beiträge zur historischen Strukturanalyse Bayerns im Industriezeitalter, Bd. 12, hg. von Karl BOSL), Berlin 1975, S. 78ff.

86 Der Aufruf zur Gründung einer Augsburger Ortsgruppe findet sich im DM, Nr. 10 vom 6. März 1925, S. 3: „Der alte Hitlergeist lebt". Im DM, Nr. 11 vom 13. März 1925, S. 5: „Der alte Hitlergeist lebt noch" ist von einer Einigung der beiden Ortsgruppen – „Großdeutsche Volksgemeinschaft" und „Völkischer Block" – die Rede. Dabei wurde ein gemeinsamer Arbeitsausschuss gegründet, der aus jeweils drei Mitgliedern der beiden Verbände bestand und die neu gebildete Ortsgruppe bis zur Vorstandswahl leiten sollte.
87 Vgl. HETZER, „Reichsgründung", S. 589f.
88 Näheres zu den Biographien Wahls, Schneiders und auch zu Josef Mayr in Kapitel II.2.2.2.
89 Vgl. HETZER, „Industriestadt", S. 67f.
90 Vgl. Wolfgang DOMARUS, Nationalsozialismus, Krieg und Bevölkerung: Untersuchungen zur Lage, Volksstimmung und Struktur in Augsburg während des Dritten Reiches (Miscellanea Bavarica Monacensia, Dissertationen zur Bayerischen Landes- und Münchner Stadtgeschichte, Heft 71, hg. von Karl BOSL und Michael SCHATTENHOFER; Neue Schriftenreihe des Stadtarchivs München, Bd. 91), München 1977, S. 30.

1928 noch sieben Prozent erhalten,[91] so stiegen die Zahlen fast kontinuierlich weiter an und korrespondierten mit dem immer dramatischer werdenden ökonomischen Niedergang am Lech. Am 14. September 1930 waren es 12,6 Prozent, am 31. Juli 1932 23,1 Prozent, am 6. November 1932 23 Prozent der Stimmen.

Und am 5. März 1933 erhielt die Hitler-Partei 32,3 Prozent: „An diesem Tag wird es offenbar, daß mehr als 35.000 Wahlberechtigte hinter dem Führer stehen", heißt es in einem nationalsozialistischen „Rechenschaftsbericht" von 1938, der auf das Ergebnis jedoch nicht weiter einging.[92] Denn Augsburg lag damals deutlich unter dem Reichsdurchschnitt von 43,9 Prozent.[93]

3. Der Augsburger Zeitungsmarkt

Rund 165.500 Einwohner hatte Augsburg im Jahr 1930[94] und galt somit als Verlagsort der größeren Provinzpresse.[95] Ihre Bedeutung als überregional bekanntes Zeitungszentrum hatte die Stadt mit dem Wegzug der „Allgemeinen Zeitung" und der „Augsburger Abendzeitung" nach München weitgehend eingebüßt, doch hing ihr mit der „Augsburger Postzeitung" als führendem Blatt der süddeutschen katholischen Intelligenz noch ein gewisser Ruhm nach. Immerhin teilten sich den Augsburger Markt fünf Tageszeitungen. Hinzu kamen noch zehn weitere, nicht täglich erscheinende Blätter.[96] Die einzelnen Presseerzeugnisse deckten die wesentlichen politischen Richtungen der bayerischen Parteienlandschaft ab: Als SPD-Organ fungierte die „Schwäbische Volkszeitung", die Interessen der Bayerischen Volkspartei (BVP) vertraten die bei Haas & Grabherr erscheinenden Publikationen „Augsburger Postzeitung" und „Neue Augsburger Zeitung", dem nationalen Lager zugewandt waren die „Augsburger Neuesten Nachrichten" und die „München-Augsburger Abendzeitung".

---

91 Vgl. *ebd.*, S. 72.
92 Fünf Jahre Aufbau der Stadt Augsburg. Ein Rechenschaftsbericht über die Jahre 1933-1937, Textband, hg. vom Oberbürgermeister der Gauhauptstadt, Augsburg 1938, S. 3.
93 Die Reichstagswahlergebnisse für die Jahre 1928 bis 1933 bei DOMARUS, Nationalsozialismus, S. 25.
94 SPERLINGS Zeitschriften- und Adreßbuch 1930, Handbuch der deutschen Presse: Die wichtigsten deutschen Zeitschriften und politischen Zeitungen Deutschlands, Österreichs und des Auslandes, bearbeitet von der Adreßbücher-Redaktion der Geschäftsstelle des Börsenvereins der Deutschen Buchhändler zu Leipzig (56. Ausgabe), Leipzig 1930, S. 434.
95 Dazu rechnete man Städte mit bis zu 200.000 Einwohnern. Vgl. Heinrich MATT, Die Kapitalorganisation der deutschen Tagespresse, staatswissenschaftl. Diss. Heidelberg 1931, S. 19.
96 Vgl. Heinrich WURSTBAUER, Lizenzzeitungen und Heimatpresse in Bayern, phil. Diss. München 1952, S. 10.

3.1 Die „München-Augsburger Abendzeitung"[97] („MAA")

1675[98] begann der Protestant Jakob Koppmayer (1640-1701)[99] mit dem Druck einer regelmäßig erscheinenden (daher die Bezeichnung „Ordinari") Wochenzeitung.[100] Nachdem sein ehemaliger Geselle, der Katholik August Sturm, beim Geheimen Rat der Stadt 1686 ebenfalls um eine Genehmigung zum Zeitungsdrucken anfragte, intrigierten die verfeindeten Parteien zunächst gegeneinander. Da der Geschäftssinn aber schließlich ihr Konfessionsbewusstsein überwog, einigten sich die Kontrahenten im Jahr darauf dann ziemlich schnell, damit beide in den Besitz der Druckerlaubnis kamen.

So erschienen von nun an in der Freien Reichsstadt zwei Zeitungen mit verschiedener konfessioneller Tendenz, die naturgemäß ständig miteinander konkurrierten.[101] Andererseits war schon im 1648 geschlossenen Westfälischen Frieden die Gleichberechtigung beider Religionen besiegelt und in Augsburg bis

---

97 Ausführliche Literaturangaben zur „MAA" bei MANCAL, „Zeitungen (17. bis 19. Jhdt.)", S. 683 Anmerkung 2.
98 Von 1903 bis 1935 galt Augsburg sogar als Druckort der ältesten deutschen Wochen- und zugleich der ersten periodischen Wochenzeitung Europas. Diese Theorie ging auf den Postrat Grimme zurück, der 1903 in der Provinzialbibliothek von Hannover die so genannten „Avisa" aus den Jahren 1609/10 bearbeitet und Augsburg als deren Druckort vermutet hatte. 1914 behaupteten Cajetan FREUND und Ernst HEUSER in ihrem Buch „Die München-Augsburger Abendzeitung: Ein kurzer Abriss ihrer mehr als 300jährigen Geschichte 1609-1914", München 1914, dass der Augsburger Lukas Schultes jene „Avisa" gedruckt habe und die „MAA" auf das Wochenblatt von 1609 zurückgehe. Dies veranlasste die „MAA", in ihren Titel „begründet 1609" aufzunehmen. Die Arbeit von Helmut FISCHER, Die ältesten Zeitungen und ihre Verleger, Augsburg 1936, bereitete dieser Annahme jedoch ein Ende. Der Autor, Assistent bei Professor Karl d'Ester am Zeitungswissenschaftlichen Institut in München und Mitarbeiter der „MAA", vertrat die These, die erste deutsche Zeitung sei in Helmstedt hergestellt worden. Vgl. Adolf DRESLER, Augsburg und die Frühgeschichte der Presse, München 1952, S. 5. Dies brachte Fischer im Übrigen in offenen Konflikt mit Walter Heide, dem Präsidenten des Deutschen Zeitungswissenschaftlichen Verbandes, der fünf Gutachten in Auftrag gab, um Fischer zu widerlegen. Näheres hierzu in: „NS-Presseanweisungen der Vorkriegszeit", Edition und Dokumentation, Bd. 4/II: 1936, bearbeitet von Gabriele TOEPSER-ZIEGERT unter Mitarbeit von Doris KOHLMANN-VIAND und Karen PETER, hg. von Hans BOHRMANN, Institut für Zeitungsforschung der Stadt Dortmund, München (usw.) 1993, Anmerkung zu Anweisung ZSg. 102/3/57/58(8), S. 1009f.
99 Zur Biographie Koppmayers siehe Hans-Jörg KÜNAST, „Dokumentation: Augsburger Buchdrucker und Verleger", in: Augsburger Buchdruck, S. 1205-1340, S. 1249.
100 Vgl. MANCAL, „Zeitungen (17. bis 19. Jhdt.)", S. 693ff. In DERS., „Zeitungen", S. 614, wird der Beginn um ein Jahr vordatiert.
101 Vgl. Margot LINDEMANN, Deutsche Presse bis 1815: Geschichte der deutschen Presse, Teil I, Berlin 1969, S. 148f.

hin zur Ämterbesetzung ausführlich geregelt worden. Die Auswirkungen dieser Verordnung bekamen auch die zwei rivalisierenden Verleger zu spüren, weil jede Konfession zwei Zensoren stellen durfte. Seit 1732 genügte bereits der Einspruch eines Zensors, um den Druck eines beanstandeten Artikels zu verbieten. Je nach Laune des Kontrolleurs konnte das der einen oder anderen Publikation ziemlichen Ärger einbringen.

Die beiden wöchentlich zunächst zweimal, auch noch am selben Tag herausgegebenen Blätter hatten irritierender Weise anfangs fast identische Titel: Koppmayer druckte die „Wochentlich=Ordinari=Post=Zeitung", Sturm hingegen gab die „Wochentliche Ordinari-Post-Zeitung" heraus.[102] Ab 1713 ging das Koppmayersche Organ zur fünftägigen, fünf Jahre später zur sechsmaligen und 1826 zur siebentägigen Erscheinungsweise über.[103] Die Redakteure und Verleger wechselten im Laufe der Jahrhunderte ebenso wie der jeweilige Zeitungstitel. 1826 nannte sich das Blatt „Augsburger Abendzeitung". Mit Johann Christian Wirth,[104] der ab 1827 als Verleger und Schriftleiter in Erscheinung trat, begann ab 1831 eine vorsichtige Parteinahme für den Liberalismus. Selbst 1848 blieb der Protestant dieser Linie trotz aller Radikalismustendenzen treu: Die „Abendzeitung", deren Leserstamm im bürgerlich-städtischen Mittelstand und in der Landbevölkerung beheimatet war, stand dem Lager der Regierungsfreunde näher als dem ihrer Gegner. Und so standen sich das evangelisch-liberale Blatt und die dem katholisch-konservativen Lager angehörende „Postzeitung" wieder einmal kontrovers gegenüber.

Im Gegensatz zur „Augsburger Postzeitung" nahm die „Augsburger Abendzeitung", was die Auflage anbetraf, einen rapiden Aufschwung. Sie steigerte sich von 2000 Stück 1841 bis auf 20.000 Exemplare im Jahr 1872.[105] 1889 waren es 35.000 und 1912 sogar 39.500 Zeitungen.[106] Um dem zunehmenden Absatz seiner Zeitung technisch gerecht werden zu können, kaufte Carl Christian Wirth als erster Verleger in Bayern überhaupt die erste bei der Maschinenfabrik Augsburg-Nürnberg (MAN) hergestellte Rotationsmaschine.[107] Das dazu notwendige Rollenpapier produzierte die ebenfalls am Lech beheimatete Papierfabrik Haindl.

---

102 Vgl. MANCAL, „Zeitungen (17. bis 19. Jhdt.)", S. 697.
103 Vgl. *ebd.*, S. 703ff.
104 Zu Wirth siehe KÜNAST, „Dokumentation", S. 1307.
105 Vgl. Horst HEENEMANN, Die Auflagenhöhe der deutschen Zeitungen: Ihre Entwicklung und ihre Probleme, phil. Diss. Berlin 1929, S. 62. Hier noch detailliertere Angaben.
106 Vgl. *ebd.*, S. 85. Hier noch weitere Angaben.
107 Vgl. Helmut FISCHER, „Die Zeitung im 19. und 20. Jahrhundert", in: 325 Jahre Bayern und die München-Augsburger Abendzeitung, Jubiläumsausgabe, o. O. 1934, S. 13, S. 13.

Zwar ohne offizielle Parteibindung, aber als eines der wichtigsten Sprachrohre des süddeutschen Liberalismus bekannt, verkauften die Wirthschen Erben die „Augsburger Abendzeitung" mitsamt ihrer Druckerei 1904 an die Münchner „F. Bruckmann Verlagsanstalt AG". Aufgrund der besseren Verkehrsanbindung wurde das Druck- und Verlagshaus im September 1912 nach München verlegt. Seitdem firmierte die Publikation, die nun betont gesamtnationale Ziele verfocht, als „München-Augsburger Abendzeitung".[108] Nach dem Umzug in die Landeshauptstadt steigerte sich die Bezieherzahl dann auf fast 50.000, wobei die „MAA" vor allem in Beamten- und Wirtschaftskreisen weite Verbreitung fand.

Die Zeitungsstadt Augsburg hingegen hatte nach der Übersiedlung der Cotta'schen „Allgemeinen Zeitung" 1882 nach München zum zweiten Mal innerhalb relativ kurzer Zeit einen schweren Aderlass hinzunehmen. Lediglich eine Lokalredaktion der „MAA" blieb vor Ort, um die 1500 bis 2500 Abonnenten mit einem Stadtanzeiger zu versorgen.[109] Doch schon 1914 wurde die Augsburger Niederlassung von der Bruckmann AG aufgegeben und das Gebäude an den Drucker Heinrich Heber veräußert.[110] Nach dem Ersten Weltkrieg wechselten erneut die Besitzverhältnisse der Publikation. Ein aus Deutschnationalen und Alldeutschen gebildetes Konsortium namens „München-Augsburger Abendzeitung G.m.b.H.", zu dessen Geldgebern Hitlers späterer Koalitionspartner, der Pressezar Alfred Hugenberg, gehörte, kaufte 1920 das Traditionsorgan.[111] Das Kapital betrug ursprünglich 500.000 Mark, im Frühjahr 1925 wurde es auf 200.000 Mark reduziert. Im Aufsichtsrat der Gesellschaft saßen neben Hugenberg noch eine weitere Reihe von DVP- und DNVP-Mitgliedern.[112] Es verwundert kaum, dass sich das demokratisch gesinnte Blatt künftig dem Gedankengut seiner deutschnationalen Besitzer verschrieb. Die Redaktion vollzog den Rechtsruck der Partei ebenfalls.[113]

Zum 1. Juni 1932 erwarb dann die „große führende nationale Zeitung Süddeutschlands von hoher politischer, wirtschaftlicher und kultureller Bedeutung", die „in kaufkräftigen Kreisen von Handel, Industrie, Gewerbe und Landwirtschaft sowie des gebildeten Mittelstandes" verbreitet war und sich selbst als

---

108 Vgl. Hermann HART, „Augsburg", in: Walter HEIDE (Hg.), Handbuch der Zeitungswissenschaft, bearbeitet von Ernst Herbert LEHMANN, Bd. 1, Leipzig 1940, Sp. 386-403, Sp. 399.
109 Vgl. HETZER, „Presse", S. 1137.
110 Vgl. KÜNAST, „Dokumentation", S. 1321.
111 Zur Vorgeschichte vgl. HOSER, Hintergründe 1, S. 69ff.
112 Vgl. Otto GROTH, Die Zeitung: Ein System der Zeitungskunde (Journalistik), Bd. 2, Mannheim, Berlin, Leipzig 1929, S. 591.
113 Vgl. Fred OTTOW, „Der Reichsgedanke in der Zeitung: Die Aufgaben im neuen Deutschland", in: 325 Jahre, S. 2, S. 2.

„Qualitätsblatt und Insertionsorgan ersten Ranges" anpries,[114] das Konkurrenzblatt „Augsburger Neueste Nachrichten".

Das Nachsehen hatte dabei die „NNZ", obwohl die Übernahmeverträge mit dem Verlag der Gebrüder Reichel bereits bis zur Unterschriftsreife ausgehandelt worden waren. Die „Augsburger Neuesten Nachrichten" wurden mit der auflagenschwachen B-Ausgabe der „München-Augsburger Abendzeitung" zusammengelegt, die, bei siebenmaligem Erscheinen in der Woche, 2,90 Mark kostete.[115]

3.2 Die „Augsburger Postzeitung" („AP")[116]

Neben der „München-Augsburger Abendzeitung" gehörte die „Augsburger Postzeitung" nicht nur zu den traditionsreichsten Blättern am Lech, sondern auch zu den ältesten Publikationen in Deutschland und Europa.[117] Es liegt in der Natur der Dinge, dass aufgrund unterschiedlicher konfessionell-politischer Ansichten von Anfang an eine Rivalität zwischen beiden herrschte, deren Ursprung auch im persönlichen Verhältnis der Verleger zueinander zu suchen ist.[118]

Gegründet wurde die Postzeitung 1686 von August Sturm. Der Katholik war ein ehemaliger Buchdruckgeselle des Protestanten Jakob Koppmayer, der 1675 die „Wochentlich=Ordinari=Post=Zeitung" (seit dem Jahr 1912 „München-Augsburger Abendzeitung") gegründet hatte.[119] Als „Augspurgische Ordinari Postzeitung" sollte das Sturm-Blatt den katholisch-kaiserlichen Gegenpol zur evangelisch-geprägten „Abendzeitung" verkörpern.[120] Zuerst erschien sie zweimal; ab 1717 fünfmal pro Woche und ab 1740 kam sie dann sogar auch noch am Sonntag heraus. Bis zum Jahr 1800 gelang es, die Auflage kontinuierlich zu steigern, so dass die „Postzeitung" nach dem knapp 30.000 Exemplare produzierenden Hamburger „Unpartheyischen Correspondent" mit 11.000 bis 13.000 Stück die von der Auflage her zweitstärkste deutsche Zeitung wurde.[121]

Die Eingliederung der einst Freien Reichsstadt Augsburg ins Königreich Bayern, dessen Zensurbestimmungen und der Nachdruck des Blattes in Österreich machten der „Postzeitung", als Organ der katholischen Intelligenz und Gegnerin der Bismarckschen Politik zu schaffen. Die Auflage schrumpfte – mit

---

114 Eigenanzeige in SPERLING 1930, S. 445.
115 SPERLING 1930, S. 445.
116 Ausführliche Literaturangaben zur „AP" bei MANCAL, „Zeitungen (17. bis 19. Jhdt.)", S. 683 Anmerkung 2.
117 Siehe hierzu Kapitel I.3.1.
118 Vgl. MANCAL, „Zeitungen (17. bis 19. Jhdt.)", S. 683, und zu den persönlichen Hintergründen *ebd.*, S. 694ff.
119 Vgl. *ebd.*, S. 694.
120 Vgl. WALZEL, Postzeitung, S. 2.
121 Vgl. MANCAL, „Zeitungen (17. bis 19. Jhdt.)", S. 685.

einigen Unterbrechungen allerdings.[122] 1833 wurde die Publikation nach verschiedenen Namensänderungen in „Augsburger Postzeitung" umbenannt. Als Dr. Ludwig Schönchen 1844 für die nächsten zwölf Jahre die Schriftleitung übernahm, entwickelte sie sich immer mehr zum fanatischen und aggressiven Sprachrohr des katholisch-konservativen Lagers. Da sie dem von Guido Görres 1848 gegründeten „Verein für konstitutionelle Monarchie und religiöse Freiheit" nahe stand, wurde die „AP" von der Regierung als betont antipreußisches und antidemokratisches Kampfblatt eingestuft und sogar den Behörden zur Beobachtung empfohlen.[123]

Mit dem Eintritt des Redakteurs Dr. Max Huttler[124] 1855 gewann die „AP" überregionale Bedeutung. Neben der „Kölnischen Volkszeitung" und der „Germania" in Berlin galt sie als drittes bedeutendes Aushängeschild des politischen Katholizismus im Kaiserreich.[125] 1858 erwarb Huttler die „AP", nachdem er bereits ein Jahr zuvor den später in „Neue Augsburger Zeitung" umbenannten „Augsburger Stadt- und Landboten" gekauft hatte. Er gliederte diese Blätter in sein „Literarisches Institut" ein, das der Redakteur Adolf Haas und Huttlers Faktor Joseph Grabherr nach seinem Tod 1887 zu gleichen Teilen erbten.[126]

Unter dem Namen „Literarisches Institut von Haas & Grabherr in Augsburg, GmbH & Co KG" wurde die Firma ab 1888 weiter betrieben. Das dem politischen Katholizismus verbundene Unternehmen entwickelte sich zu einem der Zentrumspartei nahe stehendem Verlag.[127] Später, nach der Novemberrevolution 1918, schloss sich die „älteste und politisch führende katholische Tageszeitung Süddeutschlands" dem „Landesverband der Presse der bayerischen Volkspartei" an.[128] Ein Blatt für die breite Masse war die „AP" auch jetzt nicht,[129] vielmehr

---

122 So waren es 1841: 1500 Stück, 1862: 3100 Stück, 1865: 1800 Stück, 1866: 5500 Stück, 1867: 1800 Stück, 1886: 2000 Stück, 1890-92: 2400 Stück. Vgl. HEENEMANN, Auflagenhöhe, S. 62 und 74. Hier befinden sich noch weitere Zahlen.
123 Vgl. MANCAL, „Zeitungen", S. 619.
124 Zu Max Huttler vgl. Paul HOSER, „Max Huttler als Zeitungs- und Buchverleger (1823-1887)", in: Augsburger Buchdruck, S. 1019-1032, S. 1020ff. – 75 Jahre Neue Augsburger Zeitung: Seinen Freunden, Mitarbeitern und Lesern gewidmet vom Verlag der Neuen Augsburger Zeitung, Festschrift hg. vom Literarischen Institut Haas & Grabherr GmbH & Co KG., Augsburg 1927, S. 5. – Annemarie MEINER, „Max Huttler 1823 bis 1887", in: 100 Jahre Manz, München 1930, S. 65-82. Zum „Literarischen Institut" Huttlers vgl. KÜNAST, „Dokumentation", S. 1314.
125 Vgl. Ulrich SCHMID, „Augsburger Buchdruck und Verlagswesen im 19. Jahrhundert", in: Augsburger Buchdruck, S. 993-1002, S. 999.
126 Vgl. HOSER, „Max Huttler", S. 1030. Biographisches zu Adolf Haas und Joseph Grabherr, in: 75 Jahre NAZ, S. 7. Siehe hierzu auch Kapitel I.3.4.
127 Vgl. „Augsburger Druck- und Verlagshaus", in: Stadtlexikon, S. 250f., S. 250.
128 Eigenwerbung in SPERLING 1930, S. 434.
129 Ihre Auflage betrug 1925 10.000 Stück. Vgl. HEENEMANN, Auflagenhöhe, S. 74.

wandte sie sich weiterhin an die intellektuelle katholische Leserschaft – 80 Prozent der Abonnenten sollen laut Eigenanzeige Akademiker gewesen sein -, die sich die 1930 mit drei Mark monatlich teuerste unter den Augsburger Zeitungen leisten konnte.[130]

Während die „AP" über Dr. Alphons Nobel einen direkten Draht zu Kanzler Heinrich Brüning von der katholischen Zentrumspartei besaß,[131] stand sie zum Nationalsozialismus in den Jahren vor der Machtergreifung „in grundsätzlichem und gehässigem Gegensatz."[132] Der Zeitungswissenschaftler Karl d'Ester beanspruchte für sie nach dem Krieg aufgrund des „erbitterten Kampfes gegen Hitler" einen Ehrenplatz in der deutschen Widerstandsbewegung.[133] Davon zeugt auch eine Vielzahl von Artikeln.[134] Der theologisch versierte Alfons Wild, von 1925 bis zu seinem Tod 1931 Chefredakteur der von den Nationalsozialisten als „Schwarze Kathl" geschmähten „AP", betrachtete es als „Lebensnotwendigkeit",[135] der braunen Ideologie unermüdlich das christliche Weltbild entgegenzuhalten. Kulturredakteur Dr. Hans Rost, der Anfang der 30er Jahre ein Anti-Nazi-Plädoyer in Form einer Ende 1932 als Broschüre veröffentlichten Artikel-

---

130 SPERLING 1930, S. 434.
131 Vgl. HOSER, Hintergründe 1, S.305.
132 HStA München, MA 106697, Lagebericht der Polizeidirektion Augsburg vom 1. August 1935.
133 Vgl. d'ESTER, Augsburg, S. 398.
134 Eine genaue Bilanz der zwischen 1930 und März 1933 in der „AP" veröffentlichten, antinationalsozialistischen Artikel hat Karl Aloys ALTMEYER, Katholische Presse unter NS-Diktatur: Die katholischen Zeitungen und Zeitschriften Deutschlands in den Jahren 1933-1945, Dokumentation, Berlin 1962, S. 19, zusammengestellt.
135 WALZEL, Postzeitung, S. 175. Nach den Reichstagswahlen vom September 1930 veröffentlichte Wild eine Reihe von Leitartikeln über das Verhältnis von NSDAP und Katholiken, die dann in Form einer Broschüre mit dem Titel „Kann ein Katholik Nationalsozialist sein?" erschien. Wild nahm dabei besonders Alfred Rosenbergs „Mythus des 20. Jahrhunderts", der im Februar 1930 veröffentlicht worden war, aufs Korn. Der NS-Ideologe prozessierte gegen Wild wegen Beleidigung. Vgl. Gerhard HETZER, Kulturkampf in Augsburg: 1933-1945, Konflikte zwischen Staat, Einheitspartei und christlichen Kirchen, dargestellt am Beispiel einer deutschen Stadt (Abhandlungen zur Geschichte der Stadt Augsburg, Bd. 28), Augsburg 1982, S. 41.

serie „Christus! Nicht Hitler!" verfasste und sich mit dem Hauptschriftleiter der „NNZ", Josef Sewald, eine harte Auseinandersetzung in den beiden Zeitungen lieferte,[136] musste dies nach der Machtübernahme mit vierwöchiger Schutzhaft bezahlen.[137]

Einen Prozess gegen Hitler verlor auch der Politikschriftleiter Georg Schwerdt[138] aufgrund eines Druckfehlers in einem ihn betreffenden Bericht, weshalb er wegen übler Nachrede – sehr zur Freude der „Neuen National-Zeitung" – zu 700 Mark Geldstrafe verurteilt wurde.[139] Doch seit Februar 1933 versuchte der Verleger der „AP" und der „NAZ", Kommerzienrat Paul Haas, beide Redaktionen zu vorsichtigerem Schreiben anzuhalten, um ein Verbot seiner Blätter zu umgehen.[140]

---

136 „Rosts Darstellung bezeichnet den End- und Höhepunkt der in Form von Aufklärungsschriften geführten Auseinandersetzung katholischer Intellektueller mit der NSDAP vor 1933." So urteilt HETZER, Kulturkampf, S. 42. Näheres zum Schlagaustausch zwischen Rost und Sewald bei WALZEL, Postzeitung, S. 190f. und in Kapitel II.2.11.2.

137 Vgl. Hans ROST, Erinnerungen aus dem Leben eines beinahe glücklichen Menschen, Westheim 1962, S. 121. Von den 50.000 Exemplaren der Broschüre musste Rost seinen eigenen Angaben zufolge am Tage der Machtergreifung etwa die Hälfte verbrennen, das eigentliche Verbot wurde am 11. März 1933 erteilt. Ein Foto von Dr. Hans ROST befindet sich in: 75 Jahre NAZ, S. 150.

138 Georg Schwerdt, geboren 1887 in Tübingen, seit 1. August 1921 in der Schriftleitung der „Postzeitung". Eine „ernstliche Verwarnung" der Polizeidirektion August erhielt er im Juni 1935, weil in einem am 30. März erschienenen Artikel über Devisenvergehen in katholischen Klöstern der Betrag der hinterzogenen Gelder um zweieinhalb Millionen Mark niedriger angegeben wurde als von der Nachrichtenagentur berichtet. Nach der Einstellung der „AP" kam Schwerdt bei der „NAZ" als Redakteur unter. Pikanterweise wurde er bei der zwangsweisen Zusammenlegung der „NAZ" mit der „ANZ" am 1. September 1944 in die gemeinsame Redaktion übernommen. Schon zum 10. Dezember folgte auf Grund nicht näher erläuterter „Schwierigkeiten" seine Versetzung nach Neuburg. StA Augsburg, NS-Gauverlag Schwaben 73, Weihnachtsgratifikationen 1943, 2. November 1944. – Neue Augsburger Zeitung 11, Aktennotiz: Besprechung mit Herrn Dr. Richter, Herold-Verlagsgesellschaft, 7. September 1944. – „Monatsbericht der Polizeidirektion Augsburg vom 1. Juli 1935", in: Helmut WITETSCHEK (Bearb.), Die kirchliche Lage in Bayern nach den Regierungspräsidentenberichten: 1933-1945, Bd. 3, Regierungsbezirk Schwaben (Veröffentlichungen der Kommission für Zeitgeschichte bei der Katholischen Akademie in Bayern), Mainz 1971, S. 66. Ein Foto Schwerdts in: 75 Jahre NAZ, S. 150.

139 Näheres bei WALZEL, Postzeitung, S. 144. Siehe hierzu auch den Bericht über Schwerdts Verurteilung in NNZ, Nr. 26 vom 4. Februar 1932, S. 2: „Infamie der ‚Augsburger Postzeitung'".

140 Vgl. HETZER, Kulturkampf, S. 43.

3.3 Die „Schwäbische Volkszeitung" („SV")

Pläne, in Augsburg eine sozialdemokratische Presse zu etablieren, haben zwar eine lange Tradition, waren aber wenig erfolgreich. So erschien bereits 1869 das Wochenblatt „Der Proletarier", das im Juni 1871 wieder eingestellt wurde.[141] Fünf Jahre später, ab Januar 1876, gab es eine „Volkswille – Organ des arbeitenden Volkes" genannte Publikation, die sechsmal pro Woche herauskam. Sie hielt sich bis Oktober 1878. Nach der Aufhebung des Sozialistengesetzes wurde 1891 der Versuch unternommen, die „Volkszeitung für Augsburg und Umgebung. Organ für Jedermann aus dem Volke" zu etablieren. Verlag und Redaktion des Lokalteils waren am Lech ansässig, der Politikteil stammte fast ausschließlich von der sozialdemokratischen „Münchener Post" und gedruckt wurde ebenfalls in der Landeshauptstadt, da sich die Genossen keine eigene Druckerei leisten konnten: Daher kam die Tagesauflage, die 1895 rund 3500 Exemplare umfasste, mit dem Mittagszug nach Augsburg.[142] Schon im Oktober 1896 erfolgte die Zusammenlegung beider Organe, die Augsburger Lokalredaktion wurde zwei Jahre später aufgelöst.

Seit April 1900 gab der gelernte Buchdrucker Hans Rollwagen[143] zweimal die Woche – ab 1903 dann werktags – die „Augsburger Volkszeitung" heraus. Seiner Meinung nach hatte die parteipolitische Tätigkeit der SPD wenig Erfolgsaussichten ohne eine eigene Presse. „Es war eine neue Zeitung, wenn sie auch in der Tradition ihrer Vorgängerinnen stand", beschreibt der Sohn Rollwagens die Absicht der Augsburger SPD, eigene Akzente zu setzen.[144] Die Absicht der „Augsburger Volkszeitung", Stimme der Partei für Bayerisch-Schwaben zu sein, dokumentierte ihre Umbenennung in „Schwäbische Volkszeitung" zum

---

141 Vgl. Kurt KOSZYK/Gerhard EISFELD, Die Presse der deutschen Sozialdemokratie: Eine Bibliographie, Bonn 1980 (2. Auflage), S. 67f. – Georg HOFMANN (Hg.), Rückschau in vergangene Zeiten: 30 Jahre Schwäbische Volkszeitung – 20 Jahre Augsburger Buchdruckerei und Verlagsanstalt G.m.b.H., Augsburg 1931, S. 7ff.
142 Vgl. HETZER, „Presse", S. 1139f.
143 Hans Rollwagen, geboren 1868 im thüringischen Schleusingen, absolvierte in der Beckschen Buchdruckerei in Nördlingen eine Buchdruckerlehre. Seit 1892 in Augsburg arbeitete er dort zunächst als Schriftsetzer bei den „Augsburger Neuesten Nachrichten" und ab 1895 als Korrektor bei der „Augsburger Abendzeitung". Am Lech schloss sich der SPD an und gehörte bis zu seinem Tod am 28. September 1912 zu den tonangebenden Persönlichkeiten der bayerischen Arbeiterbewegung. Vgl. KÜNAST, „Dokumentation", S. 1320.
144 Vgl. Hans Otto ROLLWAGEN, „Hans Rollwagen und die Schwäbische Volkszeitung in Augsburg", in: Von der Klassenbewegung zur Volkspartei: Wegmarken der bayerischen Sozialdemokratie 1892-1992, Im Auftrag der Georg-von-Vollmar-Akademie, hg. von Hartmut MEHRINGER, München (usw.) 1992, S. 83-86, S. 85.

1. April 1905. Ihr Verbreitungsgebiet umfasste laut Josef Felder – er gehörte ihrer Redaktion an und war sozialdemokratischer Reichstagsabgeordneter am Ende der Weimarer Republik – „den ganzen Regierungsbezirk Schwaben und Neuburg, von Augsburg bis Lindau und bis Neu-Ulm."[145]

Auf Kritik der Genossen stießen jedoch die Eigentumsverhältnisse der „Schwäbischen Volkszeitung": Rollwagens Ehefrau gehörte nämlich sowohl das Verlagsrecht als auch die Lohndruckerei.[146] Usus war aber, dass sich die sozialdemokratischen Zeitungen im Besitz der Genossen befanden. Deshalb übernahm am 1. April 1906 eine parteieigene Gesellschaft den Verlag und führte ihn unter dem neuen Namen „Schwäbische Verlagsanstalt Kraus und Cie." weiter. 1911 kaufte die neu gegründete „Augsburger Buchdruckerei und Verlagsanstalt GmbH" – ein aus 28 Mitgliedern und 29.300 Mark Stammkapital bestehender Genossenschaftsverein – die Druckerei. Damit wollte der SPD-Ortsverein auch nach außen hin seine Unabhängigkeit gegenüber dem bayerischen Landesvorstand manifestieren, da die Augsburger innerhalb der weiß-blauen Sozialdemokratie als radikal antireformistisch galten.[147] Noch im selben Jahr wurde beschlossen, mit der Druckerei von der Maximilianstraße in ein geräumigeres Gebäude in der Rosenaustraße 40 zu ziehen.[148] Der Kauf der Druckerei samt Wohnhaus war dann übrigens 1924 perfekt. Als sich die sozialdemokratische Reichstagsfraktion im Kriegsjahr 1916 in SPD und USPD spaltete, stellte sich die „SV" auf die Seite der Berliner Parteiführung.[149]

Hatte sich die wirtschaftliche Lage des Blattes seit 1914 immer mehr verschlechtert, bescherten ihm Kriegsende und Revolution dann einen Auflagensprung von 5000 Exemplaren im Frühjahr 1918 auf etwa 14.000 Stück im Herbst 1919 – eine nie mehr erreichte Rekordmarke. Ernst Niekisch, später einer der führenden Köpfe der Münchner Räterepublik, verdiente sich hier 1918 seine journalistischen Sporen.[150]

---

145 Josef FELDER, „Mein Weg: Buchdrucker – Journalist – SPD-Politiker", in: Abgeordnete des Deutschen Bundestages: Aufzeichnungen und Erinnerungen, Bd. I, Boppard 1982, S. 9-79, S. 19.
146 Vgl. KÜNAST, „Dokumentation", S. 1320. – HOFMANN (Hg.), Rückschau, S. 33ff.
147 Vgl. Eberhard RIEGELE, Parteientwicklung und Wiederaufbau: die lokale Neugründung und die Politik der SPD in den Jahren 1945-1949 am Beispiel der Stadt Augsburg, Augsburg 1980, S. 23.
148 Vgl. „Goldenes Jubiläum der schwarzen Kunst", in: 70 Jahre Schwäbische Volkszeitung 1891-1961, Augsburg 1961, S. 1, S. 1.
149 Vgl. HETZER, „Presse", S. 1143. – HOFMANN (Hg.), Rückschau, S. 44ff.
150 Vgl. HETZER, „Reichsgründung", S. 581. Das USPD-Mitglied Niekisch kehrte nach dem Nürnberger Parteitag im September 1922 wieder in den Schoß der SPD zurück und stellte sein Wochenblatt „Die Umschau", das in Augsburg herauskam, zugunsten der „Schwäbischen Volkszeitung" ein.

Eine kritische Zeit machten Zeitung und Druckerei 1923 durch, als die bayerische Regierung einen strikt rechtsgerichteten Kurs fuhr; so durfte Blatt vom 7. bis zum 11. Juli und vom 29. Oktober bis zum 4. November nicht erscheinen. Betroffen waren die Augsburger auch vom Verbot der gesamten sozialistischen Presse im Freistaat durch Generalstaatskommissar Dr. Gustav von Kahr am 12. November 1923. Doch obwohl die Polizei die Rotationsmaschine in der Rosenaustraße plombiert hatte, gelang es trotzdem, in den nächsten Tagen eine große Anzahl Flugblätter des bayerischen SPD-Parteivorsitzenden Erhard Auer zu drucken, „das dann den Parteigenossen in ganz Bayern wichtige Aufklärung brachte."[151] Erst ab 28. November konnte die Volkszeitung wieder an ihre Leser ausgeliefert werden.

In den zwanziger Jahren fiel auch ein erneuertes Konzept für das Augsburger SPD-Organ; es erhielt nicht nur ein moderneres Layout, sondern auch einen ausgedehnteren Nachrichtenteil.[152]

Die ‚klassische' Klientel der „SV" bildeten naturgemäß Arbeiter und Angestellte, hingegen gehörten Mittelständler und Intellektuelle nur vereinzelt zu den Lesern und Parteisympathisanten. Inklusive Abonnentenversicherung[153] belief sich 1930 ihr monatlicher Bezugspreis auf 2,70 Mark.[154] Die Auflage des damals zweitgrößten Blattes am Lech wurde mit 11.500 Stück für denselben Zeitraum angegeben, doch sie war rückläufig.[155]

---

151 HOFMANN (Hg.), Rückschau, S. 46.
152 Vgl. FELDER, „Weg", S. 23.
153 Siehe hierzu Franz LASCHINGER, Die Struktur der Bayerischen Presse am 3. Juni 1934 (Zeitung und Leben, Schriftenreihe, hg. von Univ.-Professor Dr. Karl d'ESTER, Direktor des Instituts für Zeitungswissenschaft an der Universität München, Bd. XXI), München 1936, S. 75. Der Autor definierte die Abonnentenversicherung folgendermaßen: „Die Vorteile der Abonnentenversicherung sind verschieden. Zunächst fällt ihre Billigkeit und Allgemeinheit bestechend ins Auge. Je 20 Pfennige oder 2,40 Mark jährlicher Beitrag versichern einen unbestimmten Abonnentenkreis gegen Unfall." Teilweise beinhaltete sie auch eine mäßig dotierte Sterbeversicherung. „Die Versicherung gegen Unfall und Sterbefall stellt zweifellos ein Mittel wirtschaftlicher Vorsorge und Klugheit dar. Nur die Verbindung zwischen Versicherungsgeschäft und Zeitungsgeschäft bietet die Möglichkeit, daß sich auch die bedürftigsten Volkskreise ihrer bedienen können."
154 SPERLING 1930, S. 34. Sowohl in den ALA-Katalogen 1930-1933 (55.-58. Jg.), Berlin, o. J., als auch in den Zeitungskatalogen 1930-1932, Annoncen-Expedition Rudolf MOSSE (56.-58. Ausgabe), Berlin o. J., finden sich für die weiteren Jahre bis 1933 keine Angaben über die Auflage der „SV".
155 Zuletzt sollen es noch 9000 Stück Auflage gewesen sein. Vgl. HETZER, „Presse", S. 1153.

3.4 Die „Neue Augsburger Zeitung" („NAZ")

1852 als „Augsburger Stadt- und Landbote"[156] gegründet, ging das Verlags- und Eigentumsrecht an diesem Blatt, das der Kunst- und Ornatsticker Wendelin Amann innehatte, 1857 in den Besitz des „AP"-Redakteurs Dr. Max Huttler über. Dieser benannte seine Neuerwerbung noch im selben Jahr in „Neue Augsburger Zeitung" um.[157] Sie war eine für die breite Masse angelegte Publikation vom Typ des seit Mitte des 19. Jahrhunderts in Mode gekommenen Generalanzeigers – mit katholischer Tendenz.[158]

Dieses Konzept ging auch prompt auf. Die „NAZ", deren Redaktion Huttler mit Unterbrechungen bis Februar 1862 übernahm, gewann kontinuierlich an Auflage.[159] Die konsequente Zielsetzung „ein Volksblatt und ein christliches Familienblatt in schönstem und wahrstem Sinne zu sein", traf offenbar den Nerv der Leser.[160] Waren es 1865 noch 4000 Stück Auflage, stieg ihre Zahl zehn Jahre später auf 10.500 und 1895 auf 20.000 Exemplare. 1903 schaffte sie die 30.000er Hürde und bei Kriegsausbruch 1914 kamen täglich 40.000 Zeitungen auf den Markt. Im Frühjahr 1918 erreichte sie mit 58.000 Exemplaren die absolute Höchstmarke. Danach ging die Nachfrage zurück, jedoch konnte sie in den Jahren zwischen 1928 und 1932 ihre Auflage von 1914 halten.[161]

Die „NAZ" war im Übrigen die einzige der drei im Literarischen Institut von Dr. Max Huttler erscheinenden Tageszeitungen – neben der „Augsburger Postzeitung" gehörte noch der „Bayerische Kurier" in München dazu – die auch Gewinn machte.[162]

Nach dem Ersten Weltkrieg verfocht das katholisch-konfessionelle Blatt die politischen Anschauungen der Bayerischen Volkspartei (BVP). 1930 betrug der monatliche Bezugspreis 2,75 Mark. Die „NAZ", die den städtischen Pressemarkt mit Abstand dominierte, warb in einer Eigenannonce damals denn auch selbst-

---

156 Zur Vorgeschichte dieser Zeitungsgründung im katholischen Kleinbürgermilieu siehe 75 Jahre NAZ, S. 4f.
157 Für die Umbenennung stehen zwei Daten im Raum: HART, „Augsburg", Sp. 400, spricht vom 17. September 1857, HOSER, „Max Huttler", S. 1021, vom 1. Oktober 1857.
158 Vgl. „Neue Augsburger Zeitung", in: Stadtlexikon, S. 682, S. 682.
159 Vgl. HOSER, „Max Huttler", S. 1024. Zur Geschäftspolitik Huttlers siehe auch Kapitel I.3.2.
160 75 Jahre NAZ, S. 9.
161 Vgl. HEENEMANN, Auflagenhöhe, S. 73. Dort sind die Auflagenzahlen noch dezidierter aufgelistet. Für die Angaben der Jahre 1930 und 1932 siehe Jahrbuch der Tagespresse (3. Jg.), Berlin 1930, Sp. 36, ALA 1930, S. 8, ALA 1932, S. 8, MOSSE 1932, S. 8. In MOSSE 1931, S. 8, sowie ALA 1931, S. 8, sowie SPERLING 1930, S. 434, werden keine Auflagezahlen genannt.
162 Vgl. HOSER, „Max Huttler", S. 1024.

bewusst: „In Augsburg und Umgebung hat die Neue Augsburger Zeitung einen weitaus größeren Abonnentenstand als sämtliche übrigen Tageszeitungen Augsburger und auswärtige zusammengerechnet. Im Kreis Schwaben hat die Neue Augsburger Zeitung einen um ein Mehrfaches größeren Abonnentenstand als irgendeine andere Zeitung des Kreises."[163] Außerdem fungierte die „NAZ" nicht nur als Amtsblatt für Augsburger Behörden wie Oberlandesgericht, Landgericht und Amtsgericht, sondern auch für das Landgericht Neuburg und die Registergerichtsbezirke von 19 Amtsgerichten, die sich bis ins Oberbayerische erstreckten."[164]

3.5 Die „Augsburger Neuesten Nachrichten" („ANN")

Die „Augsburger Neuesten Nachrichten" wurden 1862 von Leopold Wilhelm Joerg als „Neueste Nachrichten Augsburgs" gegründet.[165] Bis er 1865 seine Meisterprüfung ablegte, durfte er jedoch nicht selber drucken. Zwei Jahre später übernahm Gustav Adolf Reichel die Redaktion. 1868 kaufte er die Zeitung zusammen mit Georg Wolf. Sechs Jahre später überließ Reichel sen. seinen beiden Söhnen Emil und Wilhelm Verlag und Zeitung.

Wilhelm Reichel (gestorben 1911), liberaler Landtagsabgeordneter und eigentlicher Leiter des Verlags, erwies sich als maßgeblicher Motor für den Aufschwung vom „kleinen – in Quartform – erscheinenden Winkelblättchen zur modernen Tageszeitung."[166] Unter seiner Ägide expandierte die mittlerweile in „Augsburger Neueste Nachrichten" umbenannte Publikation schrittweise: 1883 kaufte er das seit 1841 von der Karl Volkhartschen Buchdruckerei herausgegebene „Augsburger Anzeigeblatt", 1886 ging das „Augsburger Tagblatt", das die Kranzfeldersche Buchhandlung 1831 begründet hatte, in den Reichelschen Besitzer über und als dritte Zeitung im Bunde kam 1899 der „Augsburger Kurier" hinzu.

1911 ging die Zeitung in jüngere Hände über. Unter Wilhelm Reichels Söhnen Dr. Wilhelm Reichel (1883-1922) und Dr. Otto Reichel (1889-1922) entwickelten sich die „ANN", nach einer 1918 beginnenden Phase der vorübergehenden Orientierung an der Demokratischen Partei, zu einer „Zeitung des nationalen Bürgertums."[167] Otto Reichel, der die Verlagsleitung übernahm, vergrößerte nicht nur das Format, sondern setzte auch ein zweimaliges Erscheinen des Blattes pro Tag durch. Zwei Jahre später kehrte die Zeitung aber wieder zum einmaligen Rhythmus zurück.

---

163   SPERLING 1930, S. 434.
164   Vgl. 75 Jahre NAZ, S. 29.
165   Vgl. Helmut FISCHER; „Augsburger Neueste Nachrichten", in: 325 Jahre, S. 13, S. 13.
166   *Ebd.*, S. 13.
167   „Augsburger Neueste Nachrichten", in: Stadtlexikon, S. 255f., S. 256.

1932 verkaufte die Verlegerwitwe Elisabeth Reichel die „ANN", die 2,10 Mark im Monat für Selbstabholer und 2,35 Mark für Postbezieher kosteten und von „Mittelstand, Beamten, Industrie, Gewerbetreibenden und Arbeiterschaft" gelesen wurden,[168] an die „München-Augsburger Abendzeitung".[169] Angaben über die Auflagenzahl des Reichel-Blattes in diesen Jahren sind jedoch in keinem Zeitungskatalog der 30er Jahre zu finden. Die beiden Publikationen fusionierten zum 1. Juni, wobei die „MAA" bis zu ihrer Einstellung 1934 den Untertitel „Augsburger Neueste Nachrichten" für den Augsburger Teil ihrer Ausgabe weiterführte.

---

168 SPERLING 1930, S. 434.
169 Vgl. HOSER, Hintergründe 1, S. 142. Bei FISCHER, „Augsburger Neueste Nachrichten", S. 13, ist es hingegen fälschlicherweise Ottos Sohn Wilhelm Christian, der das Blatt verkaufte. Zur gescheiterten Übernahme durch die Nationalsozialisten siehe auch Kapitel II.2.7.

II. Die Gründungsjahre der „Neuen National-Zeitung"

1. Anfänge der NS-Publizistik in Augsburg

Bereits in den frühen 20er Jahren erkannten die Augsburger Nationalsozialisten, dass sie eine eigene Presse brauchten. Doch verstrich noch viel Zeit, bis die Ortsgruppe ein eigenes Organ herausbrachte.

1.1 Vom „Deutschen Michl" („DM") zum „Schwäbischen Beobachter" („SB")

Bedingt durch die finanzielle Lage fielen die ersten Publikationsversuche der Augsburger Nationalsozialisten sehr bescheiden aus. Die Ende Oktober 1922 aus der Taufe gehobene Hitler treue Ortsgruppe hatte sich offenbar gleich nach ihrer Gründung auf die Suche nach einem Sprachrohr für sich und ihre Sache gemacht.[170] Eine Sondierung bei den rechtsbürgerlichen „Augsburger Neuesten Nachrichten" verlief negativ, obgleich die Partei dort offenbar nicht rundweg abgelehnt wurde.[171] Hingegen stand der Verleger der „Augsburger Gerichtszeitung" dem nationalsozialistischen Ansinnen nicht abgeneigt gegenüber und ließ in seinem Blatt bereits am 8. Dezember desselben Jahres die Beilage „Deutsche Wacht und Wehr" erscheinen, deren Text der spätere Archivar der Kreisleitung Augsburg-Stadt, Franz Maria Miller, verfasst hatte.[172]

Es blieb jedoch bei diesem einmaligen Versuch, da die jüdischen Inserenten dem Verleger sowohl mit dem Entzug ihrer Anzeigen als auch ihrer Aufträge für seine Plakatfabrik drohten, lautete später Millers Begründung für das schnelle Ende der Kooperation. Aus den daraus resultierenden ökonomischen Überlegungen habe man bei der „Gerichtszeitung" Abstand von einer Fortsetzung der Zusammenarbeit mit den neuen Mitarbeitern genommen. „Erst nach diesem Fehlschlag wendete ich mich an Weixler mit ähnlichen Verhandlungen", machte er sich in einem Brief aus dem Jahr 1937 an das NSDAP-Hauptarchiv wichtig.[173]

---

170 Näheres zur Augsburger NSDAP in Kapitel I.2.
171 Vgl. HETZER, „Presse", S. 1149.
172 BA Berlin, NS 26/158, Franz Maria Miller an NSDAP-Hauptarchiv, 11. März 1937.
173 *Ebd.*

Franz Xaver Weixler war Herausgeber und Redakteur des „Deutschen Michl",[174] einem Wochenblatt mit – gelinde gesagt – zweifelhaftem Ruf, das von der Weixler-Ehefrau Marie verlegt wurde. „Von seiner Gründung ab, bis zum Schluße von 1920 erschien er als satyrisches Lokal, ab 1921 stellte er sich von seinem Hauptinhalt in den Werbedienst der NSDAP, von welchem Jahre ich auch in die Partei eintrat",[175] rühmte er sich ebenfalls 1937 seiner ‚Verdienste' um die Partei, verschwieg jedoch ausdrücklich, dass es sich anfangs – wie Gerhard Hetzer zu Recht herausstellt –,[176] korrekterweise um Dr. Otto Dickels im Herbst 1921 gegründete „Deutsche Werkgemeinschaft" gehandelt haben muss, mit der er zusammen arbeitete.[177] Es wäre andererseits aber selbst im Abstand so vieler Jahre unklug gewesen, sich als Anhänger des ehemaligen Augsburger Hitler-Konkurrenten ins Gespräch zu bringen. Da der „DM" erst ab 1. August 1924 in der Staats- und Stadtbibliothek Augsburg archiviert ist, lässt sich Dickels und Weixlers Verbindung publizistisch nicht mehr genauer nachprüfen.

Ob aus Opportunismus oder Überzeugung: Weixler distanzierte sich auf jeden Fall noch zum richtigen Zeitpunkt – im Laufe des Jahres 1922 – von der „Deutschen Werkgemeinschaft", der immer mehr der Ruf einer sektiererischen, von der NSDAP geächteten Gruppe vorausging. Währenddessen sammelten sich in Augsburg die Hitler-Getreuen zu einer eigenen Ortsgruppe. Zu diesem Zeitpunkt bereiteten die Dickel-Leute schon ihre eigene wöchentliche Publikation namens „Deutscher Wille" vor, deren erste Nummer am 5. November 1922 un-

---

174 Weixler hatte die schreibende Zunft erst nach Stationen als Hausknecht, Maurer und Versicherungsvertreter für sich entdeckt. So verdingte er sich ab 1907 – mit 39 Jahren – als Redakteur obskurer Winkelblättchen. Seine Tätigkeit beim „DM" ging auf das Jahr 1913 zurück. Vgl. HETZER, „Presse", S. 1149f. Er zog sich im Februar 1931 aus dem Berufsleben zurück, nachdem der „SB", für den er zuletzt arbeitete, zu Gunsten der „NNZ" eingestellt wurde. Es passte durchaus zu seinem Stil, als er in der letzten Ausgabe des „SB" selbstgefällig mit seinem Strafregister prahlte und sich gleichzeitig in der Rolle des zu Unrecht Verfolgten sah: Im 24-jährigen „Kampf" mit Verfolgungen, Verdächtigungen und Schikanen, die nur „ein Mensch mit Nerven wie Kreuzerstricke" habe aushalten können, sei er nahezu 14 Monate „auf Grund verschiedener Strafen, welche die Augsburger Gerichte im Ausmaß von zwei Tagen bis drei Monaten in ganz splenditer Weise zudiktierten", im Gefängnis, oder wie es Weixler formuliert, „hinter schwedischen Gardinen" gewesen. Die nahezu 5000 Mark an Geldstrafen und weitere annähernd 2000 Mark seien „der Vollständigkeit halber auch erwähnt." SB, Nr. 9 vom 27. Februar 1931, S. 1: „Abschied". Weixler ist hier auch abgebildet. Konkret soll er laut Kreisarchivar Miller wegen verschiedener Artikel gegen die Juden gerichtlich belangt worden sein. BA Berlin, NS 26/158, Franz Maria Miller an NSDAP-Hauptarchiv, 11. März 1937.
175 BA Berlin, NS 26/971, Weixler an NSDAP-Hauptarchiv, 9. Januar 1937.
176 Vgl. HETZER, „Presse", S. 1149.
177 Vgl. DERS., „Reichsgründung", S. 588f. Zu Dr. Otto Dickel siehe auch Kapitel I.2.

ter redaktioneller Betreuung von Karl Breul auf den Markt kam.[178] Nach zwei Jahrgängen wurde das Blatt in „Volk, Freiheit, Vaterland. Kampfblatt für das erwachende Deutschland" umbenannt und erschien noch bis 1929.

Auf der Suche nach einer Alternative zum „DM" scheint die Augsburger NSDAP nicht fündig geworden zu sein. Weixler war laut Franz Maria Miller „der letzte Ausweg damals, um überhaupt eine Presse zu haben."[179] Denn dass dieser „wichtige Bundesgenosse sein wöchentlich erscheinendes Blatt der Bewegung ohne Gegenleistung" bis zum Verbot nach dem Hitlerputsch zur Verfügung stellte, war zweifelsohne der ausschlaggebende Punkt für die Zusammenarbeit mit dem „Revolverblatt".[180] Vor diesem Hintergrund scheuten sich die Nationalsozialisten nicht, eine der verschriensten Publikationen Augsburgs und ihren obskuren ‚Redakteur' für ihre Zwecke einzuspannen.

Da das Wochenblatt, das 1927 an Verkaufsstellen unter anderem am Lech, in München, Stuttgart, Iserlohn, Potsdam, Breslau, Düsseldorf, Frankfurt, Chemnitz, Königsberg, Karlsruhe, Hamburg, Leipzig und Wien erhältlich war, vier Tage vor der neuen Ausgabe Redaktionsschluss hatte,[181] konnte es keine aktuellen Nachrichten über das Tagesgeschehen aufgreifen und so spezialisierte sich der „DM" unter dem selbstgerechten Motto „Allen Menschen recht getan / eine Kunst die niemand kann"[182] auf übelste Schund- und Hetzgeschichten, um in der Öffentlichkeit im Gespräch zu bleiben. Dahinter steckte aber durchaus auch die Überlegung, auf diese sensationslüsterne, die Emotionen polarisierende Art und Weise das Publikum besser erreichen zu können als mit seriösen Argumenten.[183]

Obgleich nicht ernst genommen, war Weixler dennoch gefürchtet und sicherte sich mit dieser ‚Marktlücke' den Lebensunterhalt. Schlagzeilen wie „Das von Juden totgesteinigte Christenmädchen von Gerolzhofen – Warum wird diese bestialische Mordtat von der Presse totgeschwiegen",[184] „Der internationale

---

178 BRASSLER, „Bewegung", S. 3.
179 BA Berlin, NS 26/158, Franz Maria Miller an NSDAP-Hauptarchiv, 11. März 1937.
180 BRASSLER, „Bewegung", S. 5. Derartiges Lob für Weixler gibt es auch im parteioffiziellen Buch „Die NSDAP am Platze", S. 15. Dieses Werk basiert auf Braßlers Artikeln im „DM".
181 DM, Nr. 25 vom 24. Juni 1927, S. 7: „Vertriebsstellen des ‚Deutschen Michl'".
182 Dieses Motto stand im Kopf der Zeitung. Weiter hatte sich der „Michl" das Motto „Gemeinnutz vor Eigennutz" auf die Fahnen geschrieben, was dem Punkt 24 des 25-Punkte-Programms der NSDAP vom Februar 1920 entsprach. Vgl. Reinhard KÜHNL, Die nationalsozialistische Linke 1925-1930, Meisenheim am Glan 1966, S. 22. Das Motto wurde bis zur Nr. 29 vom 23. Juli 1927 beibehalten.
183 Vgl. FREI, Eroberung, S. 92.
184 DM, Nr. 21 vom 22. Mai 1925, S. 1. Ab dieser Nummer erhielt der „Michl" auch einen anderen Kopf. Die helle Frakturschrift war nun schwarz unterlegt.

Mädchenhandel, ein jüdisches Weltmonopol",[185] oder „Aus dem schwarz-rot-gelben Saustall"[186] verdeutlichen, warum der „DM" die letzte Wahl der kleinbürgerlichen NS-Ortsgruppe war. Wüster Antisemitismus, am untersten Niveau angesiedelte Hetzparolen und Verleumdungen, gerne auch im sexuellen Bereich spielende Räuberpistolen, gehässige und schlüpfrige Ausfälle, die gegen lokale Politiker, Honoratioren, Industrielle und Amtspersonen, kurz gegen das republikanische ‚Establishment' gerichtet waren, gehörten zum allwöchentlichen Standardrepertoire. Weixler war sich für nichts zu schade und der Leser erwarb sich mit 15 Pfennig pro Exemplar die Teilhabe an den plump aufgemachten Geschmacklosigkeiten.[187]

Die höchste Auflage des „DM", der in Lohndruck hergestellt wurde, soll Weixlers Eigenaussage zufolge bei 9200 Exemplaren gelegen haben.[188] Diese Angabe ist jedoch mit größter Vorsicht zu handhaben. Da er weder anführt, in welchem Jahr dieser Stand erreicht worden sein soll, noch einen Beleg dafür liefert und er diese Zahl dem NSDAP-Hauptarchiv erst einige Jahre nach dem Einstellen des Blattes, im Jahr 1937, mitteilte, beeinträchtigt dies die Glaubwürdigkeit seiner Aussage doch sehr. Hinzu kommt, dass das Parteimitglied Nummer 32.341 sicherlich seinem Blatt im Nachhinein vor der Parteiführung eine größere Bedeutung beimessen wollte, als es jemals hatte.[189] Nachprüfen lässt sich Weixlers Aussage jedenfalls nicht, da in den damaligen Zeitungskatalogen Informationen über den „Deutschen Michl" fehlen.

Trotz seines Rufes wurde dem „DM" dennoch die Zugehörigkeit zur Presse der NSDAP zuerkannt.[190] Am 30. Juli 1926 ‚schmückte' erstmals das Hoheitszeichen der Partei – der Adler, der das Hakenkreuz mit Eichenkranz in den Klauen hält – eingerahmt von der Parole „Freiheit und Brot", den Kopf der Publikation.[191] Nun titulierte sie sich als „Völkische Wochenschrift" und versprach in einer weiteren Zeile zum einen „Der Wahrheit zur Ehr' / Dem Rechte zur Wehr" und zum anderen „Dem Volke zum Schutz / Dem Feinde zum Trutz". Jetzt gehörte das Weixler-Blatt zu den offiziell von der NSDAP-Führung anerkannten parteiamtlichen Zeitungen, in die sich beispielsweise der „Völkische

---

185 DM, Nr. 47 vom 20. November 1925, S. 1.
186 DM, Nr. 32 vom 31. Juli 1925, S. 3.
187 Dieser Preise wurde bis zum 1. April 1930 beibehalten. Ab diesem Zeitpunkt kostete der „DM" pro Woche fünf Pfennig mehr, für einen Monat statt 70 dann 85 Pfennig und für Quartal 2,50 Mark statt zwei Mark. DM, Nr. 10 vom 7. März 1930, S. 3: „An unsere geschätzten Abonnenten und Leser".
188 BA Berlin, NS 26/971, Weixler an NSDAP-Hauptarchiv, 9. Januar 1937.
189 Zum Auflagen-Begriff und –Problem siehe Kapitel II.2.8. Exkurs.
190 Nationalsozialistisches Jahrbuch 1927, hg. unter Mitwirkung der Hauptparteileitung der N.S.D.A.P. (1. Jg.), München o. J. <1926>, S. 82.
191 DM, Nr. 30 vom 30. Juli 1930, S. 1.

Beobachter" oder die „Nationalsozialistischen Briefe" einreihten.[192] Mit dieser Zusammenarbeit verknüpften beide Seiten wohl einige Erwartungen. Unter anderem hoffte Weixler, sein altes Ziel, das Blatt „recht bald" ein zweites Mal in der Woche, ja, „in nicht allzuferner Zeit als Tageszeitung" herausbringen zu können, in die Tat umzusetzen.[193] Jeder Nationalsozialist solle durch ununterbrochene Werbetätigkeit seinen ganz besonderen Stolz darin erblicken, dazu beizutragen.

Als parteiamtliches Organ stand der „Deutsche Michl" nun im Zeichen der NSDAP, die unflätigen Skandalgeschichten verschwanden. Jedoch häuften sich jetzt während dieser nur sieben Monate währenden offiziellen Partnerschaft Berichtigungen von Falschmeldungen und gerichtliche Klagen gegen die Redaktion auffallend.[194] Ob das die Ursache war, dass bereits ab 4. März 1927 die In-

192 Erst kurz vor der Anerkennung des „DM" auf dem Parteitag vom 4. Juli 1926 wurde beschlossen, dass sämtliche Tages- und Wochenzeitungen der NSDAP als äußeres Zeichen ihrer Anerkennung als parteiamtliche Blätter den Adler mit dem Hakenkreuz im Eichenkranz in genau vorgeschriebener Form führen durften. Die Erlaubnis hierzu konnte nur von der Reichsleitung erteilt werden, wobei mit dem Entzug dieser Berechtigung auch der Charakter als Parteiorgan erlosch. Generell brauchten jede NS-Zeitung und jeder ihrer Schriftleiter eine Bestätigung aus München. Auf diese Weise stellte Hitler die Besetzung der Parteipresse mit Personen seines Vertrauens sicher. Übrigens sollte schon 1926 eine Persönlichkeit mit der Überwachung der Parteizeitungen betraut werden, um eine einheitliche Linie auf Reichsebene zu sichern. Vgl. KOSZYK, Presse 1914-1945, S. 382f. Alle nationalsozialistischen Zeitungen mussten die im „Völkischen Beobachter" verfochtene ideologisch-tagespolitische Linie einschlagen. Siehe hierzu auch RIETZLER, „Gegründet 1928/29", S. 118. – „Richtlinien für Gaue und Ortsgruppen der NSDAP" vom 1. Juli 1926, in: Albrecht TYRELL (Hg.), Führer befiel ... Selbstzeugnisse aus der „Kampfzeit" der NSDAP: Dokumentation und Analyse, Düsseldorf 1969, S. 230ff. – BA Berlin, NS 22/380, Rundschreiben Hitlers „An alle Gauleitungen und Bezirksleitungen, an alle nationalsozialistischen Zeitungen" vom 2. November 1928. – Peter HÜTTENBERGER, Die Gauleiter: Studie zum Wandel des Machtgefüges in der NSDAP (Schriftenreihe der Vierteljahreshefte für Zeitgeschichte, Bd. 19), Stuttgart 1969, S. 16 und 61ff. GROTH, Zeitung II, S. 466.
193 DM, Nr. 25 vom 25. Juni 1926, S. 5: „Nationalsozialisten!". Schon zwei Jahre früher hatte Weixler angekündigt, dass der „Michl" über kurz oder lang zweimal pro Woche erscheine, wenn sich die Bezieherzahl verdopple. DM, Nr. 35 vom 26. September 1924, S. 2: „An unsere Freunde in Stadt und Land!"
194 DM, Nr. 37 vom 17. September 1926, S. 1: „Weixler – Isidor Bach". Wegen zweier „Pressvergehen" wurde er zu drei Monaten Gefängnis verurteilt. – Nr. 48 vom 3. Dezember 1926, S. 4: „Niederschrift". Weixlers Vertreter, der Versandbuchhalter August Engelbauer, wurde wegen Beleidigung unter anderem zu einer Zahlung von 200 Mark an die Augsburger Arbeiterwohlfahrt und zur Begleichung des Honorars des Rechtsanwalts des Klägers verurteilt. – Nr. 4 vom 28. Januar 1927, S. 7: „Presseprozeß". Wegen Beleidigung der Augsburger Polizei erhielt Weixler eine Gefängnisstrafe von zweieinhalb Monaten.

signien der NSDAP wieder verschwanden und sich der „Deutsche Michl" nur noch lapidar „Parteilose Wochenschrift für nationales Leben" nannte?[195] Damit verband sich auch die Wahl eines neuen Mottos: „Wer, wenn das Vaterland in Not ist, einen anderen Gedanken als dessen Rettung trägt, ist es nicht wert, in einem freien Staat zu leben." In den Nationalsozialistischen Jahrbüchern 1928 bis 1930 fehlt ebenso jeder Hinweis auf das Augsburger Organ,[196] wie auch in einem Rundschreiben Hitlers vom 2. November 1928 über parteiamtliches und offiziell anerkanntes Schrifttum.[197]

Interessanterweise definierte sich der „DM" seit 5. August 1927 als „Parteilose Wochenschrift für nationales Leben, Aufklärung, Belehrung, Kritik und Reklame" und verwendete damit erneut dieselbe Unterzeile, die er noch in der Verbotszeit der NSDAP, ab 1. August 1924, gebraucht hatte.[198] Parallel dazu wechselte auch der Zeitungskopf, wo nun bis zur Umstellung auf den „Schwäbischen Beobachter" ein Bauer mit dem Ochsenpflug, im Hintergrund links ein Dorf mit einer Kirche, rechts Felder zu sehen waren. Der von den Völkischen propagierte ‚Blut-und-Boden-Mythos' sollte damit offenbar optisch versinnbildlicht werden. Der „SB" griff das Thema dann auf und ergänzte die Zeichnung noch mit einem Schmid, der die Handwerker verkörperte, und rauchenden Industrieschloten. Eine aufgehende Sonne mit dem Hakenkreuz überstrahlte alles. Ab 2. November 1928 nannte sich der „DM" „Völkische Wochenschrift für nationales Leben, Aufklärung, Belehrung, Kritik und Reklame",[199] bis er sich am 17. Mai 1929 – schon im Anklang an die Unterzeile des späteren „Schwäbischen Beobachters" – als „Völkische Wochenschrift: Für Wahrheit und Recht: Für Freiheit und Brot: Für Volk u. Heimat" bezeichnete.[200]

Allmählich begann der „DM" den Schwerpunkt seiner Themen zu verlagern. Die jegliche Geschmacksgrenzen unterbietenden Sexgeschichten um arglose Dienstmädchen und ihre jüdischen Dienstherren oder um den von jüdischen Drahtziehern geleiteten Mädchenhandel, die Weixler besonders gerne verbreitete, rückten nach dem Entzug der Parteiamtlichkeit 1927 zugunsten des Kampfes gegen jüdische Warenhäuser und Geschäftsleute, aber auch gegen „marxistische

---

195 DM, Nr. 9 vom 4. März 1927, S. 1.
196 Nationalsozialistisches Jahrbuch 1928, hg. unter Mitwirkung der Reichsleitung der N.S.D.A.P. (2. Jg.), München o. J. <1927>, S. 85f. – Nationalsozialistisches Jahrbuch 1929, hg. unter Mitwirkung der Reichsleitung der N.S.D.A.P. (3. Jg.), München o. J. <1928>, S. 132ff. – Nationalsozialistisches Jahrbuch 1930, hg. unter Mitwirkung der Reichsleitung der N.S.D.A.P. (4. Jg.), München o. J. <1929>, S. 139ff.
197 Vgl. HALE, Zwangsjacke, S. 53ff.
198 DM, Nr. 31 vom 5. August 1927, S. 1. – Nr. 27 vom 1. August 1924, S. 1. Ab Nr. 33 vom 12. September 1924 lautete die Unterzeile: „Wochenschrift für nationales Leben, Aufklärung, Belehrung, Kritik und Reklame".
199 DM, Nr. 44 vom 2. November 1928, S. 1.
200 DM, Nr. 20 vom 17. Mai 1929, S. 1.

Konsumvereine" als „Totengräber des Mittelstandes" in den Hintergrund.[201] Damit trat die spätere „Neue National-Zeitung" in die Fußstapfen, die maßgeblich von Weixler stammten.

Nachdem am 14. März 1930 erstmals der Hinweis erschienen war, der „DM" firmiere ab 1. Juli 1930 unter der Bezeichnung „Schwäbischer Beobachter" („SB"),[202] deklarierte sich der „Deutsche Michl" am 4. April 1930 nun als „Nationalsozialist. Organ: Für Wahrheit u. Recht: Für Freiheit u. Brot: Für Volk u. Heimat".[203] Im Verlag und in der Schriftleitung ändere sich nicht das Geringste, die Redaktion verbleibe in den Händen des Pg. Weixler, da der „DM" unter seiner Leitung „schon seit Jahren ein erprobter Vorkämpfer für den deutschen Gedanken ist", wie auch Gauleiter Karl Wahl am 4. April nochmals bekräftigte.[204] Der bevorstehende Wechsel habe Anlass zu falschen Gerüchten gegeben.

Weitschweifig und ungelenk formulierte Wahl, der alles andere als ein guter Stilist war, die Gründe für die Veränderungen: „Es wird dem einen oder anderen nicht entgangen sein, daß der ‚Deutsche Michl' schon seit einigen Wochen eine nat.-soz. Tendenz zeigt. Diese Einstellung hat ja zwar der ‚Deutsche Michl' im Grunde genommen schon lange, ohne daß[205] aber ausschließlich das Wort ‚nationalsozialistisch' so oft darin vorkam, als wie dies in den letzten Wochen der Fall war bezw. in Zukunft der Fall sein wird. Dies hat seinen Grund darin, daß seit kurzer Zeit Nationalsozialisten ständige, ehrenamtliche Mitarbeiter des ‚Deutschen Michl' sind. Diese Mitarbeit hat zur Voraussetzung, daß[206] in Zukunft der ‚Deutsche Michl' zum Wochenblatt für den Regierungsbezirk Schwaben ausgebaut wird. Ein solcher Ausbau ist natürlich nur denkbar mit Hilfe einer in Schwaben verbreiteten Organisation, und so hat sich der Gau Schwaben der

---

201 DM, Nr. 30 vom 27. Juli 1928, S. 1: „Jüdisches Warenhaus und marxistischer Konsumverein als Totengräber des Mittelstandes".
202 DM, Nr. 11 vom 14. März 1930, S. 2: „An unsere geschätzten Leser und Abonnenten". Im Kopf erschien erstmals in der Nr. 12 vom 21. März 1930 der Hinweis auf die Titeländerung. In seiner Dissertation The National Socialist Party press in the ‚Kampfzeit', 1919-1933, S. 67, behauptet Larry WILCOX, dass bereits im Jahr 1926 die Eigentumsverhältnisse des "DM" auf die lokale NSDAP übergegangen seien. Würde dies den Tatsachen entsprechen, hätten es die neuen Eigentümer mit Sicherheit nicht versäumt, darauf hinzuweisen. Auch im Impressum findet sich keine Erwähnung. Er verwechselt dies wohl mit der parteioffiziellen Anerkennung für das Wochenblatt, die in dieses Jahr fällt. STEIN, NS-Gaupresse, S. 213, bescheinigt dem „DM" ab 1926 nationalsozialistische Tendenzen und annonciert Weixler bis zu diesem Jahr als Herausgeber.
203 DM, Nr. 14 vom 4. April 1930, S. 1.
204 *Ebd.*, S. 3: „An alle Bezieher des ‚Deutschen Michl'". Die Kontinuität zwischen „DM" und „SB" wird auch in der Jahrgangs- und Nummernzählung deutlich.
205 Satz ab „daß" bis zum Satzende im Original fett.
206 Satz ab „daß" bis zum Satzende im Original fett.

Nat.-Soz. Deutschen Arbeiter-Partei zur Aufgabe gemacht, die Propaganda hierfür zu leisten. Diese Propaganda muß für den Kenner der Verhältnisse als aussichtsreicher dann angesprochen werden, wenn der Name ‚Deutscher Michl'[207] durch ‚Schwäbischer Beobachter' ersetzt wird."[208]

Wahls Argumentation erhielt dennoch einen Dämpfer, wenn er im selben Artikel erklärte: „Die gerade in Gang befindliche Werbeaktion für den ‚Völkischen Beobachter' wird und soll dadurch in keiner Weise beeinträchtigt werden."[209] Hitlers Verkündigungsorgan hatte stets die Priorität vor anderen Zeitungen – dieser Spitzenstellung hatten sich die anderen Zeitungsgründer zu beugen.

Wie der Gauleiter unterschwellig in seinen Text einfließen ließ, war der Titel „Deutscher Michl" für die Nationalsozialisten offenbar doch nicht mehr tragbar, um ihn als Namen für ein Blatt, das nun die Rolle des Sprachrohrs der Bewegung im ganzen Gau Schwaben übernehmen sollte, weiterzuführen und mit ihm für die Partei werben zu können. Dies verdeutlicht die Aussage Wahls, die Umbenennung sei aus rein propagandistischem Charakter vorgenommen worden.[210] Anspielungen auf die anrüchige Vergangenheit des Weixler-Blattes wollten die Nationalsozialisten offenbar vermeiden. Auch wenn es später euphemistisch in einer Rückschau aus dem Jahr 1936 hieß, der „DM" habe im immer schärfer werdenden Endkampf nicht mehr die „notwendige Schlagkraft" aufbringen können.[211] Ebenso lassen sich der Hinweis auf die seit kurzer Zeit agierenden, ständigen nationalsozialistischen Mitarbeiter und die Anspielung, dass es hinsichtlich des bevorstehenden Wechsels falsche Gerüchte gegeben habe, dahingehend interpretieren, dass Weixler langsam aber sicher aus der Redaktion zurückgedrängt werden sollte.[212]

Entbehren konnte oder wollte die lokale NSDAP Weixler, der über Kontakte und seinen Apparat verfügte, noch nicht. Ihr fehlten das Geld, aber auch fachlich geschultes Personal, um sich des Verlags und der Redaktion ganz zu bemächtigen. Im Oktober 1930 wurde gar behauptet, dass derzeit gar nichts am „SB" verdient werde, da sowohl der Herausgeber, Franz Xaver Weixler, als auch alle Mitarbeiter ehrenamtlich tätig seien.[213] Immerhin brachte die Zusammenarbeit der beiden Geschäftspartner einen verlängerten Redaktionsschluss – es waren jetzt nur noch drei Tage vor Erscheinen der aktuellen Ausgabe – und tägliche

---

207 „Deutscher Michl" im Original fett.
208 DM, Nr. 14 vom 4. April 1930, S. 3: „An alle Bezieher des ‚Deutschen Michl'".
209 *Ebd.*
210 SB, Nr. 28 vom 11. Juli 1930, S. 1: „Parteigenossen und Parteigenossinnen! Judengegner! Anhänger der Nat.-Soz. Bewegung".
211 NNZ, Nr. 51 vom 29. Februar 1936, S. 22: „Wie die Zeitungen entstanden – wie die Neue National-Zeitung entstand".
212 DM, Nr. 14 vom 4. April 1930, S. 3: „An alle Bezieher des ‚Deutschen Michl'".
213 SB, Nr. 41 vom 10. Oktober 1930, S. 6: „Parteigenossen an die Arbeit".

Sprechzeiten von 9.30 bis 10 Uhr (außer an Feiertagen) in der Geschäftsstelle der Schriftleitung und des Verlages, Weixlers Privatwohnung, in der Langen Gasse F 239, mit sich.[214]

Ziel der gemeinsamen parteipolitischen und publizistischen Bemühungen sollte, wenn es nach Karl Wahls Ausführungen vom 4. April ging, die Überwindung des Parteienstaates sein.[215] Gekämpft werde um „einen wahren deutschen Volksstaat, einen Staat von sozialer Gerechtigkeit."[216] Diesem Ansinnen sollten „DM" beziehungsweise „SB" den Boden bereiten. Von der Leserschaft wurde nun das ihrige erwartet, um die angestrebten Pläne auch zu realisieren. Und das hieß vor allem, neue Abonnenten und Käufer zu werben. Denn, so nahm der Gauleiter die „Michl"-Bezieher schon im Vorfeld in die Pflicht, „jeder bisherige Leser ... hat doch sicher den dringenden Wunsch, daß die Zeitung im Interesse der Wahrheit möglichst weitgehende Verbreitung findet, daß den anderen Lügengazetten des Schwabenlandes wirkungsvoll entgegengetreten wird."[217]

Da die Parteigenossen dies offenbar gar nicht so dringend wünschten, wurden die Bezirks- und Ortsgruppenleiter erstmals am 9. Mai 1930 in harschem Befehlston per Anordnung aufgefordert, ab sofort „vorerst mindestens ein Pflichtexemplar unseres Schwäbischen Gauorganes ‚Deutscher Michl' (bezw. ‚Schwäbischer Beobachter') ab 1. Juni" zu beziehen.[218] „Da fast sämtliche in Zukunft ergehenden Anordnungen und Rundschreiben nur mehr durch den ‚Schwäbischen Beobachter' erfolgen",[219] blieb den regionalen NS-Funktionären zwangsläufig nichts anderes als die Bestellung des offiziellen Gaublattes übrig, wenn sie auf dem Laufenden bleiben wollten.

Offenbar schien jedoch dieser Druck von oben auch nicht der geeignete Weg zu sein, Abonnenten zu finden, denn am 11. Juli etwa fiel die Argumentation schon sehr viel gemäßigter aus: „Um erstens ein Mitteilungsblatt für die einzelnen Ortsgruppen und Stützpunkte zu besitzen, zweitens um den Parteigenossen und Anhängern unserer Bewegung, denen der Bezug des ‚Völkischen Beobachters' aus diesen oder jenen Gründen ein Ding der Unmöglichkeit ist, auf diesem Wege das unerlässlich geistige Rüstzeug zu verschaffen, und drittens, um dem mit dem erfreulichen Wachsen unserer Bewegung zusammenhängenden Verleumdungsfeldzug einer verlogenen Presse gebührend entgegentreten zu können",[220] werde der „Schwäbische Beobachter" aufgebaut.

---

214 SB, Nr. 27 vom 4. Juli 1930. Der Hinweis befindet sich im Kopf des „SB".
215 DM, Nr. 14 vom 4. April 1930, S. 3: „An alle Bezieher des ‚Deutschen Michl'".
216 *Ebd.* „Deutschen Volksstaat" und „sozialer Gerechtigkeit" im Original fett.
217 *Ebd.*
218 DM, Nr. 19 vom 9. Mai 1930, S. 8: „Anordnung".
219 DM, Nr. 26 vom 27. Juni 1930, S. 8: „Anordnung".
220 SB, Nr. 28 vom 11. Juli 1930, S. 1: „Parteigenossen und Parteigenossinnen! Judengegner! Anhänger der Nat.-Soz. Bewegung".

Gleichzeitig sei die Mitarbeit sämtlicher Gliederungen der Bewegung im Gau unerlässlich, damit „draußen auf dem Lande irgend einem der über uns schimpfenden Pressereptile die Giftzähne ausgetreten werden" könnten.[221] Gelänge dies, werde die Wochenschrift nicht nur in Bälde ein gerne gelesenes Blatt sein, sondern auch zur „gefürchteten Waffe im Kampfe gegen die politische Lüge."[222] Der „SB" solle aber auch zwischen den Ortsgruppen und ihren Mitgliedern sowie den nichtorganisierten Anhängern das „Band der Zusammengehörigkeit enger schließen."[223] Mit diesem Appell an die Geschlossenheit und an die Hilfsbereitschaft, mit der jeder Einzelne zum Erfolg des Blattes und damit der Bewegung persönlich beitragen konnte, wurde eindeutig der überzeugendere Ton getroffen, um die Leser einzubinden.

Entweder, weil der Bezug zu teuer war, oder weil es weiterhin Vorbehalte gegen den nur unter anderem Namen weitergeführten „Deutschen Michl" gab, erging schließlich nochmals die Anordnung des Gauleiters, dass alle Ortsgruppen den „Schwäbischen Beobachter" bis zum 1. August beziehen mussten.[224] Die Einführung der Beilagen „Der S.A.-Mann" und „Unter Hitlers Fahnen" sollte den „SB" für die SA und die Parteijugend interessant machen. Die Anlehnung an das Zentralorgan der Bewegung, den „Völkischen Beobachter" brachte die Namensgebung des schwäbischen Blattes zum Ausdruck. Andererseits sollte dadurch auch wiederum seine Vorreiterposition als offizielles Organ im Gau signalisiert werden und vielleicht sogar eine sofortige Assoziation zwischen Zeitung und Partei hervorrufen.[225]

Neben einer personellen bestand auch eine propagandistische Kontinuität zwischen dem „DM" und seinem Nachfolgeorgan, die neben der Gestaltung des Titelkopfes augenfällig in der Jahrgangs- und Nummernzählung sichtbar wurde, denn die Parolen „Für Volk und Heimat" sowie „Für Freiheit und Brot" stammten ja schon von Weixler. Der „SB", der erstmals am 4. Juli 1930 erschien,[226] bekam im „Nationalsozialistischen Jahrbuch 1931" unter den Zeitungen der Partei einen Eintrag. Er hatte parteiamtlichen Status.[227]

---

221 *Ebd.*
222 *Ebd.*
223 *Ebd.*
224 SB, Nr. 29 vom 18. Juli 1930, S. 6: „Anordnung".
225 Vgl. FISCHER, Handbuch, S. 278. Er bezeichnet es als „besonders aufschlußreich für die NS-Pressebewegung", dass viele der nationalsozialistischen Wochen- und Tageszeitungen 1930 zunächst die Bezeichnung „Beobachter" übernahmen (S. 278). In den meisten dieser Blätter ist Fischers Beobachtungen zufolge zunächst kein Hinweis im Titel auf die Verbindung zur NSDAP festzustellen. – GROTH, Zeitung 2, S. 466.
226 SB, Nr. 27 vom 4. Juli 1930.
227 Nationalsozialistisches Jahrbuch 1931, hg. unter Mitwirkung der Reichsleitung der N.S.D.A.P. (5. Jg.), München o. J. <1930>, S. 136.

1.2 „Sturmglocke" und „Schwabenspiegel"

Ganz so reibungslos, wie später gerne heraufbeschworen, war die Kooperation der im Herbst 1922 gegründeten NS-Ortsgruppe und von Franz Xaver Weixler, der ja zunächst den Dickel-Anhängern ein Forum geboten hatte, offenbar von Anfang an nicht. Schon im Frühjahr 1923 wurde bei einer Sitzung des Ortsgruppenvorstands und des Ausschusses die Forderung nach einer eigenen Zeitung laut, um die „größtmögliche Propaganda" zu bekommen.[228] Max Mender, der als Verfechter dieser Idee galt, erhielt daraufhin den Auftrag, die Organisation zu übernehmen.[229] Um Geld in die Kassen zu bekommen, sollte Hitler im Rahmen einer „Deutschen Maifeier" erstmals in Augsburg sprechen, wie Mender 1939 schildert. Nachdem die Werbeplakate schon gedruckt gewesen seien, habe er zusammen mit Begleitern Hitler in München aufgesucht und den anfangs Ablehnenden von einer Teilnahme an der Veranstaltung überzeugt. Wahrscheinlich ist, dass er hier seine Rolle am Zustandekommen des Hitler-Auftritts überzeichnet, zumal der NSDAP-Parteiführer, anders als Mender behauptet, schon früher am Lech aufgetreten war.[230]

Mit dem finanziellen Überschuss aus der Kundgebung will der Augsburger Parteiableger seine Schulden bezahlt und den Rest für den Aufbau einer Zeitung zur Verfügung verwendet haben, doch soll das „Organ der Augsburger N.S.D.A.P. vor dem Hitler-Putsch" mit Geld aus München unterstützt worden sein.[231] Max Mender, zwei Tage nach dem Maifest zum Geschäftsführer der Ortsgruppe ernannt, fungierte nicht nur in der Rolle als Herausgeber und Geschäftsführer des Blattes, sondern gleichzeitig auch noch als verantwortlicher Schriftleiter.[232] Der Name des neuen Produkts lautete „Sturmglocke" in Anlehnung an ein Gedicht Dietrich Eckarts. „Nationalsozialistisches Kampfblatt für Schwaben" führte das Organ als Unterzeile. Eine Hakenkreuz verzierte, Flammen umloderte, heftig schwingende Glocke war laut Mender im Kopf zu sehen. So wurden die Ausrichtung und die Besitzverhältnisse der Publikation auf den ersten Blick deutlich gemacht. Auch rechnete sie die Bewegung offiziell zu ihren Zeitungen, wie aus einer Notiz in der ersten Nummer einer Beilage namens „Der Nationalsozialist" im „Völkischen Beobachter" vom 1. September 1923 hervorgeht. Darin hieß es, die NSDAP besitze neben ihrem Zentralorgan sechs weitere Blätter in Bayern – darunter eben auch die Augsburger Gründung.[233]

---

228 Max MENDER, „Die Augsburger ‚Sturmglocke': Geschichte einer nationalsozialistischen Zeitung der ersten Kampfzeit", in: Archiv der NS-Presse 11 (1939), Blatt 31-32, Blatt 31 Rückseite.
229 Vgl. *ebd.*
230 Siehe hierzu Kapitel I.2.
231 BA Berlin, NS 26/158, Franz Maria Miller an NSDAP-Hauptarchiv, 11. März 1937.
232 Vgl. MENDER, „Sturmglocke", Blatt 32 Vorderseite.
233 Vgl. NOLLER, Völkischer Beobachter, S. 199. – WILCOX, Press, S. 63.

Die unsichere finanzielle Lage, aber auch der „etwas mangelhafte Ausbau des jungen Unternehmens" ließen bei den Nationalsozialisten um Mender den Entschluss reifen, die Zeitung „in unbestimmter Reihenfolge" aufzulegen, zumal sie weder Abonnenten – vertrieben wurde die „Sturmglocke" bei Ortsgruppenversammlungen und im Straßenhandel – noch Anzeigen, noch richtige Mitarbeiter hatte.[234] Für den Textteil lieferten „verschiedene schreibgewandte Mitglieder der Ortsgruppe" ehrenamtliche Beiträge.[235] Gedruckt wurde zunächst in Günzburg, weil angeblich keine passende Firma in Augsburg zu finden war. Das Papier für die Herstellung mehrerer tausend Exemplare im „Berliner Format" will Max Mender gar als Frachtgut mit der Bahn mitgeführt haben.

Die erste Nummer, die Adolf Hitler gewidmet war, muss wohl Anfang Juli herausgekommen sein. Bereits mit dieser Ausgabe gelangte die „Sturmglocke" zu einem gewissen Ruhm: Sie sprang deutschlandweit als Ersatz für den „VB" ein, wenn man Menders Worten Glauben schenken darf.[236] Beim 13. Deutschen Turnfest in München hatte der NSDAP-Chef am 14. Juli im Circus Krone zu Teilnehmern gesprochen, die sich dann zu einem Marsch durch die Stadt sammelten. Als dieser Zug von der Polizei aufgelöst wurde, kam es zu gewalttätigen Zusammenstößen. Das Zentralorgan, das darüber berichten wollte, erhielt Erscheinungsverbot. Schon damals übernahm interessanterweise die Augsburger Druckerei von Franz Xaver Schroff die Herstellung des vierseitigen Blattes, das 1500 Mark – es herrschte Inflation – kostete. Neben der Darstellung der Münchner Ereignisse veröffentlichte Hitler laut Mender einen offenen Brief an den Polizeipräsidenten der Landeshauptstadt, in dem er sich frech für die Propaganda im Zusammenhang mit den Ausschreitungen bedankte. Dies brachte der „Sturmglocke" ein Verbot „wegen Verächtlichmachung der Regierung und wegen unwahrer Behauptungen" von der Regierung von Schwaben und Neuburg ein.[237] Ein Teil der Auflage wurde beschlagnahmt.

Der in Westheim bei Augsburg wohnende Mender behauptete in seiner Reminiszenz, der Druck weiterer Nummern seines Organs sei bis 9. November 1923 beim späteren „NNZ"-Lohndrucker geblieben, hingegen ist einem Schreiben des Bezirksamtes Günzburg vom 30. November zu entnehmen, dass er sie seit 1. September in Günzburg habe produzieren lassen.[238] Wie dem auch sei, auf jeden Fall stammte die neunte und letzte Ausgabe der „Sturmglocke" nach dem Hitler-Putsch wieder aus der Druckerei Mayer in Günzburg. Zwar unterlagen sämtliche nationalsozialistische Publikationen ebenso einem Verbot wie die

---

234   MENDER; „Sturmglocke", Blatt 32 Vorderseite.
235   *Ebd.*, Blatt 31 Rückseite.
236   Vgl. *ebd.*, Blatt 32 Vorderseite.
237   *Ebd.*
238   StA Augsburg, Bezirksamt Günzburg 2939, Schutzmannschaft an Bezirksamt Günzburg/Polizeidirektion München, 30. November 1923.

Hitler-Bewegung und die Deutsch-Völkische Freiheitspartei, doch hatten die Augsburger Behörden diese Zeitung offenbar übersehen: entweder, weil sie unregelmäßig erschien oder „weil sie infolge ihrer Magerkeit überhaupt leicht zu übersehen war", wie der NS-Aktivist nicht ohne Selbstironie schreibt.[239]

Am 24. November erschien sie dann und führte nun die Unterzeile „Vaterländisches Kampfblatt".[240] Rund 20.000 Exemplare à zehn Goldpfennig Verkaufspreis sollen es Max Menders Erinnerung nach gewesen sein, die neben den Vorgängen vom 9. November in München einen Bericht, betitelt „Wie Adolf Hitler verhaftet wurde", sowie Aufrufe der NSDAP und des Bundes Oberland enthielten. Diese seien mit dem Auto nach München zu Philipp Bouhler, damals kommissarischer Geschäftsführer der Partei, gebracht worden und unter dem Absender „Deutsch-schweizerischer Musikverlag, Basel-Augsburg-München" an Ortsgruppen im ganzen Reich verschickt worden. Den Rest hätten ehemalige SA-Männer an der Isar von Haus zu Haus verteilt. Dies darf freilich ernsthaft angezweifelt werden. Laut Bezirksamt Günzburg wurde die Nummer 9 nämlich in der Druckerei beschlagnahmt, die Firma geschlossen.[241] Bei der Staatsanwaltschaft Memmingen erging Strafanzeige gegen den Drucker und gegen Max Mender, der sich aber rechtzeitig absetzen konnte, doch kehrte er im Frühjahr 1924 seinen Angaben zufolge freiwillig nach Augsburg zurück, wo er zunächst im Gefängnis landete.[242] Nach seiner Entlassung organisierte er seit Anfang März dann die „Augsburger Tageszeitung", eine Nebenausgabe der in München erscheinenden „Großdeutschen Zeitung", die wiederum als Platzhalter des verbotenen „VB" diente.[243]

Der Lokalteil „Schwäbischer Beobachter", an dessen Titel die Nationalsozialisten später erneut anknüpften, wurde ab April in Augsburg gedruckt. Der sensationelle Wahlerfolg der im „Völkischen Block"[244] zusammengeschlossenen Rechten kurz nach dem Ende des Hitler-Prozesses im Mai hatte die Hoffnung keimen lassen, nun zur maßgeblichen schwäbischen Tages- und Lokalzeitung aufzusteigen. Als der „Großdeutschen Zeitung" im Mai desselben Jahres das Geld ausging, bedeutete dies auch das Aus für die Augsburger Dependance. Um

---

239 MENDER, „Sturmglocke", Blatt 32 Rückseite.
240 Vgl. DERS., „Die Augsburger ‚Sturmglocke': Geschichte einer nationalsozialistischen Zeitung der ersten Kampfzeit (Ende)", in: Archiv der NS-Presse 12, Blatt 33 Vorder- und Rückseite, Blatt 33 Vorderseite.
241 StA Augsburg, Bezirksamt Günzburg 2939, Schutzmannschaft an Bezirksamt Günzburg/Polizeidirektion München, 30. November 1923.
242 Vgl. MENDER, „Sturmglocke", Blatt 33 Rückseite.
243 Vgl. HETZER, „Presse", S. 1150.
244 Zu den Wahlergebnissen siehe Kapitel I.2. Anmerkung 37.

die Anhänger weiterhin an die Bewegung zu binden, erschien nach Aussagen des NSDAP-Kreisarchivars Miller während der Verbotszeit 1924/25 der „Schwabenspiegel"[245], der ein „Wahlkampfblatt" war und „wieder nach Neugründung der Partei" verschwand.[246]

2. Vom Wochenblatt zur Tageszeitung

2.1 Erste Versuche, Tageszeitungen im Gau Schwaben zu etablieren

Im Sog der für die Nationalsozialisten so erfolgreich verlaufenden Reichstagswahlen vom 14. September 1930, bei denen sie nach den Sozialdemokraten die zweitstärkste Kraft im Parlament wurden, grassierte auch in Teilen des Gaues Schwaben das „Zeitungs-Gründungsfieber": Nur rund zweieinhalb Monate nach dem Urnengang kamen – mit Genehmigung der Gauleitung Schwaben – zum 1. Dezember in Memmingen der „Allgäuer Beobachter" („AB") mit dem „Mindelheimer Beobachter" (Mindelheim) als Nebenausgabe[247] und in Sonthofen die „Deutsche Alpenwacht" als erste NS-Tageszeitungen auf den Markt.[248]

---

245 1933/34 brachte die „NNZ" übrigens eine heimatgeschichtliche Beilage namens „Schwabenspiegel" heraus.

246 BA Berlin, NS 26/158, Franz Maria Miller an NSDAP-Hauptarchiv, 11. März 1937. „Wahlkampfblätter can be considered predecessors of the special election issues of party papers which became common in the last years of the Weimar period printed in large numbers for free distribution of propaganda", definierte WILCOX, Press, S. 72, diese Publikationen.

247 Den „Mindelheimer Beobachter" gibt es STEIN, NS-Gaupresse, S. 214, zufolge seit 1. Februar 1931. In Mindelheim erschienen laut SPERLING 1930, S. 444, zu dieser Zeit außerdem noch die „Mindelheimer Neuesten Nachrichten", eine dem Bauernbund nahe stehende Publikation mit 7000 Stück Auflage (ALA 1930, S. 13, 6800 Stück), und das dem Katholischen Pressverein in Bayern gehörende „Mindelheimer Anzeigeblatt". Nach der Machtübernahme trat der „AB" den gleichgeschalteten „Mindelheimer Neuesten Nachrichten" auf der Basis eines „freundschaftlichen Abkommens" das gesamte Mindelheimer Gebiet ab. Die vereinigten Blätter erschienen künftig als „Neueste Nachrichten für Mittelschwaben" und hatten parteiamtlichen Status. Das „Mindelheimer Anzeigeblatt" wurde 1934 an die Partei verkauft und verschwand vom Zeitungsmarkt. Siehe hierzu IfZ München, MA 726/1, Statistische Entwicklung, S. 320.

248 HStA München, MA 102149, Halbmonatsbericht der Regierung von Schwaben und Neuburg, 6. Februar 1931. Laut STEIN, NS-Gaupresse, S. 214, soll die „Deutsche Alpenwacht" erst im Januar 1931 herausgekommen sein.

„Alpenwacht"-Herausgeber Manfred von Ribbentrop war ein Verwandter des späteren Reichsaußenministers.[249] Das hochgesteckte Ziel, sein Blatt zu einer großen Parteizeitung für Südschwaben auszubauen, scheiterte allerdings bereits nach vier Monaten, im April 1931, kläglich: Die sieben Parteigenossen, die die Zeitungsgründung per Bürgschaft abgesichert hatten, ‚durften' nun die Schuldenlast von 9000 Mark tragen.[250] Ursachen für den Zusammenbruch des kurzlebigen Unternehmens sollen Meinungsverschiedenheiten innerhalb der Ortsgruppe und polizeiliche Restriktionen gewesen sein. Wahrscheinlich hatte die „Deutsche Alpenwacht" schlichtweg zu wenig Leser und war daher nicht rentabel. Der Halbmonatsbericht der Regierung von Schwaben und Neuburg spricht jedenfalls von „einem schweren Schlag" für die Nationalsozialisten im südlichen Allgäu.[251] Manfred von Ribbentrop wurde außerdem zu einigen Monaten Gefängnis verurteilt „because of an offence under the Law for the Protection of Public Order."[252]

In Memmingen hingegen konnte sich der von Rechtsanwalt Wilhelm Schwarz[253] initiierte „Allgäuer Beobachter", zu dem eine eigene Druckerei gehörte, zunächst halten. 44 Genossen gründeten hierfür am 26. Oktober 1930 mit einem Kapital von 3925 Mark – was 157 Anteilen entsprach – eine Genossenschaft.[254] Dazu wurde die „Druckerei- und Verlagsgenossenschaft" ins Leben gerufen, die mit den bürgerlichen Blättern, der als Sprachrohr des Bauernbundes dienenden „Memminger Zeitung", die in der „Verlags- und Druckereigenossenschaft" erschien, und dem BVP-nahen „Memminger Volksblatt" der Firma Feiner & Co., konkurrierte.[255] Anfangs anscheinend mit Erfolg: „Nach Bericht des

---

249 Vgl. Geoffrey PRIDHAM, Hitler's Rise to Power: The Nazi Movement in Bavaria 1923-1933, London 1973, S. 248.
250 HStA München, MA 102149, Halbmonatsberichte der Regierung von Schwaben und Neuburg, 4. April 1931.
251 *Ebd.*
252 PRIDHAM, Hitler's Rise, S. 248.
253 Wilhelm Schwarz, geboren am 2. April 1902, seit 1926 NSDAP-Mitglied, war unter anderem Reichs- und Landtagsabgeordneter, Memminger Ratsherr, Kreisleiter, Gauinspekteur und Gauredner. Nach dem Krieg wurde er als Hauptschuldiger eingestuft. StA Augsburg, BLVW Außenstelle Memmingen Vermögenskontrolle 197, Spruchkammerakte vom 7. Februar 1949.
254 Die neue Firma wurde am 7. November 1930 ins Handelsregister in Memmingen eingetragen. 1931 waren es bereits 168 Genossen, die 345 Anteile hielten. Das Kapital betrug zum Jahresende 1931 8625 Mark und blieb auch 1932 konstant. StA Augsburg, BLVW Außenstelle Memmingen Vermögenskontrolle 197, Amtsgericht Memmingen, Registergericht, an BLVW Außenstelle Memmingen, 13. Juli 1948, und Treuhänder an BLVW Memmingen, 7. Januar 1947.
255 Der „Allgäuer Beobachter" ist sowohl bei ALA 1932, S. 14, als auch bei MOSSE 1932, S. 13, mit 2000 Stück vermerkt, bei ALA 1933, S. 15, sogar mit nur 1250 Ex-

Stadtrats Memmingen hat sich diese Zeitung rasch eingebürgert und Geltung verschafft. Sie weist einen gemäßigten Ton auf und strebt ein gutes Einvernehmen mit den Behörden an", beobachtete die Regierung von Schwaben und Neuburg.[256] Nach der Pleite der „Deutschen Alpenwacht" konnte der „AB" den ‚Ruhm', die „älteste Tageszeitung im Gau Schwaben" zu sein, im Dritten Reich für sich beanspruchen.[257] Sie war neben der Augsburger „NNZ" die einzige gauamtliche Tageszeitung im Regierungsbezirk Bayerisch-Schwaben.

Trotz der zunächst positiven Resonanz hatte aber auch der „AB", der vom 10. bis 12. August 1931 offenbar das einzige Verbot seines Bestehens kassierte, bis zur Machtergreifung mit ziemlichen Problemen – vornehmlicher finanzieller Natur – zu kämpfen. Dennoch hätten seine Eigentümer kein Geld aus der Parteikasse in Anspruch genommen, wurde später behauptet. Vielmehr habe sich das Blatt „dank der Opferwilligkeit der Genossenschaft als Verlagsinhaberin allen Widerständen zum Trotz" behaupten können.[258]

---

emplaren. In den Jahren 1930 bis 1933 hatte die „Memminger Zeitung" laut ALA 1930, S. 12, ALA 1931, S. 13, ALA 1932, S. 14, und ALA 1933, S. 15, SPERLING 1930, S. 444, sowie laut MOSSE 1931, S. 13, und MOSSE 1932, S. 13, eine Auflage von 5500 Stück. Die Auflage des „Memminger Volksblatts" belief sich laut ALA 1930, S. 12, und SPERLING 1930, S. 444, auf 5000 und ALA 1931, S. 13, auf 5500 Stück. Für die ALA-Jahrgänge 1932, S. 14, und 1933 gibt es darin keine Angaben. MOSSE 1931, S. 13, und MOSSE 1932, S. 13, vermeldet jeweils 5500 Stück. Neben dem „Memminger Volksblatt" erschienen mit einer Gesamtauflage von 11.500 Stück im „Mittel- und Nordschwäbischen Zeitungskonzern" der Firma Feiner & Co. das „Ottobeurer Tagblatt", die „Illergau-Zeitung", Illertissen, das „Babenhauser Tagblatt", die „Neu-Ulmer Zeitung", der „Rothtalbote", Weißenhorn, sowie der „Günz- und Mindelbote" in Günzburg. Ende 1933 schlossen sich die „Memminger Zeitung" und das „Memminger Volksblatt" zu einer Interessengemeinschaft zusammen und gaben die gemeinsame Publikation „Memminger Zeitung" heraus. Insgesamt betrug 1935 laut ALA-Zeitungskatalog 1935 (60. Jg.), Berlin o. J., S. 102, die Auflage der „Memminger Zeitung" mit „Memminger Volksblatt" 3755 Stück, die des „AB" 5208 Exemplare. Im gleichen Jahr fanden Verhandlungen zwischen dem „Memminger Volksblatt" mit seinen 3000 Abonnenten und dem „AB" über die Übernahme des Verlagsrechts statt. Ein Abonnent wurde mit zehn Mark bewertet, so dass der Kaufpreis bei 30.000 Mark lag. Von der Firma Feiner & Co. Ging dann zwar das Verlagsrecht an die „Druckerei- und Verlagsgenossenschaft" über, aber nicht der Maschinenpark. Im Dezember 1935 mussten die restlichen Feiner-Zeitungen unter dem Druck der Nationalsozialisten eingestellt werden. StA Augsburg, BLVW Außenstelle Memmingen Vermögenskontrolle 197, Leiter der Außenstelle an BLVW München, 22. September 1948.

256 HStA München, MA 102149, Halbmonatsberichte der Regierung von Schwaben und Neuburg, 6. Februar 1931.
257 IfZ München, MA 726/1, Statistische Entwicklung, S. 320.
258 *Ebd.*

Und dennoch drehten die Sponsoren Ende 1932 den Geldhahn zu.[259] Laut Informationen der Regierung von Schwaben und Neuburg kündigte der „Allgäuer Beobachter" nicht nur den Mietvertrag für seine Räumlichkeiten, sondern plante auch die Entlassung des gesamten Personals zum 1. Januar 1933.[260] Um der Pleite zu entgehen, war damals entweder ein Zusammengehen mit dem in Ulm erscheinenden NS-Blatt „Ulmer Sturm" oder die Herstellung der Zeitung in einer Memminger Druckerei im Gespräch. Doch dann zeichnete sich eine ganz andere Lösung ab: Hitlers Reichskanzlerschaft sorgte für eine ganz neue Ausgangsbasis.

Exkurs: Nach den Wahlen 1930 – Die NSDAP im „Zeitungsgründungs-Fieber"

Hitlers Meinung zufolge waren „alle gewaltigen, weltumwälzenden Ereignisse nicht durch Geschriebenes, sondern durch das gesprochene Wort herbeigeführt worden."[261] In der dabei entstehenden Diskussion könne er „dem Feinde die Waffe seiner Entgegnung gleich selber aus der Hand" schlagen,[262] bekundete er in seinem Buch „Mein Kampf" in brutaler Offenheit. Und weiter: „Während der Redner aus der Menge heraus, vor welcher er spricht, eine dauernde Korrektur seines Vortrages erhält, insofern er unausgesetzt an den Gesichtern seiner Zuhörer ermessen kann, inwieweit sie seinen Ausführungen mit Verständnis zu folgen vermögen und ob der Eindruck und die Wirkung seiner Worte zum gewünschten Ziele führen, kennt der Schriftsteller seine überhaupt nicht."[263]

Da dieser seine Ausführungen ganz allgemein halte und nicht sich vor seinen Augen befindliche Menschenmenge abziele, verliere er bis zu einem gewissen Grad an psychologischer Feinheit und Geschmeidigkeit. Weil der NSDAP-Führer glaubte, die Masse sei eher faul und in alten Gewohnheiten verhaftet, unterstellte er, dass der Einzelne nur ungern zum Gedruckten greife, wenn es nicht dem entspräche, was er glaube, und nicht das bringe, was er erhoffe. „Daher wird eine Schrift mit einer bestimmten Tendenz meistens nur von

---

259 HStA München, MA 102149, Halbmonatsbericht der Regierung von Schwaben und Neuburg, 5. Dezember 1932.
260 Das Dauerwahlkampfjahr 1932 brachte viele NS-Zeitungen an den Rand des Ruins, da damals Riesenauflagen dieser Blätter kostenlos zu Propagandazwecken verteilt wurden. Die Zeit von November 1932 – die Nationalsozialisten erlitten bei diesen Reichstagswahlen einen Stimmenverlust von 3,4 Prozent im Vergleich zur Juliwahl 1932, wo sie 33,5 Prozent erreicht hatten – bis zum 5. März 1933, der nächsten Wahl, scheint die schlimmste Periode gewesen zu sein. Vgl. HALE, Zwangsjacke, S. 67. Auch die „NNZ" stand damals kurz vor dem Aus. Vgl. WAHL, Herz, S. 68.
261 Adolf HITLER, Mein Kampf, München 1931 (7. Auflage), S. 525.
262 *Ebd.*, S. 522. Zitat im Original gesperrt.
263 *Ebd.*, S. 525f.

Menschen gelesen werden, die selbst dieser Richtung schon zuzurechnen sind. Höchstens ein Flugblatt[264] oder ein Plakat können durch ihre Kürze damit rechnen, auch bei einem Andersdenkenden einen Augenblick lang Beachtung zu finden."[265] Bild oder Film seien da schon besser, da der Betrachter dann noch weniger verstandesgemäß arbeiten müsse.

Nicht nur in der Theorie, auch in der Praxis gab der künftige ‚Führer' dem gesprochenen Wort eindeutig den Vorzug vor dem gedruckten.[266] Dies hing zum einen sehr stark mit seinen phänomenalen, die Zuschauer mitreißenden und vereinnahmenden rhetorischen Fähigkeiten zusammen, zum anderen war, wie Hitler selber sagt, die Rede eine Reaktion auf das jeweilige Publikum.

Bei den Besuchern wiederum blieb der äußere Rahmen seiner Auftritte meistens viel länger im Gedächtnis haften als die gehörte Aussage.[267] Daher unterlagen die NS-Versammlungen einem strengen Reglement, einer genauen Inszenierung und sollten so „zum theatralisch und ästhetisch gestalteten Gemein-

---

264 Die NS-Kampfblätter glichen in Aufmachung und im Schreibstil anfangs auch Flugblättern.
265 HITLER, Mein Kampf, S. 526.
266 Hitler war sich der Wirkung der Presse aber sehr wohl bewusst, wenn er schreibt: „Der weitaus gewaltigste Anteil an der politischen ‚Erziehung', die man in diesem Falle mit dem Wort Propaganda sehr treffend bezeichnet, fällt auf das Konto der Presse. Sie besorgt in erster Linie diese ‚Aufklärungsarbeit' und stellt damit eine Art von Schule für die Erwachsenen dar. Nur liegt dieser Unterricht nicht in der Hand des Staates, sondern in den Klauen von zum Teil höchst minderwertigen Kräften." Überhaupt stelle „auch die politische Meinung der Masse nur das Endresultat einer manchmal ganz unglaublich zähen und gründlichen Bearbeitung von Seele und Verstand dar." *Ebd.*, S. 92f.
267 Wie sehr das kollektive Erlebnis einer von NS-Zeremoniell umrahmten Hitler-Rede in Erinnerung blieb, zeigt die Schilderung des Doktoranden Max Bestler, die an eine Theateraufführung denken lässt: „Der Anhänger einer jungen politischen Idee, die er in einem, jeden Tag neu beginnenden Kampf durchzusetzen sich mühte, stärkte und begeisterte sich in der Kundgebung an dem Wort seines Führers. Die Rede, auf die die Teilnehmer der Versammlung innerlich vorbereitet wurden, schon durch die architektonische Großzügigkeit des Raumes und seine Ausschmückung, durch umrahmende Musikstücke, durch die große Gemeinschaft derer, die gleich ihnen die Rede voll Spannung erwartet, sei es, weil sie das gleiche Wollen und Ziel hatten, sei es vielleicht auch, dass sie nur gekommen waren, um den Redner zu stören, diese Rede sprach den Menschen in einer Kundgebung unmittelbar an als das gedruckte und daher unpersönlichere Wort in der Zeitung. Gerade die Rede eroberte sich im Kampf im Staate vor der Zeitung den ersten Platz unter den publizistischen Führungsmitteln." Max BESTLER, Das Absinken der parteipolitischen Führungsfähigkeit deutscher Tageszeitungen in den Jahren 1919 bis 1932, Ein Vergleich der Auflageziffern mit den Wahlziffern der Parteien, phil. Diss. Berlin 1941, S. 98.

schaftserlebnis" werden.[268] „Die Rationalität der Argumentation löste sich auf in der Sinnlichkeit eines betörenden Erlebnisses."[269] Die Presse konnte im Vergleich hierzu diese Emotionen nicht vermitteln, alles war jederzeit nachzulesen und das Gesagte ließ sich nicht so einfach zurücknehmen. Der Verfasser wurde über den Tag hinaus auf das Geschriebene festgelegt.[270]

Pekuniäre Überlegungen dürften bei Hitler ebenfalls eine Rolle gespielt haben. Zeitungsgründungen erforderten einiges an Startkapital, für das die Münchner Zentrale nicht aufkommen wollte. Versammlungen mit Parteirednern kamen da wesentlich billiger – ja, für Hitler-Auftritte musste sogar Eintritt bezahlt werden. Und schließlich blieben für seine Vorbehalte gegenüber der eigenen NS-Publizistik auch taktische Gründe nicht außen vor. Er sah – was er übrigens nicht in seinem Buch schrieb – sehr wohl die Gefahr, dass bei einer aufkommenden nationalsozialistischen Presse sein Machtmonopol durch eine abweichende Meinungsbildung gefährdet werden könnte. Und so verwundert es nicht, dass der „VB", als dessen Herausgeber Hitler zeichnete, bis zum Parteiverbot 1923 die einzige Tageszeitung der NSDAP blieb.[271]

Bereits 1919 hatte Hitler darauf gedrängt, das Blatt, das seit Kriegsende von reichen Gönnern der völkischen Bewegung finanziert wurde, in den Besitz der Partei zu bringen, um damit direkten Zugriff auf seinen Inhalt zu haben.[272] Ende 1920 ging dieses Ansinnen in Erfüllung.[273] Der „VB" allein gab die Marschrichtung in politischen Tagesfragen der Partei vor, seine Direktiven waren unangefochten zu übernehmen. Wer das Zentralorgan der NSDAP abonniere, der sei von der Pflicht entbunden, die örtliche Parteipresse zu kaufen, hob der Parteiführer auch später wiederholt hervor, um die Vorrangstellung ‚seiner' Zeitung zu verdeutlichen.[274]

Nach dem Putschversuch im November 1923 wurde die Partei verboten, Hitler verschwand hinter Landsberger Festungstoren. Nach der Neugründung der Partei im Februar 1925 begannen die Nationalsozialisten dann doch, sich, wenn auch zunächst recht schleppend, eine dezentralisierte Parteipresse zu

---

268   PAUL, Aufstand, S. 42.
269   *Ebd.*
270   Vgl. Walter KAUPERT, Die deutsche Tagespresse als Politikum, phil. Diss. Heidelberg 1932, S. 122.
271   Den Grund hierfür sieht Kaupert in der überragenden Bedeutung der Münchner Parteizentrale und der anfänglichen Beschränktheit der Bewegung auf Bayern. Deswegen sei es geradezu selbstverständlich gewesen, dass andere Parteizeitungen in der Frühzeit der NSDAP nicht entstehen konnten. Vgl. *ebd.*, S. 122f.
272   Vgl. FREI, Eroberung, S. 86.
273   Zum Kauf und der Schuldenlage des „VB" vgl. HOSER, Hintergründe 1, S. 120-126.
274   Vgl. FREI, Eroberung, S. 87.

schaffen.²⁷⁵ Dies geschah nicht zuletzt deshalb, weil sich die ‚neue' NSDAP, in der die unterschiedlichen rechtsradikalen, völkischen Gruppierungen verschmolzen, nun auf das ganze Reich ausdehnte und eine laufende Unterweisung der Mitglieder notwendig wurde.²⁷⁶

1929, als sich Hitler mit Alfred Hugenberg gegen den Young-Plan verbündete, eröffnete sich für den ‚Führer' eine günstige und in ihren Folgen weitreichende Möglichkeit, in der rechtsgerichteten Presse des DNVP-Vorsitzenden für sich und seine Ideen zu werben. Dies ist mit ein Grund gewesen, warum die NS-Presse bis Anfang 1930 ein recht kärgliches und unbedeutsames Dasein fristete, während die NSDAP kurz vor dem Durchbruch zur Massenpartei stand. Denn mit der Bewegung ging es steil nach oben. Durch das Bündnis mit Hugenberg flossen jetzt Gelder der hinter ihm stehenden Interessengruppen an die Nationalsozialisten und der Wahlerfolg folgte auf dem Fuß – bei verschiedenen Landtagswahlen in diesem Jahr fuhr die Partei Stimmengewinne ein.

Das nationalsozialistische Pressearsenal hingegen verfügte 1930 gerade über 84 Zeitungen, von denen im selben Jahr 14 eingingen.²⁷⁷ Im Gegensatz zu parteioffiziellen Angaben, die 1930 von 253.925 Stück täglicher Auflage ausgehen, schätzt Peter Stein in seinem 1987 erschienenen Buch über die NS-Gaupresse, dass sich diese nur auf knapp 100.000 Exemplare belief.²⁷⁸ Doch dann brach plötzlich eine Art „journalistisches Gründungsfieber" über die Bewegung herein,²⁷⁹ nachdem sie bei den Reichstagswahlen am 14. September 1930 mit 18,3 Prozent sensationelle Stimmengewinne verbuchte.²⁸⁰ Von vielen Unterführern und maßgeblichen NS-Aktivisten in ganz Deutschland wurde nun die Versorgung der Wähler mit regionalspezifischen Tageszeitungen für unabdingbar erachtet: „Die Zahl unserer Anhänger ist so gewaltig angewachsen, daß Versamm-

---

275 Vgl. FISCHER, Handbuch, S. 276.
276 Vgl. KAUPERT, Tagespresse, S. 123. Maßgeblich für diese Entwicklung war im Übrigen der bereits erwähnte Parteitag vom Juli 1926. Vgl. hierzu FISCHER, Handbuch, S. 276.
277 Vgl. STEIN, NS-Gaupresse, S. 171.
278 Vgl. *ebd.*, S. 159.
279 KAUPERT, Tagspresse, S. 123. – HALE, Zwangsjacke, S. 65, terminiert „die größte Expansion der NS-Presse auf 1929." Dagegen sprechen allein schon die bei ihm abgedruckten Angaben einer von nationalsozialistischer Seite erstellten Tabelle mit Auflistung der braunen Tageszeitungen und deren Auflage, die, obgleich sehr tendenziös und nicht unproblematisch, immerhin einen gewissen Trend anzeigt. Vgl. *ebd.*, S. 66 Anmerkung 26.
280 In Augsburg erreichte die NSDAP 12,6 Prozent der Wählerstimmen. Vgl. „Reichstagswahlergebnisse in Augsburg 1928-33", in: Hakenkreuz, S. 9. – Zur Reichstagswahl siehe Martin BROSZAT, Die Machtergreifung: Der Aufstieg der NSDAP und die Zerstörung der Weimarer Republik (5. Auflage), München 1994, S. 111ff.

lungen nicht mehr genügen, um sie alle zu erfassen und fest mit dem Nationalsozialismus zu verbinden. Da muß das Wirken unserer Presse einsetzen."[281]

Vor allem in den Großstädten begann eine regelrechte Expansionsphase. Dabei betraten die Nationalsozialisten nicht völliges publizistisches Neuland, da die meisten dieser neuen Tageszeitungen, wie auch im Falle der „Neuen National-Zeitung", auf zwischen 1925 und 1930 entstandene Wochenblätter zurückgingen, die jedoch so primitiv waren, „dass man sie nicht als moderne Zeitungen ansehen kann", wie rückblickend sogar der nationalsozialistische Zeitungshistoriker Hans A. Münster einräumte.[282] Sie mussten ihren wöchentlichen Rhythmus jetzt auf eine sechstägige Erscheinungsweise umstellen. Daneben gab es aber auch einige richtige Neugründungen. Die Anfangsprobleme waren jedoch fast überall die gleichen: kein Geld, keine Abonnenten, keine Anzeigen, die Redaktionsräume in ein bis zwei Zimmern untergebracht, ein einziger Telefonanschluss und ein Drucker, der Kredit gab.[283]

Trotzdem nahm die Zahl der NS-Blätter stetig zu. Laut offizieller Bilanz waren es im April 1932 schon 46 Tageszeitungen, sechs halbwöchentlich und 38 wöchentlich herauskommende Publikationen, sowie eine Halbmonatsschrift- und drei Monatsblätter,[284] wobei allerdings eingeräumt wurde, dass „dieses oder jenes kleinere oder weniger bekannte Organ von rein lokaler Bedeutung fehlen" könnte.[285] Der Stabsleiter der Politischen Organisation der NSDAP, Dr. Robert Ley, zählte dann Anfang August desselben Jahres etwa 60 Tageszeitungen und etwa ebenso viele Wochenblätter.[286] Viel zu wenig seiner Meinung nach: Wenigstens 600 täglich herauskommende Zeitungen müsste und könnte die Partei haben, forderte er. „Man soll nicht sagen, dafür haben aber auch die vorhandenen Zeitungen eine weit höhere Auflage. Das stimmt nur bedingt und zum allergeringsten Teil."[287]

---

281 Heinrich FETKÖTTER zit. nach Hermann TÖDT, „Volksparole" und „Rheinische Landeszeitung": Geschichte des Kampfblattes des Gaues Düsseldorf, Düsseldorf 1937, S. 9. Fetkötter war später Hauptschriftleiter der „Rheinischen Landeszeitung" Düsseldorf.
282 MÜNSTER, Zeitung, S. 92.
283 Vgl. HALE, Zwangsjacke, S. 58.
284 Vgl. „Wieviele nationalsozialistische Zeitungen gibt es?", in: Deutsche Presse 6 (1932), S. 68-69, S. 69.
285 *Ebd.*, S. 68.
286 BA Berlin, NS 22/906, „Die nationalsozialistische Presse" von Dr. Robert Ley, 3. August 1932.
287 *Ebd.*

Späteren Schätzungen zufolge wurde Ende 1932 nicht mehr als eine halbe bis eine dreiviertel Million NS-Tageszeitungen gedruckt, das NSDAP-Hauptarchiv gibt 782.121 Exemplare an.[288] Im Vergleich mit dem Ausstoß im Jahr 1930 ein enormer Zuwachs, jedoch bei einer Gesamtauflage der deutschen Presse von geschätzten 15,6 bis 19,5 Millionen Stück ein geringer Prozentsatz.[289] Während Larry Wilcox 1970 in seiner Dissertation die Zahl sämtlicher Parteizeitungen bis zur Machtübernahme inklusive Nebenausgaben auf „perhaps 150" beziffert,[290] hat Peter Stein in seiner Untersuchung aus dem Jahr 1987 im Herbst 1932 über 200 Monats-, Wochen- und Tageszeitungen gezählt.[291] Insgesamt soll die NS-Presse 1932 ungefähr sieben Prozent aller Zeitungsleser erreicht haben und selbst diese nicht unbedingt täglich, da ein Drittel der Publikationen Wochenzeitungen waren. Vor allem auf dem Lande blieb die Bevölkerung mit nationalsozialistischer Zeitungslektüre ‚unterversorgt', da die meisten Organe in den Städten auf den Markt kamen.[292]

Um eine Meinungsvielfalt innerhalb der eigenen Presse zu unterbinden, versuchte die Partei ab der Jahresmitte 1930 die NS-Provinzblätter von München aus zu steuern. Zwar hatte die Reichsleitung in den späten 20er Jahren auf Grund ihrer schwachen finanziellen und politischen Situation heraus Privatpersonen und Gruppen erlaubt, sich als Zeitungsherausgeber zu betätigen, sie sah aber auch die darin innewohnenden Gefahren.

Daher bemühte sie sich um eine festere Anbindung der NS-Blätter an die Zentrale – teilweise etwa über finanzielle Beteiligungen, die aber nicht in jedem Fall die gewünschte Wirkung erzielten, weil einzelne Unterführer unter Umständen recht eifersüchtig über ihren Besitzstand wachten.[293] Eine weitere Maßnahme war aber auch die Vergabe des Hoheitszeichens der Partei an die Zeitungen, was, wie bereits erwähnt, einer offiziellen Anerkennung durch die Parteileitung gleichkam.[294] Wurde es der betreffenden Publikation entzogen, hatte das

---

288 Diese Angaben dürften der Wahrheit ziemlich nahe kommen. Vgl. MÜNSTER, Zeitung, S. 94. Er schreibt von insgesamt 121 Zeitungen. – HALE, Zwangsjacke, S. 66 Anmerkung 26, der eine Aufstellung über die anerkannte und offizielle Parteipresse auf der Grundlage von IfZ, München 726/1, Statistische Entwicklung, erstellt hat, spricht von 59 Tageszeitungen. In seinem Buch „Geschichte der deutschen Presse", S. 116, behauptet MÜNSTER, bei der Machtübernahme Hitlers habe die Auflage der NS-Presse eine Million Stück betragen.
289 Vgl. STEIN, NS-Gaupresse, S. 151f. und S. 159.
290 WILCOX, Press, S. 207.
291 Vgl. STEIN, NS-Gaupresse, S. 178. Zum Vergleich: Insgesamt gab es Anfang 1933 rund 3400 Zeitungen. Vgl. hierzu FREI/SCHMITZ, Journalismus, S. 23.
292 Vgl. PAUL, Aufstand, S. 184.
293 Vgl. FISCHER, Handbuch, S. 277f.
294 Vgl. hierzu Kapitel II.1.1. Anmerkung 23.

weitreichende Folgen für sie – dann durften etwa keine NS-Verlautbarungen und andere offizielle Texte mehr abgedruckt werden.[295]

Trotz dieser Ansätze blieb die Pressepropaganda vorerst auf die Gau- und Bezirksleitungen, die auch für die Finanzierung ihrer lokalen oder regionalen Publizistik zu sorgen hatten, dezentralisiert. Erst mit der Reorganisation 1934 gelang es größtenteils, private Beteiligungen an Parteizeitungen und -verlagen abzuschaffen.[296]

2.2 Die Augsburger Nationalsozialisten ziehen nach

Nicht aus Augsburg, dem Amtssitz von Gauleiter Karl Wahl, sondern von den Parteigenossen in Sonthofen und Memmingen war also die Initiative ausgegangen, die ersten schwäbischen NS-Tageszeitungen herauszubringen, obgleich es ja bereits in den 20er Jahren derartige Überlegungen am Lech gegeben hatte. Stattdessen begnügte man sich in der Gauhauptstadt weiterhin mit dem wöchentlich erscheinenden „Schwäbischen Beobachter". Die Gauleitung musste den Allgäuern zwar – ebenso wie die Münchner Zentrale – ihren Segen erteilen, aber die Vorstellung ist nahe liegend, dass es Wahl ärgerte, diesen Ruhm nicht für eine von ihm gegründete, in Augsburg erscheinende Tageszeitung beanspruchen zu können.

Denn Abnehmer hierfür glaubte er, genügend zu haben: Nach den Septemberwahlen 1930, wo allein in Augsburg 12,6 Prozent oder 11.907 Stimmen auf die NSDAP entfallen waren, ging er von einem Wählerstamm von fast 61.000 Frauen und Männer im Gau aus,[297] ja „vielleicht von 80-90.000", wie er am 13. Februar 1931 im „Schwäbischen Beobachter" selbstbewusst vermutete und setzte sie sogleich mit potenziellen Lesern für eine braune Tageszeitung gleich.[298] Daher müsse es doch innerhalb kurzer Zeit möglich sein, schwarze Zahlen zu schreiben. Auch kündigte der Gauleiter, der augenscheinlich keine Ahnung von Betriebswirtschaft hatte, im gleichen Atemzug den Druck von 30.000 Werbenummern für das neue Blatt ab 21. Februar an.

---

295 Vgl. KAUPERT, Tagespresse, S. 128.
296 Vgl. HALE, Zwangsjacke, S. 57 und S. 101ff. – WILCOX, Press, S. 216.
297 Im Wahlkreis Oberbayern-Schwaben waren insgesamt 1.338.085 gültige Stimmen abgegeben worden. Speziell im Gebiet des ‚Gaues' Schwaben hatten 60.985 Wähler für die NSDAP votiert. Damit war sie hier hinter der BVP mit 150.006, dem Bauernbund mit 79.572 und der SPD mit 65.666 Stimmen viertstärkste Kraft. SB, Nr. 38 vom 19. September 1930, S. 6: „Der nationalsozialistische Vormarsch".
298 Ebd., Nr. 7 vom 13. Februar 1931, S. 1: „Nationalsozialisten des Gaues Schwaben!" Ähnlich blauäugig äußerte sich Wahl zwei Wochen später: „Wenn die 130 Ortsgruppen des Gaues mit ihren Tausenden von Mitgliedern und die Zehntausende der nationalsozialistischen Wähler ihre Pflicht tun, dann kann unschwer die ‚Neue Nationalzeitung' zu der meistgelesenen Zeitung in Schwaben entwickelt werden." NNZ, Nr. 7 vom 28. Februar 1931, S. 7: „Nationalsozialisten des Gaues Schwaben".

Die Augsburger NSDAP hatte es jetzt eilig, derartige Pläne umzusetzen – und reagierte offenbar schneller als geplant. Nach dem Halbmonatsbericht des Regierungspräsidenten von Schwaben und Neuburg sollte die Einführung einer eigenen NS-Tageszeitung am Lech erst am 1. April 1931 stattfinden.[299] Doch die Augsburger, allen voran Karl Wahl und Josef Mayr, wollten nun keinen Tag mehr verlieren.[300] Jedenfalls konkretisierte sich der Plan bereits vor der Jahreswende 1930/31, da der Gauleiter und der damalige Augsburger Ortsgruppenleiter Gallus Schneider noch 1930 an den Druckereibesitzer Franz Xaver Schroff herangetreten waren, um mit ihm die Herausgabe einer NS-Tageszeitung zu besprechen.[301]

Wahl informierte die Ortsgruppen dann anscheinend erstmals mit einem Rundschreiben vom 14. Januar 1931 über sein Vorhaben.[302] Keinen Monat später, am 10. Februar 1931, wurde die National-Verlag G.m.b.H., die die „NNZ" herausgeben sollte, mit einem Stammkapital von 30.000 Mark gegründet.[303]

Jeweils 2000 Mark hierfür kamen von Hans Freiherr von Zobel,[304] dem künftigen Hauptschriftleiter der „NNZ", und von Franz Xaver Schroff. 2500 Mark steuerte der spätere Anzeigenleiter Friedrich Kiefer[305] bei. Zu den weiteren Gesellschaftern zählten mit einer Summe von jeweils 1000 Mark der damalige Führer des SA-Gausturmes Schwaben, Major a. D. Fritz Schinnerer,[306] die

---

299 HStA München, MA 102149, Halbmonatsbericht der Regierung von Schwaben und Neuburg, 21. Februar 1931.
300 Vgl. SOBCZYK, Partei, S. 29. Die Auskunft erhielt der damalige Doktorand von Karl Wahl.
301 ANZ, Nr. 298 vom 19. Dezember 1941, S. 4: „Buchdruckereibesitzer F. X. Schroff gestorben".
302 SB, Nr. 6 vom 6. Februar 1931, S. 3: „An alle Parteigenossen des Gaues Schwaben!"
303 StA Augsburg, NS-Gauverlag Schwaben 3, Treuhänder des NS-Gauverlags, Jantsch, an Bayerisches Landesamt für Vermögensverwaltung und Wiedergutmachung, Augsburg, 23. Oktober 1947.
304 Zu von Zobel, Schroff, Mayr, Schneider und Wahl siehe Anhang und Kapitel II.2.2.2.
305 Friedrich „Fritz" Kiefer wurde 1909 in Friedberg geboren. Er war der Sohn eines Gastwirtsehepaars und trat im Februar 1931 in die „NNZ" ein. StA Augsburg, NS-Gauverlag Schwaben 13, Angestellte 1944.
306 Fritz Schinnerer, geboren 1887, schlug die Offizierslaufbahn ein und machte im Ersten Weltkrieg schnell Karriere. Im letzten Kriegsjahr leitete er im Rang eines Hauptmanns im Generalstab des Armeeoberkommandos eine an der Front verwendete Bautruppe von rund 25.000 Mann. 1919 bis 1922 war er sozialpolitischer und wirtschaftspolitischer Syndikus für das norddeutsche Baugewerbe. 1923-1929 arbeitete er als Direktor einer Hoch- und Tiefbauunternehmung, war Präsidialmitglied des Bayerischen Baugewerbeverbandes, Mitglied der IHK Augsburg usw. 1930 übernahm Schinnerer als SA-Führer den Ausbau des gesamten SA-Gausturmes Schwaben. 1932 wurde er bayerischer Arbeitsdienstführer. NNZ, Nr. 82 vom 6. April 1933, S. 5: „Major Fritz Schin-

beiden Augsburger Josef Reiter[307] und Xaver Müller, der Weißenhorner Geschäftsmann Jakob Brändle und Josef Mayr, der spätere Augsburger Oberbürgermeister. Gallus Schneider brachte 8500 Mark, Gauleiter Karl Wahl 10.000 Mark ein: „Diese RM 10.000,- stammen zum größten Teil aus Anteilscheinen, die unbekannte Pg. gezeichnet haben und die nie realisiert worden sind."[308]

Dasselbe galt auch für Schneiders Einlage: In einem Brief vom 2. Februar 1931 forderte er die Augsburger Parteigenossen dezidiert dazu auf, dass jeder, eventuell zusammen mit Bekannten, zehn Mark für den Aufbau der Zeitung zur Verfügung stellen und mindestens fünf feste Bezieher werben solle.[309] Zur Belohnung wurde ein viermonatiges Freiabonnement ausgelobt. Bei zehn Festbeziehern lockte ein zweimonatiger, bei 15 ein dreimonatiger kostenloser Bezug. Darüber hinaus erhielt der Werber für je drei weitere feste Bezieher eine weitere einmonatige, unentgeltliche Belieferung mit der „NNZ". Geschäftsanteile über 500 Mark konnten auf Wunsch in jeder beliebigen, durch 500 teilbaren Zahl erworben und selbst vertreten werden. Selbstverständlich dürfte ein persönlicher Anteil Wahls und Schneiders in den von ihnen vertretenen Einlagen stecken, zumal die Gründung der Zeitung ja maßgeblich auf sie zurückging. Für das neu gegründete Unternehmen war die Rechtsform einer GmbH gewählt worden. Damit blieb die Haftung gegenüber Gläubigern auf das Vermögen der Gesellschaft beschränkt, was angesichts der finanziellen Risiken einer Zeitungsgründung ein nicht von der Hand zu weisender Vorteil war.[310] Bei der Gründung musste ein Mindestkapital von 20.000 Mark vorhanden sein. Vielseitig interpretierbar, da rechtlich vage festgelegt, war das Verhältnis der Gesellschafter untereinander, weil der Geschäftsanteil der GmbH niemals in einer Urkunde verkörpert war. Vielmehr schlossen sich die Gesellschafter eng einander an. In diesem

---

nerer zum Arbeitsdienstführer von Bayern ernannt". Hier ist Schinnerer auch abgebildet.

307 Jakob Reiter, geboren 1897, war Altmetallhändler, Leiter der Augsburger Ortsgruppe 16 und ab 1935 Ratsherr. Siehe hierzu NNZ, Nr. 204 vom 6. September 1935, S. 3: „Die neuen Ratsherren der Stadt Augsburg".
308 StA Augsburg, NS-Gauverlag Schwaben 3, Treuhänder des NS-Gauverlages an Bayerisches Landesamt für Vermögensverwaltung und Wiedergutmachung, Außenstelle Augsburg Stadt-Land, 2. Juni 1948.
309 Der Text ist abgedruckt bei STEIN, NS-Gaupresse, Dokument 4, S. 239f.
310 Vgl. „Gesellschaft mit beschränkter Haftung", in: Der Große Brockhaus, Handbuch des Wissens in 20 Bänden, 7. Bd. Gas-Gz, Leipzig 1930 (15. Auflage), S. 272f., S. 272f.

persönlichen Band lag auch ein Teil der Eigenart der GmbH. Die Gesellschaft musste notariell besiegelt und ins Handelsregister eingetragen werden. Ein Geschäftsführer – in diesem Falle war es Josef Eder[311] - sollte nach außen die Rechte der Firma vertreten.

Was zusätzlich für die Rechtsform einer GmbH sprach, war die erschwerte Übertragung des Mitgliedschaftsrechts an andere Personen.[312] Im Gegensatz zur Aktiengesellschaft (AG) mit ihren leicht wechselnden Aktien sollte das große Publikum schon vom Gesetzgeber aus auch nicht zur Beteiligung oder gar zur Mitsprache herangezogen werden. Einfacher zu gründen, war die GmbH rein juristisch gesehen ebenfalls, und dass keinerlei rechtliche Vorschrift die Veröffentlichung der Jahresbilanz vorsah, dürfte den ‚Gründervätern' der Zeitung nicht unangenehm gewesen sein. So überstürzt wie die Verlagsgründung, so überstürzt war dann auch die Herausgabe der ersten Zeitungsnummer. Noch war nicht einmal das notwendige Kapital eingegangen, als am 21. Februar 1931, nur elf Tage nach der Gründungsversammlung, die „Neue National-Zeitung" auf den Markt kam.[313]

a) Exkurs: Risiken einer Zeitungsgründung

Nur in Zeiten größter wirtschaftlicher Depression konnte man überhaupt daran denken, Publikationen mit einer derartig geringen Kapitaldecke, wie sie die „NNZ" hatte, zu gründen.[314] Denn: „In der Tat ist selten eine industrielle Gründung mit solchem Risiko verbunden, wie die Gründung einer Zeitung."[315] Dabei kam es nach den Feststellungen der Buchautoren Friedrich Bertkau und Karl Bömer bei der Standortwahl nicht so sehr auf die billige Rohstoffbeschaffung oder auf die Konkurrenz vor Ort an, vielmehr ging es um die Fülle der Informationen eines Blattes als bestimmende Faktoren für den Erfolg einer solchen Unternehmung.[316]

---

311 Josef Eder, Jahrgang 1897, Soldat im Ersten Weltkrieg, Träger unter anderem des Eisernen Kreuzes II. Klasse, arbeitete als Redakteur. Er war in den 20er Jahren auch in der Schriftleitung der katholischen „Neuen Augsburger Zeitung" beschäftigt. StdtA Augsburg, Familienbögen. Er ist abgebildet in: 75 Jahre NAZ, S. 150.
312 Vgl. MATT, Kapitalorganisation, S. 8.
313 NNZ, Nr. 51 vom 29. Februar 1936, S. 22: „Wie die Zeitungen entstanden".
314 Vgl. HALE, Zwangsjacke, S. 67.
315 Friedrich BERTKAU/Karl BÖMER, Der wirtschaftliche Aufbau des deutschen Zeitungsgewerbes (Zeitung und Zeit, Bd. III), Berlin 1932, S. 101. Zur Rentabilität von Zeitungsunternehmen siehe allgemein auch Otto GROTH, Die Zeitung: Ein System der Zeitungskunde (Journalistik), Bd. 3, Mannheim/Berlin/Leipzig 1929, S. 463-485.
316 Vgl. BERTKAU/BÖMER, Aufbau, S. 108.

Bereits um einen mittleren Zeitungsbetrieb aufzubauen,[317] bedurfte es unter normalen Umständen eines ganz erheblichen Anlagekapitals.[318] So mussten einer Anfang der 30er Jahre entstandenen Untersuchung der beiden zufolge für die Gründung eines derartigen, mit Rotationspresse[319] arbeitenden Unternehmens mit Handstereotypie[320] und drei Setzmaschinen,[321] jedoch unter Verzicht auf moderne Transportmittel und ohne Immobilien, mindestens 150.000 Mark investiert werden.

---

317 Als Mittelbetrieb wurde definiert, wer eine Auflage zwischen 5000 und 60.000 Stück produzierte. Ein Großbetrieb begann jenseits der 60.000, ein Kleinbetrieb lag unter 5000 Exemplaren. Ab ungefähr 5000 Zeitungen rentierte sich die Herstellung auf der Rotationsmaschine mit der zugehörigen Rundstereotypie. Hingegen war für Unternehmen unter der 5000er Marke der Einsatz der Flachdruckpresse günstiger. Vgl. Werner SCHNEIDER, Die Faktoren der Rentabilität einer Zeitung (Wirtschafts- und Verwaltungsstudien mit besonderer Berücksichtigung Bayerns, Bd. 62), Leipzig 1924, S. 9.

318 Vgl. Rolf STRÜDER, Der ökonomische Konzentrationsprozeß im deutschen Zeitungswesen unter besonderer Berücksichtigung der Provinzpresse: Ein wirtschaftsgeschichtlich-soziologischer Versuch, Neuwied 1933, S. 61.

319 Der Durchschnittspreis für eine achtseitige Rotationsmaschine, die sich eventuell auf zwölf Seiten ausbauen ließ, belief sich 1930 auf zirka 45.000 Mark für eine Zeitung im „Berliner Format". Eine auf 16 Seiten ausbaufähige, zwölfseitige Rotationsmaschine kostete zirka 54.000 Mark, eine 16-seitige, auf 24 Seiten ausbaufähige Apparatur zirka 60.000 Mark. Vgl. BERTKAU/BÖMER, Aufbau, S. 102f. Hier finden sich noch weitergehende Angaben.

320 Der Übergang zum Rotationsdruck machte eine Stereotypieeinrichtung notwendig, um die halbzylindrischen Druckplatten herstellen zu können. Während man sich hierbei zunächst der Handstereotypie bediente, ging man ab 1900 zur Anwendung von Gussmaschinen über. Vgl. STRÜDER, Konzentrationsprozeß, S. 55. Durch das Verfahren der Stereotypie können von den in der Setzerei zusammengestellten Satzformen beliebig viele Abgüsse hergestellt werden. Eine Handstereotypie-Einrichtung, geeignet für eine acht- bis 16seitige Rotation, kostete 1930 zwischen 7500 und 8500 Mark. Vgl. BERTKAU/BÖMER, Aufbau, S. 104.

321 Die billigste Linotype-Setzmaschine (Linotype-Ideal Modell 4) kostete 1930 12.500 Mark, das teuerste Exemplar (Viermagazin Linotype Modell 11 für Text und Inseratensatz) 31.000 Mark. Eine genaue Staffelung der Typen und Preise bei BERTKAU/BÖMER, Aufbau, S. 103f. Für eine Zeitung, die sechsmal in der Woche mit je sechs Seiten erschien, waren zwischen sechs und acht Setzer notwendig. Vgl. SCHNEIDER, Rentabilität, S. 26.

Egal, welche Größe es hatte, gegliedert war das Zeitungsunternehmen immer in drei Arbeitsgebiete. Dabei handelte es sich zum einen um den Verlag, der für die wirtschaftliche Basis des Unternehmens verantwortlich war, zum anderen um die Redaktion, die für das geistige Element der Zeitung sorgte, und um die Druckerei, in deren Zuständigkeit die Technik lag.[322] Bei der eigentlichen Zeitungsproduktion selbst fielen ganz unterschiedliche Kosten an:

Herstellungskosten: Dazu zählten Rotationspapier und technische Produktion, also Kosten der einzelnen Abteilungen wie Handsatz, Maschinensatz, Korrektur, Revision, Umbruch, Stereotypie, Druckkosten sowie allgemeine Betriebsunkosten.[323]

Schriftleitungskosten: Hierzu gehörten Gehälter, Mitarbeiterhonorare, Zeitungs- und Bilderdienste, Spesen und Fahrtkosten, Telefonkosten, Zeitungen, Zeitschriften oder Archivkosten.[324]

Vertriebskosten: Gemeint waren damit Vertriebsverwaltungskosten wie Anfertigung und Überwachung der Karteien der Bezieher und der abgesprungenen Abonnenten, Führung der notwendigen Statistiken, vorbereitende Arbeiten für die Werbung, Abrechnungswesen mit Trägern und Agenturen sowie reine Verwaltungskosten in Form von Trägerlöhnen, Wegegeldern, Provisionen für die Agenturen, Post- und Bahngebühren, Spesen, Filial- und Agenturkosten.[325]

Anzeigenkosten: Hierunter verstand man die Verwaltungskosten für Anzeigen- und Werbeleitung, Anzeigenbuchhaltung, Anzeigenstatistik und Hilfskräfte sowie Werbekosten für Provisionen, Eigenreklame, Fixum für Vertreter.[326]

Insgesamt entfielen grob 40 Prozent der Ausgaben für die Zeitungsherstellung auf die Verwaltung, 40 Prozent auf die Technik und 20 Prozent auf die Redaktion,[327] wobei diese Schätzung nicht als verallgemeinernd gelten darf, da die prozentuale Kostenverteilung von der Struktur des einzelnen Unternehmens abhing.[328] Durchschnittlich 30 bis 50 Prozent der Aufwendungen, errechnete Hein-

---

322 Vgl. BERTKAU/BÖMER, Aufbau, S. 114.
323 Vgl. Walter MEHLS, Die wirtschaftliche Struktur der deutschen Tageszeitungsverlage unter Berücksichtigung ihrer Auswirkung auf die verlegerische Arbeit, staats- und wirtschaftswissenschaftliche Diss. Heidelberg 1937, S. 25.
324 Vgl. *ebd.*, S. 42.
325 Vgl. *ebd.*, S. 56.
326 Vgl. *ebd.*, S. 76.
327 So war etwa eine Möglichkeit, Kosten zu sparen, der (billige) Griff zu fertigen Matern, die vor dem Gebrauch lediglich ausgegossen werden mussten, um die für den Druck nötige Platte zu erhalten. Auf diese Weise wurden komplette Zeitungsseiten und Beilagen von Agenturen und darauf spezialisierten Unternehmen angeliefert. Vgl. MATT, Kapitalorganisation, S. 3.
328 Vgl. MÜNSTER, Zeitung, S. 39.

rich Matt 1931, kamen durch den Zeitungsverkauf inklusive des Abonnements wieder herein, den Rest der Herstellungskosten und den Gewinn mussten Einnahmen aus Inseraten decken.[329]

Weniger risikoreich war der Weg, den die Augsburger National-Verlag GmbH. einschlug: Sie ließ die „NNZ" – übrigens bis 1945 – in Lohndruck herstellen. Auf diese Weise musste sie mit ihren ohnehin schon sehr beschränkten Geldmitteln weder teure Maschinen noch Grundstücke und Gebäude anschaffen. Was jedoch anfiel, waren auf jeden Fall Geschäftseinführungs- und sonstige Werbekosten.[330] Und wie sollte auf dieser finanziellen Basis gar ein empfohlener Reservefonds für unvorhergesehene Neuanschaffungen und Neueinrichtungen gebildet werden?[331]

Abgesehen von diesen Rahmenbedingungen war das Arrangement mit einem Lohndrucker auch aus betriebswirtschaftlicher Sicht sinnvoll:[332] „In der Aufbauzeit schützen Lohndruckerverträge vor Fehlinvestitionen, vor allem bei Zeitungen mit noch nicht vorhersehbaren Entwicklungsmöglichkeiten."[333] Diese taten sich bei der „NNZ" in der Tat anfangs kaum auf.

Aber zunächst musste – wie bei einer Vielzahl ähnlicher Gründungen – überhaupt erst einmal ein Lohndrucker gefunden werden, der gleichzeitig gewillt war, Kredit zu gewähren. Dies erwies sich in den meisten Fällen als gar nicht so

---

329 Vgl. MATT, Kapitalorganisation, S. 2.
330 Zum Vergleich: Die Kosten der Herstellung einer kleinen Zeitung mit zirka 3000 bis 4000 Stück Auflage, mit vier bis sechs Seiten, die sechsmal wöchentlich erschien, beliefen sich 1930 Berechnungen zufolge auf rund 100.000 Mark. Auf diesem Niveau, nur mit zumeist acht Seiten, bewegte sich die „NNZ" in der Anfangszeit. Vgl. hierzu MÜNSTER, Zeitung, S. 39. – Eine interessante Kostenrechnung liefert auch STEIN, NS-Gaupresse, Dokument 5, S. 240ff. Es geht hier um eine achtseitige Ausgabe der „Wuppertaler Zeitung, Bergischer Beobachter".
331 Vgl. BERTKAU/BÖMER, Aufbau, S. 106.
332 In seiner Dissertation geht MEHLS, Struktur, S. 38ff., näher auf die Kriterien ein, die ein Verleger zu beachten hatte, wenn er ein Zeitungsunternehmen gründen wollte. So war zu prüfen, ob der aufzubauende eigene Betrieb so günstig arbeitete, dass die Kosten der Herstellung und die notwendigen Ersatzkosten bei der Erstellung eines Betriebes niedriger waren als der Preis, der dem Lohndrucker gezahlt wurde. Auch empfahl er, zu überlegen, ob der Lohndrucker die ungleichmäßige Produktion – auf das Wochenende fielen vermehrt Anzeigen an, durch die sich notwendigerweise der Umfang der Zeitung vergrößerte – durchhielt und ob seine Firma überhaupt so leistungsfähig war, um eine Zeitung herzustellen. Bei kleineren Publikationen bis 25.000 Stück Auflage riet Mehls, zu ermitteln, ob es genügend Umsatzmöglichkeiten im Akzidenzgeschäft gab, um die Mitarbeiter des technischen Betriebes in Zeiten des Leerlaufes damit zu beschäftigen. Dadurch wurde wiederum die Zeitungsherstellung billiger, weil ein Teil der Zeit bezogenen fixen Kosten auf diese Produktion entfiel.
333 *Ebd.*, S. 40.

einfach.[334] Und so sollen sich nach Aussagen von Ludwig Schroff vor der Spruchkammer auch die Verhandlungen zwischen den Nationalsozialisten und seinem Vater Franz Xaver Schroff lange hingezogen haben.[335] Allerdings hatte der Senior in den frühen 20er Jahren schon einmal enge Geschäftsbeziehungen zur Hitler-Bewegung unterhalten.[336]

Vor dem Hintergrund der 1930 beginnenden Weltwirtschaftskrise, die, wie ein Expertengutachten nach dem Krieg bestätigte,[337] auch im Druckgewerbe eine Verknappung der Aufträge und ein damit verbundenes Preisdumping nach sich zog, habe sein Vater mit dem Druckauftrag für die „NNZ" wenigstens die fixen Kosten seines Betriebes decken wollen, auch wenn er damit keinen Gewinn gemacht habe, so Schroff jun..[338] Der Senior zeichnete, nachdem beide Seiten handelseinig geworden waren, im Gegenzug einen Geschäftsanteil von 2500 Mark an der National-Verlag GmbH.

Der Sachverständige stützt diese Aussage des Juniorchefs – zumindest, was die Wirtschaftlichkeit des Druckauftrages anbelangt. Jedoch basiert seine Untersuchung für die Zeit vor 1939 nur auf Mutmaßungen, weil Unterlagen der Firma Schroff durch einen Fliegerangriff in der Nacht zum 26. Februar 1944, bei dem der Betrieb einen Totalschaden erlitt, verloren gegangen sind. So ist denn auch erst ein Druckvertrag in Abschrift vom 1. Dezember 1938 mit Vertragsbeginn zum 1. Januar 1939 erhalten.[339] Es sei „zu berücksichtigen, dass die allgemeine wirtschaftliche Lage der Parteipresse bekanntlich in den Jahren 1930-1935 sehr schlecht war und sich in den Folgejahren nur langsam besserte, bis die Kriegsjahre durch die Stillegung der Konkurrenzblätter zu ausserordentlich guten Gewinnen führten."[340]

---

334 Vgl. WILCOX, Press, S. 112.
335 Ludwig Schroff, geboren 1898, war der einzige Sohn von Franz Xaver Schroff und übernahm nach dessen Tod 1942 die alleinige Leitung der Buch-, Stein- und Offsetdruckerei Franz X. Schroff, die bis 1945 die „NNZ" im Lohndruck herstellte. Ludwig Schroff starb im Oktober 1956. AG Augsburg, Akten der Spruchkammer I Augsburg S 522 Ludwig Schroff, Meldebogen vom 5. Mai 1946. – Schwäbische Landeszeitung, Nr. 248 vom 25. Oktober 1956, S. 14: „Ludwig Schroff gestorben".
336 Siehe hierzu Kapitel II.1.2.
337 AG Augsburg, Akten der Spruchkammer I Augsburg S 522 Ludwig Schroff, Gutachten über die wirtschaftlichen Auswirkungen des mit der ehemaligen Gauverlag Schwaben G.m.b.H. abgeschlossenen Lohndruckvertrages der Buchdruckerei Fr. X. Schroff, Augsburg, von Hans Horstmann, München, 2. Oktober 1947, S. 6.
338 AG Augsburg, Akten der Spruchkammer I Augsburg S 522 Ludwig Schroff, undatierter Antrag auf Mitläuferschaft.
339 AG Augsburg, Akten der Spruchkammer I Augsburg S 522 Ludwig Schroff, Gutachten, S. 3.
340 *Ebd.*, S. 15.

Analog zu dieser Entwicklung seien auch die finanziellen Zugeständnisse der Parteiverlage an ihre Lohndrucker ausgefallen. „Es darf also mit einer an Gewissheit grenzenden Wahrscheinlichkeit angenommen werden, dass die vor 1939 vertraglich vereinbarten Lohndruckpreise zumindest kein besseres, vermutlich aber ein schlechteres Ergebnis für die Lohndruckerei gebracht haben, als die ab 1. Januar 1939 gültigen Vertragspreise."[341]

Der Vertragspreis zwischen National-Verlag und Druckerei Schroff für eine Seite Text in Petit-Frakturschrift[342] zu fünf Spalten mit je 156 Zeilen zu jeweils 43 Buchstaben lag im Jahr des Kriegsausbruches bei 26 Mark.[343] Für eine Seite Text in Nonpareille-Frakturschrift[344] mit fünf Spalten mit je 208 Zeilen zu jeweils 52 Buchstaben erhielt die Firma 42 Mark. Für die Rundstereotypie und den Rotationsdruck einer Matern-Seite, für das Ausgießen und Einrichten der Platte plus zehn Prozent Zuschlag, da die „Augsburger National-Zeitung" zu dieser Zeit ja bereits Rheinisches Format hatte, waren 6,50 Mark vereinbart worden. Der Fortdruckpreis für 1000 Stück Auflage mit jeweils acht Seiten inklusive zehn Prozent Zuschlag belief sich auf vier Mark.

Laut Gutachten lagen die Satzpreise auch 1939 noch erheblich unter den Preisnormsätzen. Für die Druckerei Schroff sollen sie jedenfalls vollkommen unzureichend gewesen sein. Die Preise für die Plattenanfertigung hätten knapp die Gestehungskosten egalisiert und lediglich beim Druckpreis soll das Unternehmen 15 Prozent Gewinn bekommen haben. Die Auflage mit rund 23.000 Stück habe die Kostenunterdeckung der Satzpreise nicht annähernd aufgewogen.

Allerdings: Hätte Franz Xaver Schroff von der Zusammenarbeit nicht profitiert, warum hätte er sich so abspeisen lassen, zumal die „NNZ" wirtschaftlich immer mehr prosperierte? Der Unternehmer war zu lange im Geschäft, um seine Chancen nicht zu erkennen.

2.2.1. Die Rolle der ‚großen Drei' Wahl, Mayr und Schneider

Von ihrer Persönlichkeitsstruktur, ihrer Herkunft und ihrer Ausbildung her waren Gauleiter Karl Wahl, sein Vertrauter, der Stadtrat und spätere Oberbürgermeister Josef Mayr, sowie Kreisleiter Gallus Schneider, der nicht zur engeren Gefolgschaft Wahls gehörte, nicht dazu prädestiniert, eine Zeitung aufzubauen oder gar zu leiten. Sie alle stammten aus kleinbürgerlichen Verhältnissen und wären unter ‚normalen' Umständen nie in derart exponierte politische und ge-

---

341 Im Original von „an" bis „werden" und von „zumindest" bis „Ergebnis" unterstrichen.
342 Petit ist eine Schriftart, die acht Punkt groß ist. Ein typographischer Punkt misst 0,3759 Millimeter. Vgl. MÜNSTER, Zeitung, S. 122.
343 AG Augsburg, Akten der Spruchkammer I Augsburg S 522 Ludwig Schroff, Gutachten, S. 8ff.
344 Nonpareille ist mit einer Größe von sechs Punkt die kleinste verwendete Schriftart. Vgl. MÜNSTER, Zeitung, S. 122.

sellschaftliche Positionen gelangt, wie sie ihnen das Dritte Reich Adolf Hitlers bot. Obgleich ihr Verhältnis untereinander von latenter Rivalität geprägt war, bildeten sie – zumindest in der ‚Kampfzeit' – eine Art Interessengemeinschaft, deren Ziel es war, die politische Umwälzung voranzutreiben.[345] Seit 1933 gerieten dann Mayr und Schneider wiederholt in Streit, vor allem nachdem Mayr Ende 1934 zum OB ernannt wurde. Schneider war es ein Dorn im Auge, dass der Verwaltungschef der fachlichen Qualität seiner Mitarbeiter oft den Vorzug vor der Zugehörigkeit zur NSDAP einräumte und Säuberungen nicht in dem Maße durchführte, wie sie der Kreisleiter verlangte.[346]

Neben dem Willen zur Macht schweißte diese drei ihre Verbundenheit mit der nationalsozialistischen Linken zusammen, wobei zwar Wahls sozialpolitisches Engagement stärker war als das seines Intimus Mayr, im Vergleich mit Schneider jedoch verfolgte der Gauleiter eine eher gemäßigte Haltung.[347] Obgleich der sozialrevolutionäre Radikalismus des Kreisleiters, der grundlegende Veränderungen in der Gesellschaft anstrebte, in der Partei nie groß zum Tragen kam, war es für Karl Wahl auf jeden Fall wichtig, diesen mit einzubinden, da Schneider gerade innerhalb der das proletarische Element verkörpernden SA und bei den Arbeitern ein erhebliches Potenzial an Anhängern hatte.

Das Ziel der ‚großen Drei' war klar: Sie wollten sich, wie viele andere höhere NS-Funktionäre in den anderen Gauen auch, ihre eigene Presse schaffen, um ihre Absichten unabhängiger von der Bevormundung durch die Münchner Parteiführung propagieren zu können und nicht mehr zu sehr am Tropf des offiziellen Parteiorgans „VB" zu hängen. Zugeben konnten das die „NNZ"-Paten natürlich nicht, eine andere Begründung musste her, die Hauptschriftleiter Josef Sewald später so formulierte: „Trotz seiner glänzenden Berichterstattung, der blendenden Schreibweise, des reichen Inhaltes und des unbeugsamen Kampfwillens" sei der „VB" auf einen gewissen Leserkreis beschränkt gewesen, habe nicht alle Schichten der Bevölkerung so erfassen können, wie es durch das ständige Anwachsen der Partei nötig gewesen wäre.[348]

Der fehlende Lokalteil habe gerade in der Provinz das Festhalten an der bürgerlichen Konkurrenz befördert. Das Triumvirat definierte seine Rolle als eine Art Aufsichtsrat der Zeitung, der sich für alle ihre Belange zuständig fühlte. Auch wurden nur Wahl, Mayr und Schneider als Gründerväter der „NNZ" hervorgehoben, obgleich die National-Verlag GmbH. ja noch weitere, teilweise prominente Gesellschafter hatte. Die treibender Kraft hinter dieser „Frühgeburt",[349] wie er die „NNZ" selber bezeichnete, war jedoch eindeutig Karl Wahl,

---

345 Vgl. DOMARUS, Nationalsozialismus, S. 37.
346 Vgl. SOBCZYK, Partei, S. 50.
347 Vgl. ebd., S. 45.
348 NNZ, Nr. 127 vom 2. Juni 1933, S. 1: „Zum Geleit".
349 WAHL, Herz, S. 67.

assistiert von Josef Mayr. Er machte das vom Inhalt her auf seinen ‚Amtsbezirk' zugeschnittene Organ vom ersten Tag seines Erscheinens an zum „Sprachrohr des Gauleiters im wahrsten Sinne des Wortes",[350] stellte finanzielle Mittel bereit, indem er die Parteimitglieder aufforderte, Anteilsscheine zu zeichnen – worin ihm Schneider ja in nichts nachstand[351] - schon allein deswegen, damit ihm niemand den Rang ablief oder sein Amt streitig machen konnte.

Er brachte den Parteiapparat mit ein und verfasste eigene Beiträge und Aufrufe. Durch die rasant wachsende Auflage garantierte die Zeitung ab 1933 die wirksame Verbreitung seiner Manifestationen und Mitteilungen, „so dass sie zu einer persönlichen Aussprache zwischen dem Gauleiter und jedem einzelnen Volksgenossen des Gaues wurden."[352] Andererseits, das darf nicht vergessen werden, waren die Gauleiter nach dem Herrschaftssystem Hitlers in ihrem ‚Gau' für die politische Haltung und die Stimmung der Bevölkerung verantwortlich, die sie selbstverständlich in ihren Zeitungen zu steuern versuchten.[353] Was Hitler auf Reichsebene praktizierte, machte Wahl auf Gauebene nach: Mit seinem eigenen Organ brauchte er nicht zu fürchten, dass ihm ihn Schwaben ein ernsthafter Konkurrent erwuchs.

a) Gauleiter Karl Wahl

Karl Wahl, 1892 im württembergischen Aalen als 13. Kind eines Lokführers geboren,[354] kann für sich in Anspruch nehmen, Schwabens einziger Gauleiter gewesen zu sein. Nach seiner Schlosserlehre meldete er sich 1910 freiwillig zum Militär und ließ sich 1911 zum Sanitäter ausbilden.[355] Als Unteroffizier tat er im Ersten Weltkrieg an der Westfront Dienst, erhielt das Eiserne Kreuz I. und II. Klasse sowie das Militär-Verdienstkreuz mit Schwertern und wurde schließlich wegen Tapferkeit vor dem Feind zum Sanitätsvizefeldwebel befördert. Anfang der 20er Jahre schlug er in Augsburg die Laufbahn eines städtischen Beamten ein und erhielt 1927 seine Ernennung zum Kanzleisekretär.

In die NSDAP trat Karl Wahl bereits 1921 ein.[356] Er zählte zu den ersten schwäbischen SA-Männern, übernahm die Leitung der Augsburger SA Ende 1922 und war sogar eine Zeit lang oberster schwäbischer SA-Führer. Auf dem

---

350 Karl Wahl, hg. vom NS-Gauverlag Schwaben, bearbeitet von Leo HINTERMAYR, Augsburg 1942, ohne Paginierung.
351 Siehe hierzu Kapitel II.2.2.
352 Karl Wahl, ohne Pagina.
353 Vgl. <SCHMIDT>, Fesseln, S. 83.
354 Vgl. HÜTTENBERGER, Gauleiter, S. 220.
355 Vgl. DOMARUS, Nationalsozialismus, S. 33f.
356 IfZ München, Fa 223/97, Karl Wahl, SS-Stammrollen-Auszug, S. 6. In seinen Memoiren behauptet der ehemalige Gauleiter hingegen, er habe den Aufnahmeschein 1922 unterschrieben. Vgl. WAHL, Herz, S. 39 und Patrioten, S. 35.

Weimarer Parteitag 1926 nahm er von Hitler die erste Standarte der schwäbischen SA – die Standarte Augsburg – entgegen.[357] Bei der Neugründung der Partei erhielt Wahl die Mitgliedsnummer 9803. Weitere Karrierestationen, die der „politische Soldat Adolf Hitlers" durchlief,[358] waren die des Augsburger Ortsgruppenleiters von 1926 bis 1929, ab 1. Oktober 1928 übernahm er die Leitung des neu geschaffenen Gaues Schwaben, wovon er erst aus dem „VB" erfahren haben will, und im selben Jahr zog er in den Bayerischen Landtag ein, wobei er auch in diesem Fall bekundete, er habe erst aus der Presse über seinen Sieg gelesen und ein vorausgehendes Glückwunsch-Telegramm Hitlers nicht ganz verstanden.[359]

Seit November 1933 saß Wahl im Reichstag, 1934 erfolgte seine Ernennung sowohl zum Regierungspräsidenten von Schwaben und Neuburg[360] als auch zum SS-Gruppenführer.[361] Ferner gehörte er der Akademie für Deutsches Recht an.[362] Im Zweiten Weltkrieg wurden seine Kompetenzen um die des Gauwohnungskommissars (1940), des Bevollmächtigten für den Arbeitsschutz im Gau Schwaben und des Reichswohnungskommissars (1942) vermehrt.[363] Im Übrigen betätigte sich Wahl nach Kriegsbeginn erneut als Zeitungsgründer: Diesmal handelte es sich um die Soldatenzeitschrift „Front und Heimat", die ab 30. Januar 1940 halbmonatlich erschien und den Kontakt zwischen den Landsern an der Front und der schwäbischen Heimat erhalten sollte.[364]

---

357 IfZ München, Fa 223/97, Karl Wahl, Eigenmaterial Partei-Kanzlei, Zusammenstellung und Fassung II p.
358 *Ebd.*
359 Vgl. HERZ, S. 53-59. In Patrioten, S. 37, behauptet er nur noch, dass Hitler ihm ein Glückwunschtelegramm zum Wahlsieg geschickt habe.
360 NNZ, Nr. 95 vom 25. April 1934, S. 1: „Sitzung des Bayerischen Ministerrats". Dabei wurde Wahl ab 1. Mai 1934 die politische Leitung der Kreisregierung von Schwaben und Neuburg übertragen. – NNZ, Nr. 99 vom 30. April/1. Mai 1934, S. 3: „Gauleiter Wahl übernimmt die politische Leitung der Kreisregierung". – NNZ, Nr. 101 vom 2. Mai 1934, S. 8: „Gauleiter Wahl übernimmt die politische Leitung der Kreisregierung von Schwaben". Wahl war nur dem Titel nach Regierungspräsident, da ihm die Ausbildung zum höheren Beamten fehlte. Die eigentliche Leitung des Regierungsbezirkes hatte Dr. Otto Schwab, ein Karrierebeamter, inne. Vgl. Edward N. PETERSON, The Limits of Hitler's Power, Princeton 1969, S. 347. Zur Funktion des Regierungspräsidenten siehe HÜTTENBERGER, Gauleiter, S. 77. Näheres zur Biografie Schwabs in: NNZ, Nr. 132 vom 11. Juni 1934, S. 8: „Neuer Regierungsdirektor bei der Kreisregierung".
361 NNZ, Nr. 207 vom 7. September 1934, S. 1: „Gauleiter Wahl zum SS-Gruppenführer ernannt". Die Ernennung war am 6. September 1934 erfolgt.
362 IfZ München, Fa 223/97, Karl Wahl, SS-Stammrollen-Auszug, S. 6.
363 Vgl. „Karl Wahl", in: Stadtlexikon, S. 908f., S. 909.
364 Vgl. WAHL, Herz, S. 264ff. Wahl stellte die Zeitung jeweils in zwei Nächten mit dem stellvertretenden „NNZ"-Hauptschriftleiter Dr. Leo Hintermayr in seiner Wohnung

Karl Wahl, den Hitler von allen bayerischen Gauleitern mit am liebsten gemocht haben soll,[365] gilt in der Forschung als „politisch schwacher Gauleiter",[366] der seinem ‚Führer' treu ergeben war. „Wahl war der Typ des gläubigen, einfältig-idealistischen Nationalsozialisten, der ganz in der Arbeit für die Partei aufging und in ihr Rückhalt und Aufstiegsmöglichkeiten fand, die ihm sonst auf Grund seiner sozialen Stellung verschlossen gewesen wären", urteilt Falk Wiesemann.[367] Es habe ihm an dem brutalen Willen zur Macht gemangelt. „He was not brilliant, not really powerful, nor vicious", beschreibt ihn Edward Peterson, der ihn noch persönlich interviewt hat.[368]

Immerhin hat es der so milde Beurteilte aber geschafft, sich 17 Jahre an der Spitze des Gaues Schwaben zu halten. „Ich wollte verhindern, daß Schlimmeres nach mir kommt. Ich kannte meine eventuellen Nachfolger – und das wollte ich der Bevölkerung Schwabens nicht antun!", rechtfertigte sich der „Idealist", wie ihn die „Schwäbische Landeszeitung" 1948 nannte, nach dem Krieg.[369] Er charakterisierte sich selbst als der „mäßigen Richtung der Partei" zugehörig, wodurch er „wahrscheinlich den besonderen Augsburger und schwäbischen Verhältnissen gerecht werde."[370]

Die Memoiren des 1981 im Alter von 88 Jahren Verstorbenen haben sicherlich stark zu dieser Legendenbildung und seinem allzu unreflektierten Bild in der Öffentlichkeit beigetragen.[371] Wer sich so lange an der Spitze einer Bewe-

---

zusammen. Als Hintermayr selbst einrücken musste, übernahm Hermann Mors diese Aufgabe. Die Mitarbeit lief offenbar ehrenamtlich. Die Startauflage soll 60.000 Stück betragen haben. Am Schluss seien es 150.000 Hefte gewesen. Auch den Titel „Front und Heimat" schreibt sich der Gründer auf seine Fahnen. Außerdem trug sich der Gauleiter – von der Güte und dem Personal seines Organs überzeugt – mit dem Plan, mit dem engeren Mitarbeiterstab des Soldatenblatts eine „satyrische Wochenzeitschrift" herauszubringen. Vgl. auch ANZ, Nr. 26 vom 31. Januar 1940, S. 5: „Zeitung für die schwäbischen Soldaten".

365 So behauptete jedenfalls der ehemalige niederbayerische Gauleiter Otto Eberstobler. Vgl. WIESEMANN, Vorgeschichte, S. 82 Anmerkung 54.
366 HÜTTENBERGER, Gauleiter, S. 163.
367 WIESEMANN, Vorgeschichte, S. 83.
368 Peterson, Limits, S. 340.
369 Schwäbische Landeszeitung, Nr. 117 vom 20. Dezember 1948, S. 7: „Karl Wahl als Aktivist eingestuft".
370 WAHL, Herz, S. 52.
371 Siehe hierzu Augsburger Allgemeine, Nr. 47 vom 26. Februar 1981, S. 28: „Ex-Gauleiter Wahl im Alter von 88 Jahren gestorben". Zur Biographie Karl Wahls siehe auch seine 1954 im Selbstverlag veröffentlichen Memoiren „... es ist das deutsche Herz. Erlebnisse und Erkenntnisse eines ehemaligen Gauleiters" und sein zweites Erinnerungswerk „Patrioten oder Verbrecher? Aus fünfzigjähriger Praxis davon siebzehn Jahre als Gauleiter", Heusenstamm bei Offenbach am Main 1973. Beide Bücher sind stark apologetisch, spiegeln aber auch die unterschiedlichen Lebenssituationen des

gung, die stets den Kampf und das Recht des Stärkeren als Prinzip propagierte, behaupten konnte, der schaffte dies bestimmt nicht mit reiner Milde und Menschenfreundlichkeit. Gerade Wahls Aktivitäten, Reden und Artikel vor 1933 wurden bei seiner Bewertung bislang zu sehr außer Acht gelassen. Auch hat er sich nie von seiner schwärmerischen Bewunderung für Hitler distanziert und ihn in seinen Erinnerungen stets verteidigt.

Der gewesene Gauleiter wurde nach dem Krieg als „Aktivist" eingestuft und zu dreieinhalb Jahren Arbeitslager eingewiesen. In der Urteilsbegründung hieß es unter anderem, „daß Wahl als Gauleiter von Schwaben mitverantwortlich für all das sei, was der Nationalsozialismus über das deutsche Volk gebracht habe, daß aber auf der anderen Seite nicht verkannt werden soll, daß der Betroffene als menschlich einwandfreier Charakter auf Grund seiner Gesamthaltung eine mildere Beurteilung verdient habe."[372]

Verfassers wider, wobei viele Passagen im zweiten Buch aus der ersten Veröffentlichung stammen. „... es ist das deutsche Herz", das Wahl noch unter den Eindrücken von Krieg und Arbeitslager zwischen Herbst 1952 und Sommer 1953 geschrieben hat, ist eine einzige Rechtfertigung seines Tun und Handelns in Hitlers Diensten, das er mit seiner Liebe für sein (schwäbisches) Volk und Vaterland begründet. Reiner Idealismus sei sein Motiv dafür gewesen. „Patrioten oder Verbrecher", 20 Jahre später in einem Verlag aufgelegt, setzt andere Schwerpunkte und lässt auch bestimmte Themen – etwa die Gründung der „NNZ" – weg. Dieses Buch fällt in die Zeit der SPD/FDP-Koalition, die sich um eine Annäherung an den Osten bemühte. Der Verfasser scheute sich – ob aus Naivität oder Berechnung – in beiden Bänden nicht, die geschichtlichen Tatsachen in seinem Sinne umzuinterpretieren, gar zu verfälschen. Trotzdem kommt den Memoiren ein begrenzter, jedoch nicht uninteressanter historischer Aussagewert zu. Bislang ist noch keine wissenschaftliche Biographie über Wahl geschrieben worden. Ein Foto des Gauleiters befindet sich in der NNZ, Nr. 127 vom 2. Juni 1933, S. 1: „Die National-Zeitung im neuen Gewande". Zu Wahls Lebenslauf siehe auch Karl HÖFFKES, Hitlers politische Generale: Die Gauleiter des Dritten Reiches, Ein biographisches Nachschlagewerk (Veröffentlichungen des Instituts für deutsche Nachkriegsgeschichte, Bd. XII, In Verbindung mit zahlreichen Gelehrten des In- und Auslandes hg. von Wigbert GRABERT), Tübingen 1986, S. 375-378.

372   Schwäbische Landeszeitung, Nr. 117 vom 20. Dezember 1948, S. 7: „Karl Wahl als Aktivist eingestuft".

b) Der spätere Augsburger Oberbürgermeister Josef Mayr

Als Sohn eines Reichsbahn-Werkstättenmeisters kam Josef Mayr, Jahrgang 1900, in Augsburg zur Welt.[373] Er besuchte die örtliche Oberrealschule, trat 1917 als Lehrling in die Augsburger Stadtverwaltung ein und meldete sich noch im selben Jahr als Freiwilliger an die Front. Als Freikorpskämpfer – unter anderem beim späteren bayerischen Reichsstatthalter General von Epp – beteiligte sich Mayr Anfang 1919 an den Auseinandersetzungen gegen die Räterepublik in Augsburg und in weiteren bayerischen Kommunen.

Anschließend begann er seine Laufbahn in der Verwaltung seiner Heimatstadt, wo er sich als Absolvent diverser Ausbildungslehrgänge bis zum Oberstadtsekretär (1929) hocharbeiten konnte. Im selben Jahr zog der Träger des Goldenen Ehrenzeichens der Partei und Gauschatzmeister (seit 1928) als einer von drei Nationalsozialisten in den Augsburger Stadtrat ein. Mayr war seit 1922 Mitglied der NSDAP. Er verwaltete die Kasse der Ortsgruppe Augsburg und engagierte sich als Leiter der kommunalpolitischen und Beamtenabteilung des Gaues.[374] Ab Januar 1930 übernahm er auch noch den Posten eines Gaupropagandaleiters.

Anfang April 1933 ließ Gauleiter Karl Wahl dem zu seinen „ältesten und engsten Mitarbeitern" zählenden Mayr das Amt des berufsmäßigen zweiten Bürgermeisters von Augsburg zukommen.[375] Der Posten des Oberbürgermeisters blieb dem biederen, wenig charismatischen Mann jedoch vorerst verwehrt, da die nationalsozialistische bayerische Regierung auf einem studierten Juristen als Verwaltungschef bestand. Denn obwohl er sich abends fortbildete, verfügte Mayr nicht über den Ausbildungsstand eines dafür normalerweise unabdingbaren Universitätsstudiums.[376] Aber mittels einer von Reichsinnenminister Dr. Wilhelm Frick ausgestellten Sondergenehmigung schaffte es Mayr im Dezember 1934 schließlich doch, an die Spitze der kreisfreien Stadt zu kommen, nachdem sein Vorgänger im Amt, Dr. Edmund Stöckle, als hauptamtlicher Beigeordneter des Deutschen Gemeindetages nach Berlin abberufen wurde.

---

373 Vgl. Kriegsende und Neuanfang in Augsburg 1945, Erinnerungen und Berichte, bearbeitet von Karl-Ulrich GELBERG (Biographische Quellen zur Zeitgeschichte, Bd. 17, hg. im Auftrag des Instituts für Zeitgeschichte von Werner RÖDER und Udo WENGST), München 1996, S. 12f. – Fünf Jahre Aufbau, S. 5f. Ein Bild Josef Mayrs ist in der NNZ, Nr. 127 vom 2. Juni 1933, S. 3: „Die ‚Neue National-Zeitung' als Kampfblatt der Bewegung. Die Mitbegründer der National-Verlag G.m.b.H.".
374 NNZ, Nr. 79 vom 3. April 1933, S. 6: Pg. Stadtrat Mayr, 2. Bürgermeister von Augsburg". – Fünf Jahre Aufbau, S. 5f.
375 Fünf Jahre Aufbau, S. 5.
376 Vgl. PETERSON, Limits, S. 354f.

Spezialgebiet des neuen OB waren die Finanzen – über Zahlenreihen scheint er sich nach Aussagen von Zeitgenossen sicherer gefühlt zu haben, als bei seinen Auftritten als Redner. Von 1939 und 1943 stand er als Offizier, zuletzt im Range eines Majors, an der Front, kehrte zurück in die Heimat und an die Augsburger Verwaltungsspitze und wurde von den Amerikanern nach dem Zusammenbruch im April 1945 bis 1948 in verschiedenen Internierungslagern inhaftiert.

Zunächst als „Mitläufer", dann als „Minderbelasteter" eingereiht, arbeitete er als Kaufmann und starb 1957 in La Spezia an einer Herzlähmung.[377]

c) Der Augsburger Kreisleiter Gallus Schneider

1897 im Dorf Holz geboren, lernte Gallus Schneider den Beruf des Bauführers.[378] Er nahm nicht am Ersten Weltkrieg teil, was er später stets als persönlichen Makel empfand. Zunächst Mitglied der innerhalb der völkisch-nationalen Gruppierungen links stehenden „Großdeutschen Volksgemeinschaft", aus der er ausgestoßen wurde, kam er ‚erst' 1927 zur NSDAP. Schneider war der einzige unter den Politischen Leitern in Augsburg, der ernsthaft gesellschaftspolitische Veränderungen anstrebte.[379] Daraus machte er weder in seinen Monatsberichten zu städtischen Missständen noch in seinen Äußerungen gegenüber der Partei und anderen NS-Organisationen einen Hehl.

Dieses sozialkritische Element seines Wesens kam Gallus Schneider bei seiner Wahl zum Augsburger Ortsgruppenleiter 1929 zugute, weil er sich auf die Stimmen der vorwiegend aus Arbeitern zusammengesetzten SA, der Augsburger HJ-Führung und einer Gruppe ‚Alter Kämpfer' stützen konnte.[380] Dafür fehlte Schneider, der als ausgezeichneter Redner galt, die Unterstützung Karl Wahls, was ihn letztlich wohl um den ebenfalls von ihm angestrebten Posten des Oberbürgermeisters brachte.[381] Im Oktober 1932 wurde er aufgrund zunehmender Mitgliederzahlen vom Ortsgruppen- zum Kreisleiter befördert, da Augsburg-Stadt zum eigenen Kreis aufstieg.[382] Ein Amt, das er bis1945 ausübte. Im Augsburger Stadtrat bekleidete er zwischen 1929 und 1933 das Amt des Fraktionsführers der dreiköpfigen NSDAP-Gruppe, im Dritten Reich übernahm er 1934 im rein nationalsozialistischen Stadtrat erneut dieses Amt. Gallus Schneider galt

---

377 Schwäbische Landeszeitung, Nr. 181 vom 8. August 1957: „Am Grabe von Oberbürgermeister a. D. Mayr".
378 Vgl. HETZER, „Industriestadt", S. 67. Gallus Schneider ist abgebildet in NNZ, Nr. 127 vom 2. Juni 1933, S. 3: „Die ‚Neue National-Zeitung' als Kampfblatt der Bewegung. Die Mitbegründer der National-Verlag G.m.b.H.".
379 Vgl. DOMARUS, Nationalsozialismus, S. 36.
380 Vgl. HETZER, „Industriestadt", S. 67.
381 Vgl. PETERSON, Limits, S. 359.
382 Vgl. NSDAP am Platze, S. 17.

als fanatischer Anhänger Hitlers. Seinen Parteigeschäften ging der Bauführer in seiner Freizeit und nach Feierabend nach, denn seinen Beruf gab er im Gegensatz zu den meisten seiner Kreisleiter-Kollegen nicht auf.

1935 wurde Schneider nach dem neuen Gemeinderecht zum Beauftragten der NSDAP ernannt, das heißt, er sollte den Verbindungsmann zwischen der Partei und der Gemeinde spielen.[383] Dies geschah wohl auch mit deswegen, weil man dem einflussreichen und ehrgeizigen Funktionär, der bei der Besetzung des OB-Amtes nicht zum Zuge gekommen war, eine gewisse Kompensation anbieten und ihn nicht verprellen wollte. So hatte er seine Hand künftig bei der Besetzung des Bürgermeisterpostens, der Beigeordneten und der Gemeinderäte mit im Spiel. Beim Erlass der Hauptsatzung oder der Verleihung des Ehrenbürgerrechts war beispielsweise ebenfalls seine Zustimmung notwendig. Dafür musste er jedoch aus seinem Amt als Ratsherr ausscheiden.

Nach dem Krieg war der als „Aktivist" verurteilte Schneider 41 Monate interniert, wobei er damit seine Verurteilung zu drei Jahren Arbeitslager abgelten konnte. Er starb 1975.[384]

2.2.2. Der Lohndrucker: Franz Xaver Schroff

Der spätere Lohndrucker der „NNZ", Franz Xaver Schroff, war gebürtiger Augsburger des Jahrgangs 1872. Der Sohn eines Obermonteurs besuchte die Volksschule, um anschließend eine Ausbildung als Buchbinder zu absolvieren.[385] Auf Grund der Wirtschaftskrise in den 1880er Jahren wechselte Schroff während seiner ‚Lehr- und Wanderjahre' verschiedentlich die Branche, kehrte jedoch schließlich in seinen ursprünglichen Beruf zurück. 1897 machte er sich als Inhaber einer kleinen Buchdruckerei selbständig. 20 Jahre später, 1917, entschloss er sich zum Erwerb der damals recht bekannten „Lithographischen Kunstanstalt Wilhelm Fiek". Die nunmehrige „Graphische Kunstanstalt F. X. Schroff" wuchs zusehends. Mit ihm die Aufträge, „die von Weltfirmen des In- und Auslandes jener erteilt wurden", wie die „NNZ" ihren Lohndrucker hofierte.[386] Schroff machte sich daneben einen Namen als Erfinder der „hygienischen Zeitungsmappen".[387]

---

383 Vgl. Fünf Jahre Aufbau, S. 14f.
384 Vgl. Kriegsende, S. 109 Anmerkung 8.
385 NNZ, Nr. 9 vom 13. Januar 1932, S. 4: „Frz. X. Schroff 60 Jahre alt". Der Firmeninhaber ist zusammen mit seinem Sohn Ludwig Schroff abgebildet in der NNZ, Nr. 79 vom 6. April 1934, S. 3: „Minister Esser im ‚Schroffdruck'".
386 NNZ, Nr. 9 vom 13. Januar 1932, S. 4: „Frz. X. Schroff 60 Jahre alt".
387 ANZ, Nr. 298 vom 19. Dezember 1941, S. 4: „Buchdruckereibesitzer F. X. Schroff gestorben".

In seiner Laudatio in der „NNZ" zu Schroffs 60. Geburtstag 1932 wurde ihm ein „Sinn voll Sachlichkeit, der ihn nie trügte", bescheinigt.[388] Dieser habe den Seniorchef, der unter anderem auch die „Augsburger Hausbesitzerzeitung" herausgab, bewogen, die Zustimmung zur Herstellung des Gauorgans im Haus zu erteilen. Auch die Redaktion fand eine Bleibe im Haus Katzenstadel F 161, dem Gebäude der schon erwähnten Buch- und Steindruckerei, Etiketten- und Papierwarenfabrik von Wilhelm Fiek.

War er ein Opportunist oder hat er wirklich, wie sein Sohn Ludwig Schroff später vor der Spruchkammer Augsburg-Land aussagte, große Sorgen um den Betrieb und seine Belegschaft gemacht und in den Zeiten der Wirtschaftskrise „wahllos" alles angenommen, was in irgendeiner Art und Weise Umsatz brachte?[389] Er habe „nach langen Verhandlungen" und aus dieser Situation heraus „sehr ungern" den Lohndruckvertrag mit den Nationalsozialisten abgeschlossen, behauptete jedenfalls Ludwig Schroff später.[390] Politische Gründe hätten seinen Vater nicht dazu bewogen, da dieser Mitglied der Demokratischen Partei gewesen sei. Ansonsten habe das Unternehmen Aufträge aller Parteien – unter anderem auch der Kommunisten – ausgeführt. Eine gewisse Affinität zur Hitler-Bewegung liegt freilich nahe, wieso hätte Schroff sen. sonst 1923 den Druck der „Sturmglocke" übernommen oder eine Geschäftseinlage bei der „NNZ" gezeichnet?[391]

Der zweite Vorsitzende des Vereins Augsburger Buchdruckereibesitzer und zweite Obermeister der Buchdruckerinnung für den Regierungsbezirk Schwaben starb im Dezember 1941 kurz vor seinem 70. Geburtstag.[392]

---

388 NNZ, Nr. 9 vom 13. Januar 1932, S. 4: „Frz. X. Schroff 60 Jahre alt".
389 AG Augsburg, Akten der Spruchkammer I Augsburg S 522 Ludwig Schroff, Antrag auf Mitläuferschaft.
390 *Ebd.*
391 Siehe hierzu Kapitel II.1.2.
392 ANZ, Nr. 298 vom 19. Dezember 1941, S. 4: „Buchdruckereibesitzer F. X. Schroff gestorben".

2.3 Augsburgs sechste Tageszeitung

2.3.1. Die erste Ausgabe

Das notwendige Kapital war noch gar nicht von vollen Geldgebern eingegangen,[393] als am 21. Februar 1931 die erste Nummer der „Neuen National-Zeitung" auch schon auf den Markt kam und bis Monatsende kostenlos verteilt wurde.[394] Vorher hatten die Nationalsozialisten „lebhaft" um Abonnenten geworben.[395] Innerhalb eines halben Jahres, so lautete die Zielsetzung, sollte die „NNZ" zum stärksten Augsburger Blatt werden.[396] Die Erfolgsgleichung, die der Gauleiter aufstellte, war recht simpel: „ein Mitglied = zehn Anhänger".[397] Doch diese Rechnung ging, bezogen auf die neue Zeitung, keineswegs auf.

Nicht nur das: Bereits die Premiere endete in einer Blamage. Infolge technischer Mängel bei der gerade installierten Rotationsmaschine der Lohndruckerei Schroff klappte der Druck der 16-seitigen ersten Nummer nicht.[398] So konnte erst in den späten Abendstunden ausgeliefert werden. Und die Pannenserie hielt auch in den folgenden Tagen weiter an.[399] Außerdem wurde der Firma Schroff bereits am dritten Tag die Papierlieferung verweigert.[400]

Innerhalb des Meinungsspektrums der NSDAP vor der Zentralisierung 1933 tendierte die „NNZ" eindeutig zum linken Parteiflügel. Dies lässt sich allein schon an den Personen, die die Geschicke der Zeitung bestimmten, festmachen. Die Mehrzahl von ihnen kam aus der SA oder hatte zumindest einen guten Draht zu ihr. Ihr ‚Gründervater', Gauleiter Karl Wahl war, wie dargestellt, SA-Führer Augsburgs und Schwabens gewesen und bezeichnete sich später in seinen Memoiren explizit als Anhänger und Freund Gregor Strassers, der zu den führenden Exponenten des ‚sozialen' Elements im Nationalsozialismus gehörte.[401] Beide kannten sich seit den SA-Führertagungen vor dem Hitlerputsch.

---

393 NNZ, Nr. 51 vom 29. Februar 1936, S. 22: „Wie die Zeitungen entstanden – wie die Neue National-Zeitung entstand".
394 HStA München, MA 102149, Halbmonatsbericht der Regierung von Schwaben und Neuburg, 6. März 1931. Der Preis von 10 Pfennig pro Stück in Augsburg, 15 Pfennig auswärts war aber aufgedruckt.
395 HStA München, MA 102149, Halbmonatsbericht der Regierung von Schwaben und Neuburg, 21. Februar 1931.
396 HStA München, MA 102149, Halbmonatsbericht der Regierung von Schwaben und Neuburg, 6. März 1931.
397 WAHL, Herz, S. 62.
398 NNZ, Nr. 51 vom 29. Februar 1936, S. 22: „Wie die Zeitungen entstanden sind".
399 NNZ, Nr. 2 vom 23. Februar 1931, S. 3: „Infolge Betriebsstörungen ..." und Nr. 7 vom 28. Februar 1931, S. 6: „Nationalsozialisten des Gaues Schwaben".
400 ANZ, Nr. 269 vom 17. November 1938, S. 7: „Die Partei und ihre Zeitung".
401 Vgl. WAHL, Herz, S. 177ff.

Strasser, der für die schwäbische und Augsburger NSDAP eine große Bedeutung hatte, war es auch, der 1928 den sozialrevolutionär ambitionierten Gallus Schneider als Nachfolger des in den Bayerischen Landtag gewählten Wahl gegen Josef Mayr als neuen Augsburger Parteichef durchsetzte.[402]

Dass der Kommentar in der ersten Ausgabe der „NNZ", betitelt „Die politische Lage" ausgerechnet aus der Feder Strassers stammte, könnte fast als programmatisch für die Haltung der Zeitung bezeichnet werden.[403] Als Anhänger des linken Lagers galt ebenso Hauptschriftleiter Hans von Zobel und Politikredakteur Dietrich Loder war ebenfalls ‚alter' SA-Mann. Am Augenfälligsten zeigte sich die Affinität zur SA in der bis Ende Oktober 1931 erscheinenden Rubrik „Die braune Front", die der Gaugeschäftsführer und Wahl-Vertraute Anton Saule betreute, mit der ihre Mitglieder speziell angesprochen und eingebunden werden sollten.[404]

Ablesen lässt sich diese Haltung auch anhand der Zeitungsinhalte und -schwerpunkte. Im Mittelpunkt stand immer wieder die Parteinahme für die Interessen des Mittelstandes - in erster Linie der kleinen Gewerbetreibenden und Handwerker - wie schon im Punkt 16 des NSDAP-Parteiprogramms von 1920 festgeschrieben.[405] Die „NNZ" verurteilte den Kapitalismus, umwarb vielmehr die Arbeiter, dies allerdings in Phasen,[406] da es sich ja durchaus um diametrale Interessen von Mittelstand und Arbeitern handeln konnte. Gerade um die letztere Berufsgruppe rivalisierte sie mit der SPD und ihrer Gewerkschaftspolitik und ritt heftige Attacken gegen deren Organ, die „Schwäbische Volkszeitung", die im Übrigen genauso hart zurück schoss. Auch dieses Vorgehen war ein typisches Merkmal für die Parteilinke.[407]

Die außenpolitische Berichterstattung beschränkte sich vorwiegend auf Frankreich und England, beides Nationen, die die Linken eher als Gegner, denn als Bündnispartner ansahen.[408]

---

402 Vgl. SOBCZYK, Partei, S. 28f.
403 NNZ, Nr. 1 vom 21. Februar 1931, S. 1.
404 Kurze Biographien von Zobels, Loders und Saules im Anhang.
405 Vgl. KÜHNL, Linke, S. 22.
406 Vgl. SOBCZYK, Partei, S. 30ff. Eine Beilage mit dem Titel „Der Hand- und Kopfarbeiter. Sozialpolitische Rundschau der Neuen National-Zeitung" sollte diesem Personenkreis anfangs eigens Rechnung tragen. Sie wurde aber schnell wieder eingestellt.
407 Vgl. KÜHNL, Linke, S. 195.
408 Vgl. *ebd.*, S. 111. Hitler trat dagegen für ein Bündnis mit England gegen Russland ein.

a) Die Namensgebung

Die „NNZ" galt zunächst lediglich als gauamtliches Blatt, denn sie trug im Zeitungskopf kein äußeres Zeichen ihrer offiziellen Anerkennung beziehungsweise ihrer Zugehörigkeit zur NSDAP.[409] Im Untertitel machte es sich das Blatt zur Aufgabe, „Gegen Korruption und Unterdrückung – Für Wahrheit, Freiheit und Gerechtigkeit" zu kämpfen. In einer Art ‚Editorial', das nicht viel mehr als die bisher bekannten Gemeinplätze aus dem „Schwäbischen Beobachter" wiederholte, hielt es Gauleiter Karl Wahl für angebracht, den „Nationalsozialisten des Gaues Schwaben" die Wahl des Namens „Neue National-Zeitung" näher zu bringen: „‚Neue National-Zeitung' nennt sich dieses Blatt nicht etwa deshalb, um – wie gehässige Gegner wissen wollen – das Volk im reaktionären Sinne mit nationalen Phrasen zu füttern; nein, dieser Name rührt daher, dass meines Erachtens die Zeit gekommen ist, die Front des neuen Nationalismus, die eine Front der blutsmäßigen Verbundenheit aller Volksschichten und damit auch die Front des wahren Sozialismus ist, zu einer mehr lebendigen Front eines unduldsamen Aktivismus zusammenzuschweißen. Der Verwirklichung dieses Zieles und der steten Schlagfertigkeit dieser notwendigen neuen Kampffront mit allen uns zu Gebote stehenden Mitteln zu dienen, das will die ‚Neue National-Zeitung' und deshalb auch die Wahl des Namens."[410]

Der Gauleiter versuchte der neuen Publikation von vorneherein eine kämpferische Aura zu verleihen, indem er das typische NS-Vokabular wie „Front", „Kampf", „Gegner" oder „Blut" verwendete. Den neuen Nationalismus, dem sich die „NNZ" seinen Worten nach verschrieben hatte, definierte er über ‚Rassenzugehörigkeit', wobei sich alle Schichten der Bevölkerung, in denen das ‚richtige' Blut floss, angesprochen fühlen durften. Sie wiederum stellten das Potenzial für den wahren Sozialismus, nämlich den Nationalsozialismus, dar, und kamen daher als Leser in Frage.

Aufgabe der Zeitung war es, diese täglich und – stärker als im Wochenblatt „SB", wie unterschwellig herausklingt – anzutreiben und zu motivieren. Ansonsten führte der Gauleiter seine altbekannten Stereotypen ins Feld: Man wolle mit dem neuen NS-Organ „erbarmungslos den Heuchlern und Pharisäern die Larve vom Gesicht herunterreißen", …, „der Wahrheit durch den Morast von Lüge und Gemeinheit, von Korruption und nationaler Charakterlosigkeit eine Gasse bahnen" und mithelfen, „der nationalen und sozialen Gerechtigkeit die Wege zu ebnen."[411]

---

409   Siehe hierzu NNZ, Nr. 1 vom 21. Februar 1931, S. 1.
410   *Ebd.*, S. 1f., S. 1: „Nationalsozialisten des Gaues Schwaben". Im Original ist das Zitat von „dieser Name" bis zu „zusammenschweißen" gesperrt.
411   *Ebd.*, S. 1f. Zitat im Original fett.

Wie das allerdings bewerkstelligt werden sollte, damit hielt sich Wahl nicht auf. Gleichzeitig beschwor er das Bild eines gegen die NSDAP laufenden Generalangriffs herauf, der von einer treuen „Waffenbrüderschaft zwischen roten Gottesleugnern und einer sich bei jeder Gelegenheit besonders christlich gebärdenden Partei" ausgehe, die allzeit eine Schande bleiben werde.[412] Die von ihm angesprochene Gefahr, die der „Front des wahren Sozialismus" durch diese Koalition drohte, sollte die Solidarität zwischen Lesern und Zeitung stärken.[413]

b) Ziele und Absichten der neuen Zeitung

Unter dem Titel „Was wir wollen" sahen sich auch Verlag und Redaktion gefordert, das Wort zu ergreifen, wobei sich der Tenor ihrer Zielsetzungen nicht groß von den Ausführungen des Gauleiters unterschied: „Unser Wille ist nationalsozialistischer Kampf. Wir kämpfen für das dritte Reich unseres Führers Adolf Hitler, für das neue Deutschland der Arbeit, der Ehre und der Freiheit."[414] Im weiteren Verlauf wurden Punkte, die Wahl schon angesprochen hatte, nochmals aufgegriffen und die üblichen nationalsozialistischen Forderungen aufgestellt: „Wir wollen eine Regierung, die den Mut hat, zum Feinde Nein und zum Volke Ja zu sprechen, und ihn nicht hat, seinen Verderb durch Tribut-Verträge zu besiegeln; die dem Vernichtungswillen ein Quod non entgegensetzt, die im Rate der Völker und den Agenturen der Tributbanken der Börsenbanditen entgegen ruft: Bis hierher und nicht weiter!"[415]

Doch worin bestand konkret die „aktive Abwehr" gegen die „Verunglimpfungen" der politischen Gegner?[416] „Die ‚Neuer National-Zeitung' berichtet täglich ausführlich über die neuesten politischen Ereignisse aus aller Welt, natürlich mit besonderer Beachtung des deutschen Reiches und Bayerns."[417] Die Interessen Augsburgs und Schwabens seien in einem umfangreichen Lokal- und Provinzteil vertreten. Kultur, Wirtschaft und Sport fänden „weitgehende Beachtung", ließen die Verfasser großspurig wissen.[418] Außerdem wurden für Einzelgebiete regelmäßige Beilagen avisiert. Dies alles boten andere Zeitungen ebenfalls und in professioneller Manier.

---

412 *Ebd.*, S. 2. Zitat im Original gesperrt.
413 *Ebd.*, S. 1. Zitat im Original gesperrt.
414 *Ebd.*, S. 1: „Was wir wollen".
415 *Ebd.* „Nein" und „Ja" im Original gesperrt, „Quod non" im Original gesperrt und gefettet.
416 *Ebd.*
417 *Ebd.*
418 *Ebd.*

Weil der einführenden Worte offenbar noch nicht genug gewechselt waren, wurde außerdem im Lokalteil „Grundsätzliches zur Kommunalpolitik der ‚Neuen N.-Z." mitgeteilt.[419] „Nicht nur im politischen und kulturellen Leben, auch auf kommunalem, auf dem gemeinwirtschaftlichen Gebiet hat die ‚Neue National-Zeitung' eine Aufgabe zu lösen, einen Kampf zu führen, der für die Gesamtheit der Bevölkerung wieder erträgliche Verhältnisse schafft und bessere Zeiten anbahnt."[420] Schuld daran sei natürlich das „System", aber es gebe auch „örtliche Ursachen", an die sich die städtischen Körperschaften und im Allgemeinen die Presse, die keinen Abonnenten verlieren wolle, nicht herantrauten: „Wir aber wollen diesen Ursachen nachspüren, um sie zu bekämpfen mit dem Ziel ihrer Beseitigung."[421]

Die Schuldigen für das kommunale Elend hatte Heinrich Eisen, der mit seinem Kürzel als Verfasser zeichnete, bereits ausgemacht: die Berufsbeamten waren es, die ja von der wachsenden Massenarbeitslosigkeit anderer Berufssparten verschont blieben. Diese hätten nur dann eine Berechtigung, wenn sie sich für die „Schaffung erträglicher Daseinsbedingungen auch für die anderen Schichten des Volkes" einsetzten.[422]

Das schwäbische Gaublatt stellte sich somit als eine Art gesellschaftliches Korrektiv dar, das in Zusammenarbeit mit der im nationalsozialistischen Sinne bekehrten Beamtenschaft für eine Wiederherstellung geordneter Zustände vor Ort sorgen konnte. „Von diesem Gesichtspunkt aus wollen wir Hand in Hand mit der Beamtenschaft, aber das Auge fest auf das Wohl der Gesamtheit gerichtet, unsere kommunalpolitische Arbeit beginnen."[423]

Doch nicht etwa dieses anmaßende Versprechen, sondern ein Annonce in dieser ersten Nummer bildete den Ausgangspunkt für einen jahrelangen Schlagabtausch zwischen der „NNZ", jüdischen Geschäftsleuten, Justiz und Behörden, der der Schriftleitung immer wieder Gelegenheit verschaffte, sich als aufopferungsvollere Kämpferin für den Mittelstand in Szene zu setzen.

---

419 *Ebd.*, S. 3: „Der heiße Brei u. die kommunalpolitischen Katzen".
420 *Ebd.* Im Original ist das Zitat von „der für" bis „schafft" gesperrt.
421 *Ebd.*
422 *Ebd.* Zitat im Original fett.
423 *Ebd.*

c) Der Boykott-Aufruf gegen jüdische Geschäfte und seine Folgen

Grund für den jahrelangen Rechtsstreit war eine Eigenanzeige der National-Verlag GmbH. mit rassistischem Inhalt, mit der die „NNZ" vom ersten Tag an versuchte, sich als Retterin des deutschen Mittelstandes zu profilieren: „Parteigenossen u. Anhänger der national-sozial. Bewegung kauft nicht bei Juden! Unterstützt den deutschen Geschäftsmann in seinem schweren Ringen um seine Existenz! Vergeßt nicht beim Einkaufen auf die ‚Neue National-Zeitung' Bezug zu nehmen! – Haltet Disziplin!", lautete die Aufforderung.[424]

Zehn jüdische Unternehmen ließen sich dies nicht gefallen.[425] Auf Antrag vom 24. Februar erließ die II. Zivilkammer des Augsburger Landgerichts einen Tag später eine einstweilige Verfügung gegen den Verlag - vertreten durch dessen Leiter Josef Eder, gegen Hauptschriftleiter Hans von Zobel und gegen Schriftleiter Heinrich Möser, der für den Anzeigenteil verantwortlich war - wegen Unterlassung. Dem NS-Blatt wurde es „bei Meidung einer Geldstrafe in unbeschränkter Höhe oder einer Haftstrafe bis zu sechs Monaten verboten", Veröffentlichungen zu bringen, die inhaltlich dem Inserat vom 21. Februar glichen.[426] Die Kläger befürchteten zu Recht eine erhebliche Schädigung ihrer Gewerbebetriebe, hieß es dazu in der Begründung. Es sei sittenwidrig, dass die „NNZ" ihre politischen Ziele durch die wirtschaftliche Schädigung jüdischer Geschäfte fördern wolle. Und da es sich um eine nationalsozialistische Tageszeitung handle, bestehe Wiederholungsgefahr.[427]

---

424 *Ebd.*, S. 13. Die Anzeige ist auch abgebildet in: Hakenkreuz, S. 14.
425 Dabei handelte es sich im Einzelnen um die Braumann und Günzburger KG; um die Firmen Heinrich Grausmann; S. Guttmann, Nachfolger; Heinrich Kuhn; Gebrüder Landauer AG; A. Spanier; M. Untermayer; Wimpfheimer & Co.; um das Kaufhaus Schocken und um Emanuel Polatschek. Siehe hierzu NNZ, Nr. 6 vom 27. Februar 1931, S. 1: „Jüdische Firmen angetreten!".
426 *Ebd.*
427 Am Jahresende 1931 strengten die Gebrüder Landauer AG und das Kaufhaus Schocken erneut eine Unterlassungsklage gegen die „NNZ" an und reagierten damit auf ein Eigeninserat des Blattes mit dem Appell „Hausfrauen! Seid Christen auch in der Tat! Der kleine Geschäftsmann braucht Eure Nächstenliebe!", das in der NNZ, Nr. 220 vom 19. Dezember, S. 3, erschienen war. Darunter befand sich ein in drei Rubriken unterteiltes Bild. Christus am Kreuz war links zu sehen. Der Kommentar dazu lautete: „So haben die Juden Christus ans Kreuz genagelt." Die mittlere Skizze zeigte ein Warenhaus mit der Überschrift „Weihnachtsmesse, Warenhaus", in das sich Käufer drängen. „Hier strömen die Christen zur Weihnachtsmesse jüdischer Warenhäuser", wurde das Geschehen beschrieben. Die Darstellung rechts beinhaltete das Innere eines Geschäftes, wo sich ein Mann an einem Regal erhängt hatte. Auf dem Ladentisch stand „Konkurs". „Und hier der letzte Schritt eines kleinen Geschäftsmannes als Folge großjüdischer Warenhauspolitik", lautete die Unterzeile dazu. Die II. Zivilkammer des

Diesen Gerichtsentscheid kommentierte die „National-Zeitung" höhnisch mit der vierspaltigen Überschrift „Kauft nur bei Juden!"[428] In der Unterzeile hieß es „Und zwar bei den unten angeführten Firmen – Eine absurde ‚Einstweilige Verfügung'". Damit wollten Redaktion und Verlag die Kläger, vor allem aber die Justiz lächerlich machen. Zu diesem Stil passt auch die Eigenanzeige „Leser der ‚N.N.Z.' kauft nicht bei Franzosen. Unterstützt den deutschen Geschäftsmann!"[429] Die Nationalsozialisten sahen sich im Recht. Und wie stets, gerade wenn sie sich durch eigenes Verschulden ins Unrecht gesetzt hatten, stellten sich Zeitung und Partei als Opfer böser Ränkeschmiede dar: In diesem Fall war gar von einer „Sammelaktion der jüdischen Kaufhäuser Augsburgs gegen die ‚Neue National-Zeitung'" die Rede.[430]

In einer zur einstweiligen Verfügung abgedruckten Stellungnahme der Redaktion ‚korrigierten' die Nationalsozialisten dann auch die Tatsachen in ihrem Sinne. Der Angeklagte verwandelte sich nun in einen Anklagenden, denn „unsere Aufforderung war viel weniger eine Boykottaufforderung als ein Hilferuf für den schwerringenden deutschen Kaufmann."[431] Zur Motivation des Aufrufs hieß es: „Wir erheben unsere Stimmen, bitten um Beistand für unsere Volksgenossen – was gehen uns die Juden an?"[432] Den Richtern sprechen die Verfasser ihre Integrität ab und bezichtigen sie indirekt der Indoktrination durch die Kläger: „Ueber den moralischen Begriff der guten Sitten entscheiden andere Instanzen!"[433] Keine Frage, wer damit gemeint war.

Landgerichts Augsburg erließ dagegen am 22. Dezember eine einstweilige Verfügung, die das Blatt unter dem Titel „Warenhausjuden gegen die ‚Neue N.-Z.' Ihr zwingt uns nicht", veröffentlichte. Zwar sei der Wirtschafts- und Interessenkampf gegen die Warenhäuser nicht unsittlich im Sinne des Gesetzes, schrieb das Gericht in seiner Begründung, er könne es aber werden, „wenn die Mittel, mit denen er geführt wird, gegen das Anstandsgefühl aller billig Denkenden verstoße... Die Gegenüberstellung der Kreuzigung Christi als Schuld der Juden und des Selbstmords des christlichen kleinen Geschäftsmannes als Auswirkung jüdischer Warenhauspolitik ist geeignet, die in der hiesigen Stadt führenden beiden Warenhäuser jüdischer Provenienz an wirtschaftlichem Ansehen und in ihren wirtschaftlichen Verhältnissen überhaupt schwer zu schädigen." NNZ, Nr. 228 vom 31. Dezember 1931, S. 2. Das Zitat „Die Gegenüberstellung" bis „schwer zu schädigen" ist im Original fett.
428 *Ebd.*, Nr. 6 vom 27. Februar 1931, S. 1.
429 *Ebd.*, S. 8.
430 *Ebd.*, S. 1: „Jüdische Firmen angetreten!".
431 *Ebd.* Im Original ist das Zitat gesperrt.
432 *Ebd.*
433 *Ebd.*

Die „NNZ" witterte durch dieses Gerichtsverfahren einen doppelten Vorteil – einerseits verpflichtete sie sich so von Anbeginn an ihre mittelständische und kleinbürgerliche Klientel, in deren Namen sie sich aufrieb, und erhoffte sich dadurch mehr Anzeigen. Andererseits blieb sie durch diesen Skandal in ganz Augsburg und darüber hinaus im Gespräch.

Daher verwundert es nicht, dass die „NNZ" am 12. März 1931 Widerspruch gegen die einstweilige Verfügung einlegte. „Wir wehren uns unserer Haut, die wir für die Wohlfahrt unseres Volkes zu Markte tragen", argumentierte sie ganz in Märtyrerpose, verschwieg jedoch wohlweislich, dass es für sie bei der Unterlassungsklage ja auch um viel Geld ging.[434] Dem Gericht unterstellte die Zeitung dagegen eine Kungelei mit den Juden: „Wir wollen sehen, wie es um die Augsburger Justiz bestellt ist. Wir lassen uns nicht von den Juden auf dem Wege über die Knetgummiparagraphen des sogenannten ‚Rechtes' knebeln!"[435]

Als die II. Zivilkammer des Landgerichts Augsburg die einstweilige Verfügung bestätigte, bedurfte es für das Blatt unter der Überschrift „Recht oder Unrecht?" keiner „weiteren Erwähnung, daß wir gegen dieses Urteil Berufung einlegen werden."[436] Der Wiedergabe der darauf folgenden mündlichen Verhandlung räumte das NS-Organ viel Platz ein. Die Berichterstattung war im für die NSDAP typischen Militärjargon gehalten, wobei die Intervention der um ihre Geschäftsinteressen fürchtenden Kläger nun zum „Kampf der Juden gegen die ‚N.N.-Z.'" hochstilisiert wurde.[437]

Hauptschriftleiter Hans von Zobel ließ die Gelegenheit nicht ungenutzt, um seinen Lesern am 8. Mai zu versichern: „Wir fechten es durch."[438] Er gab sich kämpferisch: „Wir wollen Nationalsozialisten sein, nicht nur dem Namen nach, sondern ganz und dazu gehört auch, daß wir die nationalsozialistische Sache durchführen bis zur letzten Konsequenz."[439] Man wolle mit der Berufungsklage bis zum Reichsgericht gehen, obwohl dies ein wenig bequemer, dornenvoller und langwieriger Weg sei. Dieser Gang durch die Instanzen hatte einen ganz bestimmten Zweck: „Damit für alle[440] Nationalsozialisten bei der letzten und höchsten Instanz mit klaren Buchstaben festgestellt werde, zu welchen Geschäftsleuten wir Deutsche uns in diesem Staatssystem zu bekennen ‚haben' – ob zu denen, die wir blutsmäßig als unsere Brüder betrachten, den schwer um ihre Existenz ringenden deutschen Mittelständlern, oder zu den ohnehin bevor-

---

434 *Ebd.*
435 NNZ, Nr. 19 vom 14. März 1931, S. 4: „Wir wehren uns unserer Haut". Zitat „Wir lassen" bis „knebeln" im Original fett.
436 NNZ, Nr. 62 vom 7. Mai 1931, S. 3. Zitat im Original fett, „Berufung" gesperrt.
437 NNZ, Nr. 45 vom 17. April 1931, S. 3.
438 NNZ, Nr. 63 vom 8. Mai 1931, S. 1f.
439 *Ebd.*, S. 1.
440 „Alle" im Original gesperrt.

zugten und wirtschaftlich viel stärkeren, innerlich untereinander verbundenen Konzernen, gewaltigen Tüftlern und Waren- und Kaufhausmagnaten, denen es im Traum nicht einfällt, sich als die unseren zu fühlen – den Juden."[441]

Da das Gerichtsurteil erneut negativ ausfiel, sah sich diesmal der Politik- und Feuilleton-Redakteur Dietrich Loder aufgerufen, den „Kampf um den ruinierten Mittelstand" publizistisch gegen die Juden auszuschlachten und das seiner Meinung nach unhaltbare Urteil Punkt für Punkt zu widerlegen.[442] Äußerst unfair, an ein Tribunal erinnernd, zitierte der Verfasser jeweils Passagen aus dem Urteil, nahm diese dann spitzfindig auseinander, um sie schließlich ad absurdum zu führen. So griff Loder beispielsweise die Feststellung heraus, dass der heutige jüdische Staatsbürger dem Urteil zufolge den gleichen staatsrechtlichen Schutz genieße wie jeder andere Bürger. Nun seien die Juden durch die Annonce laut Gericht nicht nur schwer gekränkt, sondern auch wirtschaftlich geschädigt worden. Aber, holte er zum Schlag aus, „10 jüdische Firmen, die sich durch eigenes Vorgehen als solche bekennen, können doch nicht ‚schwer gekränkt' dadurch sein, daß jemand anders als sie selbst sie als jüdische Firmen bezeichnet! Das wäre doch absurd."[443] Dieser unseriöse, wenn auch – zugebenermaßen – clevere Ansatz kulminierte schließlich im Schlussfazit: „Der Mittelstand darf zugrunde gehen, er geht zugrunde! Aber wehe, wenn eine deutsche Zeitung dem Einhalt tun will! Dann ist eine Zivilkammer zur Stelle, die es ihr unter Verkennung der Tatsachen und Umstände verbietet."[444]

Somit erklärte er die Juden zu Totengräbern des deutschen Geschäftsmannes und die Gerichte zu ihren Erfüllungsgehilfen. Trotz seiner geradezu hinterhältigen Interpretation muss Dietrich Loder dennoch das zweifelhafte Lob zugebilligt werden, die Argumentation zur juristischen Auseinandersetzung mit den jüdischen Klägern von allen „NNZ"-Autoren am Geschicktesten geführt zu haben.

Doch damit war die Angelegenheit jedoch keineswegs erledigt, vielmehr ging sie in die nächste Runde. Gut ein Jahr später klagten die betroffenen Unternehmungen in einem Prozess vor dem Landgericht Augsburg erfolgreich wegen Unterlassung sowohl gegen die National-Verlag GmbH., an deren Spitze bereits Georg Boegner stand, als auch gegen den Hauptschriftleiter der „NNZ", Hans Freiherr von Zobel, sowie den Redakteur Heinrich Möser. Dennoch war offenbar keine der beiden Parteien mit dem Urteil vom 3. März 1932 zufrieden.[445]

---

441 *Ebd.*, S. 2. Im Original heißt es „Kaufhausmangnaten".
442 NNZ, Nr. 72 vom 20. Mai 1931, S. 1: „Wer darf Juden Juden nennen" und Unterartikel „Wir kämpfen es durch".
443 *Ebd.*, S. 1: „Wir kämpfen es durch". Im Original sind die Zitate „als solche bekennen" und „jemand anders als sie selbst" fett.
444 *Ebd.* Im Original ist „geht" fett.
445 Über das Urteil vom 3. März 1932 liegen keine Unterlagen vor.

So strengten nicht nur die National-Verlag GmbH., sondern auch die Kläger eine Berufungsverhandlung an, die am 17. November vor dem 6. Zivilsenat des Oberlandesgerichts München stattfand. Im End-Urteil, das vom 15. Dezember 1932 datiert, wurde die Berufung beider Parteien zurückgewiesen. Der National-Verlag GmbH. war es nun bei „einer Geldstrafe in unbeschränkter Höhe verboten, in Veröffentlichungen zur Bekämpfung der jüdischen Geschäftsleute diesen die Eigenschaft eines deutschen Geschäftsmannes abzusprechen."[446] Außerdem stellte das Gericht in Aussicht, dass sie durch eine Sicherheitsleistung von 3500 Mark die Zwangsvollstreckung abwenden könne.

Das Urteil, das am 13. März 1933 von der Geschäftsstelle des Landgerichts Augsburg für rechtskräftig erklärt wurde, dürfte in Verlag und Redaktion der „Neuen National-Zeitung" eher für Heiterkeit gesorgt haben. Die Zeiten hatten sich geändert: Jetzt war die Hetze gegen die Juden sogar offiziell gesteuert. Und wie überall in Deutschland auch wurden ihre Geschäfte in Augsburg am 1. April mit einer Boykott-Aktion belegt.[447]

2.4 Das gescheiterte „Kampfblatt-Konzept"

Mit dem 18. Juli 1931 reihte sich die „NNZ" in eine allgemeine Entwicklung der noch dezentralisierten NS-Gaupresse ein, die sowohl eine inhaltliche als auch eine optische Neuorientierung des Blattes im Gefolge hatte.[448] Ihre geänderte programmatische Zielsetzung brachte sie schon im Untertitel zum Ausdruck, denn sie bezeichnete sich jetzt als „Kampfblatt der N.S.D.A.P. Gau Schwaben". Dahinter stand das Konzept einer Trommlerpresse, mit dem die Münchner Parteizentrale 1931/32 eine Vereinheitlichung des Erscheinungsbildes der gesamten NS-Zeitungen anstrebte, um Wahlaufrufe, -reden und Parolen durch eine schnellere und einheitlichere Nachrichten- und Bildübermittlung (etwa durch das neuartige „Meldekopfsystem") in einer Art Trommelfeuer veröffentlichen zu können, aber auch, um die Blätter straffer mit der Reichspressestelle zu verbinden. Wenn es darauf ankam, sollte die Parteipresse

---

446 BA Berlin, NS 26/1065, Abschrift der Geschäftsstelle des Landgerichts, 13. März 1933.
447 In der „NNZ" fiel ab Nr. 74 vom 28. März 1933, S. 7, unter dem Titel „Der Kampf gegen Alljuda beginnt!" der Startschuss, den Boykott der jüdischen Geschäfte, publizistisch groß aufgemacht, zu unterstützen. Die Zeitung wurde dabei vom Ansturm beflissener Inserenten so überrollt, dass sie nicht alle eingegangenen Anzeigen am 1. April 1933 veröffentlichen konnte und den Rest nachholen musste. NNZ, Nr. 78 vom 1. April 1933, S. 4: „An unsere Inserenten". Viel kleiner und weniger sensationell aufgemacht war dann die Nachberichterstattung über die Boykottmaßnahmen in der NNZ, Nr. 79 vom 3. April 1933, S. 7. Dabei handelte es sich lediglich um einen Zweispalter mit dem Titel „Augsburger Juden unter Boykott".
448 NNZ, Nr. 104 vom 18. Juli 1931.

stelle zu verbinden. Wenn es darauf ankam, sollte die Parteipresse gemeinsam und in entsprechender Aufmachung losschlagen.[449]

Für die Schwaben bedeutete dieser Kurswechsel jedoch gewissermaßen eine Abkehr vom ‚linken' Strasserschen Konzept, das eine reine Angriffspropaganda ablehnte und verstärkt auf eine politische Überzeugungsarbeit sowie auf die Propagierung der ‚positiven' Ziele der NSDAP setzte.[450] Die beiden Brüder Gregor und Otto Strasser lehnten eine ausschließlich auf die Mobilisierung von Gefühlen und sich auf Angriff und Agitation spezialisierende Präsentation des Nationalsozialismus ab. Für Otto Strasser bestand die Hauptaufgabe der Presse in der Werbung von Parteigängern und in der Erziehung, Schulung und Disziplinierung der Mitglieder.

Der von nun an verfochtene „Kampfstil" hingegen erforderte Superlative, Übersteigerungen und Größenverzerrungen, aber auch pseudoheroische und mystisch-religiöse Elemente.[451] Zum stetig wiederkehrenden Vokabular gehörten – stärker als bisher – Begriffe wie „Härte", „Kraft", „Disziplin", „Vorsehung" oder „Kampf". Die „Kampfpresse" sollte der Agitation und Propaganda dienen, wollte Stimmung, nicht Meinung erzeugen. Die Ausnahmesituation der letzten Jahre der Weimarer Republik wirkte auf diesen Zeitungstyp zweifelsohne als Katalysator, wobei die Auswirkungen der rigiden Presseschutzmaßnahmen ein Übriges dazu beitrugen, um die Entfaltungsmöglichkeiten der NS-Propaganda in einer von Dauerwahlkämpfen aufgeputschten Öffentlichkeit zu fördern.

Für die damaligen Verhältnisse muss es sich in dieser Form tatsächlich um etwas ganz Neuartiges gehandelt haben, wie zeitgenössische Analysen bestätigen.

Die eigentliche Kernaussage dazu stammt von Martin Plieninger, der 1933 schrieb, dass die Aufgabe der modernen „Kampfpresse", deren „besonders reine Ausprägung" den Organen der Nationalsozialisten und der Kommunisten zugeschrieben wurde, mit dem Kampf um die politische Macht und mit der dafür nötigen Mobilisierung der Massen stehe und falle.[452] Er beispielsweise verglich sie mit einer „aufmarschierenden Front", die einzig und allein dem „publizistisch-politischen Kampfe" diene und darin ihre eigentliche Existenzberechtigung habe.[453] Dazu gehörte nach Meinung des Autors, dass die Agitation auf ganz bestimmte Punkte abziele, „auf die dann unaufhörlich gehämmert und getrommelt

---

449 Vgl. STEIN, NS-Gaupresse, S. 104.
450 Vgl. PAUL, Aufstand, S. 51f.
451 Vgl. NOLLER/von Kotze (Hg.), Facsimile Querschnitt „VB", S. 13.
452 Martin PLIENINGER, „Die Kampfpresse: Ein neuer Zeitungstyp", in: Zeitungswissenschaft 2 (1933), S. 65-75, S. 66.
453 *Ebd.,* S. 66.

wird."[454] Wichtig waren für ihn aber auch die „negative Glorifizierung" bestimmter Gegner, wie etwa des Berliner Polizei-Vizepräsidenten, und die Einvernahme von Bildern.[455] Sachliche Berichterstattung sei der Ideologie untergeordnet. Auch habe das Verhältnis zum Leser keinen kaufmännischen Charakter mehr.[456]

Gerade aus dem Blickwinkel der Rentabilität betrachtete der Wirtschaftswissenschaftler Rolf Strüder in seiner Dissertation von 1933 die „Kampfpresse". Da sie ausschließlich propagandistische Zwecke erfülle, werde sie von den politischen Parteien mittels finanzieller Zuschüsse auch dann, wenn sie ständig rote Zahlen schreibe, am Leben erhalten.[457] Damit hänge sie nicht von ökonomischen Gesetzmäßigkeiten ab und bleibe daher auch von den Konzentrationsbewegungen im Zeitungsbereich unberührt, analysierte er.

Einen hohen Idealismus und den felsenfesten Glauben an die eigene Sendung unterstellte der nationalsozialistische Autor Hans-Georg Rahm diesen Zeitungen 1939. „Allein auf den Opferwillen ihrer Gefolgschaft gestellt" sei der liberale Staat mit einem bescheidenen Umfang und einer bescheidenen Aufmachung angegriffen worden.[458] Was den Prototyp des Genres, Dr. Joseph Goebbels Berliner „Kampfblatt" „Der Angriff", auszeichne, sei „klare, einleuchtende Einfachheit statt geschraubter Überheblichkeit" sowie „selbstbewußtes kraftvolles Auftreten im Vertrauen auf die eigene Idee."[459] Seiner Meinung nach blieb ein nationalsozialistisches Parteiorgan „in der Kampfzeit immer Kampfzeitung. Niemals kann es den Charakter des Kampfblattes verlieren und zum ‚Vereinsblatt' herabsinken, denn das Parteiprogramm verlangt zur Durchführung der Ziele die ganze Macht im Staat, nicht den Anteil an einer Koalition im Parlament."[460]

---

454 *Ebd.,* S. 68.
455 *Ebd.*
456 Vgl. *ebd.,* S. 69.
457 Vgl. STRÜDER, Konzentrationsprozeß, S. 7.
458 Hans-Georg RAHM, „Der Angriff" 1927-1930: Der nationalsozialistische Typ der Kampfzeitung, phil. Diss. Berlin 1939, S. 27.
459 *Ebd.,* S. 66.
460 Ebd.,S. 89. Für Rahm lagen „die Anfänge der deutschen politischen Kampfzeitung als Zeitungstyp" bereits in den Jahren zwischen 1809 und 1819 (S. 13), doch setzte die „Epoche der Kampfblätter" für ihn trotzdem erst mit dem Kulturkampf im Kaiserreich ein, wobei er versuchte, die NS-Presse in die Tradition der katholischen Zeitungen der damaligen Zeit zu stellen (S. 17). Dies gelang ihm aber nur an der Oberfläche, zumal er das Buch von Klemens LÖFFLER, Geschichte der katholischen Presse Deutschlands, Mönchen-Gladbach 1924, das seine Quelle darstellte, auf die er sich auch berief, ideologisch etwas ‚einseitig' interpretierte und Vergleiche zog, die auf Grund der verschiedenen Ursprünge beider Parteirichtungen gar nicht passten. Löffler etwa bezeichnete die katholischen Blätter nicht als „Kampfzeitungen". Dennoch gibt es ge-

Walter Kaupert nannte 1932 noch eine weitere Bedingung für diesen Zeitungstyp: Als Parteipresse gehöre er zu der von der Partei auch ökonomisch völlig abhängigen Presse, „die den Weisungen der Parteileitungen unbedingt untertan ist."[461]

Dennoch scheint das neuartige Konzept auf schwäbische Verhältnisse nur in begrenztem Maße übertragbar gewesen zu sein, selbst wenn bemerkenswerter Weise „NNZ"-Mitarbeiter Eduard A. Mayr 1933 in einem Rückblick ein berühmtes Goebbels-Zitat, das gemeinhin als klassische Definition für ein „Kampfblatt" gilt, kurzerhand für den eigenen Bedarf abwandelte: „Es lag nicht in unserer Absicht, ein Informationsblatt zu gründen, das für unsere Anhänger gewissermaßen eine Tageszeitung im üblichen Sinne ersetzen sollte. Unsere ‚Neue National-Zeitung' entstand aus der Tendenz heraus und sollte auch in der Tendenz und für die Tendenz geschrieben werden. Unser Ziel war nicht zu informieren, sondern anzuspornen, anzufeuern, anzutreiben. Das Organ, welches wir gründeten, sollte gewissermaßen wie eine Peitsche wirken, welche die säumigen Schläfer aus ihrem Schlummer aufweckt und sie zu restlosem Handeln vorwärts treibt. Erneuerung und Aufklärung stand stets im Programm der ‚Neuen National-Zeitung', ‚Gegen Korruption und Unterdrückung, für Wahrheit, Freiheit und Gerechtigkeit' war unter dem Zeitungstitel zu lesen. Auch hierin

---

wisse Parallelen zwischen den katholischen und den nationalsozialistischen Zeitungen: „Formgerechte, planvolle Gründungen heutigen Stils, bei denen erst ein ansehnliches Gründungskapital bereitgestellt und bewährte Fachmänner herangezogen werden, waren diese Zeitungen der Kulturkampfzeit vielfach nicht", schreibt Löffler über die katholische Presse (S. 51). Interessanterweise wandelt Rahm das von ihm in seinem Buch verwendete Zitat des letzten Halbsatzes in „Kampfzeit nicht" ab (S. 17). Gründe für die Etablierung katholischer Zeitungen nannte Löffler wie folgt: „In seinem Käseblättchen wie in seiner großen Zeitung mußte der Katholik täglich lesen, daß er ein Vaterlandsfeind, ein Römling und ein Dummkopf und daß seine Geistlichkeit der Abschaum der Menschheit sei. Da schaffte er sich denn eigne Blätter an, die ihn wenigstens nicht täglich beschimpften." (S. 52). Auch hier sah Rahm gemeinsame Hintergründe. Dass die Teilnahme am politischen Leben nach zwei Kriegen und der Reichsgründung im 19. Jahrhundert die katholische Publizistik laut Löffler anwachsen ließ, übertrug der nationalsozialistische Autor auf die braune Presse der Gegenwart und kam so zu dem Schluss: „Die nationalsozialistische Presse hat die historische Entwicklung der deutschen Kampfzeitung zu Ende geführt" (S. 225).

461 KAUPERT, Tagespresse, S. 122.

schon kam die ganze kämpferische Haltung unserer Zeitung zum Ausdruck. Somit war das Programm und der Wirkungskreis der NNZ umrissen."[462] Damit stellte Mayr die „NNZ" trotz des frühen Scheiterns dieses Konzepts ganz bewusst in eine Reihe mit dem so bewunderten „Angriff".

Was Mayr nämlich nicht schrieb, ist die Einsicht, dass die Redaktion bereits im September 1931 die Notbremse gezogen hatte, weil das „Kampfblatt"-Konzept nicht ankam: „In immer weitere Kreise dringt unser Blatt und den mannigfaltigen Interessen seines vielseitigen Leserkreises entsprechend soll es nun auch noch umfassender gestaltet werden", so leitete die Redaktion die Kehrtwende ein.[463] „Und so wollen wir den Weg des fast ausschließlichen Kampfblattes wieder verlassen und eine Tageszeitung bieten, wie sie die Leser im allgemeinen begehrt."[464] Auf das beschaulich-provinzielle Augsburg und das katholisch-ländlich geprägte Schwaben ließen sich hauptstädtische Methoden eben nicht so ohne weiteres übertragen. Die provozierenden, ins boulevardeske abdriftenden Überschriften, die marktschreierische Aufmachung, die noch kämpferische und aufheizende „Braune Front" waren den ohnehin wenigen Lesern wohl doch zu viel. Hinzu kam, dass der Einsatz einer zweiten Farbe, eines

---

462 NNZ, Nr. 127 vom 2. Juni 1933, S. 4: „Die ‚Neue National-Zeitung' als Kampfblatt der Bewegung". Nach Abschluss des Ausbaus von Redaktion und Technik veröffentlichte die „NNZ" eine ausführliche Sondernummer, die sich unter anderem mit dem zweijährigen Bestehen des Blattes beschäftigte. Den Großteil dieses Rückblicks, den Eduard A. Mayr verfasste, sollte später die Grundlage einer Geschichte des Augsburger Organs für eine Sammlung über die Anfänge der NS-Zeitungen bilden, die das NSDAP-Hauptarchiv München 1936 zusammenstellte. Die statistische und geschichtliche Entwicklung der N.S.-Gaupresse 1926-1935, Bd. I (N.S.-Gaupresse), München 1936, wurde nie veröffentlicht. Mayrs Historie liefert einige wertvolle Informationen über die ersten beiden Jahre der „NNZ", doch ist sie insgesamt zu tendenziös und im damals gängigen heroischen Stil abgefasst. Sie sollte daher nicht überbewertet werden. Das von Mayr ‚bearbeitete' Goebbels-Zitat lautet im Original: „Es lag nicht in unserer Absicht, ein Informationsblatt zu gründen, das für unsere Anhänger gewissermaßen das tägliche Journal ersetzen sollte. Unsere Zeitung entstand aus der Tendenz heraus und sollte auch in der Tendenz und für die Tendenz geschrieben werden. Unser Ziel war nicht zu informieren, sondern anzuspornen, anzufeuern, anzutreiben. Das Organ, das wir gründeten, sollte gewissermaßen wie eine Peitsche wirken, die die säumigen Schläfer aus ihrem Schlummer aufgeweckt und zu rastlosem Handeln vorwärts hetzt." Joseph GOEBBELS, Kampf um Berlin: Der Anfang, Berlin 1938 (12. Auflage), S. 188.
463 NNZ, Nr. 142 vom 19. September 1931, S. 3: „Leser, Freunde, Parteigenossen".
464 *Ebd.* Im Original ist das Zitat „der Leser im allgemeinen" gesperrt.

aggressiven Rots, die „NNZ" hatte noch mehr wie ein Flugblatt aussehen lassen.[465]

Angekündigt wurden nun regelmäßige Rundfunkprogramme und Gottesdienstkalender, der Ausbau des Provinz- und Allgäuer Heimatteils, die Wiedereinführung einer Unterhaltungsbeilage am Wochenende sowie täglich wechselnde Beilagen – das waren Rubriken, die in der Trommlerpresse weder einen Platz hatten noch zu ihrem Konzept passten.

Rein nominell wurde die Bezeichnung „Kampfblatt" noch bis zum 17. Juni 1932 im Zeitungskopf beibehalten.[466] Ganz so schnell wollte oder konnte die Redaktion ihre zwangsweise Abkehr vom in anderen NS-Blättern erfolgreich praktizierten „Kampfblatt"-Konzept nicht offenkundig machen.[467] Danach wurden die alten Kopf-Unterzeilen „Augsburger Lokalanzeiger" und „Schwäbischer Beobachter" wieder aus der Versenkung geholt.

Nicht lange nach dieser auch nach außen hin demonstrierten Abkehr der „NNZ" vom „Kampfblatt"-Konzept befand die Parteiführung die „Trommelpresse" ebenfalls für nicht mehr opportun. Bei einer Sondertagung der Schriftleiter im Oktober 1932 wurde diese Idee endgültig zu Grabe getragen: „Die nationalsozialistischen Tageszeitungen haben das Stadium des ausschliesslichen Propagandakampfes hinter sich. Die Frage Tageszeitung oder täglich erscheinendes Flugblatt ist zu Gunsten der Tageszeitung entschieden."[468] Bei dieser Gelegenheit wurde auch beschlossen, den parteieigenen Nachrichtendienst zu modernisieren und verbessern. Nach der neuen Richtlinie sollten die NS-Zeitungen nun zu einer ernst zu nehmenden Konkurrenz zu den bürgerlichen Blättern aufgebaut werden.

Die abgeschriebene „Kampfpresse" hingegen wurde in der Folge von den Nationalsozialisten geradezu zum Mythos hochstilisiert, um die Einheit zwischen der Partei und ihren Zeitungen zu dokumentieren – was sich jedoch nur

---

465   Erstmals wurde Rot in der NNZ, Nr. 106 vom 21. Juli 1931 im Zeitungskopf und zum Unterstreichen der Hauptüberschrift auf Seite 1 eingesetzt. Die zweite Farbe fand aber nicht regelmäßig Verwendung.
466   NNZ, Nr. 133 vom 17. Juni 1932.
467   Offenbar war man sich zunächst noch unschlüssig, was für Unterzeilen nun eigentlich im Kopf stehen sollten. In der NNZ, Nr. 135 vom 20. Juni 1932 nämlich stand in der linken oberen Unterzeile „Augsburger Lokalanzeiger", rechts oben „Schwäbischer Beobachter". Links unten hieß es „Kampfblatt für Ehre, Freiheit und Brot", rechts unten „der N.S.D.A.P./Gau Schwaben". In der Mitte befand sich der Parteiadler. Dieser Kopf wurde jedoch nur einmal verwendet.
468   BA Berlin, NS 22/908, Bericht über die nationalsozialistische Pressetagung am 5., 6. und 7. Oktober 1932.

auf die ideellen, nicht die journalistischen Inhalte bezog.[469] Dies diente laut Peter Stein auch dazu, die „einschneidende Vereinheitlichung des gesamten Pressewesens ab 1933 zu beglaubigen. Die NS-Gaupresse erschien nun als gelungene und effektive Vorform eines zentral gelenkten und einheitlich strukturierten Pressewesens",[470] denn die Tageszeitungen wurden im hereinbrechenden Dritten Reich zum „Mittel der Staatsführung" umgeformt.

2.5 Die Erscheinungsverbote

Exkurs: Pressegesetzgebung in der Weimarer Republik

„Jeder Deutsche hat das Recht, innerhalb der Schranken der allgemeinen Gesetze seine Meinung durch Wort, Schrift, Druck, Bild oder in sonstiger Weise frei zu äußern. An diesem Rechte darf ihn keine Arbeits- oder Anstellungsverhältnis hindern, und niemand darf ihn benachteiligen, wenn er von diesem Rechte Gebrauch macht. Eine Zensur findet nicht statt, doch können für Lichtspiele durch Gesetz abweichende Bestimmungen getroffen werden. Auch sind zur Bekämpfung der Schund- und Schmutzliteratur sowie zum Schutze der Jugend bei öffentlichen Schaustellungen und Darbietungen gesetzliche Maßnahmen zulässig", heißt es im Artikel 118 der Weimarer Verfassung von 1919.[471]

Den Begriff der Pressefreiheit als solchen kannte sie nicht.[472] Da der Staat durch die Formulierung „innerhalb der Schranken der allgemeinen Gesetze" alle wesentlichen Hoheitsrechte für das Einschreiten der Polizei und der Bestrafung durch die Gerichte in Form der Nachzensur hatte, war der praktische Wert des Zensurverbots im zweiten Absatz von Artikel 118 in der Öffentlichkeit allerdings umstritten.[473]

Nach Ansicht des Pressehistorikers Kurt Koszyk war damit „nur der Meinungsteil der Zeitung geschützt und vor allem der Gesetzgebung keine Fessel angelegt, durch allgemeine Gesetze Schranken zu errichten."[474] Der Schutz der Verfassung beschränkte sich laut Heinz-Dietrich Fischer somit auf die materielle Pressefreiheit, also auf die Meinungsfreiheit, während die formelle Pressefreiheit, das heißt den Schutz der Presse gegenüber Maßnahmen der Verwaltung,

---

469 Interessanterweise bezeichnete dann auch der Gau Schwaben die „NNZ" wieder als „Kampfblatt" – beispielsweise im Briefkopf der Partei etc.
470 STEIN, NS-Gaupresse, S. 118f.
471 Reichsgesetzblatt 1919, S. 1383ff.
472 Vgl. Kurt KOSZYK, Das Ende des Rechtsstaates 1933/34 und die deutsche Presse (Dortmunder Vorträge, Heft 39), Düsseldorf 1960, S. 9.
473 Vgl. Klaus PETERSEN, Zensur in der Weimarer Republik, Stuttgart/Weimar 1995, S. 32. – Univers.-Professor Dr. ALSBERG, „Zeitungsverbote", in: Deutsche Presse 6 (1932), S. 329-340, S. 329.
474 KOSZYK, Ende, S. 9.

verfassungsrechtlich nicht abgesichert war.[475] Auch war mit dem Artikel 118 die Bestimmung des § 1 des immer noch gültigen, aus dem Jahr 1874 datierenden Reichspressegesetzes verfassungsrechtlich zu umgehen, demzufolge die Pressefreiheit nur den Beschränkungen unterlag, die durch das aktuelle Gesetz vorgeschrieben oder zugelassen waren.[476] Das Gesetz von 1874 zog die Grenzen für den Druck und die Verbreitung aller Presseerzeugnisse viel weiter.[477]

Sah nun der Reichspräsident nach der Weimarer Verfassung eine „erhebliche Gefährdung und Störung der öffentlichen Sicherheit, dann verfügte er durch den Artikel 118 über die Möglichkeit, die Pressefreiheit unter Anwendung des Notverordnungs-Artikels 48[478] einzuschränken.[479] Und so waren bereits Anfang der 20er Jahre durch gesetzliche Verordnungen beachtliche Eingriffe des Staates legalisiert worden.[480]

Nach Kurt Koszyk handelte es sich im Wesentlichen um fünf Notverordnungen, die die Presse vor allem nach dem Regierungsantritt Heinrich Brünings knebelten.[481] Drei dieser Verordnungen aus dem Jahr 1931 hob die Regierung Franz von Papen aber schon am 1. Juni 1932 wieder auf.

---

475 Vgl. FISCHER, Handbuch, S. 91.
476 Vgl. KOSZYK, Ende, S. 9f.
477 Vgl. PETERSEN, Zensur, S. 36.
478 Reichsgesetzblatt 1919, S. 1383ff. Im Artikel 48 heißt es unter anderem, dass der Reichspräsident, „wenn im Deutschen Reiche die öffentliche Sicherheit und Ordnung erheblich gestört oder gefährdet wird", die zur Wiederherstellung nötigen Maßnahmen treffen könne – „erforderlichenfalls mit Hilfe der bewaffneten Macht" (S. 184). Dazu dürfte er vorübergehend die in den Artikeln 114, 115, 117, 118, 123, 124 und 153 festgesetzten Grundrechte ganz oder teilweise außer Kraft setzen.
479 Vgl. FREI, Eroberung, S. 35.
480 Vgl. KOSZYK, Ende, S. 10f.
481 Einschränkungen der Pressefreiheit existierten schon zu Beginn der Weimarer Demokratie, und zwar im Zusammenhang mit der Ermordung des Zentrumspolitikers und ehemaligen Reichsfinanzministers Mathias Erzberger. Auf Grund der daraufhin erlassenen Verordnungen vom 30. August und 28. September 1921 konnten Zeitungen und Zeitschriften für 14 Tage, im Wiederholungsfall sogar für drei Monate verboten werden, wenn sie zur gewaltsamen Änderung der Verfassung, zu Gewalttaten gegen Regierungsmitglieder oder zum Nichtbefolgen der Gesetze aufriefen und diese Gewalttaten verherrlichten. Auch die Verächtlichmachung der Verfassungsorgane und Gremien stand unter Strafe. Nach dem Mord an Reichsaußenminister Walter Rathenau wurde am 21. Juli 1922 das Republikschutzgesetz erlassen, das die Polizei bei verschiedenen Meinungsdelikten wie etwa die Herabwürdigung der republikanischen Staatsformen und ihrer Reichs- und Landesfarben zu einer Beschlagnahme von Presseorganen berechtigte. Zeitungen mussten bei diesem Vergehen damit rechnen, bis zu vier Wochen aus dem Verkehr gezogen zu werden. Eine Verlängerung des Republikschutzgesetzes auf zwei weitere Jahre erfolgte 1927. Die Einschränkungen des Jahres 1921 wurden am 10. August 1923 mit einer Verordnung zur Wiederherstellung der öffentlichen Si-

Zum einen handelte es sich dabei um die „Verordnung zur Bekämpfung politischer Ausschreitungen" vom 28. März 1931.[482] Sie richtete sich gegen Presseerzeugnisse, die die öffentliche Sicherheit und Ordnung gefährdeten, zur Gewalt anreizten oder dazu aufforderten. Zeitungen, die gegen diese Verordnung verstoßen hatten, durften bis zu acht Wochen verboten werden. Die Befugnis, diese Publikationen zu beschlagnahmen, lag bei der Polizei.

Die „Zweite Verordnung des Reichspräsidenten zur Bekämpfung politischer Ausschreitungen" vom 17. Juli 1931 erneuerte nicht nur die am 28. März verfügten Repressionen, sondern verpflichteten die verantwortlichen Schriftleiter periodisch erscheinender Printmedien zudem dazu, auf Verlangen der obersten Reichs- und Landesbehörden unentgeltlich und kommentarlos Stellungnahmen, Äußerungen und Entgegnungen abzudrucken.[483] Dritte im Bunde war die „Verordnung zur Sicherung von Wirtschaft und Finanzen und zur Bekämpfung politischer Ausschreitungen" vom 6. Oktober 1931.[484] Sie brachte wesentliche Strafverschärfungen unter anderem bei der Umgehung von Zeitungsverboten mit sich.

Kaum hatte die gerade eingesetzte Reichsregierung diese Notverordnungen abgeschafft, präsentierte sie am 15. Juni 1932 auch schon eine neue (vierte) Notverordnung gegen politische Ausschreitungen, die der Presse im Vergleich mit den vorhergehenden Auflagen dennoch einige Erleichterungen brachte: So wurde die Verbotsdauer der Zeitungen auf höchstens vier Wochen gesenkt, außerdem hatte die Polizei kein Recht mehr, diese zu beschlagnahmen. In diesem Gefolge wurde auch das Republikschutzgesetz vom 25. März 1930 aufgehoben.[485]

Eine bereits unter der Kanzlerschaft General Kurt von Schleichers erlassene „Verordnung des Reichspräsidenten zur Erhaltung des inneren Friedens" vom 19. Dezember 1932 schaffte fast sämtliche Beschränkungen, die die Presse betrafen, dann wieder ab.[486] Doch diese neue juristische Basis hatte nicht lange Bestand, da es nur fünf Tage nach dem Regierungsantritt Adolf Hitlers und seiner aus NSDAP, DNVP und Stahlhelm bestehenden Koalition zum ersten Mal zu einem von den Nationalsozialisten initiierten Eingriff in das Presserecht kam. Reichspräsident Paul von Hindenburg erließ am 4. Februar 1933 die Verordnung

---

cherheit und Ordnung erneuert. Als die vollziehende Gewalt dieser Ausführungen am 26. September 1923 auf den Reichswehrminister überging, wurde neben einer Anzahl von Grundrechten auch die Pressefreiheit suspendiert und erst wieder am 1. März 1924 aufgehoben. Vgl. PETERSEN, Zensur, S. 120.

482 Reichsgesetzblatt 1931, Teil I, S. 79ff.
483 *Ebd.*, S. 371.
484 *Ebd.*, S. 566f.
485 Reichsgesetzblatt 1932, Teil I, S. 297ff.
486 *Ebd.*, S. 548ff.

„Zum Schutze des deutschen Volkes", die dem Kabinett und den Länderregierungen die Handhabe bot, Zeitungen nach Gutdünken zu unterdrücken und zu verbieten.[487]

Diese „‚Gegnerbekämpfung' mit staatlichen Machtmitteln"[488] reihte sich scheinbar nahtlos in die Tradition der Regierungen der Weimarer Republik ein.[489] Mit ihren Presseverboten hatten diese – wie dargelegt – bereits die Hürden auf dem Weg zum nationalsozialistischen Meinungsmonopol geebnet: „Sie hatten die Bedeutung freier Presse für eine demokratische Staatsordnung nicht begriffen, die durch Zensur nicht zu schützen war – was sie beabsichtigten -, die dadurch wohl aber in noch größeren Misskredit gebracht werden konnte."[490]

2.5.1. Verbote als Reputation

Nach der Machtübernahme gehörte es geradezu zur Reputation einer NS-Zeitung, möglichst viele Verbote während der „Systemzeit", wie die Nationalsozialisten die Weimarer Republik verächtlich nannten, aufweisen zu können. Die „NNZ" ‚durfte' sich damit schmücken, nicht weniger als sechsmal zwischen 1931 und 1932 verboten worden zu sein, wobei nicht weniger als drei Verbote in die Monate der echten „Kampfblatt"-Zeit zwischen 18. Juli und 17. September 1931 fielen. Hinzu kamen mehrere Verwarnungen und Beschlagnahmungen. Zumeist handelte es sich dabei um Verstöße gegen den vom Reichspräsidenten erlassenen § 12 der „Verordnung zur Bekämpfung politischer Ausschreitungen" vom 28. März 1931 und gegen § 2 der „Zweiten Verordnung des Reichspräsidenten zur Bekämpfung politischer Ausschreitungen" vom 17. Juli 1931.

Ob die staatlichen Behörden damit immer nur dem Gesetz Genüge tun wollten? Zwar vermutet Albert Krebs, Schriftleiter des nationalsozialistischen „Hamburger Tageblatts", sicherlich nicht zu Unrecht, die Zeitungsverbote hätten durchaus auf „die Zerstörung oder wenigstens Erschütterung der wirtschaftlichen Grundlage" der NS-Publikationen abgezielt.[491] Andererseits konnte so eine Maßnahme aber auch den Aufschub einer finanziellen Pleite bedeuten, wie zumindest das erste Verbot der „NNZ" zeigt.[492] Manchmal war der Kosteneinspa-

---

487 Reichsgesetzblatt 1933, Teil I, S. 35ff.
488 FREI, Der Führerstaat: Nationalsozialistische Herrschaft 1933 bis 1945, München 2001 (6. erweiterte und aktualisierte Auflage), S. 49.
489 Vgl. DERS./SCHMITZ, Journalismus, S. 22.
490 DERS., Eroberung, S. 35.
491 KREBS, Tendenzen, S. 97.
492 NNZ, Nr. 51 vom 29. Februar 1936, S. 1: „Was sind fünf Jahre". Darin heißt es: „Wißt ihr noch – heute können wir es ruhig gestehen – daß wir manchmal absichtlich, durch eine besonders scharfe Sache, ein Verbot der Zeitung herbeiführten, weil in der Kasse und in den Taschen der Gründer und Gönner der Zeitung auch bei aller Gründlichkeit kein Heller mehr zu finden war."

rungseffekt nämlich größer als der Einnahmeverlust, was aber von der Dauer und vom Zeitpunkt des Verbotes abhing.[493] Hingegen erwies sich ein Erscheinungsverbot wie etwa in Wahlkampfzeiten als äußerst unangenehm, da die Presse im Vorfeld unentbehrlich war.

Zog die Polizei eine Zeitung aus dem Verkehr, waren Geldstrafen oder gar Anwalts- und/oder Gerichtskosten eine zusätzliche finanzielle Belastung, andererseits brachte damals auch jedes Verbot kostenlose Propaganda mit sich. Nach Krebs Beobachtungen fühlten sich viele Leser durch derartige ‚Repressalien' zu einer erhöhten Werbetätigkeit aufgerufen – vielleicht weil sie die Zeitung als Opfer einer Kampagne des „Systems" sahen. Außerdem hielten ihr die Bezieher in der Regel die Treue und wollten ihr Abo-Geld auch nicht zurück. Auch ging beim Wiedererscheinen der Straßenverkauf in die Höhe.

Hier bildeten die Schwaben, einem weit verbreiteten Klischee in diesem Falle gerecht werdend, eine Ausnahme – die Augsburger zeigten offenbar ein abweichendes Käuferverhalten. Es sei gar nicht so leicht gewesen, die Leser nach einem Verbot wieder an sich zu binden, umschrieb Hauptschriftleiter Dr. Josef Sewald 1938 dezent das knauserige Verhalten seiner Landsleute in der Frühzeit der „NNZ". Diese befürchteten durch ein eventuelles Verbot keine Leistung für ihr Geld.[494]

a) Das Verbot vom 10. bis 30. Juni 1931

Das erste Verbot vom 10. bis zum 30. Juni 1931 war gleichzeitig das längste in der Geschichte des Augsburger NS-Blattes. Damit begann aber auch eine Art Katz-und-Maus-Spiel zwischen der Redaktion und der Polizei, das in den kommenden Monaten zu regelmäßigen Verboten oder Beschlagnahmen führte.

Die Ausgangslage, in der sich die „NNZ" befand, war alles andere als rosig.[495] Laut Hauptschriftleiter Sewald hing von diesem Verbot angeblich die Zukunft der Zeitung ab, da damals alle Geldquellen erschöpft gewesen seien. Der Drucker habe seine Leute nicht mehr bezahlen können, der Papierlieferant soll die weiteren Lieferungen gesperrt haben: „Es gab nur noch ein Mittel: wir mußten verboten werden, aber auf mehrere Wochen."[496] Doch dies klappte nicht einfach so auf Kommando: „Aber offenbar war wir nicht scharf genug mit unseren Artikeln."[497]

---

493 Vgl. KREBS, Tendenzen, S. 97f.
494 NNZ, Nr. 280 vom 1. Dezember 1938, S. 9: „Endlich haben wir es geschafft".
495 *Ebd.*
496 *Ebd.*
497 *Ebd.*

Vielleicht verfügten Polizei und Regierung von Schwaben und Neuburg auch über Informationen, dass die „NNZ" kurz vor dem Aus stand und hofften, sie von alleine loszuwerden. Oder die Behörden nahmen das NSDAP-Organ nicht ernst und ignorierten es.

Bei der angeschlagenen „NNZ" soll jedenfalls weiter an einer Beleidigung gefeilt worden sein, mit der sie sich endgültig ein Verbot einhandeln konnte, behauptete der Nicht-Ohrenzeuge Josef Sewald, der zu jener Zeit noch bei der „Bayerischen Gerichtszeitung" arbeitete. „Aber dann fanden wir eine Fassung, so grobschlächtig, so hanebüchen, daß sie wie ein Keulenschlag in die Kontore der damaligen Regierung fuhr."[498] Den ,Ruhm', das heiß ersehnte Verbot herbeigeführt zu haben, durfte Gaugeschäftsführer Anton Saule, der zu dieser Zeit die Rubrik „Die braune Front" leitete, für sich in Anspruch nehmen. Unter der Hauptüberschrift: „Was ist das noch für ein Staat: Redeverbote, Presseverbote, Polizeischikanen und Gummiknüppel für Nationalsozialisten – Notverordnungen fürs ganze Volk" forderte er am 6. Juni 1931 in einem Artikel „Schluss mit diesem Narrensystem".[499] Die Behörden reagierten nicht nur mit einem dreiwöchigen Verbot – während dieser Zeit stand offenbar die Weiterführung der Zeitung überhaupt zur Disposition, da die Finanzprobleme schon derartige Auswüchse angenommen hatten, dass „der Karren schier unverrückbar festgefahren war",[500] sondern auch mit einer Strafanzeige für den Verfasser.[501]

Saule hatte, so die Regierung von Schwaben und Neuburg, Kammer des Innern, in ihrer Begründung für das Verbot gegen § 5 Absatz I Ziffer I und § 13 des Gesetzes zum Schutze der Republik verstoßen. In der Bezeichnung „der deutschen Republik als ,Judenrepublik', die als freiester Staat der Welt ausgegeben werde, während sie in Wirklichkeit ein verachtungswürdiges Gebilde darstelle, in dem Wahnsinn, Ausbeutung, Unterdrückung und Korruption herrschen, dessen oberster Vertreter, der Reichspräsident, sich von Drahtziehern einseifen

---

498 *Ebd.*
499 NNZ, Nr. 85 vom 6. Juni 1931, S. 7.
500 NNZ, Nr. 51 vom 29. Februar 1936, S. 1: „Was sind fünf Jahre".
501 BA Berlin, NS 26/1065, Schreiben Dr. Eichners an die Staatsanwaltschaft für den Landgerichtsbezirk Augsburg, 9. Juni 1931, und Regierung von Schwaben und Neuburg, Kammer des Innern, 9. Juni 1931. Auch an das Polizeipräsidium Berlin gingen ein Abdruck der Strafanzeige und die besagte Zeitungsnummer, damit die preußische Polizeiverwaltung wegen Beleidigung der preußischen Polizei einen etwaigen Strafantrag stellen konnte. Siehe auch NNZ, Nr. 88 vom 10. Juni 1931, S. 1: „Drei Wochen verboten".

lasse und eine Verordnung unterschreibe, unter deren Schutz feiges rotes Mordgesindel unter Duldung der Behörden sein Unwesen treibe", sah sie „eine Beschimpfung sowie eine böswillige und mit Überlegung verübte Verächtlichmachung der verfassungsmäßig festgestellten republikanischen Staatsform des Reiches unter gleichzeitiger Beschimpfung des Reichspräsidenten."[502]

Der Artikel erfüllte nach Auffassung der Regierung von Schwaben und Neuburg noch einen weiteren Straftatbestand – einen Verstoß gegen § 1 Absatz I Ziffer 2 und § 12 Absatz II der „Verordnung des Reichspräsidenten zur Bekämpfung politischer Ausschreitungen". Aus den gebrauchten Ausdrücken und aus der Tendenz des ganzen Berichtes lasse sich ohne weiteres eine böswillige Beschimpfung und Verächtlichmachung staatlicher Behörden und Organe feststellen. Besonders der Schluss wolle „Verachtung, Erbitterung und Haß erzeugen."[503]

Im November 1931 erhielt Saule wegen Vergehens gegen das „Gesetz zum Schutz der Republik" § 5 Ziffer 1 eine Geldstrafe von 150 Mark und musste die Verfahrenskosten tragen. Das Schwurgericht Augsburg bestätigte, dass er die Staatsform des Deutschen Reichs beschimpft habe.[504] Da sich der Angeklagte jedoch offen und ehrlich zu seinen Taten bekannt habe, seien ihm mildernde Umstände zugebilligt worden.

In der Öffentlichkeit ließ die „NNZ" taktischer Weise nichts von dem provozierten Verbot verlauten, griff vielmehr die Behörden frech an: Um „ein unbequemes Organ bequem zum Schweigen zu bringen", komme es gar nicht auf die sachliche Berechtigung an, sondern nur auf die Möglichkeit, eine Verächtlichmachung oder Herabwürdigung zu sehen.[505]

b) Das Verbot vom 25. bis 31. Juli 1931

Keinen Monat später erregte die Gauzeitung erneut das Interesse der staatlichen Behörden. Schuld daran war zum einen der Bericht „Der angebetete Misserfolg" mit dem Untertitel „Deutschland vor dem Zusammenbruch – aber im herzlichen Einvernehmen mit der ganzen Welt", der groß aufgemacht und rot unterstrichen auf Seite 1 am 24. Juli 1931 erschien, zum anderen der zweite Aufmacher „Die Angst vor der Wahrheit" mit Unterzeile „Die führenden Staatsmänner sind entzückt über den Erfolg von London – aber Ministerien,

---

502 BA Berlin, NS 26/1065, Regierung von Schwaben und Neuburg, Kammer des Innern, 9. Juni 1931.
503 *Ebd.*
504 NNZ, Nr. 195 vom 20. November 1931, S. 4: „Meine Herren Geschworenen! Es gehört Mut dazu, ein S.A.-Mann zu sein".
505 NNZ, Nr. 89 vom 1. Juli 1931, S. 1: „Nun erst recht!"

Börse und Presse registrieren die Pleite".[506] Noch am 24. Juli wurde das Blatt polizeilich beschlagnahmt und eingezogen.[507]

Die Schriftleitung der „NNZ" habe in „möglichst prägnanter Form" das Publikum davon überzeugen wollen, dass sie den Zusammenbruch des Reiches für unmittelbar bevorstehend halte, rechtfertigte die Augsburger Polizeidirektion ihre Vorgehensweise.[508] Da für Deutschland eine Überwindung der gegenwärtigen Krise nur dann möglich sei, wenn unter anderem die Öffentlichkeit die Nerven behalte, „müssen Auslassungen der geschilderten Art in der gewählten Form als eine Gefahr für die öffentliche Sicherheit und Ordnung angesehen und unterdrückt werden."[509]

Dabei hatte es zunächst gar nicht nach einem Verbot ausgesehen – ja nicht einmal nach einer Beschlagnahme: „Weil die Zeitung hier keine besondere Rolle spielt und das Augsburger Publikum sie nicht allzu ernst nimmt", wollte Eichner, der die „NNZ" mittags erhalten hatte, eigentlich gar nichts unternehmen, wie er zu seiner Rechtfertigung an das bayerische Staatsministerium des Innern schrieb.[510] Hingegen herrschte in München zur selben Zeit heller Aufruhr. Da der in der Landeshauptstadt erscheinende „Völkische Beobachter" gerade verboten war, musste die „NNZ" als Ersatz dafür herhalten. Im Straßenverkauf am Karlsplatz scheinen dann die bemängelten Artikel Auslöser für eine regelrechte Panikstimmung gewesen zu sein: „Dort hätten sich Ansammlungen gebildet und der Polizeidirektion sei gemeldet worden, dass sich Leute sofort wieder zur Sparkasse begeben hätten, um möglichst noch ihr Geld in Sicherheit zu bringen."[511] Die Münchner Beamten fürchteten, die Beunruhigung könnte noch weiter um sich greifen.

Erst aufgrund dieser Ereignisse kam es zur Einziehung der „NNZ". „Von einem Verbot der Zeitung wollte ich zunächst absehen, da ich die durch die Zeitung angerichtete Gefährdung der öffentlichen Sicherheit nicht für so bedeutsam hielt", so der Polizeichef, der die Überschriften nur als „einen Missgriff der Zei-

---

506 NNZ, Nr. 109 vom 24. Juli 1931.
507 BA Berlin, NS 26/1065, Beschlagnahme und Verbot der Neuen Nationalzeitung, 24. Juli 1931.
508 NNZ, Sonderblatt vom 25. Juli 1931, S. 1: „Bis 31. Juli verboten!"
509 *Ebd.*
510 BA Berlin, NS 26/1065, Polizeidirektion Augsburg an Staatsministerium des Innern, 27. Juli 1931.
511 *Ebd.*

tung" erachtete.[512] Bei der „NNZ" wiederum wies man auf den außerordentlichen ökonomischen Schaden eines Verbotes hin, „da sie im Gegensatz zu anderen Zeitungen wirtschaftlich nicht so gut fundiert und auf den Verkauf der einzelnen Nummer angewiesen sei."[513]

Ein abendliches Telefonat mit dem Ministerium führte dann schließlich zum Verbot des NS-Organs. Die Begründung des Polizeipräsidenten hierfür knüpfte an ein Versammlungsverbot, das an die Augsburger NSDAP-Ortsgruppe am 18. Juli 1931 ergangen war, an. Die Redaktion hätte schon aus den dem Versammlungsverbot vorausgehenden Verhandlungen wissen müssen, „dass ein in besonders hervortretender Form gehaltener Hinweis auf einen (nach Meinung der Zeitung) unmittelbar bevorstehenden Zusammenbruch als Gefährdung der öffentlichen Sicherheit unzulässig sei, sodass meine ursprüngliche Annahme, es handle sich bloss um einen Missgriff der Zeitung, nicht mehr zu halten war."[514] Das Verbot richte sich „nicht sowohl gegen die von der Zeitung geäusserte Meinung, dass Deutschland vor dem Zusammenbruch stehe, ..., sondern gegen die Art, wie die Zeitung diese Meinung zum Ausdruck gebracht hat."[515] Als Rechtsgrundlage für das einwöchige Verbot, das der Polizeipräsident aufgrund der wirtschaftlichen Probleme der Zeitung nur auf diese kurze Zeit beschränkte,[516] diente § 2 Absatz 1 Nr. 2 der „Verordnung des Reichspräsidenten zur Bekämpfung politischer Ausschreitungen" vom 17. Juli 1931. Die Zuständigkeit der Augsburger Behörde ergab sich aus § 2 Ziffer 2 und 3 der Bekanntmachung des Staatsministeriums des Innern vom 18. Juli 1931 Nr. 2188 f 31 über die Bekämpfung politischer Ausschreitungen.[517]

Die „NNZ" legte daraufhin am 26. Juli 1931 beim Reichsgericht Beschwerde ein, die jedoch als unbegründet abgelehnt wurde. Die beanstandeten Überschriften auf der Kopfseite des Blattes würden „mit Recht nach ihrem Inhalt als die öffentliche Sicherheit gefährdend gemäß § 2 Ziffer 2 der Verordnung des Reichspräsidenten vom 17. Juli 1931 angesehen", heißt es im schriftlichen Beschluss, obgleich die Richter der Schriftleitung ansonsten eine sich im Rahmen haltende, sachliche Berichterstattung attestierten.[518]

---

512 *Ebd.*
513 *Ebd.*
514 *Ebd.*
515 *Ebd.*
516 BA Berlin, NS 26/1065, Polizeidirektion Augsburg an Staatsministerium des Innern, 27. Juli 1931.
517 BA Berlin, NS 26/1065, Beschlagnahme und Verbot der Neuen Nationalzeitung, 24. Juli 1931. – NNZ, Sonderblatt vom 25. Juli 1931, S. 1: „Bis 31. Juli verboten!"
518 Siehe hierzu auch NNZ, Nr. 120 vom 21. August 1931, S. 2: „Unsere Beschwerde verworfen".

Beim Wiedererscheinen des Blattes am 1. August stand das „unhaltbare Verbot" des Blattes im Mittelpunkt einer fast zweiseitigen Stellungnahme der Redaktion, die da forderte: „Auch diktatorische Gesetze müssen rechtlich und gerecht angewandt werden!"[519] Ein Vertreter der Schriftleitung, der nach der Beschlagnahme der Zeitung nach München entsandt worden sei, habe dort keine Zeichen der Beunruhigung in der Bevölkerung entdecken können.[520] Die beklagten Überschriften an sich könnten schon deshalb keine Tumulte auslösen, da sie für sich allein gar keine klare Nachricht bildeten und die erläuternde Unterzeile zu klein gedruckt sei, dass sie nur mit sehr guten Augen in zwei Meter Entfernung gerade noch zu lesen wäre.

Besonders spitzfindig ist jedoch der Hinweis auf die „Verordnung zur Bekämpfung politischer Ausschreitungen" vom 17. Juli 1931, auf der Beschlagnahme und Verbot beruhten. Wie schon der Titel dieser Verordnungen besage, sollten hierdurch politische Ausschreitungen unterdrückt werden, jedoch nicht Meinungen und Äußerungen, die vielleicht nicht mit den Ansichten der Regierungen korrespondierten.[521] Eine Zeitung oder Zeitschrift dürfe wegen ihrer Tendenz als solche nicht verboten werden, darauf habe auch der Reichsinnenminister hingewiesen. Politischer Pessimismus, der vielleicht der Meinung einer Regierung entgegengesetzt sei, könne nicht als „politische Ausschreitung" gewertet werden.[522] Die „NNZ" sah sich erneut und wieder einmal ungerechterweise an den Pranger gestellt, doch hatte sie nicht ganz Unrecht, wenn sie die Beschlagnahme in Augsburg in Zweifel zog, „wo nach eigener Aussage des Polizeidirektors keinerlei Beunruhigung erfolgt ist."[523]

---

519 NNZ, Nr. 110 vom 1. August 1931, S. 2f., S. 2: „Das unhaltsame Verbot der ‚N.N.-Z.'".
520 *Ebd.*, S. 3.
521 *Ebd.*, S. 2
522 *Ebd.*
523 *Ebd.*, S. 3. Zitat im Original fett.

c) Das Verbot vom 7. bis 14. August 1931

Kaum war das jüngste Verbot der „NNZ" abgelaufen, folgte auch schon das nächste. Bereits am 6. August 1931 beschlagnahmte die Polizei die Nummer 114 aufgrund eines unter der Rubrik „Die braune Front" abgedruckten Artikels namens „Die Waagschale",[524] „der davon ausgeht, dass der Inhalt alles Erdengeschehens sich in zwei Waagschalen fassen lasse und von der Moral des menschlichen Geistes bestimmt werde", wie es in dem an den verantwortlichen Redakteur Anton Saule gerichteten Schreiben hieß.[525] Die Kommunisten und Sozialisten seien, so analysierte die Polizeidirektion Augsburg, als Träger aller schlechten, die Nationalsozialisten als Verkörperung aller guten Eigenschaften einander gegenübergestellt.

Weil die Vorwürfe gegen die Marxisten jedoch in schärfster Weise formuliert worden seien und weit über den zulässigen Grenzen der selbst im Moment vorherrschenden, scharfen parteipolitischen Gegensätze lägen, seien sie geeignet, die ohnehin heftigen Gegensätze in der Bevölkerung zu vergrößern, die politischen Leidenschaften aufzupeitschen und die Beruhigung der Bevölkerung, die nach den jüngsten wirtschaftlichen Schwierigkeiten allmählich wieder abklinge, in Frage zu stellen. Darüber hinaus werde der „Deutsche Staat" böswillig verächtlich gemacht und mit „ungeheuerlichen Beschimpfungen" überschüttet.[526] Die Polizei sei verpflichtet, aufgrund der Verordnungen des Reichspräsidenten vom 28. März 1931 (§ 12 Abs. 2) und vom 17. Juli 1931 (§ 2 Abs. 2 Ziffer 2) gegen eine derartige Ausschreitung des politischen Kampfes vorzugehen: Die „Neue National-Zeitung" durfte acht Tage lang nicht erscheinen.

Gauleiter Karl Wahl jedoch unterstellte dem Augsburger Polizeidirektor in der „NNZ" persönliche Willkür: Die Verordnung vom 17. Juli 1931 sei so dehnbar, „dass ein tüchtiger Polizeidirektor mit einem Federstrich alle Mühe und größte Vorsicht der Schriftleitung zuschanden machen kann."[527]

---

524 NNZ, Nr. 114 vom 6. August 1931, S. 6.
525 NNZ, Nr. 115, Sonderblatt vom 7. August 1931, S. 1: „Schon wieder acht Tage verboten". – BA Berlin 26/1065, Zeitungsverbot und Beschlagnahme der Neuen Nationalzeitung, 6. August 1931.
526 BA Berlin, NS 26/1065, Zeitungsverbot und Beschlagnahme der Neuen Nationalzeitung, 6. August 1931.
527 NNZ, Nr. 116 vom 17. August 1931, S. 2: „Aufruf". Zitat im Original fett und gesperrt.

d) Das Verbot vom 10. bis 12. September 1931

Auch im September wurde sich die „NNZ" nicht untreu. Unter der Überschrift „Sind wir denn vogelfrei?", mokierte sie sich am 9. September 1931 auf der Titelseite über das von der Polizeidirektion Augsburg tags zuvor erlassene Verbot einer nationalsozialistischen Versammlung im Saalbau Herrle.[528] Dabei ließ die Redaktion ihrem Ärger freien Lauf und beschwor das Bild einer der Willkür der Behörden und der vollstreckenden Polizei aus gelieferten Partei. Die örtliche Polizeidirektion, die im Artikel direkt angegriffen wurde, fühlte sich düpiert: „Durch die aufreizende Überschrift wird der Eindruck hervorgerufen, als ob die Angehörigen der nationalsozialistischen Partei als ausserhalb der Gesetze stehend von den Staatsbehörden betrachtet würden."[529]

Da deswegen „eine weitere Beunruhigung eines grösseren Bevölkerungsteiles und eine Aufpeitschung der politischen Leidenschaften" zu erwarten sei, bedeute die Überschrift eine „Gefährdung der öffentlichen Sicherheit und Ordnung."[530] Auch provozierten Äußerungen, die Beschuldigungen über „die Methoden unserer Polizei!", deren Gebaren die politischen Leidenschaften aufpeitsche, die Beamten.[531] „Durch diese Sätze wird der Polizeidirektion vorgeworfen, dass sie entgegen ihrer Dienstpflicht unsachlich und parteiisch ihre Dienstobliegenheiten erfüllt. Hierin ist eine böswillige Verächtlichmachung einer Behörde zu erblicken."[532]

Aus diesen Gründen wurde die „NNZ" vom 9. September beschlagnahmt, eingezogen und für drei Tage, vom 10. bis 12. September 1931, verboten. Die Rechtsgrundlage lieferten Verordnungen des Reichspräsidenten zur Bekämpfung politischer Ausschreitungen, und zwar § 2 Absatz 1 und 2, Ziffer 2 der Verordnung vom 10. August 1931 sowie § 12 Absatz 1 Ziffer 2 der Verordnung vom 28. März 1931. Die Polizeidirektion unterließ es süffisanterweise auch

---

528   NNZ, Nr. 136 vom 9. September 1931, S. 1. Siehe hierzu auch StdtA Augsburg, Polizeidirektion Nr. 216, Übersicht über die im September 1931 getroffenen Maßnahmen auf Grund der Verordnungen des Reichspräsidenten vom 28. März und vom 10. August 1931 zur Bekämpfung politischer Ausschreitungen.
529   BA Berlin, NS 26/1065, Verfügung des Polizeipräsidiums Augsburg an die National-Verlag GmbH., 9. September 1931. – NNZ, Sonderblatt vom 10. September 1931, S. 1: „Wieder drei Tage verboten". In der „NNZ" ist das Zitat „die aufreizende Überschrift" fett und der Schriftgrad größer, „Eindruck" und „als ob" sind gefettet.
530   *Ebd.* In der „NNZ" ist das Zitat „eine weitere Beunruhigung" fett und vom Schriftgrad her größer, „und eine Aufpeitschung der politischen Leidenschaften" ist fett.
531   *Ebd.*
532   *Ebd.* In der „NNZ" ist das Zitat „unsachlich und parteiisch" fett.

nicht, auf ihre Zuständigkeit laut § 2 Ziffer 2 und 3 der Bekanntmachung des Staatsministeriums des Innern vom 18. Juli 1931 Nr. 2188 f31 über die Bekämpfung politischer Ausschreitungen hinzuweisen.

Die Schriftleitung reagierte, wie so oft, mit Häme und schoss sich auf den Unterzeichner des Verbots – den Vertreter des Polizeipräsidenten Dr. Eichner – ein. Dieser habe, „woran hoffentlich niemand zweifelt", dadurch, dass er die Empörung über das eine Verbot mit einem anderen beantwortet habe, „ungemein zur Beruhigung der politischen Atmosphäre beigetragen."[533] Die SA sei nach dem Bekanntwerden des zweiten Verbots innerhalb von fünf Minuten in tiefen Schlaf verfallen und die Redaktion der „NNZ" werde bei den Parteimitgliedern wegen der sinnlos „aufpeitschenden" Überschriften, die den Tatsachen so sehr widersprächen, bloß noch ausgelacht.[534]

e) Beschlagnahme und Verwarnung: 23. November 1931

Eine Zeichnung auf der ersten Seite, betitelt „Unser Kampf gegen die deutsche Not", auf der ein SA-Angehöriger mit wehender Hakenkreuzfahne gezeigt wurde, der gegen einen zu Boden stürzenden Polizeibeamten vorging, hatte am 23. November 1931 zwar kein Verbot der „NNZ", aber eine Beschlagnahme und Verwarnung zur Folge.[535] Erneut wurde dabei gegen die vorgebliche Parteilichkeit der Polizei, die als Vertreter der „Bonzokratie" Verbote erteile, polemisiert.[536] In einem direkt an Anton Saule, der seit 1. November – nach dem Ausscheiden von Dietrich Loder – verantwortlicher Politikredakteur war, gerichteten Schreiben gab sich die Polizeidirektion Augsburg keine große Mühe, um ihren Ärger zu verbergen: „Durch diese bildliche Darstellung muß bei dem unbefangenen Betrachter derselben der Eindruck erweckt werden, daß die heutige Not lediglich auf die durch die Polizei ergangenen Verbote zurückzuführen sei, daß in der Polizei die Verkörperung der Gesamtheit der nach den Begriffen der nationalsozialistischen Presse korrupten Führer und maßgebenden Persönlichkeiten politischer Parteien und der diesen nahestehenden Organisationen zu erblicken sei und daß nur durch Bekämpfung dieser Polizei eine Behebung der derzeitigen Not zu erwarten sei."[537]

---

533 NNZ, Nr. 137 vom 14. September 1931, S. 1: „Verboten, verboten, verboten".
534 *Ebd.*
535 NNZ, Nr. 197 vom 23. November 1931.
536 BA Berlin, NS 26/1065, Schreiben an Schriftleiter Saule, 23. November 1931, sowie NNZ, Nr. 198 vom 24. November 1931, S. 1: „Gestern wäre uns bald wieder die Luft ausgegangen!"
537 NNZ, Nr. 198 vom 24. November 1931, S. 1: „Gestern wäre uns bald wieder die Luft ausgegangen!" Zitat im Original fett, „unbefangen" gesperrt.

Die Beamten fühlten sich persönlich angegriffen: „Es steht außer Zweifel, daß dadurch die Polizei als ein Organ des Staates in böswilliger Weise beschimpft wird; auch in der fratzenhaften Darstellung des Polizeibeamten ist eine böswillige Verächtlichmachung der Polizei zu erblicken."[538] Der sooft schon im Zusammenhang mit der „NNZ" zitierte § 12 Absatz 1 der Verordnung des Reichspräsidenten vom 28. März 1931 diente auch diesmal wieder als juristische Grundlage. Bei weiteren „Verfehlungen", so die gemäß § 2 der Ausführungsbestimmungen vom 10. August 1931 ausgesprochene Verwarnung, drohe neben der Beschlagnahme auch ein Verbot.[539]

f) Beschlagnahme und Einziehung: 16. bis 19. Januar 1932

Die Konfrontation mit der Polizei ging im neuen Jahr in eine weitere Runde.[540] Am 15. Januar 1932 machte das NS-Organ mit einem Artikel „Geheimagent um Brüning" auf.[541] Die erläuternde Unterzeile lautete: „Der deutsche Reichskanzler vereinbart mit Frankreich ein Theaterspiel für Lausanne!" In einem Unterartikel „Die angezapfte Telefonleitung" ging es um ein Ferngespräch des englischen Botschafters mit seinem Außenministerium, das unmittelbar nach einer Unterredung zwischen ihm und Reichskanzler Brüning stattgefunden hatte. Dabei soll, so die „NNZ", die sich auf eine britische Zeitung berief, ein Agent mitgehört haben. Weiter behauptete sie, schon vor dem Treffen der beiden Politiker sei zwischen Frankreich und dem Reich ein Einvernehmen erzielt worden, wonach jedes Land Abgesandte zur Erörterung von Plänen zur Lausanner Reparationskonferenz schicken solle. Endgültige Entscheidungen sollten aber nicht vor Juni getroffen werden.[542]

---

538 *Ebd.* Zitat im Original fett.
539 Im November 1931 gab es noch zwei weitere, einfache Verwarnungen für die „NNZ". Siehe hierzu auch StdtA Augsburg, Polizeidirektion Nr. 216, Übersicht über die im November 1931 getroffenen Maßnahmen auf Grund der Verordnungen des Reichspräsidenten vom 28. März und vom 10. August 1931 zur Bekämpfung politischer Ausschreitungen.
540 Siehe hierzu auch StdtA Augsburg, Polizeidirektion Nr. 216, Übersicht über die im Januar 1932 getroffenen Maßnahmen auf Grund der Verordnungen des Reichspräsidenten vom 28. März und vom 10. August 1931 zur Bekämpfung politischer Ausschreitungen.
541 NNZ, Nr. 11 vom 15. Januar 1932, S. 1.
542 Gemeint ist die Reparationskonferenz in Lausanne, die am 16. Februar 1932 begann. Sie führte zur endgültigen Streichung der deutschen Reparationsleistungen.

Angesichts der großen Bedeutung der Lausanner Konferenz für Deutschland und der ehrenrührigen Vorwürfe gegen Brüning beschlagnahmte die Polizei das NS-Organ gemäß § 2 Absatz 1 der Verordnung des Reichspräsidenten vom 10. August 1931. Ein dreitägiges Verbot nach § 2 Artikel 2 Nr. 2 und Absatz 3 derselben Verordnung war die weitere Folge. Die Äußerungen im Artikel, hieß es in der dazugehörigen Erklärung, könnten „das Vertrauen in die Führung der Reichsregierung in weiten Kreisen des deutschen Volkes erschüttern."[543]

Dem obersten Beamten Deutschlands, der die Verantwortung für die Außenpolitik trage, werde ohne ersichtliche weitere Unterlagen „offen und in geradezu aufreizender Form der beschimpfende Vorwurf gemacht, daß er das deutsche Volk durch seine Erklärungen bewußt irregeführt habe."[544] Es entstehe zudem durch die Überschrift der Eindruck, als sei das Reich nicht in der Lage, den Kanzler vor den Geheimagenten des Auslands zu schützen. Die Aussagen in der „NNZ" seien geeignet, „die Stellung Deutschlands auf einer Konferenz, deren Ausgang für Deutschland von der folgenschwersten Bedeutung sein kann, dem Auslande gegenüber auf das Schwerste zu gefährden."[545]

Die Polizeidirektion wollte dem Blatt aber auch einen ‚Denkzettel' verpassen, „da die Zeitung bereits wiederholt wegen Gefährdung der öffentlichen Ordnung verboten werden musste und die letzte Warnung von 23. November 1931 anscheinend ihre Wirkung verloren hat."[546] Gedacht war offensichtlich zunächst an ein längeres Verbot, von dem jedoch wieder abgesehen wurde, „weil es sich nach der Aussage eines Schriftleiters der Zeitung vor Gericht um eine kleine Zeitung mit verhältnismäßig geringem Leserkreis handelt, ein Verbot daher ohnedies besonders fühlbare wirtschaftliche Nachteile mit sich bringt."[547]

Die Schriftleitung wiederum bekundete am 20. Januar, der Zeitung habe das Verbot keinen Schaden, sondern vielmehr neue Leser gebracht. Um sich aus der Affäre zu ziehen, kommentierte die „NNZ" das Geschehene in einer haarsträubenden Art und Weise: Der deutsche Staatsbürger rase bei einer alarmierenden Zeitungsnachricht nicht wie eine „rauflustige Cowboy-Horde in Hinter-Texas sofort revolverschießend durch die Straßen."[548] Er wolle die Nachricht lediglich – gemäß seiner politischen Einstellung – von seiner Presse gebracht wissen.

---

543 BA Berlin, NS 26/1065, Beschlagnahme der Neuen National-Zeitung Nr. 11 vom 15. Januar 1932 und Verbot der Zeitung, 15. Januar 1932. – NNZ, Nr. 12 vom 16. Januar 1932, S. 1: „Wiederum drei Tage verboten!"
544 BA Berlin, NS 26/1065, Beschlagnahme der Neuen National-Zeitung Nr. 11 vom 15. Januar 1932 und Verbot der Zeitung, 15. Januar 1932.
545 *Ebd.*
546 *Ebd.*
547 *Ebd.*
548 NNZ, Nr. 13 vom 20. Januar 1932, S. 2: „Drei Tage Verbot". Das Zitat ist im Original gefettet.

g) Beschlagnahme und Einziehung vom 26. Februar 1932

Einmal mehr schoss sich die „NNZ" fünf Wochen nach dem jüngsten Verbot auf den Reichskanzler ein. „Der Zentrumskanzler Brüning beleidigt 10 Millionen Auslandsdeutsche!" verkündete sie am 26. Februar 1932 in dick unterstrichenen Lettern auf der ersten Seite.[549] Begründet werden sollte diese Behauptung mit einer von der parteieigenen „Nationalsozialistischen Korrespondenz" („NSK") gelieferten Abhandlung, betitelt „Brüning am Ende", die laut Polizeidirektion Augsburg auch in anderen NS-Blättern veröffentlicht worden war.[550] Darin hatte Alfred Rosenberg erklärt, zehn Millionen Auslandsdeutschen, „die unter litauischem, polnischem, tschechischem Terror leiden (den sie u. a. der Zentrumspolitik mit zu verdanken haben)", mache es der „nahezu höchste Beamte Deutschlands geradezu zum Vorwurf, dass sie unter Fremdherrschaft gekommen sind und kein deutsches Vaterland haben."[551] Dies sei wohl „das Ungeheuerlichste, was jemals dem Munde eines zum Schirmer des gesamten Deutschtums bestellten Mannes entfahren ist."[552]

Die Augsburger Polizeidirektion konnte für den in der Überschrift gegen Brüning erhobenen Vorwurf keine sachliche Begründung finden. Sie beschlagnahmte deshalb in Anbetracht der großen Bedeutung der bevorstehenden Lausanner Konferenz und der ehrenrührigen Vorwürfe gegen den Kanzler das NS-Organ auf der Grundlage des schon häufiger im Zusammenhang mit der „NNZ" angewandten § 2 Absatz 1 der Verordnung des Reichspräsidenten vom 10. August 1931. Denn: In der „schärfsten Form", die einer Zeitung möglich sei, nämlich in fetter Überschrift, sei gegen Brüning „ohne ausreichende Begründung der schwere Vorwurf erhoben" worden, er habe eine strafbare Handlung begangen und habe dadurch auch „gegen die Verpflichtung eines deutschen Reichskanzlers, sich den Schutz der zahlreichen Auslandsdeutschen angelegen sein lassen, verfehlt", wurde von der Polizei beanstandet.[553] Dieser Vorwurf sei geeignet, ihn „in der öffentlichen Meinung herabzuwürdigen und ihn des Vertrauens unwürdig erscheinen zu lassen, dessen er für sein öffentliches Wirken bedarf."[554] Ein

---

549 NNZ, Nr. 45 vom 26. Februar 1932.
550 BA Berlin, NS 26/1065, Verfügung des Polizeipräsidenten an die Schriftleitung der NNZ, 26. Februar 1932. – NNZ, Nr. 46 vom 27. Februar 1932, S. 1: „Unglaublicher Polizeiterror überall! Wo bleibt die Wahlfreiheit?"
551 NNZ, Nr. 45 vom 26. Februar 1932, S. 1: „Der Zentrumskanzler Brüning beleidigt 10 Millionen Auslandsdeutsche!" Zitat von „nahezu" bis „haben" im Original fett.
552 *Ebd.*
553 BA Berlin, NS 26/1065, Verfügung des Polizeipräsidenten an die Schriftleitung der NNZ, 26. Februar 1932. – NNZ, Nr. 46 vom 27. Februar 1932, S. 1: „Unglaublicher Polizeiterror überall! Wo bleibt die Wahlfreiheit?"
554 *Ebd.*

Verstoß dieser Art stelle eine „besonders schwere Gefährdung der öffentlichen Sicherheit und Ordnung dar, gegen den nach Lage des Falles auch polizeilich eingeschritten werden muß."[555]

Der Behörde erschien die Beschlagnahme und Einziehung gemäß § 2 Absatz 1 und 3 der „Verordnung des Reichspräsidenten vom 10 August 1931" in Verbindung mit § 13 der „Verordnung des Reichspräsidenten vom 28. März 1931" auch deshalb als notwendig, weil die Redaktion schon wiederholt gegen die bestehenden Vorschriften verstoßen habe und deswegen von amtlicher Seite eingeschritten werden musste. Außerdem handle es sich um eine Wiederholungstat, da es „wegen einer besonders aufreizenden Überschrift" schon einmal eine Beschlagnahme und ein Verbot – vom 10. bis 12. September 1931 – gegeben habe.[556]

Doch die „NNZ" ließ die Sache nicht auf sich beruhen – nicht zuletzt, weil der Wahlkampf um das Reichspräsidentenamt begann und weil sie hoffte, diesmal auf der Gewinnerseite zu sitzen. Denn aufgrund der Dringlichkeit, wie Polizeipräsident Dr. Eichner das Vorgehen in einem Schreiben an die Regierung von Schwaben und Neuburg rechtfertigte, war die Beschlagnahme zunächst mündlich angeordnet worden.[557] Die Redaktion hatte sich, noch bevor die schriftliche Verfügung zugestellt worden war, telefonisch „in aufgeregtem Ton" gegen die Maßnahme verwahrt.[558]

Unter der Überschrift „Unglaublicher Polizeiterror überall! Wo bleibt die Wahlfreiheit?", ‚antwortete' das NS-Organ tags darauf auf die Beschlagnahme,[559] im Tenor, der „im allgemeinen dem entspricht, was man von der Zeitung bei ähnlichen Anlässen gewohnt ist", wie die Polizei fand.[560] Diesmal aber drohte die Redaktion dem Polizeipräsidenten in unverhülltem Ton: „Für eine derartige Besorgtheit um die öffentliche Ruhe seitens eines, wenn auch ‚sehr national'

---

555 *Ebd.* Siehe hierzu auch StdtA Augsburg, Polizeidirektion Nr. 216. In der Übersicht über die im Februar 1932 getroffenen Maßnahmen auf Grund der Verordnungen des Reichspräsidenten vom 28. März und vom 10. August 1931zur Bekämpfung politischer Ausschreitungen ist eine polizeiliche Beschlagnahme und Einziehung von Druckschriften, allerdings ohne nähere Angaben aufgeführt.
556 BA Berlin, NS 26/1065, Verfügung des Polizeipräsidenten an die Schriftleitung der NNZ, 26. Februar 1932. – NNZ, Nr. 46 vom 27. Februar 1932, S. 1: „Unglaublicher Polizeiterror überall! Wo bleibt die Wahlfreiheit?"
557 BA Berlin, NS 26/1065, Schreiben an die Regierung von Schwaben und Neuburg, Kammer des Innern, 29. Februar 1932.
558 *Ebd.*
559 NNZ, Nr. 46 vom 27. Februar 1932, S. 1.
560 BA Berlin, NS 26/1065, Schreiben an die Regierung von Schwaben und Neuburg, Kammer des Innern, 29. Februar 1932.

sein wollenden Polizeidirektors werden wir, eines Tages kein Verständnis haben..."561

Dr. Eichner, der so eingeschüchtert werden sollte, erachtete dies als üble Nachrede und stellte Strafantrag gegen den verantwortlichen Redakteur Anton Saule. Sein bisheriges Handeln, kritisierte der Polizeidirektor, werde dargestellt, „als ob ich aus unsachlichen Gründen bisher irgendeinen Schritt gegen die Neue National-Zeitung unternommen hätte."562 Überdies enthalte die Nummer „die üblichen versteckten Drohungen", in denen von Abrechnung und Amtsentsetzung die Rede sei, um „ängstliche Gemüter" abzuschrecken, die aber „als Beamtennötigung strafrechtlich nicht fassbar sind."563 Ihn habe dies „selbstverständlich kalt" gelassen, hielt er dennoch nötig, zu versichern.564

Gegen Anton Saule wurde wegen Beamtenbeleidigung durch die Presse, übler Nachrede und Beamtennötigung - nicht zum ersten Mal - Anklage vor dem Augsburger Schwurgericht erhoben. Vor den Richtern gab der Gaugeschäftsführer der schwäbischen NSDAP überraschend schnell klein bei, obgleich doch die Redaktion gewöhnlich keine Gelegenheit ausließ, jedes Gerichtsverfahren publizistisch für sich auszuschlachten. Saules Anwalt hatte bereits vor dem eigentlichen Prozess mit Eichner einen Vergleich ausgehandelt. Dieser verlangte eine öffentliche Ehrenerklärung, die am 28. Mai 1932 auf der Titelseite der „NNZ" erschien.565 Wohl um größere Unannehmlichkeiten im Hinblick auf den Wahlkampf zu vermeiden, zeigte sich der sonst so vollmundige Saule erstaunlich kleinlaut: Die amtliche Tätigkeit des Klägers wurde nun als „durchaus objektiv" und „lediglich von sachlichen Erwägungen geleitet" bezeichnet.566 Die Missverständlichkeit des Artikels resultiere lediglich aus der Hast während des Reichspräsidenten-Wahlkampfes.

---

561 NNZ, Nr. 46 vom 27. Februar 1932, S. 1: „Unglaublicher Polizeiterror überall! Wo bleibt die Wahlfreiheit?" Zitat im Original fett.
562 BA Berlin, NS 26/1065, Schreiben an die Regierung von Schwaben und Neuburg, Kammer des Innern, 29. Februar 1932.
563 *Ebd.*
564 *Ebd.*
565 NNZ, Nr. 116 vom 28. Mai 1932, S. 1: „Erklärung".
566 *Ebd.* Zitate im Original fett.

h) Das Verbot vom 23. bis 25. März 1932

Scharfe Angriffe gegen den preußischen Innenminister Severing (SPD), die die „NNZ" am 22. März 1932 in den Mittelpunkt ihrer Berichterstattung auf der Titelseite stellte, brachten ihr das sechste und letzte Verbot ein. „Severing mißbraucht seine Polizei aus Angst gegen Adolf Hitler!" behauptete die reißerische Schlagzeile, die im Untertitel „Unerhörte Ungesetzlichkeiten und Verfassungsbrüche des preußischen, sozialdemokratischen Innenministers!" anprangerte.[567]

Der nachfolgende Artikel, der als „Eine Erklärung Adolf Hitlers!" bezeichnet wurde, befasste sich mit den polizeilichen Maßnahmen, die Preußens Innenminister ergriffen hatte. Der der NSDAP bereits seit längerem bekannte Plan „eines Ueberfalles auf die nationalsozialistische Bewegung" sei nunmehr ausgeführt, um der Öffentlichkeit zu suggerieren, „die nationalsozialistische Partei und ihre Organisationen beabsichtigten, ungesetzliche Maßnahmen in einem Augenblick zu ergreifen, da die legale Entwicklung ihr ohnehin bereits die Stellung der stärksten Partei Deutschlands gegeben hat."[568] Severing wurde des Weiteren bezichtigt, „Wege weiterer Ungesetzlichkeiten und Verfassungsbrüche" einzuschlagen, um „das herrschende System noch einmal zu retten."[569]

Begleitend wurde auf Seite zwei des Blattes ein empörtes, in fetter Schrift gestaltetes Telegramm der schwäbischen NSDAP an das Reichsinnenministerium abgedruckt. Darin hieß es: „Über 144.000 nationalsozialistische Männer und Frauen in Schwaben weisen den Vorwurf der Illegalität mit aller Schärfe und Entrüstung zurück und bezeichnen solchen als plumpen, durchsichtigen Wahlschwindel des sozialdemokratischen preußischen Innenministers."[570]

Diesmal reagierte die Polizei ziemlich spät: Erst am 23. März wurden der „NNZ" aufgrund der scharfen Angriffe gegen Severing, aber auch wegen Anschuldigungen gegen die Polizei „Fünf Tage ‚Osterfrieden'!" auferlegt.[571] Dagegen beschwerte sich die Zeitung beim bayerischen Innenministerium – das Schreiben ging dort am 25. März ein.[572] Dieses wiederum wälzte es an den

---

567 NNZ, Nr. 63 vom 18. März 1932, S. 1: „Severing missbraucht seine Macht aus Angst vor Adolf Hitler".
568 *Ebd.*
569 *Ebd.* Beide Zitate sind im Original fett.
570 *Ebd.*, S. 2: „Die schwäbischen Nationalsozialisten protestieren!"
571 NNZ, Nr. 66 vom 23. März 1932, S. 1.
572 BA Berlin, NS 26/1065, Eilbrief, 25. März 1932, sowie StdtA Augsburg, Polizeidirektion Nr. 216, Übersicht über die im März 1932 getroffenen Maßnahmen auf Grund der Verordnungen des Reichspräsidenten vom 28. März und vom 10. August 1931 zur Bekämpfung politischer Ausschreitungen. Hier ist im Zusammenhang mit der „NNZ" von einer polizeilichen Beschlagnahme und der Einziehung von Plakaten und Flug-

Reichsinnenminister ab, dem es am 30. März, also bereits nach Ablauf des Verbotes, vorgelegt wurde. Der 4. Strafsenat des Reichsgerichtes, an den die Beschwerde am 31. März weitergereicht wurde, sollte schließlich ein Urteil fällen. In seiner Sitzung vom 6. Mai 1932 entschied das Gericht, sie auf Kosten der „NNZ" als unbegründet zu verwerfen. Der Vorwurf des schweren Amtsmissbrauchs gegen Severing und das ihm unterstellte Motiv für sein Verhalten bedeuteten im Sinne des § 1 Absatz 1 Nr. 2 der „Verordnung des Reichspräsidenten vom 28. März 1931" „eine böswillige Verächtlichmachung und auch eine Beschimpfung des Ministers durch den Inhalt der beanstandeten Sätze", lautete die Ansicht der Richter.[573] Diese gingen weit über eine sachliche Kritik hinaus. Deshalb sei auch nicht anzuerkennen, „daß, wie die Beschwerde meint, die Erklärung wie auch das Telegramm in Wahrung berechtigter Interessen wiedergegeben seien."[574]

i) Beschlagnahme und Einziehung vom 7. April 1932

1932 kam die „NNZ" noch ein letztes Mal am 7. April mit der Polizei in Konflikt. Offenbar nahm sie sich zurück, um während des Dauerwahlkampfes nicht Gefahr zu laufen, erneut verboten zu werden. „Die ‚Neue National-Zeitung' vom 7. April 1932 Nr. 75 wird als Flugblatt mit Wirkung für den Regierungsbezirk Schwaben und Neuburg beschlagnahmt und eingezogen", hieß es in einem vom Polizeipräsidenten Dr. Eichner unterzeichneten Schreiben an die NSDAP vom selben Tag.[575] Diesmal zog die Publikation über den Reichspräsidenten her. Unter der Hauptüberschrift „Vorsicht! Wenn Hindenburg wieder im Rundfunk sprechen sollte…" wurden mehrere beleidigende Unterartikel integriert, die sich auf zwei Seiten verteilten.[576]

Unter dem Titel „Katastrophale Eingeständnisse" werde dem Staatsoberhaupt „politische Ahnungslosigkeit" vorgeworfen, argumentierte die Polizei.[577] Außerdem würden in dem Bericht „Keine Bedingungen des Systems" Beschimpfungen Hindenburgs aus dem Munde seiner Gegner bei der jüngsten

---

blättern nach § 10 vom 23. bis 28. März 1932 die Rede. Laut NNZ, Nr. 66 vom 23. März 1932, S. 1: „Fünf Tage ‚Osterfrieden'! hatte sie Beschwerde bei der Polizeidirektion Augsburg und telegrafisch beim Reichsinnenminister als Verfassungsminister erhoben.
573 BA Berlin, NS 26/1065, Beschluß, 6. April 1932.
574 *Ebd.*
575 BA Berlin, NS 26/1065, Polizeidirektion Augsburg an NSDAP Augsburg, 7. April 1932.
576 NNZ, Nr. 75 vom 7. April 1932, S. 5f.: „Vorsicht! Wenn Hindenburg wieder im Rundfunk sprechen sollte…".
577 BA Berlin, NS 26/1065, Polizeidirektion Augsburg an NSDAP Augsburg, 7. April 1932.

Wahl wiederholt. Dies bewerteten die Behörden als eine „Beschimpfung und böswillige Verächtlichmachung" des Präsidenten.[578] Viel dürfte die Beschlagnahme des Blattes freilich nicht mehr gebracht haben, da, wie die Behörde selber zugab, „der größte Teil der Auflage bereits an die Abonnenten ausgeliefert worden war."[579] Eine „Verbreitung der Zeitung als Flugblatt in einer die ständige Abonnentenzahl weit übersteigenden Zahl" müsse hingegen verhindert werden.[580] Mit diesem etwas schal klingenden Nachsatz wollten die Ordnungshüter wohl eher kaschieren, dass eigentlich nichts mehr zu retten war.

2.6 Das verratene Amtsgeheimnis

Im Gegensatz zu den Verboten und Beschlagnahmen sorgte die „NNZ" durch einen Geheimnisverrat, der unter der Hauptüberschrift „Das Ergebnis einer vertraulichen Besprechung" und im eigentlichen Artikel „Die bösen Augen des Herrn Stützel" am 19. August 1931 veröffentlicht wurde, für einen wirklichen Skandal.[581] In dem Artikel kündigte sie das ins Haus stehende, generelle Verbot aller politischen Veranstaltungen in Schwaben und ganz Bayern für befristete Zeit an. Bislang waren vom bayerischen Innenminister Dr. Karl Stützel aufgrund der Notverordnung vom 28. März 1931, die Verbote von Versammlungen ermöglichte, nur NSDAP-Zusammenkünfte bis zum 1. Oktober des Jahres und ein Uniformverbot für die Bewegung angeordnet worden.[582]

Der Bericht beruhte auf einer Zusammenkunft Dr. Stützels mit den Bezirksamtsvorständen Schwabens in Augsburg, die geklagt hatten, die dahingehenden Vollzugsbestimmungen des bayerischen Innenministers seien vollkommen unzureichend, sodass sie bei Versammlungs- und Presseverboten geeignet seien, die „Erregung der Bevölkerung zu entfachen."[583] Erteilten sie hingegen ihre Zustimmung für diese politischen Veranstaltungen, dann könne dies das Ende der beruflichen Karriere bedeuten. Die Polizeidirektoren und die Bezirksamtsvorstände hätten deshalb eine „ziemlich scharfe Erklärung" abgegeben, wonach Versammlungen künftig nur noch mit bindenden Weisungen des Innenministers erlaubt oder verboten werden sollten, wusste das NS-Blatt.[584] Selbst seine eigene Partei, die BVP, habe Stützel ersucht, keine Versammlungen mehr abzuhalten, um seinen „Verbotsterror" leichter begründen zu können.[585]

---

578 *Ebd.*
579 *Ebd.*
580 *Ebd.*
581 NNZ, Nr. 118 vom 19. August 1931, S. 6.
582 NNZ, Nr. 101 vom 15. Juli 1931, S. 1: „Das Uniformverbot" und S. 5: „Aufruf an die SA. des Gausturms Schwaben".
583 NNZ, Nr. 118 vom 19. August 1931, S. 6: „Die bösen Augen des Herrn Stützel". Zitat im Original fett.
584 *Ebd.* Zitat im Original fett.
585 *Ebd.*

Der Aufruhr bei der Regierung von Schwaben und Neuburg, unter deren Beamten man jetzt einen Verräter vermutete, war groß. Wer blamiert sich schon gerne vor der übergeordneten Behörde und das ausgerechnet noch in einer drittklassigen nationalsozialistischen Tageszeitung? Der bayerische Innenminister jedenfalls war desavouiert.

So bloßgestellt, setzte die Regierung von Schwaben und Neuburg alles daran, den Gewährsmann der „NNZ" so schnell wie möglich zu ermitteln. Nur auf diese Weise ließ sich ihre Vertrauenswürdigkeit wieder herstellen. In einem Brief mussten die Amtsvorstände und Regierungsreferenten beziehungsweise ihre Stellvertreter, die an der Zusammenkunft teilgenommen hatten, umgehend auf Dienstpflicht erklären, die Redaktion in keiner Weise informiert zu haben.[586] Dies versicherten alle Angeschriebenen. Auch die Aufforderung, den Verlust etwaiger Mitschriften oder den Missbrauch durch Dritte zu melden, blieb „völlig negativ."[587] Ebenso wenig konnte jemand sachdienliche Hinweise liefern.

Der Verdacht des eingeschalteten Polizeipräsidenten Dr. Eichner konzentrierte sich auf eine Bemerkung des Geschäftsführers der „NNZ", Konrad Hager, der einem Kriminalbeamten gegenüber geprahlt hatte, „wenn Ihr wüßtet, was für hochgestellte Leute wir jetzt unter uns haben, würdet Ihr staunen."[588] Wer genau damit gemeint war, habe der Kommissar nicht erfahren können. Selbst wenn Hager nur geblufft hatte, tendierte die Polizei ebenso wie die Regierung von Schwaben zu einer höherrangigen Persönlichkeit als Verräter.[589] Zumal es als ausgeschlossen galt, „daß die Verhandlungen selbst unmittelbar belauscht worden sind", wie der Stellvertreter des Regierungspräsidenten, Dorn, über den Stand der Ermittlungen an das Staatsministerium des Innern in einem Bericht beteuerte.[590]

Ein ungebetener Zuhörer kam für ihn ebenfalls nicht in Frage, weil der im Vorzimmer des Sitzungssaales untergebrachte und als unbedingt zuverlässig geltende Hausmeister versichert habe, die Verhandlungen seien in einer derartigen Lautstärke geführt worden, dass sie für ihn unverständlich gewesen seien. Auch am zweiten Eingang zum Saal könne sich kein Spion postiert haben, da der

---

586 StA Augsburg, Regierung 17863, Schreiben an die Amtsvorstände, 19. August 1931. Siehe darin auch die entsprechenden Rückantworten vom 20. und 21. August 1931.
587 StA Augsburg, Regierung 17863, Präsidialbericht an das Staatsministerium des Innern, 24. August 1931.
588 StA Augsburg, Regierung 17863, Schreiben des Polizeipräsidenten Dr. Eichner, 20. August 1931.
589 Anhaltspunkte, dass die „NNZ" vom Leiter des NSKK des Gaues Schwaben, Regierungsrat Schäfer, über die Besprechung informiert worden war, konnte der Stellvertreter des Regierungspräsidenten keine finden. StA Augsburg, Regierung 17863, Präsidialbericht an das Staatsministerium des Innern, 24. August 1931.
590 *Ebd.*

Hausmeister mehrfach patrouilliert sei. Gleichzeitig wies Dorn jegliche Mutmaßung von sich, bei der Regierung von Schwaben und Neuburg sei nachlässig gehandelt worden: „Der Herr Regierungspräsident pflegt vertrauliche Notizen in seinem Schreibtisch unter Verschluß aufzubewahren. Überdies sind das Geschäftszimmer und das einen Zugang zu diesem bildende Empfangszimmer des Regierungspräsidenten außerhalb der Bürostunden stets verschlossen."[591] Die Ermittlungen verliefen dem Stand der Akten zufolge im Sand. Ob gewollt oder ungewollt – für die restlichen Monate des Jahres 1931 erteilte die bayerische Regierung jedenfalls kein Versammlungsverbot für politische Parteien.

2.7 Die gescheiterte Übernahme der „Augsburger Neuesten Nachrichten"

Sinkende Leserzahlen brachten die bürgerlichen, evangelisch-nationalen „Augsburger Neuesten Nachrichten" in ernste wirtschaftliche Schwierigkeiten, so dass sich die Verlegerwitwe Elisabeth Reichel 1932 entschloss, sie zum Verkauf anzubieten.[592] Laut Paul Hoser sollen damals nicht mehr als 5000 Stück Auflage produziert worden sein. Zwei Mitkonkurrenten sahen jetzt ihre Chance, sich mit Hilfe der abgewirtschafteten „ANN" auf dem Augsburger Zeitungsmarkt mehr Gewicht zu verschaffen. Lebhaftes Interesse an einer Übernahme zeigte zum einen die „MAA", zum anderen – etwas überraschend – die „NNZ".

Das Firmenkonsortium – an der Spitze der DNVP-Vorsitzende und Medientycoon Alfred Hugenberg, dem die „MAA" gehörte – wurde von Helmut Fischer[593], einem freien Mitarbeiter, der zudem auch noch der Neffe eines Hugenberg-Freundes war, auf die Verkaufsabsichten Elisabeth Reichels aufmerksam gemacht. Rolf von Humann, 1933/34 Leiter der Polizeidirektion Augsburg und Führer der SS-Standarte 29, mit dem die Verlegerwitwe bekannt war, versuchte dagegen offenbar, sie für die Erwerbsabsichten der „NNZ" zu erwärmen.

Zunächst sah es in der Tat auch so aus, als ob die „NNZ" zum Zuge käme, denn darf man Gauleiter Karl Wahl, der sich bemüßigt fühlte, Ende Mai, nach der gescheiterten Übereinkunft, den „wahren Tatbestand" darzustellen, glauben, wollten die „ANN" auf ihre eigene Anregung kostenlos in den Besitz der Nationalsozialisten übergehen und ihr Erscheinen zum 1. Mai 1932 einstellen.[594] Als Gegenleistung wäre die Firma Reichel mit dem Druckauftrag für das neue amtliche Parteiorgan des Gaues Schwaben entschädigt worden.

Die Verhandlungen, die sich über Wochen erstreckten, führten für die Nationalsozialisten die schwäbische Gauleitung, die ja mehr oder weniger mit der Führungsspitze der National-Verlag GmbH. identisch war, und der parteieigene

---

591 *Ebd.*
592 Vgl. HOSER, Hintergründe I, S. 142f.
593 Zu Fischer siehe Kapitel I.3.1. Anmerkung 51.
594 NNZ, Nr. 115 vom 27. Mai 1932, S. 2: „Angst vor dem Nationalsozialismus führt zu Schiebungen in der Augsburger Presse".

Eher-Verlag in München. Dieser versuchte Anfang der 30er Jahre zunehmend, auf eine recht probate Weise Einfluss auf die nationalsozialistische Provinzpresse zu erringen: „Rather Eher Verlag attempted to use financial problems of local party papers to extend effective control of the operation of such enterprises."[595] Daher dürften dem von Max Amann geleiteten Unternehmen die Augsburger Geschehnisse durchaus nicht ungelegen gekommen sein, weil weder die Gauleitung und erst recht nicht die marode „NNZ" ernsthaft in der Lage waren, über Geld zu sprechen. Der Eher-Verlag hingegen konnte es sehr wohl.[596] Dazu passt auch die Wahl des Treffpunkts, wo die Gespräche Ende März konkrete Gestalt annahmen: Es waren die Münchner Räume des Eher-Verlages, in denen der „Druckvertrag im wesentlichen festgelegt und angenommen" wurde.[597]

Ein Hindernis auf dem Weg zur Realisierung dieses Abkommens war allerdings der Kontrakt mit dem bisherigen Lohndrucker der „NNZ", Franz Xaver Schroff. Jedoch sind Unterlagen, die Auskunft über Vertragsdauer, Kündigungsfrist oder Bedingungen bei einem vorzeitigen Ende der Zusammenarbeit geben könnten, nicht mehr vorhanden. Der enttäuschte Gauleiter schrieb lediglich von „Verpflichtungen", die man nur mit Hilfe des Eher-Verlages und der Zustimmung Hitlers hätte lösen können.[598]

Letzterer jedoch zögerte die Entscheidung über die Übernahme der „ANN" wochenlang hinaus, worüber der 1. Mai, der Stichtag, an dem der Vertrag hätte unter Dach und Fach sein müssen, verstrich.[599] Dann, am 13. Mai, dem Freitag vor Pfingsten, rang er sich endlich dazu durch – doch mittlerweile hatte die Geschäftsleitung des Reichel-Verlages, die in den Wochen vor Pfingsten (vergebens) fast jeden Tag ihre nationalsozialistischen Gesprächspartner telefonisch zu einem endgültigen Abschluss gedrängt hatte, die Geduld verloren. Die Gunst der Stunde nutzte nun die „MAA", die damaligen Schätzungen zufolge in der Fuggerstadt noch 1500 Leser hatte.[600] Am 24. Mai vermeldete die „Schwäbische Volkszeitung", Hugenberg habe die „Augsburger Neuesten Nachrichten" gekauft.[601]

---

595 WILCOX, Press, S. 221.
596 Vgl. HETZER, „Presse", S. 1151.
597 NNZ, Nr. 115 vom 27. Mai 1932, S. 2: „Angst vor dem Nationalsozialismus führt zu Schiebungen in der Augsburger Presse". Das Zitat ist im Original gesperrt.
598 *Ebd.*
599 „Viel wichtigere Aufgaben hielten aber den Führer von München fern." Mit dieser Plattitüde versuchte Karl Wahl in *ebd.* die Führungsschwäche Hitlers zu rechtfertigen.
600 NAZ, Nr. 124 vom 2. Juni 1932, S. 5: „Nur keine Täuschung".
601 SVZ, Nr. 117 vom 24. Mai 1932, S. 1: „Hugenberg kauft die ‚Augsburger Neuesten Nachrichten'":

Gauleiter Wahl konnte jedoch keine Schuld seiner Partei oder gar Hitlers am Nichtzustandekommen des Geschäfts ausmachen, und versuchte nun, die Gewinnerin zu diskreditieren: Obwohl am Pfingstsamstag von der Gauleitung Hitlers Zustimmung zum Vertrag bekannt gegeben worden sei, hätten die „ANN" nach den Feiertagen eine anderweitige Entscheidung getroffen, noch dazu ohne die Nationalsozialisten davon zu benachrichtigen.[602] Schlechter Verlierer, der er war, war sich Wahl nicht zu schade, das regulär abgeschlossene Geschäft in ein richtiggehend kriminelles Licht zu rücken, indem er das Einvernehmen zwischen der „MAA" und dem Reichel-Blatt als „Schiebung" bezeichnete, die nur aus „blasser Angst vor dem Nationalsozialismus" resultiere.[603] Gleichzeitig sagte er dieser Konkurrenz den Kampf an: Parallel zur Zusammenlegung der „ANN" mit der B-Ausgabe der „MAA" am 1. Juni 1932 sollte der weitere Ausbau der „NNZ" erfolgen, wodurch man sich „das, was gewisse Herren in ihrem Haß gegen die deutsche Freiheitsbewegung hintertrieben haben", zu erobern wisse.[604]

Die so ins Kreuzfeuer genommenen „ANN" wiederum sahen sich in ihrer letzten Ausgabe veranlasst, auf die Ausführungen in der „NNZ" zu reagieren, da eine Reihe von Fakten „unrichtig" wiedergegeben worden seien.[605] So habe bei den Verhandlungen mit den Nationalsozialisten lediglich ein Vertragsentwurf vorgelegen, der der Klärung und Ergänzung nach verschiedenen Richtungen bedurft hätte. Und weiter: „Der Vertrag bezog sich nur auf einen Druckvertrag, nicht aber auf einen förmlichen Uebergang der Zeitung", widersprach die Zeitung den Behauptungen des Gauleiters.[606] Kritische, wenn auch ganz anders gelagerte Töne zu diesem Geschäft und seinen Auswirkungen kamen aber auch von der „NAZ": Die „MAA" habe lediglich das Verlagsrecht der „ANN" gekauft, der Verlag Gebrüder Reichel sei dadurch in keinerlei Weise am Verlag der „MAA" beteiligt.[607] Herausgeber bleibe Alfred Hugenberg in Berlin, der Verlag und die Druckerei befänden sich in München, „da auch die Zeitungsdruck-Abteilung der ‚ANN' aufgelöst worden ist."[608] Angeführt wurde zudem, dass kein Mitglied der Redaktion des Reichel-Blattes vom neuen Arbeitgeber übernommen worden sei, vielmehr habe nun die „NAZ" zwei der Schriftleiter angestellt. Offenbar herrschte in dieser Hinsicht Aufklärungsbedarf in der Bevölkerung.

---

602 NNZ, Nr. 115 vom 27. Mai 1932, S. 2: „Angst vor dem Nationalsozialismus führt zu Schiebungen in der Augsburger Presse".
603 *Ebd.* Das Zitat „blasser" bis „Nationalsozialismus" ist im Original gesperrt.
604 *Ebd.*
605 ANN, Nr. 122 vom 31. Mai 1932, S. 4: „In eigener Sache".
606 *Ebd.*
607 NAZ, Nr. 124 vom 2. Juni 1932, S. 5: „Nur keine Täuschung".
608 *Ebd.*

Das neu entstandene Blatt wurde in München redigiert und gedruckt. 1934 soll seine durchschnittliche Auflage in Augsburg etwa 4500 Stück betragen haben.[609] Die Übernahme der Reichel-Zeitung als großen Coup zu bezeichnen, wäre jedoch mehr als übertrieben. Im Gegenteil: Die „MAA" konnte nicht einmal die geschätzten 5000 Leser der „ANN" halten.

Die Nationalsozialisten einigten sich, nachdem sich ihre Pläne zerschlagen hatten, mit der Firma Schroff auf einen neuen Druckvertrag. Dass der Lohndrucker die Situation für seine Zwecke ausgenutzt hat, liegt nahe, doch sind auch in diesem Fall keine Papiere mehr vorhanden. In einem Hinweis für die Leser hieß es lediglich, es sei ein früheres Erscheinen als bisher sichergestellt. Gleichzeitig wurde eine Senkung des Bezugspreises avisiert.[610]

2.8   Die Entwicklung der Auflage

Zwar veröffentlichte die „NNZ" ihre Auflage in Durchschnittszahlen, doch kann es bei der Auswertung von Auflagezahlen allgemein Missverständnisse geben, da der Begriff – je nach der Intension des Betrachters – von verschiedenen Ansätzen her interpretiert werden kann.[611]

Exkurs: Probleme bei der Auswertung von Auflagezahlen

Rein drucktechnisch gesehen, entspricht die Auflage der absoluten Summe aller in einem Druckvorgang hergestellten Exemplare einer Zeitungsnummer. Dagegen sind mit Absatzauflage alle Zeitungsstücke gemeint, die, ob sie bezahlt sind oder nicht, tatsächlich an den Leser herankommen: beispielsweise handelt es sich dabei um Nummern aus dem Einzelverkauf, Zeitungen, die an die Abonnenten verteilt werden sowie Frei- und Werbeexemplare.

Vom kulturellen und soziologischen Standpunkt aus betrachtet wird die Leseauflage. Damit ist die Anzahl derjenigen Ausgaben gemeint, die wirklich gelesen werden beziehungsweise die bis in die Hände der letzten Bezieher gelangen. Unter der bezahlten Auflage ist wiederum die Zahl der tatsächlich veräußerten und abonnierten Stücke zu verstehen.

Alle Exemplare, die den Zeitungsverlag verlassen – alle verkauften Nummern, alle Ausgaben, die kostenlos an Bezieher geliefert werden, alle Belegexemplare sowie die Zeitungen, die nicht verkauft wurden und an den Verlag zurückgehen – bilden die Erscheinungsauflage. Und aus technischer Sicht bedeutet Auflage nichts anderes als die in einem Auftrag in Aussicht genommene Zahl der Vervielfältigungen eines bestimmten Urtextes.

---

609   Vgl. HOSER, Hintergründe I, S. 143f.
610   NNZ, Nr. 120 vom 2. Juni 1932, S. 5: „An unsere Leser".
611   Vgl. zum Folgenden HEENEMANN, Auflagenhöhe, S. 1f. – BESTLER, Führungsfähigkeit, S. 22ff.

Um zu verhindern, dass die Konkurrenz die Auflagezahlen zu seinem geschäftlichen Nachteil verwendete, war dem Verleger in der Weimarer Republik nicht unbedingt daran gelegen, für klare Angaben über seine Zeitung zu sorgen. Er war vielmehr daran interessiert, eine möglichst hohe Auflage anzugeben, da gerade in Orten, wo mehrere Blätter existierten, ein regelrechter Kampf um die Anzeigen einsetzte. Denn gewöhnlich gab der Inserent der Publikation mit der größeren Absatzzahl den Vorzug. Während der Werbende nur die bezahlten Ausgaben zur Auflage rechnen wollte, da er den Zeitungskauf als Indiz für das wirkliche Interesse des lesenden Publikums betrachtete, hielten sich die Bestrebungen der Verleger, genaue Klassifizierungen für den Begriff Auflage und die damit verbundene Zählweise zu schaffen, schon aus Eigennutz in Grenzen.

Beim Benutzen der diversen Zeitungskataloge aus dieser Zeit sollte daher berücksichtigt werden, dass die darin enthaltenen Stückzahlen nur auf den Eigenangaben der einzelnen Verlage beruhen, die dabei auf so manchen Trick zurückgriffen.[612] Der Zeitungswissenschaftler Peter Stein hält eine Minderung der angegebenen Werte um durchschnittlich bis zu 30 Prozent für reell, will dies aber nicht generalisieren, da es seiner Meinung nach im Einzelfall nicht nachvollziehbar ist, wie ‚großzügig' die Zahlen gehandhabt wurden.[613]

Was nun speziell die nationalsozialistischen Publikationen anbelangt, sind in der Frühphase die Angaben in den Pressehandbüchern und Zeitungskatalogen ziemlich spärlich gesät. Grund für diese auffallende Zurückhaltung könnte die mangelnde Auflagenentwicklung im Vergleich zum Mitgliederzuwachs, so vor allem nach den Septemberwahlen 1930, sein.[614] Die augenscheinliche Unterlegenheit der eigenen, mangelhaften Presse im direkten Vergleich mit den gegnerischen, vor allem bürgerlichen Zeitungen, passte eben nicht zum Image einer jungen, dynamischen, erfolgreichen Partei.

Zu einer einheitlichen Berechnungsgrundlage der Auflage führte im Übrigen erst die dritte Bekanntmachung des Werberates der deutschen Wirtschaft vom 21. November 1933.[615] Damit wurden die Zeitungsverleger gezwungen, ein so genanntes „Auflagebuch" zu führen. Hierin waren die Druckauflagen jeder Nummer, die Zahl der an voll bezahlende Abnehmer und an die restlichen ständigen Bezieher gelieferten Exemplaren einzutragen. Die durchschnittliche Summe, die dann im Impressum der betreffenden Zeitung angegeben werden

---

612 So wählten die einen beispielsweise einen Tag aus, der einen außergewöhnlich hohen Absatz versprach – etwa bei Wahlen. Andere gaben die Stückzahl einer Wochenendnummer, die gewöhnlich dicker war als die wochentags erscheinenden Ausgaben, an. Manche Verleger wiederum setzten die Zahl der Leser mit der Abonnenten gleich.
613 Vgl. STEIN, NS-Gaupresse, S. 152.
614 Untersuchungen zum Leserverhalten bei HEENEMANN, Auflagenhöhe, S. 90 und S. 125 sowie Kapitel II.2.10.
615 Vgl. BESTLER, Führungsfähigkeit, S. 34.

musste, resultierte aus der Anzahl der Druckauflagen aller in einem Monat ins „Auflagebuch" eingetragenen Exemplare, die durch die Summe der in diesem Zeitraum herausgegebenen Zeitungsnummern geteilt wurde.

2.8.1. Die Absatzzahlen in der Weimarer Republik

Wie bei vielen nationalsozialistischen Zeitungen sind, auch im Fall der „NNZ" kaum Angaben über ihre Auflage in den ersten Jahren ihres Bestehens veröffentlicht worden. Da die einschlägigen Zeitungskataloge auf Zahlen und Angaben des Vorjahres beruhten, finden sich hier nicht einmal Hinweise auf die Neugründung. Erst 1932 ist ihre Existenz in den gängigen Nachschlagewerken ALA und Mosse registriert, jedoch fehlt die Auflage.[616] Wer sich für konkrete Zahlen interessierte, hatte daher nicht allzu viele Möglichkeiten. Einen Richtwert lieferte etwa die Übersichtskarte Ernst Horns über „Die Presse der NSDAP im Deutschen Reich", die einer breiten Öffentlichkeit allerdings nicht zugänglich war. Sie nennt eine Auflage von 4000 Stück für dasselbe Jahr. Dieses einmalige Dokument liegt in der Bayerischen Staatsbibliothek in München.[617]

Im Gegensatz zu heute waren auch die Deutschlandberichte der sich im Exil befindlichen SPD, icht greifbar, die 1936 eine „NNZ"-Auflage von 9000 Exemplaren für 1932 vermerkten.[618] Dieselbe Zahl veröffentlichte auch der „Katalog der nationalsozialistischen Pressen nach dem Stand vom 15. Januar 1933", den der Verlag der Werbe-Rundschau in Berlin herausgab. Peter Stein hat die Auflageziffern in seinem Buch über die NS-Gaupresse im Anhang abgedruckt.[619]

33 wurden die Produktionszahlen der nationalsozialistischen Zeitungen dann aber ohnehin weniger geheimnisvoll gehandhabt – jetzt waren sie zumindest teilweise in den Zeitungskatalogen aufgeführt. So registriert ALA 1933 8000 Stück Auflage.[620]

Generell sind die genannten Angaben jedoch zu wenig aussagekräftig, um eine Einschätzung der wirtschaftlichen Lage der „NNZ" und das Käuferverhalten vornehmen zu können. In der Zeitung selbst spiegeln sich Hinweise über Wachstum oder Schrumpfen der Käuferzahlen ebenfalls nur in allgemeinen Begriffen, jedoch nicht in Zahlen, wider. Es wurde zwar immer wieder über neue Erfolge bei der Gewinnung von Abonnenten berichtet, wobei Verlag und Redaktion auch vor maßlosen Übertreibungen nicht zurückschreckten, doch er-

---

616   ALA 1932, S. 9, MOSSE 1932, S. 8.
617   Bayerische Staatsbibliothek München, Mapp. VIII. 210 fr., Ernst HORN (Hg.), Übersichtskarte über die Presse der NSDAP im Deutschen Reich, Berlin 1932.
618   Vgl. Deutschland-Berichte der Sozialdemokratischen Partei Deutschlands (Sopade) 1934-1940 (Dritter Jahrgang 1936), Salzhausen/Frankfurt am Main 1980, S. 820.
619   Vgl. STEIN, NS-Gaupresse, Dokument 13, S. 271ff.
620   ALA 1933, S. 9. Bei SPERLING 1933, S. 428, ist hingegen keine Auflage genannt.

ging dabei gleichzeitig die Aufforderung, weitere Leser zu werben. Das anfänglich großspurig verkündete Ziel, „in einem halben Jahr das stärkste Augsburger Blatt" zu werden, ließ sich gar erst im Jahr 1944 verwirklichen.[621]

Einen echten Überblick verschafft ein Brief des Verlages vom 5. August 1936, der die durchschnittliche Auflage von Beginn im Februar 1931 an aufgelistet und sich im Bundesarchiv in Berlin befindet.[622] So legte die National-Verlag GmbH. zwischen dem 21. bis 28. Februar 4000 Exemplare auf. Gauleiter Karl Wahl hatte hingegen im „Schwäbischen Beobachter" angekündigt, während dieser Zeit sollten täglich 30.000 Werbenummern erscheinen.[623] Die tägliche Auflage lag vielleicht noch etwas niedriger als hier angegeben, schließlich wurde der Bericht erst fünf Jahre nach der Gründung verfasst. Dennoch dürfte es sich angesichts der doch recht geringen Größenordnung um einen durchaus glaubhaften Annäherungswert handeln.

Ab März 1931 soll die „NNZ" nur noch an die Abonnenten zugestellt worden sein, schrieb die Regierung von Schwaben und Neuburg in ihrem Monatsbericht.[624] Wenn dies tatsächlich zunächst so geplant war, so kam man jedenfalls rasch wieder davon ab, denn das Blatt konnte auch im Straßenhandel bezogen werden. Über das prozentuale Verhältnis zwischen diesen beiden Abnehmergruppen existieren keine näheren Analysen.

Die blauäugigen Prognosen über die Leserzahlen erwiesen sich relativ schnell als unrealistisch und die Zeitungsgründer um Karl Wahl merkten so, „mit welcher lebensunfähigen Frühgeburt wir es zu haben."[625] Die Abonnenten stiegen nicht in dem veranschlagten Maße: „Ein Punkt, auf den wir uns bei unseren Dispositionen zu sehr verlassen haben", wie der Gauleiter in seinen Memoiren zugibt.[626] Bei der übereilten Umstellung von der Wochen- auf die Tageszeitung waren die betriebswirtschaftlichen Voraussetzungen und das finanzielle Risiko allzu sehr in den Hintergrund gerückt worden. Die „NNZ" wurde immer schwächer, überstand dennoch alle Krisen, konnte „nicht leben und nicht sterben. Sie vegetiert dahin."[627] So hatten sie die ‚großen Drei' die Entwicklung ih-

---

621 HStA München, MA 102149, Halbmonatsbericht der Regierung von Schwaben und Neuburg , 6. März 1931.
622 BA Berlin, NS 26/1065, Bericht über die Entwicklung der ANZ, 5. August 1936. Auf dieser Quelle beruhen auch alle weiteren Auflagezahlen in diesem Kapitel.
623 SB, Nr. 7 vom 13. Februar 1931, S. 1: „Nationalsozialisten des Gaues Schwaben!"
624 HStA München, MA 102149, Halbmonatsbericht der Regierung von Schwaben und Neuburg, 6. März 1931.
625 WAHL, Herz, S. 67.
626 *Ebd.*
627 *Ebd.*

rer Publikation nicht vorgestellt: „Mit dieser Zeitung haben wir uns etwas aufgeladen, das wir kaum zu tragen vermögen."[628]

Grund zum Klagen jedenfalls gab es genug. Die durchschnittliche Auflage von 4000 Stück im März sackte bereits im April auf 3600 und im Mai auf 3300 Exemplare ab. Im Juni war der unterste Wert mit 3000 Blättern erreicht und dabei blieb es bis Januar 1932.[629] Und das sind sicherlich nicht einmal die reinen Verkaufszahlen. Ein Teil wurde bei Versammlungen, Werbeaktionen und ähnlichen Gelegenheiten umsonst abgegeben, um neue Parteimitglieder und Leser zu gewinnen. Verfolgt man parallel dazu die Monatsberichte der Regierung von Schwaben und Neuburg, standen die Nationalsozialisten mit ihren Versammlungsaktivitäten stets an der Spitze sämtlicher Parteien, vertrauten offenbar, wie Hitler auch, zuerst dem gesprochenen, dann erst dem geschriebenen Wort. Hielt sich das Interesse der Bevölkerung daran im ersten Halbjahr 1931 noch in Grenzen, nahm sowohl der Besuch dieser Veranstaltungen als auch die Zahl der Parteigenossen – bedingt durch die sich weiter verschlechternde Wirtschaftslage – zu.[630] Daran änderten auch die zahlreichen Versammlungsverbote im Herbst nicht viel. Nur auf den Absatz der „NNZ" hatte der Zulauf vorerst keine Auswirkungen.[631]

Im Verlauf des Jahres 1932 ging die Auflage des Augsburger NS-Blattes nach oben. Eine der Hauptursachen dafür lag im Dauerwahlkampf mit den beiden Durchgängen um das Amt des Reichspräsidenten, den Landtags- (unter anderem auch in Bayern) und den beiden Reichstagswahlen. Zunächst freilich lässt sich noch weiterhin von einer Mini-Auflage sprechen: 3400 Stück waren es im Februar und März, 4200 und 3900 Exemplare im April und Mai. Etwa gleichzeitig zur Ende Februar anlaufenden Wahlschlacht um das Reichspräsidentenamt gelang der NSDAP der politische Durchbruch bei breiten Schichten der Bevölkerung – auch in Schwaben: „Es muß mit der Tatsache gerechnet werden, daß ein großer Teil unseres Volkes die einzige Rettung im Nationalsozialismus sieht und von ihm erwartet, daß er in Bälde die Führung übernehmen wird."[632] Beim ersten Durchgang der Reichspräsidentenwahl am 13. März, bei der Hitler kandidierte, avancierten die Nationalsozialisten zur stärksten Partei im Regierungsbe-

---

628 *Ebd.*
629 Um die Auflage anzukurbeln, hatte die „NNZ" im November 1931 ein Preisausschreiben gestartet. Dabei will sie zwischen November 1931 und 13. Februar 1932 insgesamt 1423 neue Bezieher geworben haben. NNZ, Nr. 34 vom 13. Februar 1932, S. 2: „Das Preisausschreiben der Neuen National-Zeitung". Würde das stimmen, dann müssten die Auflagezahlen angestiegen sein.
630 HStA München, MA 102149, Halbmonatsbericht der Regierung von Schwaben und Neuburg, 6. Juli 1931 und folgende.
631 Zu den Ursachen hierfür siehe Kapitel II.2.10.
632 HStA München, MA 102149, Halbmonatsbericht der Regierung von Schwaben und Neuburg, 5. Februar 1932.

zirk, verloren aber beim zweiten Urnengang am 10. April fast überall wieder Stimmen.[633] Dabei hatte die Partei ihre Anstrengungen bis zum Äußersten verstärkt, um die Wahl ihres ‚Führers' im entscheidenden Durchgang sicher zu stellen. Dazwischen war die „NNZ" vom 23. bis 28. März verboten.[634]

Die Reichspressestelle der NSDAP gab nach dem ersten Wahlgang am 23. März die „Anordnung für die Werbeaktion der nationalsozialistischen Presse für den 2. Wahlgang der Reichspräsidentenwahl" heraus.[635] Im Rahmen dieser von offizieller Seite befohlenen Maßnahme mussten ab Osterdienstag, 29. März, bis einschließlich Sonntag, 10. April, sämtliche NS- Tages- und Wochenzeitungen in dreimal höherer Stückzahl wie gewöhnlich erscheinen. Zwei Drittel davon waren der zuständigen Gauleitung kostenlos zu Werbezwecken zur Verfügung zu stellen. Um die Mehrkosten auszugleichen und die Aktion finanziell tragbar zu machen, konnten die Blätter während dieser Zeit nur vierseitig erscheinen, unter Weglassung möglichst aller nichtpolitischen Bereiche der Zeitung. Hitlers erster von vier Deutschland-Flügen 1932 bildete dabei den Mittelpunkt der Berichterstattung.[636]

Mit diesen Publikationen wurden teilweise ganze Stadtteile überflutet, teilweise wurden sie als Gratisabonnement ausgegeben oder zur Überflutung ganzer Stadtteile verwendet. Auf diese Weise sei versucht worden, den von den Parteien vereinbarten Oster-Burgfrieden vom 20. März bis 3. April 1932 zu umgehen, indem man nämlich statt der verbotenen Flugblätter eben Zeitungen in großer Menge kostenlos verteilen wollte, beobachtete ein Zeitgenosse.[637] Daneben profitierte die „NNZ" eventuell auch ein wenig von einer „Reihe von Werbeaktionen", bei der „ein kleiner Erfolg" nicht ausblieb, wie Wahl sich in seinen Erinnerungen kryptisch ausdrückt.[638]

Das zweite politische Ereignis im April, zu dem die Steigerung von 3400 auf 4200 Stück in direktem Zusammenhang stand, war im Übrigen die bayerische Landtagswahl am 24. April. Im Mai verminderte sich die durchschnittliche Auflage auf 3900 Exemplare, im Juni ist im Vergleich zum Vormonat ein Plus von 1300 Zeitungen zu verzeichnen, bevor dann im Juli ein Riesensprung auf

---

633 Zur Reichspräsidentenwahl siehe BROSZAT, Machtergreifung, S. 136ff.
634 Zu den Erscheinungsverboten siehe Kapitel II.2.5.
635 Vgl. STEIN, NS-Gaupresse, Dokument 6, S. 243ff.
636 Zu den Propaganda-Erwägungen der Deutschland-Flüge siehe PAUL, Aufstand, S. 209ff.
637 Vgl. KAUPERT, Tagespresse, S. 126. – STEIN, NS-Gaupresse, S. 153 Anmerkung 11, hingegen meint, diese Mehrproduktion sei, je nach Stand der Propagandaoffensiven und der pekuniären Lage der einzelnen Blätter, erheblichen Schwankungen unterlegen.
638 WAHL, Herz, S. 67.

8900 Stück folgte.[639] Dieses über 70-prozentige Wachstum stellte den größten Auflagenzuwachs der „NNZ" überhaupt in der Zeit vor der Machtergreifung dar. Grund dafür war mit Sicherheit die Reichstagswahl am 31. Juli 1932, in deren Vorfeld die NSDAP erneut einen enormen Propagandaeinsatz entfaltete. Dabei erreichte sie sowohl im Reich mit 37,8 Prozent als auch in Augsburg mit 23,1 Prozent der Stimmen ihren Zenit in der Weimarer Republik. Die Hitler-Bewegung wurde damit zur stärksten politischen Kraft in Deutschland, doch reichte das Ergebnis für die Machtübernahme aus eigener Kraft nicht aus.[640]

Nach dieser Wahl wurde die Auflage deutlich zurückgefahren, erreichte im August aber beachtliche 7800, im September 7500 Exemplare – trotz der Ernte- und Urlaubszeit in diesen beiden Monaten, in der traditionell der Zeitungsumsatz zurückging.[641] Offenbar hatte die „NNZ" im Gefolge des Durchbruchs der NSDAP zur Massenpartei auch mehr Zuspruch bei den Lesern gefunden. Jedoch kam im September schon wieder Wahlkampfstimmung auf, denn nach der Auflösung des frisch gewählten Parlaments am 12. September standen die nächsten Reichstagswahlen am 6. November vor der Tür. Und so wuchsen die Stückzahlen wieder deutlich an: 8200 waren es im Oktober und im November war nochmals ein Anstieg um 300 Zeitungen auf 8500 zu verzeichnen.

Gleichzeitig standen im September auch umfangreichere personelle und redaktionelle Veränderungen in der „NNZ" an – sie wurde vergrößert und bekam mit Josef Sewald einen neuen Hauptschriftleiter,[642] der ebenfalls als ein Mann mit „sozialer Einstellung" beschrieben wird.[643]

Obgleich die bislang so siegreiche NSDAP bei den Novemberwahlen Sitze verloren hatte, erreichte ihr Augsburger Organ am Jahresende 1932 mit einem durchschnittlichen Ausstoß von 9500 Blättern pro Tag die höchste Auflage seit ihrem Bestehen. Der Trend zu Hitler hingegen war allseits im Abschwellen. Das enttäuschende Abschneiden im Reich, zum Teil katastrophale Verluste bei den Thüringer Kommunalwahlen am 4. Dezember, Geldsorgen, Mitgliederaustritte,

---

639   Die „NNZ" hingegen behauptete im Juli 1932, ein Zehntel der nahezu 124.000 NSDAP-Wähler bei der jüngsten Stimmabgabe im Regierungsbezirk Schwaben und Neuburg wären Bezieher der Zeitung. Nr. 161 vom 20. Juli 1932, S. 6: „An unsere Abonnenten und Postbezieher".
640   Vgl. BROSZAT, Machtergreifung, S. 150. – „Reichstagswahlergebnisse in Augsburg 1928-1933", in: Hakenkreuz, S. 9.
641   Vgl. HEENEMANN, Auflagenhöhe, S. 139.
642   NNZ, Nr. 127 vom 2. Juni 1933, S. 4: „Die ‚Neue National-Zeitung' als Kampfblatt der Bewegung".
643   Mündliche Befragung von Frau Julika Leinwetter am 18. Juli 2001. Frau Leinwetter war zwischen 1939 und 1941 als Schriftleitungssekretärin in der „ANZ" beschäftigt.

die Unruhe vor allem bei den Gau- und Kreisleitern, die Gregor Strassers Rücktritt aus allen Parteiämtern auslöste, und die Tatsache, dass Hitler bei der Regierungsbildung nicht zum Zuge kam, brachten die Partei in eine deprimierende Lage.[644]

Diese Dezembermarke blieb trotz der Negativstimmung im Januar konstant, nahm nach der Machtübernahme um 300 auf 9800 im Februar zu, um dann im Wahlmonat März – wo es um alles ging – einen Sprung auf 14.300 Stück zu machen. Bereits im Februar herrschte erneut Wahlkampfstimmung, nachdem Reichspräsident von Hindenburg keine 48 Stunden nach Hitlers Ernennung zum Reichskanzler am 30. Januar das Auflösungsdekret für den gerade erst konstituierten Reichstag unterzeichnete.

2.9 Redaktion und Verlag

Mit Hauptschriftleiter Baron Hans von Zobel,[645] Anton Saule („Die braune Front"), Dietrich Loder (Politik und Feuilleton), Heinrich Eisen (Augsburger Lokal-Anzeiger, Provinz und Wirtschaft) sowie Karl Hofmann (Sport-Anzeiger)[646] standen beim ersten Erscheinen fünf verantwortliche Redakteure,[647] von denen die letztgenannten drei Profis waren, im Impressum der „NNZ".[648] Der Musikschulleiter Hans Schilling-Ziemßen und Eduard A. Mayr kümmerten sich um die Ressorts Oper und Schauspiel und waren Loder zugeordnet. Mayr, der fester Mitarbeiter war,[649] fungierte auch als eine Art Kunstbeauftragter, veröffentlichte eigene Geschichten und war mit dem Aufbau des Zeitungsarchivs beschäftigt.

Hinzu kamen Hans Kastler, ebenfalls ein freier Mitarbeiter, und der Augsburger Gebrauchsgrafiker F. K. Ganzer, der die Glosse „Was das Turamichele erzählt" betreute.[650] Es scheint, als wollten die Augsburger ein wenig den „Or-

---

644 Näheres bei BROSZAT, Machtergreifung, S. 157ff.
645 Zu den genannten Redakteuren siehe Anhang.
646 Karl Hofmann kam aus Würzburg zur „NNZ" und wurde 1941 Nachfolger von Eugen Fink als Pressereferent im Reichspropagandaamt Schwaben. ANZ, Nr. 56 vom 7. März 1941, S. 5: „Umbesetzung im Reichspropagandaamt". Sein Bild ist in NNZ, Nr. 127 vom 2. Juni 1933, S. 3: „Die ‚Neue National-Zeitung' als Kampfblatt der Bewegung".
647 Näheres bei GROTH, Zeitung I, S. 389. Zu den Aufgaben der Redaktion siehe *ebd.*, S. 381ff.
648 NNZ, Nr. 1 vom 21. Februar 1931, S. 11.
649 Näheres über die Stellung eines freien Mitarbeiters bei GROTH, Zeitung I, S. 417.
650 Das Turamichele ist eine Augsburger Besonderheit. Jedes Jahr am Michaelstag erscheint es im Perlachturm. Im Übrigen war das „Augsburger Thuramichele" ein Vorgängerblatt des „Deutschen Michl", das 1898 gegründet worden sein soll. Ob der Titel der Glosse absichtlich daran anlehnt, lässt sich nicht mehr klären. Vgl. Dr. Josef

je", einen frechen Berliner Lümmel, in Goebbels Kampfblatt „Der Angriff", oder den „Fietje" der NS-Zeitung „Hansische Warte" in Hamburg kopieren – natürlich auf schwäbische Bedürfnisse abgestimmt. Darin wurden, aus nationalsozialistischer Sicht, bestimmte Missstände und Absonderlichkeiten auf recht volkstümlich-derbe Art aufs Korn genommen. 1932 übernahm der Stadtmarkthahn Kikeriki eine Weile diese Rolle.

Über eigene Korrespondenten – dies gehörte eigentlich zu den Gepflogenheiten einer aktuellen Tageszeitung – im In- und Ausland verfügte die „NNZ" nicht, ebenso wenig beschäftigte sie einen Fotografen. Dies konnte sie sich finanziell nicht leisten. Als Agentur stand ihr der „Nationalsozialistische Parlamentsdienst" („N.S.P.D.") zur Verfügung.[651] Dieser lieferte neben Aufsätzen nationalsozialistischer Führer, täglichen Sitzungsberichten aus dem Reichstag und dem Preußischen Landtag mitsamt den dazugehörigen Ausschüssen auch nationalsozialistische Anträge, Anfragen und Interpellationen sowie einen NS-Wirtschaftsdienst. Er wurde täglich per Eilboten zugestellt und kostete monatlich 60 Mark.[652] Im Januar 1932 wurde er dann in „N.S.K.", „Nationalsozialistische Korrespondenz", umbenannt. Als Verlautbarungsorgan der Parteimeinung musste sie im Dritten Reich von jeder deutschen Zeitung abonniert werden.[653]

SEWALD, „Geschichte der ‚Augsburger National-Zeitung' – wie sie die Schriftleitung sieht", in: Archiv der NS-Presse 13 (1938), Blatt 55 Vorderseite, Blatt 55 Rückseite.

651 Hitler betraute denn späteren Reichspressechef Dr. Otto Dietrich mit dem Aufbau eines zentralen Pressedienstes im Juli 1931. Die offizielle „Pressestelle der Reichsleitung der NSDAP" wurde am 1. August desselben Jahres gegründet und war zunächst der Reichsorganisationsleitung unterstellt. Dies stellte einen ersten Schritt zur Vereinheitlichung der bislang diffusen NS-Presselandschaft dar. Neben der Kontrolle über das gesamte NS-Pressewesen hatte sich die Stelle um die Unterstützung der einzelnen Redaktionen, um den Aufbau eines parteiinternen Nachrichtendienstes für die Provinzpresse und die Errichtung einer ständigen Bildmaternzentrale zu kümmern. Vgl. WILCOX, Press, S. 224. – F. H. WOWERIES, „Unsere N.S.-Presse: Ihr Weg von der Opposition zum Mittel der Volks- und Staatsführung, Zweiter Teil: Die N.S.-Blätter in den Gauen bis zur Machtübernahme", in: Der Schulungsbrief: Hauptschulungsamt der NSDAP. und der DAF 3 (1936), S. 107-117, S. 111. – Rudolf HERZ, Hoffmann & Hitler: Fotografie als Medium des Führer-Mythos – Katalog zur gleichnamigen Ausstellung im Fotomuseum des Münchner Stadtmuseums, München 1994, S. 75.

652 BA Berlin, Sammlung Schumacher 227, Rundschreiben an die nationalsozialistische Presse, 30. Oktober 1930.

653 Vgl. ABEL, Presselenkung, S. 13. Die N.S.K. sollte „in engster Anlehnung an die Parteileitung den nationalsozialistischen Gedanken und den Geist der Bewegung in einheitlicher und geschlossener Form der Presse und damit der gesamten deutschen Öffentlichkeit" vermitteln. Dies hatte in ständiger Absprache mit allen Dienststellen der Partei zu geschehen, wobei das Schwergewicht auf der weltanschaulichen Ausrichtung der gesamten Presse im Reich und der Verkündigung der Stellungnahmen der Partei

Desgleichen wertete die „NNZ"-Redaktion die Augsburger Blätter genau aus, mit denen sie sich einen dauernden Kleinkrieg lieferte, der vor allem die beiden katholischen Organe „NAZ" und „AP" und besonders die „SV" betraf. Natürlich wurde das NS-Zentralorgan „Völkischer Beobachter" herangezogen, das ja generell zur „Übermittlung der Ansichten der Bewegung selbst" diente.[654] Neuigkeiten über das Weltgeschehen bezog sie von der Hugenbergschen Nachrichtenagentur „Telegrafen-Union" („TU"). Bekanntmachungen der Münchner Parteileitung, der SA und anderer Organisationen, der schwäbischen Gauleitung und ihrer Untergliederungen machten einen weiteren Teil des Stoffes aus.[655]

Fertig gematerte Beilagen – zum Beispiel die Unterhaltungsseiten „Der Brunnen" oder die NS-Unterweisungen „Der Flammenwerfer" für die Stadtausgabe und die „Nationalsozialistische Landpost" für die Bezieher auf dem Land – zählten ebenso wie Fortsetzungsromane zum verabreichten Stoff. Die Amtsblätter der jeweiligen Bezirksämter wertete die Redaktion ebenfalls aus: wurde etwas daraus abgedruckt, so stand zur Kenntlichmachung ab August 1932 ein Pa-

---

zu allen entscheidenden Fragen und Problemen liegen sollte. BA Berlin, NS 26/1167, W. RITGEN, Die Aufgaben des Amtes Nachrichten- und Korrespondenzwesen der Reichspressestelle der NSDAP, 4. Mai 1942. Es gab noch eine Reihe weiterer Pressedienste, die sich auf einzelne Ressorts konzentrierten. Die Kompetenz der N.S.K. bezog sich nicht auf finanzielle Hilfen. Vgl. PRIDHAM, Hitler's Rise, S. 251.

654 Graf E. von SCHWERIN, „Nationalsozialistische Provinzpresse", in: Deutsche Presse 18 (1934), S. 6-8, S. 6. Dies wurde auch wiederholt in Rundschreiben bekundet, so unter anderem im 30. Rundschreiben der Reichsleitung an die nationalsozialistischen Zeitungen vom 9. Februar 1927, abgedruckt bei KÜHNL, Linke, Dokument Nr. 30, S. 339.

655 Einen Weg zwischen dem abonnierten (rechts-)bürgerlichen Nachrichten- und Korrespondenzmaterial und der Ideologie eines NS-Blattes zu finden, gestaltete sich für die Redaktion, die den Stoff zu bearbeiten hatte, nicht immer leicht, wie KREBS, Tendenzen, S. 89f., berichtet. Das „Hamburger Tageblatt", dem er eine Zeitlang angehörte, hatte bei der ‚richtigen' Auswertung mit Schere und Kleister größere Schwierigkeiten, weil es dabei in erster Linie auch um die Unvereinbarkeit der von den offiziellen und halboffiziellen Nachrichtenbüros gelieferten Artikel mit den Absichten einer nationalsozialistischen Zeitung ging. Erst allmählich hätten die Redakteure gelernt, diese Nachrichten durch Zurechtschneiden, entsprechende Überschrift und Kommentar ‚herzurichten'. Schwierig sei es für einzelne Mitarbeiter auch gewesen, zu wichtigen Ereignissen Stellung zu nehmen, da „die bisher von der Partei entwickelte Programmatik, ..., die Unselbständigen in fast allen konkreten Einzelfragen ohne Führung" ließ, „während sie den zum Nachdenken befähigten Parteimitgliedern die Möglichkeit zu höchst willkürlichen Auslegungen und Folgerungen gab." Es sei nicht immer einfach gewesen, einen einheitlichen Kurs innerhalb der Redaktion festzulegen. Auch hätten die verschiedenen Parteiinstanzen keine differenzierte und eigenwillige Pressearbeit gewünscht und die Meinung des „VB" sei ohnehin stets maßgeblich gewesen.

ragraphenzeichen davor.[656] Amtsblattcharakter hatte die „NNZ" im Übrigen keinen. Stoff kam auch durch die so genannten Redaktionsbriefe von den Dependancen und Mitarbeitern aus der Provinz. Waren schon für eine richtige Nachrichtenversorgung keine Mittel vorhanden, so erst recht nicht für die tarifliche Bezahlung der Schriftleitung.[657] Der Verlag steckte aufgrund seiner äußerst dünnen Finanzdecke von Anfang an in Zahlungsschwierigkeiten. In allen Bereichen waren denn auch ehrenamtlich Tätige zu Werke, wie Kreisleiter Gallus Schneider 1933 hervorhob.[658] Dazu zählte etwa Hauptschriftleiter Baron Hans von Zobel, der im September 1932 Kreisleiter von Füssen wurde.[659]

Hauptverdienst des Adeligen, „der durch seine kraftvolle Feder und durch große finanzielle Opfer der National-Zeitung in der schwersten Zeit ihres Existenzkampfes ihren Fortbestand gesichert hat", bestand wohl vor allem in Letzterem.[660] Ab und an trat er mit einem Leitartikel oder grundsätzlichen Betrachtungen in Erscheinung, betreute aber laut Impressum kein eigentliches Ressort. Von Zobel war kein gelernter Journalist. Sein Geld – immerhin war er mit einer Einlage von 2000 Mark an der „NNZ" beteiligt – und die Tatsache, dass er als Verfechter der sozialistischen Komponente in der NSDAP galt, dürften wohl Motiv für seine Ernennung zum Chefredakteur der schwäbischen NS-Zeitung gewesen sein. Da eigentlich der Gauleiter die Richtlinien ‚seiner' Zeitung bestimmen wollte, brauchte er einen Mann an der Spitze, der seine Ansichten nicht konterkarierte.[661] Zudem scheint er auch keine führungsstarke Persönlichkeit gewesen zu sein – und das in einer Bewegung, die das Führerprinzip propagierte.

---

656 NNZ, Nr. 172 vom 2. August 1932, S. 4: „An unsere Leser".
657 Dass die Redakteure bei der „NNZ" unterdurchschnittlich bezahlt waren, bestätigt ein Schreiben des späteren Hauptschriftleiters Dr. Josef Sewald, das von 1936 datiert. Auch in diesem Jahr blieben die Gehälter der Schriftleiter des Blattes noch unter Tarif, was einen Teil der Schriftleitung zu Protesten veranlasste. AG Augsburg, S-Registratur, Dr. Josef Sewald, Schreiben an den Landesverband Bayern im RDP, 15. Juni 1936. Siehe hierzu auch Kapitel III.4.2. Um einen Vergleich über den Verdienst eines Redakteurs in der Weimarer Republik zu bekommen, ist es von Nutzen, die Ergebnisse einer Erhebung aus dem Jahr 1928 heranzuziehen. Danach betrug das durchschnittliche Einkommen eines Chefredakteurs in Bayern 648 Mark, das der übrigen Schriftleiter 526 Mark im Monat. Insgesamt auf Reichsebene gesehen, hatten 60 Prozent der Redakteure einen Monatsverdienst von weniger als 500 Mark. Vgl. hierzu Walter JENTZSCH, „Die wirtschaftliche und soziale Lage der deutschen Redakteure", in: Deutsche Presse 27 (1928), S. 393-397, S. 394 und S. 397.
658 NNZ, Nr. 127 vom 2. Juni 1933, S. 2: „Glückwunsch des Kreisleiters".
659 Ebd., S. 4: „Die ‚Neue National-Zeitung' als Kampfblatt der Bewegung".
660 NNZ, Nr. 130 vom 6. Juni 1933, S. 3: „Pg. Freiherr von Zobel". - Vgl. SOBCZYK, Partei, S. 325 Anmerkung 98.
661 Eigentlich sollte der Hauptschriftleiter der Spiritus rector seiner Redaktion sein, forderte der Zeitungswissenschaftler Otto GROTH, Zeitung I, S. 396f.: „Der Chefredakteur hat sowohl die äußere Zusammenarbeit der einzelnen Ressorts, wie die Einheit-

Darin scheint jedoch nicht seine Ablösung durch Josef Sewald begründet zu sein. Karl Wahl, der die Qualitäten von Zobels rückblickend nicht sehr hoch einschätzte, war offenbar verärgert, weil er die „NNZ" seiner Meinung nach zu wenig finanziell unterstützte.[662] Zumal es dem Baron nicht gelungen war, ein wirksames Konzept zu entwickeln, um das marode Blatt in Schwung zu bringen und damit aus den roten Zahlen zu führen. Offenbar hatte er auch nicht vor, das Unternehmen aus eigener Tasche zu sanieren.

Um die eigentliche Führung der Zeitung in der Anfangszeit könnte sich Dietrich Loder bemüht haben. Der journalistisch erfahrene und ehrgeizige Mann hatte nämlich das wichtigste und einflussreichste Ressort der Zeitung, die Politik, zu betreuen. Normalerweise lagen Politik und Feuilleton in den Händen des ersten Redakteurs – dies wäre von Zobel gewesen – wie der Zeitungswissenschaftler Otto Groth schreibt.[663] Lange hielt es Loder jedoch nicht in Augsburg, vielmehr wechselte er am 1. November 1931 zur NS-Satirezeitschrift „Die Brennessel". Auch der zweite Profi in der Schriftleitung, Heinrich Eisen, suchte bald das Weite und vertauschte einen Monat nach Loder die wohl unbefriedigende Situation gegen eine Schriftleiterstelle in der Lokalredaktion des „VB" in München.

---

lichkeit in Ton und Tendenz zu wahren, überhaupt die Haltung des Blattes zu bestimmen. Dazu bespricht er mit den Redakteuren alle wichtigen Fragen, kontrolliert, informiert und regt sie an. Er hat unter Achtung des Selbstgefühls und der Leistung seiner Kollegen auf Fehler und Unterlassungen hinzuweisen und Lücken und Mängel abzustellen, er hat etwaige Vorschläge zu prüfen und bei Zustimmung ihre Durchführung zu veranlassen" (S. 396). Er sollte auch ein guter Menschenführer sein, dem ein entscheidender Einfluss auf die Besetzung der Redakteursstellen und die Auswahl der weiteren Mitarbeiter eingeräumt werden musste. Er hatte dem Verleger gegenüber die Bedürfnisse und Wünsche seiner Redaktion zu vertreten und ihre Erfüllung, soweit das im Rahmen des Verlages möglich ist, durchzusetzen. „Er muß also nicht nur den redaktionellen Betrieb in allen seinen Einzelheiten übersehen, sondern auch die geschäftlichen und technischen Verhältnisse der Zeitung kennen und danach seine Entschlüsse treffen und ihre Verwirklichung erreichen" (S. 397). Während es bei einer kleinen Zeitung vor allem auch auf das schriftstellerische Können des Chefs ankam und er zumindest in allen politischen Ressorts und, wenn nötig, auch im Kommunalen, im Feuilleton und in der Wirtschaftspolitik mitsprechen sollte, wurde in einer größeren Redaktion mehr auf organisatorische Aufgaben Wert gelegt. Zudem sah seine Aufgabe vor, Mittelglied zwischen Leser und Redaktion zu sein, wobei er letztere auch nach außen hin zu vertreten hatte.

662 Vgl. SOBCZYK, Partei, S. 325 Anmerkung 102.
663 Oft wurde dem ersten Redakteur laut GROTH, Zeitung I, S. 385f., eine Hilfskraft als Lokalredakteur beigegeben, zumal das zu bearbeitende Material nicht unbeträchtlich war. Hinzu kam in der Regel noch, dass ein großer Teil der Außentermine zu bewältigen war.

War Geld die Ursache für die personelle Ausdünnung? Die finanzielle Situation der „NNZ", die „gegen den Monat allwöchentlich katastrophale Ausmaße" annahm, erforderte eine Verminderung des „anfangs zu großzügig ausgebauten Apparats der Verlagsleitung und der Schriftleitung" in den darauf folgenden Wochen und Monaten, wie die drohende Pleite später umschrieben wurde.[664] Mit dem Eintritt in reichsweit bekannte NS-Publikationen boten sich für die ambitionierten Redakteure natürlich auch ganz andere Karriereperspektiven und eine gewisse pekuniäre Absicherung als bei einer abgewirtschafteten drittklassigen Parteizeitung. Bei der „NNZ" gab es hingegen keinen Ersatz für die beiden.

Vielleicht war es aber auch die Rivalität mit Anton Saule um die Leitung und den publizistischen Kurs der „NNZ" und seiner Redakteure, die Loder und Eisen mit zum Weggang aus Augsburg bewogen haben. Denn dieser war nicht nur Gaugeschäftsführer der schwäbischen NSDAP, sondern auch Adlatus des Gauleiters und verfügte somit über mächtige Rückendeckung: „Pg. Saule war in den schwersten Zeiten von Anfang an nicht nur der politische Leiter, sondern auch der spiritus rector der Neuen National-Zeitung."[665] Er hatte offenbar eine Art Statthalterfunktion für Wahl in der Gauzeitung inne und betreute die für die ideologische Aufrüstung vor allem der SA, SS und HJ wichtige Rubrik „Die braune Front", denn diese Verbände stellten eine mächtige Leserklientel dar.

Saule übernahm nach dem Ausscheiden Loders ab 2. November 1931 zusätzlich noch die Verantwortung für dessen Bereiche Politik und Feuilleton – „Die braune Front" wurde jedoch noch im gleichen Monat ohne Angabe von Gründen eingestellt. In der Praxis fiel die Kultur nun Eduard A. Mayr zu, Max Milton, ein Mitglied des Augsburger Stadttheaters, sprang im Schauspielressort ein, während Studienrat Wilhelm Gößler von 1932 bis 1934 die Musikkritiken schrieb.[666] Nach Eisens Weggang kümmerte sich Saule zusätzlich auch noch um die Wirtschaft, während Karl Hofmann ab 1. Dezember zum Sport-Anzeiger die Ressorts Augsburger Lokal-Anzeiger und Provinz hinzubekam. Auf diesem personellen Niveau bewegte sich die Publikation bis in den Spätsommer 1932, dann

---

664 NNZ, Nr. 51 vom 29. Februar 1936, S. 22: „Wie die Zeitungen entstanden – wie die Neue National-Zeitung entstand".
665 NNZ, Nr. 103 vom 4. Mai 1933, S. 2: „Veränderung in unserer Schriftleitung". Zitat im Original fett.
666 1872 in Buch bei Illertissen geboren, war Gößler Absolvent des Lauinger Lehrerseminars. 1920 Prüfung für das Lehramt an höheren Schulen für Musik. Gauchormeister des Augsburger Sängergaus und Bundeschormeister im Schwäbisch-Bayerischen Sängerbund. *Ebd.*, Nr. 228 vom 8. Oktober 1932, S. 10: „Studienrat Gößler 60 Jahre" und ANZ, Nr. 235 vom 7. Oktober 1942, S. 3: „Studienprofessor Gößler 70 Jahre alt". Zu diesem Artikel gehört auch ein einspaltiges Bild.

trat Josef Sewald, wie erwähnt, ab 2. September die Nachfolge von Hauptschriftleiter Hans von Zobel an und am 15. desselben Monats verstärkte Heiner Seybold[667] die Redaktion.

Entlastet wurde Saule laut Impressum ab 9. Januar 1933 durch eine größere Umverteilung der Kompetenzen insofern, als ihm Sewald den Lokal-Anzeiger und das Feuilleton abnahm, während Saule für die Politik und den Leitartikel verantwortlich war. Hofmann hingegen konnte zwar das Lokalressort abgeben, bekam dafür aber zur Provinz und zum Sport die Wirtschaft hinzu.[668] Unmittelbar mit dem Eintritt Sewalds muss auch die Einstellung des neuen Verlagsleiters Georg Boegner am 1. September 1932 zusammenhängen. Es scheint sich um einen letzten Kraftakt gehandelt zu haben, die kurz vor dem Bankrott stehende „NNZ" mit neuen Ideen doch noch flott zu bekommen. Der erste Verlagsleiter Josef Eder hatte schon 1931 das Handtuch geworfen;[669] Resignation machte sich offensichtlich auch bei Heinrich Möser breit, der lediglich bis 1. Juli 1931 als Verantwortlicher für die Anzeigen im Impressum abgedruckt ist.[670]

Fritz Kiefer, einer der Mitgesellschafter der „NNZ", trat ab 1. Oktober in dessen Fußstapfen, wobei das gesamte Anzeigengeschäft „aus technischen Gründen" von der Firma Schroff verwaltet wurde.[671] Da es scheinbar trotz der Kampagne für den Mittelstand nur wenig Inserate im ersten Jahr gab, senkte die „NNZ" – vielleicht sogar auf Betreiben Kiefers – zum 1. Oktober 1931 die Anzeigenpreise um 25 Prozent.[672] Die Zuständigkeit für den Vertrieb oblag Alois Rieber[673], wobei es dabei wohl immer wieder Probleme gab, die Leser auf allen

---

667 Seybold wechselte 1933 nach Kempten zum „Allgäuer Tagblatt" und war dort verantwortlicher Lokalredakteur. Vgl. Handbuch der deutschen Tagespresse 1934, hg. vom deutschen Institut für Zeitungskunde, (5. Auflage), Berlin 1934, S. 31.
668 NNZ, Nr. 6 vom 9. Januar 1933, S. 2.
669 Boegner und Eder kannten sich: Boegner war 1927 ebenfalls bei der „NAZ" beschäftigt – als Propagandachef. Aus dieser Zeit existiert eine Abbildung in: 75 Jahre NAZ, S. 149.
670 Dies könnte ebenfalls mit der angesprochenen Verkleinerung des Personals zusammenhängen, die nach dem Verbot im Juni begann.
671 NNZ, Nr. 152 vom 1. Oktober 1931, S. 7. – Nr. 17. vom 25. Januar 1932, S. 2: „Aufregung um einen Juden".
672 NNZ, Nr. 152 vom 1. Oktober 1931, S. 3: „An die Augsburger Geschäftswelt".
673 Alois Rieber, geboren 1906 im hohenzollerischen Burladingen, kam 1923 nach Augsburg. Sein Vater hatte sich als Zimmerermeister in der Stadt niedergelassen. Der Sohn gab als Beruf Kaufmann an. Er war einer der ältesten Parteigenossen im Gau Schwaben und kümmerte sich bis 1938 um den Vertrieb der „Neuen National-Zeitung". Am 1. April 1938 trat Rieber jun. in den Verlag ein und übernahm den Posten eines Verlagsleiters in Neuburg. Er war außerdem lange Jahre Kreispresseamtsleiter. Alois Rieber, seit Herbst 1941 bei der Waffen-SS, starb an den Nachwirkungen eines Autounfalls an der Westfront. StdtA Augsburg, Familienbögen. – StA Augsburg, NS-

Strecken gleichmäßig pünktlich zu beliefern.[674] Erst Anfang 1933 kam es aber zu einer gravierenden Umorganisation. Buchführung und Kasse übernahm Konrad Hager[675]. Dieser fungierte auch interimistisch 1931 beziehungsweise 1932 als Verlags- und Anzeigenleiter.

Ein Aufsichtsrat, bestehend aus Karl Wahl, Josef Mayr und Gallus Schneider, übte die Kontrolle über das Zeitungsunternehmen aus.[676] Anzunehmen ist, dass die drei Gründungsväter – in erster Linie der Gauleiter – für sich in Anspruch nahmen, der Geschäftsführung und der Redaktion verbindliche Anweisungen zu erteilen, zumal gegen die Gauleitung oder gar ohne sie die Gründung und Fortführung einer NS-Publikation im ‚Gau' nicht möglich war. Sie hatte damals sogar noch die Möglichkeit, aufgrund ihrer übergeordneten Parteiautorität die Mitarbeiter des Blattes von ihrer Gehorsamspflicht gegenüber dem Hauptschriftleiter zu entbinden oder sie doch zumindest in einen schweren Gewissenskonflikt zu bringen – nicht zuletzt deshalb, weil die NS-Presse noch nicht zentralisiert war.[677]

Die Schriftleitung war laut Kopfzeile im Haus Katzenstadel F 161 untergebracht, das dem Lohndrucker Franz Xaver Schroff gehörte. Hier befanden sich seine Fabrikräume und hier wurde die „NNZ" auch hergestellt. Die Verlagsleitung residierte zunächst mitsamt der Geschäftsstelle in der Philippine-Welser-Straße D 17, wobei sich beide einen Telefonanschluss teilen mussten, über den

---

      Gauverlag Schwaben 73, Weihnachtsgratifikationen Neuburg 1944. – ANZ, Nr. 303 vom 28. Dezember 1944, S. 3: „Verlagsleiter Rieber gestorben".
674 NNZ, Nr. 30 vom 6. Februar 1933, S. 2: „An unsere Leser!"
675 In Hof/Saale 1898 zur Welt gekommen, leistete Konrad Hager von 1915-1919 Militärdienst und war Träger des EK II. Er gehörte zu den Mitbegründern der Augsburger NSDAP-Ortsgruppe 1922, war einer der ersten Augsburger SA-Männer, Blutordensträger, Inhaber des Goldenen Ehrenzeichens der Partei, Ratsherr der Stadt Augsburg ab Dezember 1933 und Gauschatzmeister. Nannte sich Kaufmann oder Buchhalter. Ab Mitte 1931 arbeitete er als Geschäftsführer, bis 1936 als Prokurist der „NNZ". Er verfügte über alte und enge Verbindungen zum Gauleiter, da er als alter SA-Mann zu dessen engsten Mitarbeitern gehörte, als Wahl die Augsburger Ortsgruppe im Oktober 1925 übernahm. Seilschaft war auch Anton Saule. BRASSLER, „Bewegung", S. 5. – Fünf Jahre Aufbau, ohne Paginierung. – ANZ, Nr. 270 vom 20. November 1937: „15 Jahre Kampf und Sieg" (nicht paginierte Sonderbeilage der „ANZ" zur 15-Jahr-Feier der NSDAP in Augsburg). Hagers Foto in der NNZ, Nr. 127 vom 2. Juni 1933, S. 3: „Die ‚Neue National-Zeitung' als Kampfblatt der Bewegung".
676 Vgl. WAHL, Herz, S. 68.
677 Vgl. KREBS, Tendenzen, S. 86f.

gleichzeitig die Redaktion erreichbar war. Hier eröffnete am 11. März 1931 dann auch noch eine „Völkische Buchhandlung", die der National-Verlag GmbH. gehörte.[678]

Mit der Verkleinerung der Schriftleitung zum 1. November gingen auch die Schließung der Geschäftsstelle und des Buchladens einher: Von der Philippine-Welser-Straße wurde sie in die Zeuggasse B 205/I verlegt, wo die Gauleitung Schwaben bis zum 31. Dezember 1931 sechs Büros gemietet hatte.[679] Dies geschah, um weitere Kosten zu sparen. Mit dem Umzug der schwäbischen NS-Führung in acht Büroräume, die sich in der Mittleren Maximilianstraße A 22/III befanden, quartierten sich dort ab 25. Januar 1932 auch die „NNZ"-Geschäftsstelle und der Verlag ein – jeweils mit einem eigenen Telefon. Die Buchhandlung wechselte ebenfalls zu dieser Adresse,[680] wo hingegen die Ortsgruppe Augsburg ihr Quartier in der Zeuggasse beibehielt.[681] Doch mussten sich Kunden und Inserenten bald wieder an neue Geschäftsräume gewöhnen, denn ab 2. November 1932 waren diese im Laden Zeugplatz B 206 untergebracht.[682]

Verständnis für technische Probleme bei der Herstellung der „NNZ" mussten die Bezieher, abgesehen von den Anfangsschwierigkeiten, bis 1933 in unregelmäßigen Abständen aufbringen.[683] Die Firma Schroff begab sich mit der Produktion einer Tageszeitung auf Neuland, obgleich sie Publikationen wie die „Hausbesitzer-Zeitung" herausbrachte, welche jedoch nur periodisch erschien. Und offenbar stellte der Umgang mit der ungewohnten, neu aufgestellten Rotationsmaschine – sie entsprach allerdings nicht mehr ganz dem modernsten Stand[684] - die Druckerei anfangs öfter vor große Herausforderungen.[685]

---

678 NNZ, Nr. 16 vom 11. März 1931, S. 8: „Dienst am Deutschen! Kauft deutsche Bücher".
679 IfZ München, MA 737, NSDAP-Hauptamt, Folders 151-164, Gauarchivar an Hauptarchiv der NSDAP, 28. Januar 1937. Siehe auch Kopf der NNZ, Nr. 179 vom 2. November 1931.
680 NNZ, Nr. 127 vom 2. Juni 1933, S. 4: „Die ‚Neue National-Zeitung' als Kampfblatt der Bewegung".
681 NNZ, Nr. 16 vom 23. Januar 1932, S. 2: „NSDAP. Gau Schwaben – Bekanntmachung".
682 NNZ, Nr. 248 vom 2. November 1932, S. 7: „Achtung!"
683 Beispielsweise in der NNZ, Nr. 134 vom 7. September 1931, S. 4: „Wegen technischer Störungen...". – Nr. 270 vom 28. November 1932, S. 3: „An unsere Mitarbeiter". – Nr. 298 vom 31. Dezember 1932, S. 4: „An unsere Berichterstatter". – Nr. 85 vom 10. April 1933, S. 3: „An unsere Leser!"
684 NNZ, Nr. 94 vom 22. April 1933, S. 7: „Das Alte stürzt, es ändert sich die Zeit...".
685 NNZ, Nr. 2 vom 23. Februar 1931, S. 3: „Infolge Betriebsstörung...". Einen genaueren Einblick in die technische Situation einer Druckerei, die nie zuvor eine Tageszeitung betreut hat, gibt KREBS, Tendenzen, S. 88f.

Gelernt werden musste aber nicht nur die richtige Handhabung der Technik, sondern auch die richtige Ein- und Zuteilung der Arbeit, zumal zum Setzen der Manuskripte nur vier Setzmaschinen zur Verfügung standen. Selbst mit der Paginierung klappte es nicht – Seitenzahlen sind erst ab 9. April feststellbar und dann häufig fehlerhaft. Bedingt durch diese Schwierigkeiten kam die Stadtausgabe öfters nicht pünktlich zur geplanten Zeit – zwischen 10 und 10.30 Uhr – auf den Markt.[686] Vor dem 1. Juni 1932 scheint sie erst gegen Mittag in die Häuser gelangt zu sein, danach sicherte der Drucker aufgrund eines neuen Vertrages ein früheres Erscheinen der „NNZ" zu, doch wurde das Versprechen bis August nicht eingehalten,[687] weil die Herstellung der Landausgabe B den Druck um eine halbe bis dreiviertel Stunde verzögerte.[688] Diejenigen Exemplare, die für das Allgäu und das nördliche Schwaben bestimmt waren, mussten so fertig werden, dass sie mit Zügen um 9.40 Uhr, um 10 Uhr und um 12 Uhr ausgeliefert werden konnten. Die Austräger nahmen dann ihre Bündel eine Stunde später an den Bahnhöfen in Empfang.[689] In zwei Variationen erschien das Blatt ab 1. August 1932: Ausgabe A zum Preis von zwei Mark enthielt den Augsburger Lokalanzeiger, in der Ausgabe B für 1,40 Mark plus 36 Pfennig Zustellgebühr fehlte er, da diese für die Landbezirke gedacht war.[690] Bereits seit 1. Juni war der Preis von bisher 2,50 Mark (inklusive Zustellung) für die Zeitung pro Monat gesenkt worden.

Mit dem 9. November 1932 richtete die Schriftleitung, um den Besucherstrom zu regulieren, täglich, außer Samstag, von 17 bis 18 Uhr eine Sprechstunde ein.[691] Dies hatte Gründe, mit denen sich andere NS-Zeitungen ebenfalls konfrontiert sahen: „Große Teile der Parteigenossenschaft sahen die Zeitung als Kollektivbesitz an, woraus sie folgerten, daß an der Zeitung arbeitende Menschen ihnen als den Trägern des Kollektivs für Auskünfte und Erörterungen jeder Art und jeder Dauer in jedem Augenblick zur Verfügung stehen müssten", schildert Albert Krebs seine Erfahrungen als Redakteur bei der „Hansischen

---

686 NNZ, Nr. 168 vom 28. Juli 1932, S. 8: „An unsere Augsburger Leser!"
687 NNZ, Nr. 120 vom 2. Juli 1932, S. 5: „An unsere Leser!". Unter dieser Überschrift wurde versichert, die Druckerei habe ein früheres Erscheinen der „NNZ" vertraglich sichergestellt. Dass die Zeitung erst um die Mittagszeit kam, deutet auch ein Leserbrief an. StA Augsburg, NSDAP Gauleitung Schwaben 12/1, Nachlaß Sewald 62, Leserbrief vom 19. Januar 1935.
688 Dabei handle es sich um 30.000 bis 40.000 Exemplare, schreckte die „NNZ" vor haarsträubenden Übertreibungen nicht zurück. Nr. 168 vom 28. Juli 1932, S. 8: „An unsere Augsburger Leser!" Wahrscheinlich kommt die Zahl der Wahrheit näher, wenn eine Null gestrichen wird.
689 NNZ, Nr. 137 vom 22. Juni 1932, S. 4: „Agenturen der ‚N.N.-Z.' Achtung!"
690 NNZ, Nr. 162 vom 21. Juli 1932, S. 10: „An unsere Abonnenten und Postbezieher!"
691 NNZ, Nr. 254 vom 9. November 1932, S. 3: „Sprechstunden der Schriftleitung".

Warte" Anfang der 30er Jahre.[692] Dahinter steckte seiner Meinung nach jedoch sowohl „ein echt demokratisches Anliegen auf Mitarbeit und Mitbestimmung", wie auch die Hoffnung, in der Presse ein Sprachrohr für Wünsche und Meinungen zu finden.[693] In Augsburg erwies sich diese Einrichtung als so probates Instrument, dass sie bis zur letzten Nummer am 26. April 1945 aufrechterhalten wurde.

2.10 Studien zur Leserstruktur

Mit einer normalen Tageszeitung war die „NNZ", wie dargelegt, weder qualitativ noch inhaltlich vergleichbar. Gelesen wurde sie in erster Linie aus ideologischen Gründen, denn wie ihre Schwesterorgane überall im Reich wollte sie „Suchenden Wegweiser sein und die Anhänger der Partei in ihrer Auffassung bestätigen."[694] Doch nicht nur das: Sie sollte nicht nur eine Massenversammlung sein, sondern musste bisweilen auch das Wahllokal ersetzen.[695] Da es sich bei ihren Käufern zum größten Teil um Freunde und Mitglieder der NSDAP handelte, räumten sie auch einer zweit- oder gar drittklassigen redaktionellen Leistung zumindest für eine gewisse Zeit eine Chance ein.

Die „NNZ", die sich den Zielen der Parteilinken verbunden fühlte, die unter anderem auch tief greifende Reformen in der Wirtschaftsstruktur vertrat, bemühte sich, wenn auch manchmal zögerlich, gerade um die Arbeiterschaft, die Hitler selber als eine der Hauptzielgruppen, die für die Nationalsozialisten zu gewinnen waren, bezeichnet hatte.[696] In ihren Anstrengungen um diese Klientel befand sich die „NNZ" allerdings in harter Konkurrenz mit der SPD und deren Augsburger Organ, der „Schwäbischen Volkszeitung", die sich natürlich als klassische Vertreter dieser Gesellschaftsschicht betrachteten.

Wichtiger für das NS-Blatt waren freilich das Kleinbürgertum und zuvorderst Teile des Mittelstandes – vor allem kleinere Handwerker und Geschäftsleute – als deren Kämpfer es sich ja ständig zu profilieren suchte, aber auch die Landwirte. Hinzu kam, dass sich die Publikation als Sprachrohr für die SA, das revolutionär-plebejische Element der Bewegung, sah.[697]

Damit deckte die „NNZ" die drei Gruppen ab, die den stärksten Anteil in der soziologischen Zusammensetzung der 2112 schwäbischen Parteimitglieder stellten, wie ein Blick in die Statistik des Jahres 1930 (Stichtag: 14. September)

---

692 KREBS, Tendenzen, S. 94.
693 *Ebd.*, S. 95.
694 BESTLER, Führungsfähigkeit, S. 84.
695 Vgl. *ebd.*, S. 84.
696 Vgl. PAUL, Aufstand, S. 40.
697 Vgl. SOBCZYK, Partei, S. 45.

zeigt. Augsburg selber ist in dieser Erhebung jedoch kein Platz eingeräumt worden.[698]

Auffallend hoch dabei ist der Anteil der Arbeiter mit 27,8 Prozent. Die Selbständigen – in der Regel dürften das die Inhaber von Ein-Mann-Handwerksbetrieben und kleinen Läden gewesen sein – machten immerhin 24,2 Prozent aus, gefolgt von den Angestellten mit 16,6 Prozent. Wesentlich geringere Zahlen weisen die Beamten mit 11,7 Prozent, die Bauern mit 12,2 Prozent und die Sonstigen mit 7,5 Prozent auf.[699] In diesen Zusammenhang passt Gerhard Hetzers Charakterisierung der Augsburger Nationalsozialisten als einer überwiegend „den Charakter einer radikalen Mittelstandsbewegung" tragenden Gruppierung „mit gewissem Rückhalt im Minderheitenprotestantismus", wobei die SA seiner Meinung nach noch „ein stärker proletarisches Element" darstellte.[700]

Beim Betrachten der Berufe der NSDAP-Kandidaten für die Stadtratswahl in Augsburg 1929 ergibt sich ein ähnliches soziologisches Bild – unter den 15 Aspiranten waren vier Beamte (Postsekretär, Polizeiwachtmeister, Kanzleisekretär und Stadtobersekretär), drei Handwerker (Schlosser, Bankmetzger, Friseur), drei Arbeiter (Bauführer, Bauarbeiter, Hilfsarbeiter), zwei Selbständige (Milchgeschäftsinhaber, Kaufmann), zwei Angestellte (Geschäftsführer, kaufmännischer Angestellter) und ein Schwerkriegsbeschädigter.[701]

---

698 Vgl. Parteistatistik: Stand 1. Januar 1935 (ohne Saargebiet), Band I: Parteimitglieder; Herausgeber: Der Reichsorganisationsleiter der NSDAP, München o. J., S. 146.
699 Interessant sind in diesem Zusammenhang auch die Ergebnisse einer Untersuchung für den Kreis Memmingen, der im Gau Schwaben lag, von Elke FRÖHLICH/Martin BROSZAT, „Politische und soziale Macht auf dem Lande: Die Durchsetzung der NSDAP im Kreis Memmingen", in: Vierteljahreshefte für Zeitgeschichte 25 (1977), Heft 4, S. 547-572. Hier erschien jedoch der „Allgäuer Beobachter", nicht die „NNZ". Dabei stellten die Autoren fest, dass sich in den katholischen Gemeinden die Altparteigenossen fast ausschließlich aus Arbeitern (darunter viele Landarbeitern), Handwerkern, Angestellten und kleinen Kaufleuten zusammensetzten, während das politisch und sozial einflussreiche Bauerntum der Bewegung fern blieb (S. 552). Dagegen waren die Landwirte in den evangelischen Gemeinden schon vor 1933 in größerer Zahl der NSDAP beigetreten. Vor allem die Arbeiter machten im Verhältnis zu ihrem Anteil an der Gesamtbevölkerung mit 44,9 Prozent eine überdurchschnittlich hohe Zahl aus. Die Autoren werten dies als Zeichen dafür, „daß die NSDAP vor 1933 in den bäuerlich-katholischen Gebieten überwiegend als ‚proletarische' Bewegung in Erscheinung getreten war" (S. 555). Weitere 26,5 Prozent der Mitglieder setzten sich aus Angestellten, kleinen Handwerkern, Kleinlandwirten und Pächtern zusammen, die auch eher dem unteren Mittelstand angehörten.
700 HETZER, „Industriestadt", S. 67.
701 SB, Nr. 47 vom 22. November 1929, S. 6: „Die Kandidaten der Nationalsozialisten für die Augsburger Stadtratswahl".

Die Werbung um die Arbeiter wirkte sich zumindest in der Mitgliederzahl, die im Zeitraum 15. September 1930 bis zur Kanzlerschaft Hitlers 1933 auf 8992 anwuchs, überdimensional aus. 38 Prozent (+ 10,2 Prozent) waren es bis zur Machtergreifung 1933 in Schwaben im Vergleich der Berufsgruppen. Sonst gab es überall leichte Rückgänge: Selbständige (-3,4 Prozent), Angestellte (- 3 Prozent), Beamte (- 2,9 Prozent), Bauern (- 0,7 Prozent) und Sonstige (- 0,2 Prozent).[702] Diese beiden Auflistungen splitten allerdings nicht zwischen Erwerbslosen und Beschäftigten. Außerdem wird bei den Arbeitern nicht differenziert, ob sie in der Industrie, in der Landwirtschaft oder im Handwerk tätig sind. Wie ebenfalls aus der Parteistatistik hervorgeht, waren 69,1 Prozent der schwäbischen Parteigenossen zwischen 21 und 40 Jahre alt.[703] Bei der Erhebung bis zu den Septemberwahlen 1930 lag der Anteil noch bei 61,6 Prozent.[704] Für die „NNZ" bedeutet dies, dass sie ein relativ jugendliches Lesepublikum gehabt haben dürfte.

Der Durchbruch der Hitler-Bewegung am Erscheinungsort der „NNZ" im eher traditionell-konservativen Augsburg, hatte sich zu Beginn der 30er Jahre abgezeichnet: Waren es bei der Reichstagswahl am 14. September 1930 noch 12,6 Prozent oder 11.907 Stimmen für die NSDAP gewesen, so fuhr sie bei den beiden Parlamentswahlen 1932 am 31. Juli 21.574 Stimmen oder 23,1 Prozent und am 6. November 20.274 Stimmen oder 23 Prozent ein.[705] Die Wählerresonanz hatte sich im Vergleich zu 1930 also zwar fast verdoppelt, blieb aber bei beiden Urnengängen im Jahr 1932 konstant. Votierte 1930 noch jeder achte Augsburger für die Faschisten, so war es zwei Jahre später fast jeder vierte. Besonders beachtenswert erscheint in diesem Zusammenhang der Anteil der Frauen unter diesen Wählern: 48,4 Prozent waren es im Juli 1932, bei den Reichstagswahlen am 5. März 1933 52 Prozent. Interessanterweise blieb die Mitgliederzahl in Augsburg mit rund 1900 Männern und Frauen Anfang 1933 weit hinter der Entwicklung zurück.[706] Das Verhältnis der Wähler Ende 1932 zu dieser Mitgliederzahl betrug grob 11:1. Einer Untersuchung aus dem Jahr 1941 zufolge, die die Auflagenzahlen der NS-Presse 1932 mit dem Ergebnis der Reichstagswahlen verglichen hat,[707] waren nur etwa vier Prozent aller nationalsozialistischen Wähler auch feste Bezieher ihrer Parteipresse.[708]

---

702   Vgl. Parteistatistik I, S. 148.
703   *Ebd.*, S. 204.
704   *Ebd.*, S. 202.
705   Vgl. ZORN, Augsburg, S. 267. – SOBCZYK, Partei, S. 23.
706   Vgl. HETZER, „Industriestadt", S. 68.
707   Zur Problematik der Auflagenzahl siehe Kapitel II.2.8.
708   Vgl. BESTLER, Führungsfähigkeit, S. 91. Dieser Schnitt dürfte bei der „NNZ" höher gelegen haben, obgleich die vorliegenden Auflagenzahlen nicht hergenommen werden sollten, da nicht bekannt ist, wie das Verhältnis zwischen tatsächlichen Beziehern und Werbenummern gewesen ist.

Auf jeden Fall ist anzunehmen, dass die „NNZ" zunächst einmal in dem Milieu, auf das sie zugeschnitten war, rezipiert wurde. Leseranalysen der Zeitung sind jedoch keine vorhanden.[709] Nur einmal, bei einer Leserbefragung der Schriftleitung des Gaublattes im Vorfeld einer Werbewoche für die NS-Presse im Januar 1935, traten Bezieher schlaglichtartig aus dem Dunkel ihrer sonstigen Anonymität hervor. Einige Zuschriften sind im Nachlass von Hauptschriftleiter Dr. Josef Sewald im Staatsarchiv Augsburg erhalten geblieben. Die Redaktion hatte bei dieser Aktion aufgefordert, „offen und freimütig" zu drei Themen Stellung zu nehmen: Nämlich was den Lesern an der Zeitung gefällt, was ihnen nicht gefällt und welche Wünsche und Vorschläge sie gerne einbrächten.[710] Rein vom Inhalt der Briefe her dürfte es sich dabei zumeist um langjährige NSDAP-Sympathisanten oder Parteimitglieder gehandelt haben – allerdings fehlen nähere private Angaben.[711] Bei der Auswertung der erhaltenen Zuschriften wird aber erneut deutlich, wie wenig diese Bezieher auf die Qualität einer ‚normalen' Tageszeitung Wert legten.

„Als die wertvollste N.S. geistige Nahrung des Volkes" bezeichnete ein Leserbrief vom 23. Januar 1935 die „NNZ".[712] Die Familie habe „dieses dringlich notwendige Blatt im Jahre 1930[713] schon mit Sehnsucht erwartet u. jeden Tag freuen wir uns mehr darauf, wir konnten die N.Z.Z. nicht entfernen."[714] Sie sei das „wichtigste Mittel zur Volks-Schulung, für die deutsche Volksgemeinschaft."[715] Ein Alt-Parteigenosse und SA-Mann, der das Blatt seit seiner Gründung bezog, empfand es als „ganz besonders angenehm, dass die NNZ. im politischen Teil ein Kampfblatt geblieben ist."[716]

Dass die Kampagne für den Mittelstand in den frühen Jahren bei den Lesern Früchte trug, sich aber nun gegen die Geschäftsinteressen der „NNZ" richtete, zeigt die breiten Raum einnehmende Kritik am Anzeigenteil. Beklagt wurde nun, viele „arisierte" Warenhäuser würden häufig und in großer Aufmachung

---

709 Eine Annonce in der „Augsburger Allgemeine", die sich an Zeitzeugen wandte, die die „Neue National-Zeitung" gelesen haben, hatte keine Resonanz.
710 NNZ, Nr. 16 vom 19. Januar 1935, S. 9: „An unsere Leser!"
711 Die Interpunktion und Rechtschreibung der Zuschriften wurden im Original belassen. Teilweise wird aus den Briefen in unterschiedlichem Zusammenhang mehrfach zitiert.
712 StA Augsburg, NSDAP Gauleitung Schwaben 12/1, Nachlaß Sewald 62, Leserbrief vom 23. Januar 1935.
713 Gemeint ist hier wohl der „Schwäbische Beobachter" als Vorläufer der „NNZ".
714 *Ebd.*, Leserbrief vom 23. Januar 1935.
715 *Ebd.*
716 *Ebd.*, Leserbrief vom 23. Januar 1935.

gerade in der Zeitung, die sich den Kampf für den deutschen Mittelstand auf die Fahnen geschrieben hatten, annoncieren: „Vor dem 30. Jan. 33 hatte die NNZ. bestimmt nur einen Bruchteil der heutigen Abonnentenzahl. Damals sah man in der NNZ. nur saubere reine deutsche Einzelfirmen inserieren."[717]

Jetzt, nachdem das Publikum etwas erzogen sei, nehme der Verlag Inserate von gleichgeschalteten Judengeschäften und Kaufhäusern auf. Mit drastischeren Konsequenzen drohte ein anderer Bezieher: Er habe schon einmal im vergangenen Vierteljahr die Zeitung abbestellt, „weil Sie Anzeigen aller getarnten jüdischen Gross- und Kleinfirmen aufnehmen."[718] Man könne nicht auf Seite zwei einen seitenlangen Artikel über den Kampf gegen das Warenhaus veröffentlichen und auf der letzten Seite dann Annoncen diverser gleichgeschalteter Judenfirmen.[719]

Nicht jeder teilte diese Ansicht. Vielmehr stand der Inseratenteil in ganz anderer Hinsicht im Kreuzfeuer der Kritik: Für einen Geschäftsmann sei es „unerlässlich eine Zeitung mit grösserem Inseratenteil zu halten, der Ihrem Blatte fehlt", beschwerte sich ein anderer Kommentator.[720] Er wiederum bescheinigte der „NNZ" jedoch, dass die „Aufforderungen und Verbote für Parteigenossen, z. B. Hinweise auf Besuche von Warenhäusern, gegen Juden etc." durchaus „im Sinne alter nationalsozialistischer Belange des gesammten Mittelstandes" seien.[721] Auch in der Provinz gehöre es mittlerweile wieder zur Gepflogenheit, in den Großfilialen einzukaufen, obgleich der andere Lebensmittelhandel ebenfalls zu konkurrenzfähigen Preisen verkaufe. Schuld daran seien die Riesenanzeigen: „Es ist eben hier wiederum so, dass das Groskapital nach wie vor ruihinieren kann wenn der Sache nicht Einhalt geboten wird und die Presse leistet der Sache Vorschub, während der Mittelstand die Volksgemeinschaft mit dem Arbeiter und dem Bauern bildet und das ganze Vereinsleben und den ganzen Aufbau trägt", lautete der Vorwurf des Briefschreibers.[722] Vor 1933 habe er sich zeitweise nur das NS-Blatt gehalten, um damit die „lügenhafte gegnerische seinerzeitige Neue Augsb. Zeitung indirekt zu bekämpfen."[723]

Mehr Leserbeteiligung war der Wunsch einer weniger nörgelnden Zuschrift, um die Schriftleitung damit über wichtige Geschehnisse des Tages in Kenntnis zu setzen.[724] Jedoch müsse die Redaktion von Zeit zu Zeit öffentlich dazu auffordern: „Im übrigen ist mir die NNZ so genügend, daß es mir schwer fällt, wei-

---

717 *Ebd.*
718 *Ebd.*, Leserbrief vom 20. Januar 1935.
719 *Ebd.*
720 *Ebd.*, Leserbrief vom 24. Januar 1935.
721 *Ebd.*
722 *Ebd.*
723 *Ebd.*
724 *Ebd.*, Leserbrief vom 23. Januar 1935.

tere Wünsche und Vorschläge vorzutragen."[725] In diese Richtung ging auch eine schwärmerische Bekundung von Abonnenten, die sich das Blatt sei dem „Kampfjahr" 1932 hielten: „Wir konnten die Mittagsstunden nicht erwarten bis unsere Zeitung kam."[726]

Über Gründe, warum die „NNZ" im Vergleich mit der verbliebenen Konkurrenz auch im Jahr 1935 noch nicht mithalten konnte, resümierte ein etwas besserwisserisches, teilweise recht unverblümtes Schreiben.[727] Dies betraf vor allem die Qualität und die Professionalität des NS-Organs. Was die Ausstattung der Zeitung angehe, „so werden Sie selber zugeben müssen, dass Sie auch heute nicht mit der NAZ. oder den MNN. konkurrieren können."[728] Vor einem Jahr noch sei die „NNZ" nicht aktuell gewesen: „Es hat sich wohl verschiedenes gebessert, aber voriges Jahr war es doch zum grossen Teil noch so, dass man, um das Neueste zu erfahren, zur NAZ. greifen mußte."[729] Dies decke sich auch mit seinen Beobachtungen in Gasthäusern, berichtete der Verfasser. Lieber solle die „NNZ" etwas teurer werden, „aber bringen Sie dafür auch wirtschaftlich eine aktuelle, moderne und gut ausgebaute Zeitung."[730] Im Moment sei sie noch viel zu trocken. Ein großer Teil der „NAZ"-Leser halte sich das Blatt nur noch wegen des „Augustin Mißvergnügt" und seinen samstäglichen „Spaziergängen unterm Perlach". Diese Artikel von Max Hohenester bildeten für die Bevölkerung eine Art von Ventil für allerlei Kritik.

„Viel mehr Unterhaltung und wissenschaftliche, jedoch für jedermann verständliche Abhandlungen" müsse eine Tageszeitung von der Bedeutung der „NNZ" bringen, wurde in einer weiteren Zuschrift mokiert.[731] Ein besserer Ausbau des Wirtschaftsteils sei vorstellbar. Auch sollte das Blatt seiner Meinung nach „nicht gerade zum Vereinsanzeiger herabgewürdigt werden, denn es sei für viele Leser völlig belanglos zu wissen, ob da oder dort ein Ortsgruppenleiter, Zellen- oder Blockwart gerade Geburtstag gefeiert hat…"[732]

Eine Herabsetzung des Zeitungs-Bezugspreises für Unterstützungsberechtigte regte ein anderer Brief an, denn welche Presse sei „hierzu berufener als eine rein nationalsozialistische, also Ihre Zeitung, welche dadurch einem guten Beispiel voranginge."[733] An „der uns liebgewordenen Zeitung" sei zwar nichts aus-

---

725 *Ebd.*
726 *Ebd.*, Leserbrief vom 19. Januar 1935.
727 *Ebd.*, Leserbrief vom 20. Januar 1935.
728 *Ebd.*
729 *Ebd.*
730 *Ebd.*
731 *Ebd.*, Leserbrief vom 22. Januar 1935.
732 *Ebd.*
733 *Ebd.*, Leserbrief vom 22. Januar 1935.

zusetzen, lobte ein Schreiber am 21. Januar.[734] Doch kritisierte er eine mangelnde Parteidisziplin beim Kauf des Blattes, obgleich die Zahl der NSDAP-Mitglieder in Augsburg und Umgebung, die „allein den Abonnentenstand erhöhen könnte", seiner Meinung nach sehr hoch sei.[735] „Ich verlange von jedem Pg. der in der Lage ist eine Zeitung zu halten, das er nur das Gaublatt hält."[736]

2.11 Das Erscheinungsbild der „NNZ" in der ,Kampfzeit'

2.11.1. Layout und Gestaltung

Die „NNZ" erschien im so genannten „Berliner Format" – rund 47 auf 32 Zentimeter – in vierspaltiger Aufmachung. Der Zeitungskopf bestand zunächst aus großen, schraffierten Frakturbuchstaben, die im Hintergrund die Abkürzung „NZ" bildeten. Im Vordergrund war „Neue National-Zeitung" zu lesen. Weiterhin wurden darin in kleinerer Schrift die Ziele der Publikation manifestiert: „Gegen Korruption und Unterdrückung" war links, „Für Wahrheit und Gerechtigkeit" rechts zu lesen. Datum, Nummer, Jahrgang und – kleiner gedruckt – der Einzelverkaufspreis, 15 Pfennig auswärts, 10 Pfennig in Augsburg, befanden sich links oben. Darunter schloss sich die drei gegliederte Unterzeile an, aus der der geographische Schwerpunkt des Blattes zu entnehmen war: „Augsburger Lokal-Anzeiger" und „Schwäbischer Beobachter".

Mit der Übernahme des Titels „Schwäbischer Beobachter" sollte die Kontinuität zum vorausgegangenen, gleichnamigen Wochenblatt hergestellt werden. Links und rechts davon enthielten zwei weitere Kästen die rechtlichen Hinweise sowie Adresse, Kontonummer, Erscheinungsweise, Anzeigenpreise und Kosten für das Abonnement. Durch diese Gestaltung erhielt die Zeitung eine aggressiv wirkende Optik. Auffallend ist, dass sowohl jegliches Zeichen einer offiziellen Anerkennung durch die Partei fehlte als auch nirgendwo direkt vermerkt war, dass es sich um eine nationalsozialistische Zeitung handelte. Die „NNZ" scheint anfangs nur als gauamtliche Publikation gegolten zu haben.

Der Umbruch, also die Gestaltung des Zeitungsäußeren, wirkte sehr unruhig und unübersichtlich. Normalerweise soll der Leser durch äußere Faktoren wie die Überschriftengröße, Illustrationen, Stellung eines Artikels oder Hervorhebungen durch Fettsatz psychologisch durch den Stoff geführt werden.[737] Das erleichtert es ihm, das Wichtigste oder das, was die Redaktion als das Wichtigste erachtet, sofort zu finden. Die ästhetische Wirkung einer Zeitung wird durch das

---

734 *Ebd.*, Leserbrief vom 21. Januar 1935.
735 *Ebd.*
736 *Ebd.*
737 Vgl. Rudolf GROSSKOPF, Die Zeitungsverlagsgesellschaft Nordwestdeutschland GmbH 1922-1940: Beispiel einer Konzentration in der deutschen Provinzpresse (Dortmunder Beiträge zur Zeitungsforschung 7), Dortmund 1963, S. 85 und S. 91.

Layout maßgeblich beeinflusst. Diese Grundsätze fanden bei der „NNZ" freilich wenig Beachtung: Die Artikel wurden planlos auf der Seite platziert, teilweise fehlte der Aufmacher. Da Fotos in ihrer Herstellung teuer waren und die „NNZ" über keine Fotografen verfügte, erschien anfangs sehr selten einmal eine Aufnahme. So war es oft der Fall, dass sich der Leser mit seitenlangen Artikeln ohne auflockerndes Bild oder zumindest einem Zwischentitel abmühen musste. Karikaturen oder Zeichnungen sorgten dafür häufiger für etwas Abwechslung in dieser ‚Bleiwüste', für die als Schriftart die Fraktur – übrigens bis in die 40er Jahre – gewählt wurde.

Jeder Seitenkopf beinhaltete die Seite, die Nummer und den Zeitungsnamen. In der Regel hatte die „NNZ" einen Umfang von zirka acht Seiten mit einem zunächst sehr bescheidenen Anzeigenteil von einer halben bis dreiviertel Seite unter der Woche, am Wochenende waren es etwas mehr.

Zufrieden waren die Leser mit dem für 2,50 Mark Gebotenen nicht. Nach einer kurzen Anlaufphase scheinen sie sowohl gegen den zu geringen Umfang als auch den Inhalt protestiert zu haben, was die „NNZ" am 7. April zu folgendem Versprechen veranlasste: „Auch wir haben uns entschlossen, dem vielfach und dringend geäußerten Verlangen unserer Leser aus Augsburg und aus allen Bezirken des schwäbischen Gaues Folge zu leisten und werden daher unsere ‚Neue National-Zeitung' in erweitertem Umfang erscheinen lassen. Besonders der politische Teil wird reichhaltiger ausgebaut, dem politischen Kampf ein ausgiebiger Raum geschaffen werden."[738] Nun sollte das Blatt künftig zehnseitig herauskommen. Eingehalten wurde diese Ankündigung jedoch keineswegs, Redaktion und Verlag wollten offenbar nur die Wogen glätten und ihre ohnehin schon spärlichen Kunden beruhigen.

Dennoch sah sich die „NNZ" im Dauerwahlkampfjahr 1932 zu der erneuten Zusage veranlasst, ab 1. März nicht nur viermal die Woche mindestens zehn Seiten dick zu sein, sondern einmal sogar zwölf Blätter zu umfassen.[739] Auch damit wurde es nicht so genau genommen, denn wie ist sonst die Bemerkung, das NS-Organ werde ab 1. Juni täglich zehn-, samstags zwölfseitig herausgegeben, zu verstehen?[740] Trotz dieser vollmundig verkündeten Absichten musste die Redaktion am 11. Juni aufs Neue vertrösten: Es dauere noch wenige Wochen, bis die Ausweitung des Umfangs zum Tragen käme.[741] Auch werde, obgleich ganz bedeutende Mehrkosten auf den Verlag zukämen, auf Wunsch besonders der weiblichen Leser jede Woche einmal eine illustrierte Romanbeilage beigefügt.

---

738 NNZ, Nr. 36 vom 7. April 1931, S. 1: „10 Seiten täglich!"
739 NNZ, Nr. 34 vom 13. Februar 1932, S. 2: „Das Preisausschreiben der Neuen National-Zeitung".
740 NNZ, Nr. 120 vom 2. Juni 1932, S. 5: „An unsere Leser".
741 NNZ, Nr. 128 vom 11. Juni 1932, S. 11: „An unsere Leser". „Illustrierte Romanbeilage" im Original gesperrt.

Mit der Übernahme des neuen, radikaleren „Kampfblatt"-Konzepts am 18. Juli 1931 wurde der Kurswechsel auch im Zeitungskopf dokumentiert: Der Untertitel „Augsburger Lokal-Anzeiger" und „Schwäbischer Beobachter" verschwanden, dafür wurde die „NNZ" zum „Kampfblatt der N.S.D.A.P. Gau Schwaben" deklariert.[742] Mit der Einführung eines aggressiven Rot-Tons als Zusatzfarbe im Zeitungskopf zwei Nummern später sollte die kämpferische Note unterstrichen werden und sofort ins Auge stechen.[743] Nun wurde die bislang schraffierte Abkürzung „NZ" rot gedruckt und ebenso der Überschriftsbalken des Aufmachers auf der ersten Seite – damit ähnelte die erste Seite der „NNZ" noch mehr einem Flugblatt als früher. Jedoch konnte diese Zweifarbigkeit nicht durchgehalten werden. Eine zusätzliche Farbe bedeutete nun einmal einen finanziellen Mehraufwand.

Ab 2. November 1931 mussten sich die Bezieher an einen gänzlich neuen Zeitungskopf gewöhnen.[744] Die Frakturschrift für den über zwei Zeilen aufgegliederten Zeitungstitel „Neue National-Zeitung" wich einer Versalschrift, der „Bernhard-Antiqua".[745] Links oben befanden sich die Nummer der Ausgabe und der Einzelpreis, rechts der Erscheinungsort, Tag sowie Datum. In der Unterzeile wurde das NS-Organ auf der linken Seite nun als „Kampfblatt für Ehre, Freiheit und Brot" annonciert – damit griff die „NNZ" wieder die alte Forderung des „DM" von 1926 auf -, dazwischen befand sich eine doppelt umrahmte Swastika, die ab 4. Dezember mit den Partei-Attributen Eichenlaub und Adler versehen war,[746] rechts folgten politische Richtung und geographische Verbreitung: „N.S.D.A.P./Gau Schwaben". Damit wurde die Anerkennung durch die Münchner Zentrale signalisiert. Den beiden Kästen, die das Hakenkreuz trennte, konnte der Leser wiederum die rechtlichen Bedingungen entnehmen. Insgesamt wirkte dieser Kopf ruhiger und seriöser.

Ab 1. Januar 1932 sollte die Publikation, um sie für die Käufer attraktiver zu machen, eine wöchentliche – kostenlose – Bilderbeilage erhalten.[747] Dabei handelte es sich um die Ausgabe B des vom parteieigenen Eher-Verlag in München herausgegebenen „Illustrierten Beobachter" („IB"). Doch, wie gewohnt, brauchten die Abnehmer auch in diesem Fall Geduld. Aufgrund technischer Ursachen, so stand am 20. Januar 1932 zu lesen, verzögere sich ihr Erscheinen bis zum

---

742 NNZ, Nr. 104 vom 18. Juli 1931, S. 1. Siehe hierzu auch Kapitel II.2.4.
743 NNZ, Nr. 106 vom 21. Juli 1931, S. 1.
744 NNZ, Nr. 179 vom 2. November 1931, S. 1.
745 Nr. 127 vom 2. Juni 1933, S. 4: „Die ‚Neue National-Zeitung' als Kampfblatt der Bewegung".
746 NNZ, Nr. 207 vom 4. Dezember 1931, S. 1.
747 NNZ, Nr. 196 vom 21. November 1931, S. 2: „Stoßtrupp vor! Aufruf! Parteigenossen u. Anhänger Adolf Hitlers!"

1. März.[748] Da Fotos bislang Mangelware gewesen waren, stellte es einen echten Fortschritt dar, als am 14. Januar erstmals eine richtige Bilderseite unter dem Titel „NS-Rundfunk aus aller Welt",[749] ab 1. Oktober dann umbenannt in „Der tägliche Bildbericht", erschien.[750] Die Aufnahmen, mit kurzen Unterschriften betextet, zeigten nationale und internationale Ereignisse und dienten in erster Linie zur Unterhaltung. Ursprünglich sollte der „NS-Rundfunk" wohl nur die Zeit bis zur „IB"-Beilage überbrücken. Ab Mitte Mai 1932 war diese Fotoseite dann aber wieder täglich im Blatt.[751]

Der neu gestaltete Titel vom November 1931 überdauerte nur etwas über sieben Monate, als er erneut, ab Samstag, 18. Juni 1932, zugunsten einer wuchtigen „Wicking-Frakturschrift" ausgewechselt wurde, wie sie schon im ersten Zeitungskopf verwendet worden war.[752] Der Zeitungsname verteilte sich erneut über zwei Zeilen, wobei das Wort „National-Zeitung" eindeutig die Aufmerksamkeit erregte, wohingegen das verhältnismäßig klein gedruckte Wort „Neue" fast völlig unterging. Diese äußere Veränderung hing ganz augenscheinlich mit der endgültigen inhaltlichen Abkehr vom „Kampfblatt"-Konzept zusammen. Jeglicher Hinweis darauf war nun verschwunden, die Unterzeile griff wieder die früheren geographischen Angaben „Augsburger Lokalanzeiger" – „Schwäbischer Beobachter" auf. Jahrgang, Nummer und Preis hatten links über dem Kopf ihren Platz; Ort und Datum fanden sich rechts oben. Eine Tagesangabe fehlte. Die rechtlichen Bedingungen standen nun nicht mehr in einer Art Kasten, sondern säumten links und rechts außen die Unterzeile. Der sehr naturalistisch dargestellte Adler mit dem Hakenkreuz im Eichenlaub stand in der Mitte in der Unterzeile als „Kampfblatt für Ehre, Freiheit und Brot der N.S.D.A.P./Gau Schwaben" definiert, als ob die Redaktion doch noch unschlüssig sei, das Kapitel „Kampfblatt" auch offiziell abzuschließen.[753]

Ab Dienstag, 21. Juni, galt nur noch die Fassung vom Samstag und zwar mit Tagesangabe. Mit dem 1. August 1932 erschien das nationalsozialistische Organ in zwei Ausgaben: in einer Ausgabe A für den Stadtbezirk und in einer Ausgabe B für den Landbezirk.[754]

---

748 NNZ, Nr. 13 vom 20. Januar 1932, S. 3: „An alle Leser der ‚Neuen National-Zeitung'".
749 NNZ, Nr. 10 vom 14. Januar 1932, S. 5.
750 NNZ, Nr. 222 vom 1. Oktober 1932, S. 5.
751 Ab NNZ, Nr. 111 vom 21. Mai 1932.
752 NNZ, Nr. 134 vom 18. Juni 1932, S. 1 – Nr. 127 vom 2. Juni 1933, S. 4: „Die ‚Neue National-Zeitung' als Kampfblatt der Bewegung".
753 NNZ, Nr. 135 vom 20. Juni 1932, S. 1.
754 NNZ, Nr. 162 vom 21. Juli 1932, S. 10: „An unsere Abonnenten und Postbezieher!"

2.11.2. Sprache und Themen

Primär war die „NNZ" eine Art Mitgliederorgan auf Stadt- und Gau-Ebene dar, das motivieren, mobilisieren, indoktrinieren, führen und disziplinieren, aber auch als Argumentationshilfe dienen sollte.[755] Die „NNZ" lebte vom und für den politischen Einsatz, wobei sie bis zur Machtübernahme für den Spagat versuchte, innerhalb des von der Münchner Parteiführung immer enger gezogenen Rahmens für die Zeitungen der Bewegungen eine eigenständige publizistische Standortbestimmung für den ‚Gau' Schwaben vorzunehmen: Die „NNZ" sollte in erster Linie der Binnenkommunikation dienen. Der „NNZ" war, wie den nationalsozialistischen Publikationen überhaupt, nur eine unterstützende Funktion zugedacht. Sie sollten als „Artillerie der Propaganda wirken",[756] da dem gesprochenen Wort oberste Priorität eingeräumt wurde. Doch achteten der Gauleiter und seine Getreuen streng darauf, dass ‚ihre' Gründung auch ihre politische Linie vertrat.

Im konservativen Schwaben wurde jedoch lange nicht so scharf ‚geschossen' wie etwa beim Prototyp der Trommlerpresse, dem Berliner „Angriff", vielmehr passte sich die „NNZ" durchaus den Verhältnissen an. Nichts zeigt besser die Grenzen auf, an die die Redaktion in Stil und Sprache stieß, als die rasche Abkehr vom am 18. Juni 1931 eingeführten „Kampfblatt-Konzept" zu einem Zeitpunkt, am 17. September 1931 nämlich, als es gerade erst bei anderen NS-Zeitungen zum Durchbruch gekommen war.[757] So richtig kämpferisch ging es ohnehin eigentlich nur in der Rubrik „Die braune Front" zu, welche sich speziell an die SA wendete, aber, wie erwähnt, im November 1931 eingestellt wurde. Die Mitglieder der Parteiarmee bildeten vor allem am Anfang eine wichtige Leserklientel, deren Gemeinschaftsgeist und Zusammengehörigkeitsgefühl im Sinne der Partei entsprechend geschmiedet werden sollte.

Zunächst vertrat die „NNZ" in gemäßigtem Stile die Ansichten der nationalsozialistischen Linken, die eine reine Angriffspropaganda ablehnte und sich stattdessen auf die politische Überzeugungsarbeit und die ‚positiven' Ziele der Bewegung konzentrierte.[758] Unter der Überschrift „Aufgaben der nationalsozialistischen Presse" veröffentlichte der erste Hauptschriftleiter des Blattes, Hans Freiherr von Zobel, am 28. Februar 1931 eine Art Programm der „NNZ": „Wir haben täglich Aufklärungsarbeit zu leisten, wir haben dem Leserkreis zu vermitteln, alles was der Nationalsozialismus lehrt und was er will, was er erstrebt, und wir haben die Geschehnisse zu melden, die im großen Kampf der Partei, der

---

755 Siehe hierzu auch die Beobachtungen im Zusammenhang mit der nationalsozialistischen „Schleswig-Holsteinischen Tageszeitung" bei RIETZLER, „Gegründet 1928/29", S. 121ff.
756 WOWERIES, „N.S.-Presse II", S. 107.
757 Zum gescheiterten „Kampfblatt-Konzept" siehe Kapitel II.2.4.
758 Vgl. PAUL, Aufstand, S. 51f.

Bewegung sich ereignen. Wir haben zu berichten, was unsere Redner allenthalben im Reich verkünden, im Auftrag und im Namen des Führers, und wie die Bewegung in Deutschland sich entwickelt, wie sie wächst, wie die Versammlungstätigkeit sich entfaltet, wie und wo Zusammenkünfte oder Tagungen stattfinden."[759] Dies sei freilich nur Dienst an der Partei, direkter Dienst am Volk sei es, das „System, das nicht zum Wohle unseres Volkes, sondern zum Wohle seiner Nutznießer, zum Wohle der Revolutionsemporkömmlinge am Ruder steht", vom Steuer des Staatsschiffes hinweg zu stoßen und durch Angriff und Kampf über Bord zu werfen.[760]

Durch die Zeitung solle der Leserkreis politisch geführt werden – auch kulturell –, und zwar im Sinne der nationalsozialistischen Weltanschauung. Auch wolle man ihn mit der „Behandlung der großen Grundgebiete, die unserer Bewegung Ursprung und Leben geben", und mit so mancher Frage vertraut machen, die nicht so leicht zu verstehen sei.[761] Wichtig war für Zobel die Feststellung: „Wir sind Antisemiten."[762] Damit bezwecke man jedoch keine „frivole, unsoziale, gemeine Verfolgung einer anderen Rasse", vielmehr wolle man die Juden lediglich „zurückdrängen überall da, wo sie bis jetzt uns zurückgedrängt haben und sie sollen in unserem Lande nicht mehr die Herren, sondern nur die Gäste ohne staatspolitisch, wirtschaftlich und kulturell herrschenden Einfluß, ohne Herrentum über uns sein."[763]

Um das Blatt zu einem unentbehrlichen innerparteilichen Kommunikationsmittel auszubauen, war es unabdingbar notwendig, Veranstaltungshinweise, Berichte über Aktivitäten und Versammlungen der einzelnen Ortsgruppen zu veröffentlichen. Dazu gehörte jedoch auch der Abdruck von Bekanntmachungen, Anordnungen oder Befehlen der Parteizentrale, der Gauführung und der Kreisleitungen sowie sonstiger Parteigliederungen in voller Länge. Damit sollten die Mitglieder und Sympathisanten an das Blatt gebunden werden. Zur ideologischen Schulung und straffen Ausrichtung der Getreuen bestückte die Redaktion den Zobelschen Versprechungen die „NNZ" mit Artikeln, Abhandlungen und Kommentaren führender Parteistrategen und Parlamentarier, die sich mit allen möglichen Facetten des Parteiprogramms beschäftigen.

Nicht fehlen durften Grundsatzreferate zu nationalsozialistischen Positionen, um die Leser auf der Parteilinie der Gauleitung um Karl Wahl zu halten. Diese seitenlangen Traktate wurden vor allem ab November/Dezember 1931 publiziert, als die personelle Besetzung der Schriftleitung sehr dezimiert worden war.

---

759 NNZ, Nr. 7 vom 28. Februar 1931, S. 7. Das Zitat „sollen in unserem" bis „über uns sein" im Original gesperrt. Der Artikel bezieht sich auf einen Vortrag Zobels.
760 *Ebd.* „System" im Original gesperrt, Zitat fett.
761 *Ebd.*
762 *Ebd.*
763 *Ebd.* Zitat im Original gesperrt.

Sie mussten nicht redigiert werden und füllten das Blatt. Im Übrigen verbreitete die „NNZ" riesige Berichte aus dem Augsburger Stadtrat, wobei die Meinung der drei Stadträte, die die NSDAP seit 1929 in dem Gremium stellte, in aller Ausführlichkeit berücksichtigt wurde.

Hauptperson in der Zeitung war selbstredend der Parteiführer Adolf Hitler, demgegenüber sich Redaktion und Verlag bis zum Zusammenbruch 1945 stets völlig unkritisch und in devotestem Ton verhielten. Er wurde zu einer Art Heil bringendem Messias stilisiert, dem sich der Nationalsozialist auf Gedeih und Verderb zu verschreiben hatte, damit Deutschland gerettet werden würde.[764] Dieser ‚Führermythos', der auf Goebbels zurückgeht, sollte sich in den kommenden Jahren erst noch zur vollen Blüte entfalten.[765] In besonderem Maße ist dies bereits im Wahlkampfjahr 1932 zu beobachten, als sich die gesamte NS-Presse ab Januar im Zusammenhang mit dem Votum um das Amt des Reichspräsidenten erstmals einer zentralen Steuerung unterwerfen musste.[766]

Die insgesamt 13 Wahlkämpfe wurde bewusst, was die Organisation und die Propagandatechnik betraf, nach amerikanischem Muster geführt. Die Deutschlandflüge Hitlers waren etwas ganz Neuartiges und die Berichterstattung über sie war es nicht minder, da die Texte mittels neuartiger Technik, des so genannten Meldekopfsystems, sofort in alle Parteizeitungen weitergeleitet wurden, weil sie diese aktuell mitzunehmen hatten.[767] Unzählige Grundsatzbelehrungen und nicht minder endlose Wahlreden füllten die „NNZ" 1932. Sprachen Hitler oder hohe Parteichargen, durften diese Referate nicht gekürzt werden und waren stets gut zu platzieren.[768] Insgesamt wirkte das Blatt in diesem Jahr wie eine Art schriftliche Parteiversammlung oder ein Wahlplakat mit erweitertem Textteil.

Feindbilder pflegte die „NNZ" mit Hingabe: Der Dauerstreit mit der konkurrierenden Augsburger Presse nahm rituelle Züge an. Dabei gab es zwei besonders heftig befehdete Blätter: zum einen war das die katholische „Neue Augsburger Zeitung", die „schwarze Kathl", wie sie die Nationalsozialisten gerne bezeichneten, zum anderen suchte sie die Auseinandersetzung mit der sozialde-

---

764 Zum Beispiel das im Zusammenhang mit der Stennes-Meuterei abgedruckte Bekenntnis in NNZ, Nr. 36 vom 4. April 1931, S. 7: „Es lebe unser Führer". Darin Aufruf des Gauleiters: „Parteigenossen des Gaues Schwaben".
765 Zum Führermythos siehe HERZ, Hoffmann & Hitler, S. 162ff. und 202ff.
766 Vgl. KREBS, Tendenzen, S. 112.
767 Vgl. HERZ, Hoffmann & Hitler, S. 190ff.
768 Über die praktische Durchführbarkeit dieser Anweisung berichtet KREBS, Tendenzen, S. 112. Darin beklagt sich der Autor, dass sich die Tätigkeit der Schriftleitung auf die Korrektur und das Redigieren der bei der Durchsage halb verstümmelten Reportagetexte und der schlecht lesbaren Abzüge der eintreffenden „Auflageartikel" beschränkt habe. Noch schlimmer und bedrückender sei jedoch die Uniformierung und Verflachung der gelieferten Berichte gewesen.

mokratischen „Schwäbischen Volkszeitung", die sie unter anderem als „Rote Lügenamsel vom Rosenauberg" oder „Schäbige Volkszeitung" beschimpfte. Zimperlich ging es dabei jedoch auf beiden Seiten nicht zu, denn gerade beim SPD-Organ scheute man sich ebenfalls nicht vor heftiger Polemik oder vor Gerichtsverhandlungen wie etwa 1932, als Anton Saule von der „NNZ" und Josef Felder („SV") als Gegner in einem Verleumdungsprozess vor dem Richter standen.[769] Unter der Rubrik „Wie sie lügen" bekam auch die nichtregionale Presse ihr Fett ab.

Neben den Kommunisten galten den nationalsozialistischen Blattmachern die Sozialdemokraten als schlimmste Widersacher: „Rotmord" wurde immer im Zusammenhang mit Straßenschlachten, Schlägereien und Überfällen gebraucht, wenn darin Vertreter dieser beiden Linksparteien verwickelt waren. Diese erwiesen sich stets als heimtückisch, den offenen Kampf vermeidend und hinterhältig, während der heroische SA-Mann das genaue Gegenteil darstellte. Der Nationalsozialist musste sich durch diese dauerhaft nach dem gleichen Schema ablaufende Berichterstattung ständig als verfolgt, angefeindet, benachteiligt, als einsamer Streiter für Deutschlands Zukunft betrachten, der gegen eine korrupte, dekadente Regierung antrat. Durch diese nur in schwarz und weiß unterscheidende Rhetorik war auch nur eine Charakterisierung in Freund und Feind der Bewegung möglich.

Diese beschränkte Weltsicht der „NNZ" ließ keinen Blick über den nationalsozialistischen Tellerrand zu. Die Redaktion reduzierte und simplifizierte die stofflichen Inhalte und maß sich dabei an, über gut und böse, krank und gesund, schädlich und nützlich entscheiden zu können.[770] Begriffe wie „Heimat", „Volk" und „Kampf" wurden in den Dienst der Bewegung gestellt und erhielten eine eigene, nationalsozialistische Konnotation – sie dienten als Schlüsselworte für Propagandazwecke.

Angriff und Diffamierungen gegen die ‚Systemregierung', verkörpert durch die sozialdemokratischen Partei- und Gewerkschaftsbonzen, gegen deren Politik und natürlich gegen die parlamentarisch-demokratische Verfassung, die die Nation nach Meinung der „NNZ" in den Untergang trieb, gehörten zum täglichen Brot des Blattes. Dies muss allerdings auch vor dem Hintergrund des Kampfes um die Arbeiter als Leser des Augsburger NS-Blattes, aber auch als Parteimitglieder gesehen werden.

Die katholische Kirche war ebenfalls von Anfang an immer wieder gut für einen Hetzartikel. Die Auseinandersetzung kulminierte dann um die Jahreswende 1932/33 in dem berühmt gewordenen Schlagabtausch zwischen Dr. Hans Rost von der „Augsburger Postzeitung" und „NNZ"-Hauptschriftleiter Josef

---

769 NNZ, Nr. 161 vom 20. Juli 1932, S. 2: „Einen Augenblick, Herr Felder".
770 Vgl. dazu auch die Beobachtungen bei HAGEMANN, Publizistik, S.23.

Sewald, der sich das Pseudonym „Cato" zugelegt hatte. Unter der Themenstellung „Christus! – nicht Hitler" – Rost veröffentlichte seine Betrachtungen auch unter diesem Titel als Broschüre – diskutierten die beiden Kombattanten in ihren jeweiligen Medien über die (Un-)Vereinbarkeit zwischen Nationalsozialismus und Christentum.[771]

Beleidigende Ausfälle gegen die Juden und primär ihre Warenhäuser wiederholten sich häufig, das sich das Augsburger Blatt ja als Kämpfer für den Mittelstand profilieren wollte. Da kam es sehr zustatten, dass die Streitigkeiten, die die „NNZ" aufgrund einer Anzeige gegen jüdische Geschäftsleute in der ersten Nummer provoziert hatte, in der Öffentlichkeit immer wieder aufgewärmt werden konnten. Fettgedruckte Propagandaformeln wie „Hausfrauen! Kauft beim Mittelstand!" sollten diese Kampagne noch augenfällig unterstützen.[772] Dahinter steckte die Erkenntnis, dass prägnante Kurzformeln nun einmal besser im Gedächtnis haften blieben als seitenlange theoretische Begründungen.

Überhaupt bemühte sich die teilweise mit Laien besetzte Schriftleitung um eine leicht verständliche Sprache in der „NNZ",[773] die oft ungelenk und verklausuliert oder wie gesprochen klang. Das gebrauchte Vokabular war überschaubar, in vielen Fällen sogar stereotyp, Fremdwörter wurden vermieden. Mit der Rechtschreibung haperte es manchmal und mit der Grammatik nahmen es die Autoren ebenfalls nicht immer genau. Manchmal erinnerte das Layout der Publikation in der Tat an ein Flugblatt: Je nach Tagesform bemühten sich die Redaktionsmitglieder – auffallend ist das in der „Kampfblatt-Phase" – um reißerische, prägnante Überschriften, die es jedoch mit der Primitivität des Vor-Vorgängerorgans, dem „Deutschen Michl", nicht aufnehmen konnte.

Die Politik wurde in der oberflächlichsten Weise vereinfacht, denn das Zielpublikum bildeten ja keineswegs die Intellektuellen, sondern die breite Masse ohne höhere Schulbildung war es, deren Instinkte und Ressentiments mit leicht verständlichen Bildern und Assoziationen angeheizt werden sollten.[774] Das Blatt bekam dadurch einen aggressiven Ton. Diese Technik ging auf den späteren Propagandaminister Goebbels zurück. Dazu gehörte etwa die konsequente Wiederholung von einfachen Parolen und Schlagwörtern:[775] Von einer feinen Psychologisierung der Leser konnte also nicht die Rede sein.[776] Im Endeffekt bestimmte die Parteiredner-Phraseologie auch den Duktus der „NNZ" – mit dem

---

771 Näheres bei WALZEL, Postzeitung, S. 190f. sowie Kapitel I.3.2.
772 NNZ, Nr. 211 vom 9. Dezember 1931, S. 4.
773 Zur publizistischen Technik der Nationalsozialisten siehe HAGEMANN, Publizistik, S. 146-204.
774 Vgl. BRAMSTED, Goebbels, S. 73. – NOLLER/von KOTZE (Hg.), Facsimile-Querschnitt, S. 13.
775 Vgl. HAGEMANN, Presselenkung, S. 13.
776 Vgl. BRAMSTED, Goebbels, S. 73.

Unterschied allerdings, dass die Themen vielfältiger waren als bei einer Wahlversammlung.

Militärischer Jargon, Imperative und Ausrufezeichen sollten das Kämpferische der Bewegung sprachlich untermauern, um dadurch den Eindruck eines dauerhaften Aktionismus zu erzeugen. Die Bezieher, an deren Opfermut, Gemeinschaftsgeist und Pflichterfüllung ständig appelliert wurde, sollten schon durch den Schreibstil das Gefühl einer vorwärts strebenden, jungen, dynamischen Partei anzugehören, vermittelt bekommen, die ein bestimmtes Ziel erreichen möchte und dies auch schafft. Es herrschte fast eine Art Dauerkriegszustand im Blatt.

Mit Fettdruck und Sperrungen im Text wurden wichtige Aussagen auf den ersten Blick herausgehoben. Gebetsmühlenartig kehrten bestimmte Themen – etwa Nationalsozialismus und Landwirtschaft, Nationalsozialismus und Arbeiter, Nationalsozialismus und Beamtenschaft wieder, nur die Autoren wechselten. Die Artikel waren so abgefasst, dass sie die gewünschte Tendenz in sich trugen. Auf den Wahrheitsgehalt kam es dabei nicht so sehr an, vielmehr wurde alles dem Nutzen der Partei untergeordnet,[777] wie auch die Verbote der „NNZ" in der schon in der ersten Nummer vom 21. Februar 1931 skizzierten Rolle einer aufrechten, furchtlosen und ehrlichen Streiterin gegen die Missstände in der Augsburger Verwaltung und Politik.[778]

Gerade weil sie diese Ziele verfolgte, sah sie sich und die NSDAP als zu unrecht verfolgt von ‚systemtreuen' Behörden und Zeitungen, die jede Gelegenheit nutzten, um sie zu schikanieren. Dass es mit diesen eigenständig recherchierten Enthüllungsartikeln nicht sehr weit her war, schien die „NNZ" nicht von derartigen Behauptungen abzuhalten. Spärlich gesät waren ebenfalls die bunten Geschichten und Reportagen im keineswegs üppigen Augsburger Lokalteil. Im Laufe der Zeit steigerte der Provinzteil seinen Umfang und veröffentlichte einiges aus den Regionen Schwabens, wo sich entweder ein Kopfblatt etabliert hatte oder wo es einen regen Pressewart in der Ortsgruppe gab. Wer zu seiner täglichen ideologischen Unterweisungen noch etwas internationale Politik lesen wollte, der erhielt ein absolutes Minimum an derartigen Informationen. Eigene Korrespondenten im Ausland oder in der Hauptstadt konnte sich die „NNZ" ohnehin nicht leisten, daher suchte der Bezieher auch vergeblich nach Hintergrundberichten zu aktuellen Themen. Das Feuilleton fristete ebenfalls ein kärgliches Dasein, wobei aber lokale Konzerte oder Theateraufführungen stets besetzt waren. Das traf auch auf Kinobesprechungen zu. Auflockerung lieferten häufig Sonderseiten zu allen möglichen Gebieten, die von Materndiensten billig bezogen wurden.

---

777 Vgl. HAGEMANN, Presselenkung, S. 13 und S. 18.
778 Zu den Verboten siehe Kapitel II.2.5.

Die Romane sollten das weibliche Publikum an die „NNZ" binden. Oft wurden zwei Fortsetzungsgeschichten parallel abgedruckt. Natürlich mussten auch sie ideologischen Kriterien Stand halten.

III. Gaublatt im Dritten Reich

1. Die Folgen der Machtübernahme Hitlers für die „NNZ"

1.1 Letzte Gefechte mit den Behörden

Am Vormittag des 30. Januar 1933 wurde Adolf Hitler vom Reichspräsidenten Paul von Hindenburg als Kanzler des Deutschen Reiches und Chef einer Koalitionsregierung aus NSDAP, DNVP und Parteilosen vereidigt.[779] Nun galt es für Hitler und seine Gefolgschaft das Ziel, die Parteidemokratie abzuschaffen und sie durch einen „Führerstaat" zu ersetzen, in die Tat umzusetzen. Dazu mussten zunächst einmal die Wahlen am 5. März 1933 gewonnen werden. Daher starteten die Nationalsozialisten eine propagandistische und medienpolitische Offensive, wie es sie nie zuvor in Deutschland gegeben hatte.[780]

Parallel dazu gab es schwere Repressionen gegen die politischen Gegner, wovon besonders die Kommunisten, aber auch die SPD betroffen waren. Gesetzliche Maßnahmen durch die Verordnung „Zum Schutz von Volk und Staat" vom 28. Februar lieferten die Rechtsgrundlagen hierfür. Zu den Transformatoren dieser Kampagne in der Öffentlichkeit gehörten natürlich auch die Zeitungen, die in den Diensten der Partei standen.

a) Die Nummer 27 vom 3. Februar 1933

Anfang 1933 begann die „Neue National-Zeitung" ein regelrechtes Trommelfeuer gegen führende katholische Politiker des Zentrums und der BVP, aber auch gegen die katholische Presse in Augsburg. Der besonders dreiste Artikel „Kampf dem Reichsfeind" vom 3. Februar[781] – durch die am 30. Januar angetretene Kanzlerschaft Hitlers witterte die Schriftleitung bereits Morgenluft – beschäftigte sogar höchste bayerische Regierungskreise. In einer einzigen Hasstirade reihte sich dabei eine gehässige Passage an die nächste.

Innenminister Dr. Karl Stützel leitete den betreffenden Teil deswegen Ministerpräsident Dr. Heinrich Held zu.[782] Die Aussagen, um die es ging, waren in einer beigelegten Ausgabe unterstrichen. Unter anderem hieß es darin: „Es ist dieselbe rote und schwarze Kanaille, die die Blutschuld des Novemberverbrechens in ihrem Mantel trägt, es sind dieselben erbarmungslosen Hasser deutschen Wesens..." oder „diese Parteien sind bei Gott keine Teile des Volkes mehr..."; weiter waren Sentenzen wie die „größte Blutsaugerorganisation unse-

---

779 Näheres zum Kabinett bei FREI, Führerstaat, S. 43f.
780 Vgl. FREI/SCHMITZ, Journalismus, S. 21ff.
781 NNZ, Nr. 27 vom 3. Februar 1933, S. 1f.
782 HStA München, MA 106252, Schreiben an Innenminister Dr. Stützel, 5. Februar 1933.

rer Geschichte", "Parasitentum", "die schamlose Sprache ihrer verlumpten Presse" oder "60 Jahre hat die Zentrumspartei ihre Zersetzungsarbeit am deutschen Nationalgedanken mit Erfolg durchführen können" in dem Artikel veröffentlicht worden.[783]

Der Innenminister, der eine Strafverfolgung hatte prüfen lassen, wurde in einem schon resigniert klingenden Schreiben vom 5. Februar, über das er den Ministerpräsidenten ebenfalls informierte, auf eine fehlende Handhabe zur Beschlagnahme des Blattes durch die Polizei hingewiesen.[784] Weder § 6 der Reichspresseverordnung vom 19. Dezember 1932 (Hochverrat, Landesverrat, Verrat militärischer Geheimnisse) noch § 23 des Reichspreßgesetzes (Vorläufige Beschlagnahme wegen Aufforderung zu strafbaren Handlungen nach § 111 StGB, Hochverrat, Anreizen zum Klassenkampf, Sittlichkeitsvergehen) kämen als Tatbestand in Frage. Lediglich einer einfachen Beleidigung nach § 185 StGB wurde eine gewisse Erfolgsmöglichkeit eingeräumt.

Ob der Richter eine „sogenannte Kollektivbeleidigung durch Anwendung einer entsprechenden Kollektivbezeichnung" so gelten lasse, dass sie der einzelne Angehörige der in dem Artikel genannten Parteien auf sich beziehen könne, sei auf Grund der sehr schwankenden Gerichtspraxis nicht vorauszusagen, hieß es in einem Schreiben an Dr. Stützel.[785] Offenbar war das Vertrauen in die Justiz schon sehr gesunken: „Nach den Kommentaren ist nicht anzunehmen, daß Aussicht auf eine Verurteilung bestünde."[786] Das Zentrum als solches oder die SPD als solche seien jedenfalls kein Beleidigungsobjekt. In der Tat gab es kein gerichtliches Nachspiel für die „NNZ". Die Demokraten wurden nicht nur beschimpft, sie ließen es sich auch gefallen. Sie hatten, wie es scheint, den Glauben an den Rechtsstaat ebenfalls schon verloren.

---

783   NNZ, Nr. 27 vom 3. Februar 1933, S. 1.
784   HStA München, MA 106252, Schreiben an Innenminister Dr. Stützel, 5. Februar 1933.
785   *Ebd.*
786   *Ebd.*

b) Die Nummer 51 vom 2. März 1933

Ein Verbot der sozialdemokratischen „Schwäbischen Volkszeitung" am 2. und 3. März 1933 wegen Verächtlichmachung der Reichsregierung und des Reichskanzlers[787] bot der „NNZ" einen willkommenen Anlass, in einem drei Tage vor der Reichstagswahl erscheinenden Artikel unter der Überschrift „Die Schwäbische Volkszeitung verboten!" mit ihrer Intimfeindin abzurechnen.[788] Im Bewusstsein der sich immer mehr zu ihren Gunsten verändernden politischen Verhältnisse war es für das NS-Blatt ein Leichtes, Drohungen gegenüber zwei besonders von ihr befehdeten Redakteuren – Georg Simon und Josef Felder – zu publizieren, da mit einer Strafverfolgung in diesem politischen Stadium kaum mehr zu rechnen war: Die beiden Herren hätten es bis jetzt nur der Disziplin der SA und der SS zu verdanken, „wenn der jüngere der Vorgenannten nicht schon längst die körperliche Züchtigung erfahren habe, die in einer solchen Zeit, in der die Einmütigkeit des gesamten Volkes oberstes Gebot ist, für derartige Parteiwanzen das einzig Richtige wäre", schrieb die „NNZ".[789]

Obgleich die Nationalsozialisten schon deutliche Einschnitte in die bereits in der Weimarer Ära durch Notverordnungen beschnittenen demokratischen Grundrechte vorgenommen hatten und diese nur allzu gerne recht einseitig gegen ihre politischen Gegner anwendeten, erhielt die „NNZ" von der Polizei noch keine Rückendeckung, wurde vielmehr ein letztes Mal verwarnt. In dem Schreiben des Augsburger Polizeipräsidenten Dr. Eichner an Hauptschriftleiter Josef Sewald berief sich dieser auf die kurz zuvor in Kraft getretene „Verordnung des Reichspräsidenten zum Schutze des deutschen Volkes" vom 4. Februar, „die auch für die Presse der Nationalsozialistischen Deutschen Arbeiterpartei gilt."[790] Fast möchte man bei diesem nochmaligen Aufbäumen der Demokratie ein wenig Ironie aus dem letzten Halbsatz herauslesen. Immerhin sollten hier die Nationalsozialisten mit ihrer eigenen Gesetzgebung geschlagen werden. In der Verwarnung verwies der Polizeipräsident, der in dieser Situation durchaus Mut bewies, dezidiert auch auf die Möglichkeit eines Verbotes für Zeitungen nach § 9 Absatz 1 Ziffer 3 der Verordnung, die zu Gewalttätigkeiten anreizten oder dazu aufforderten. Und als eine solche „Anreizung zu Gewalttätigkeiten" schätzten die Behörden den Artikel gegen die „SV"-Redakteure ein.[791] Bei einer Wiederholung drohten schärfere Bestimmungen. Nach dem 5. März war das kein Thema mehr.

---

787 Näheres hierzu in Kapitel III.3.3.
788 NNZ, Nr. 51 vom 2. März 1933, S. 7.
789 Ebd.
790 BA Berlin, NS 26/1065, An die Schriftleitung der Neuen National-Zeitung, 3. März 1933.
791 Ebd.

2. Die Wahlen vom 5. März 1933 und ihre Folgen

Obgleich sie mit der DNVP koalieren musste, ging die NSDAP als Siegerin der Reichstagswahlen am 5. März 1933 hervor.[792] Sie erreichte im Reichsdurchschnitt 43,9 Prozent, die Hugenberg-Partei acht Prozent. In Augsburg freilich lag die Hitler-Bewegung mit 32,3 Prozent weit unter ihrem deutschlandweiten Schnitt und auch die Deutschnationalen bekamen hier nur 5,6 Prozent der Stimmen. Die BVP verbuchte am Lech immerhin noch 27,1 Prozent. SPD und KPD kamen trotz massiver Behinderungen auf 23 beziehungsweise 10,2 Prozent (Reichsdurchschnitt: 18,3 beziehungsweise 12,3 Prozent).

2.1 Die Machtübernahme der Nationalsozialisten in Augsburg

Die nationalsozialistische Ära in Augsburg fing am 9. März 1933 mit einem dramatischen Auftritt an: „Die Augsburger SA und SS war bereits in aller Frühe alarmiert worden. Schon um 4 Uhr früh hatten SS-Leute den Perlachturm bestiegen und dort die Hakenkreuzfahne gehißt. Gegen ¾ 9 erschien dann ein starker Trupp SA und SS am Rathause und besetzte dasselbe. Der Gauleiter, Landtagsabgeordnete Wahl, hißte zusammen mit einem anderen SA-Führer die Hakenkreuzfahne aus einem Fenster des Goldenen Saales", schilderte die „NAZ" die illegalen Übergriffe.[793]

Bei diesem ersten Sturm auf den Turm handelten der SS-Sturmbannführer und spätere Kommandant des Dachauer Konzentrationslagers, Hans Loritz, und seine Mannen offenbar ohne Wissen der Parteileitung.[794] Da ein Polizeibeamter

---

792 Vgl. zu den Wahlergebnissen: „Reichstagswahlergebnisse in Augsburg 1928-33", in: Hakenkreuz, S. 9. – HETZER, „Industriestadt", S. 72. Hier sind die Resultate der Reichstagswahlen zwischen 1919 und 1933 zusammengestellt. Die Ergebnisse der Reichstagswahlen zwischen 1928 und 1933 in ganz Deutschland bei DOMARUS, Nationalsozialismus, S. 25 Anmerkung 2.

793 „Der 9. März 1933: Die Vorgänge vor dem Rathaus"; Aus der Neuen Augsburger Zeitung (10. März 1933), in: Hakenkreuz, S. 11. Schon in der NNZ, Nr. 58 vom 9. März, S. 6, erschien ein Bericht über die Aktion unter dem Titel „Augsburg unter dem Hakenkreuz". Ein ausführlicher Bericht folgte dann in der NNZ, Nr. 59 vom 10. März 1933, S. 2: „Deutsche Revolution in Augsburg!" mit Bildern auf den Seiten 1 und 6. Der Hergang der Geschehnisse wurde darin etwas modifiziert dargestellt und ist bis heute nicht ganz rekonstruiert worden.

794 Anfangs muss der Ärger ziemlich groß gewesen sein, wie noch ein wenig aus dem Bericht in der NNZ, Nr. 59 vom 10. März 1933, S. 2: „Deutsche Revolution in Augsburg!" durchscheint: „Es war ein etwas voreiliges Husarenstückchen außerhalb der von der politischen Leitung geplanten Aktion zur Besetzung des Augsburger Rathauses im Laufe des Donnerstags. Den SS.-Männern, die keine Kenntnis von den geplanten Maßnahmen hatten, sei jedoch heute ob ihres frischen Draufgängertums kein Vorwurf mehr zu machen."

drei uniformierte Personen beobachtet hatte, wie sie sich Zugang zum Perlachturm verschafften, war die Stadtverwaltung gewarnt.[795] Der eigentlich für den Morgen geplante Überraschungscoup schien gefährdet, doch niemand stellte sich Karl Wahl und der SA in den Weg.[796] Allerdings wurde auch nichts dem Zufall überlassen: Hätte sich Widerstand geregt, so wäre es an SA-Oberführer und Sonderkommissar Hermann Ritter von Schöpf gelegen, dem Stadtrat „ebenfalls eindeutig und unmißverständlich" die Situation zu erklären.[797]

Ebenso rückten allmählich starke Abteilungen der SA und der SS an, um den unteren Teil des Rathauses zu besetzen. Oberbürgermeister Dr. Otto Bohl versuchte zwar noch, die SA zum Einziehen der Fahne zu bewegen, als diese Bemühungen jedoch nichts fruchteten, rief er den Ältestenrat des Stadtrates zusammen.[798] Während dieser tagte, wurde eine weitere Hakenkreuzfahne aus dem Goldenen Saal des Rathauses entrollt, flankiert von der schwarz-weiß-roten und der weiß-blauen Flagge. Zu mehr als einem Protest konnte sich der Ältestenrat freilich nicht durchringen, vielmehr wollten seine Mitglieder die weitere Entwicklung der politischen Verhältnisse abwarten. „Damit hatten die Augsburger Nationalsozialisten nicht nur eine Mutprobe, sondern auch eine Machtprobe mit dem ‚alten System' bestanden, das durch die Hinnahme dieses Gewaltakts einmal mehr seine Schwäche demonstrierte."[799] Der ganz im Sinne der NSDAP verlaufene Tag klang abends mit einem Fackelzug von SA, SS und Stahlhelm, der in einer Kundgebung am Rathaus kulminierte, an der, so das nationalsozialistische Verlautbarungsorgan, 50.000 Personen teilgenommen haben sollen.[800]

Er habe, so der Gauleiter in seinen Memoiren, angesichts der Entwicklungen in Deutschland Anfang März den Plan gefasst, auf eigene Faust zu handeln, da auch in Bayern habe etwas geschehen müssen.[801] In München seien immer noch Pläne geschmiedet worden, als die Machtergreifung am Lech und im Gau

---

795 Vgl. Karl FILSER, „Augsburgs Weg in das ‚Dritte Reich'", in: Josef BECKER (Hg.), 1933 - Fünfzig Jahre danach, Die nationalsozialistische Machtergreifung in historischer Perspektive (Schriften der Philosophischen Fachbereiche der Universität Augsburg, Bd. 27), München 1983, S. 195-215, S. 195f. und S. 195 Anmerkung 5.
796 Neben Wahl soll der Stadtrat Rehm bei der Hissung der Hakenkreuzflagge aus dem Fenster des Goldenen Saales dabei gewesen sein. NNZ, Nr. 58 vom 9. März 1933, S. 6: „Augsburg unter dem Hakenkreuz". Dabei ist ein Fehler unterlaufen, denn im Bericht heißt es Stadtrat Brehm.
797 NNZ, Nr. 59 vom 10. März 1933, S. 2: „Deutsche Revolution in Augsburg!"
798 Vgl. „Der 9. März 1933: Die Vorgänge vor dem Rathaus"; Aus der Neuen Augsburger Zeitung (10. März 1933); in: Hakenkreuz, S. 11.
799 FILSER/SOBCZYK, „Augsburg", S. 615.
800 NNZ, Nr. 59 vom 10. März 1933, S. 2: „Deutsche Revolution in Augsburg!". In seinen Erinnerungen „... es ist das deutsche Herz", S. 87, spricht WAHL von der „größten öffentlichen Kundgebung, die je in Augsburg stattgefunden hat."
801 Vgl. WAHL, Herz, S. 86. – DERS., Patrioten, S. 46.

Schwaben schon erfolgreich über die Bühne gegangen sei. Er habe den Reichsinnenminister mit Hinweis auf die bedrohliche Lage um die Einsetzung des Generals von Epp als Reichskommissar für Bayern gebeten. Hitler sei ob dieser Eigenmächtigkeit zwar erstaunt gewesen, habe dem Ansinnen aber stattgegeben. Damit beharrte Wahl auch nach dem Ende der Diktatur auf einer glatten Geschichtsfälschung, die während des Dritten Reiches stetig wiederkehrend im März – übrigens mit zunehmender Ausschmückung der Ereignisse – in der „NNZ" nachzulesen war. In der Öffentlichkeit wurde das ‚Gedenkdatum' geradezu zelebriert.

Tatsächlich wurde Franz Xaver Ritter von Epp von Wilhelm Frick am Abend desselben Tages zum Staatskommissar für Bayern ernannt, jedoch geschah dies nicht auf Grund von Wahls Intervention, sondern auf der Basis der „Verordnung des Reichspräsidenten zum Schutz von Volk und Staat" vom 28. Februar 1933. Wurden nämlich laut § 2 „in einem Lande die zur Wiederherstellung der öffentlichen Sicherheit und Ordnung nötigen Maßnahmen nicht getroffen, so kann die Reichsregierung insoweit die Befugnisse der obersten Landesbehörde vorübergehend wahrnehmen."[802] Während der Gauleiter im Goldenen Saal die Hakenkreuzfahne hisste, waren die Aktionen, die zum Ende der demokratischen Regierung Held führten, bereits in vollem Gange. Lange bevor er an den Reichsinnenminister die Forderung nach einem Staatskommissar richtete, hatte Berlin seine Regieanweisungen für die Vorgänge in München fertig.[803]

Der Grund für Wahls dreiste Verdrehung der Tatsachen hatte eine tiefer gehende Ursache: Damit wollte er die Bedeutung des Gaues Schwaben und seines Gauleiters für die nationalsozialistische Bewegung hervorheben, um damit die im Zuge der Reichsreform immer wieder drohende Eingliederung Schwabens in den ‚Gau' Oberbayern unmöglich zu machen. Allerdings wurden diese Ängste erst im November 1937 beseitigt, als Hitler bei der 15-Jahr-Feier der Augsburger NSDAP entschied, den Gau Schwaben zu erhalten.[804] Auch nahm Wahl stets den Ruhm für sich in Anspruch, den braunen Umsturz herbeigeführt zu haben.

---

802   Reichsgesetzblatt, Teil I, S. 83.
803   Zu den Vorgängen in München siehe WIESEMANN, Vorgeschichte, S. 272ff. – Ortwin DOMRÖSE, Der NS-Staat in Bayern von der Machtergreifung bis zum Röhm-Putsch (Miscellanea Bavarica Monacensia, Dissertationen zur Bayerischen Landes- und Münchner Stadtgeschichte, hg. von Karl BOSL und Michael SCHATTENHOFER, Heft 47; Neue Schriftenreihe des Stadtarchivs München, Bd. 65), München 1974, S. 62ff.
804   Vgl. FILSER, „Augsburgs Weg", S. 201. So wurde beispielsweise 1934 behauptet, der Gau Schwaben habe „die nationalsozialistische Revolution in Bayern" ausgelöst. Dem Beispiel Augsburgs habe sich der Gau München-Oberbayern dann angeschlossen, als Wahl dem dortigen Gauleiter die Rathausbesetzung und die Übernahme der Macht gemeldet habe. NNZ, Nr. 56 vom 8. März 1934, S. 6: „Ein Ehrentag für Augsburg". Das Pikante an der Darstellung: Der angeblich von Wahl animierte Gauleiter Adolf

Während die Geschehnisse am 9. März zum größten Teil in lokaler Regie über die Bühne gingen, beruhte der weitere Gang der Ereignisse bis zum August 1933 auf Entscheidungen und Eingriffen der Reichs- und Landesbehörden.[805] Anfang April wurde der 1929 gewählte Augsburger Stadtrat auf Grund des „vorläufigen Gesetzes zur Gleichschaltung der Länder mit dem Reich" aufgelöst, dessen Umbildung die „NNZ" am 24. April vermeldete. Das Gremium sollte in seiner Zusammensetzung ein „lokales Spiegelbild des Ergebnisses der Reichstagswahl vom 5. März sein" und von 50 auf 36 Sitze reduziert werden.[806] Die KPD und ihre Splitterparteien durften die ihnen zustehenden Mandate erst gar nicht antreten, ihre Sitze wurden auf die übrigen Parteien verteilt. Obwohl die NSDAP nunmehr 14 Stadträte hatte und die DNVP zwei Vertreter entsandte, verfügten die beiden Koalitionspartner über keine absolute Mehrheit – die BVP und die SPD brachten es auf elf beziehungsweise neun Sitze. Am 2. Mai wurden dann das Gewerkschaftshaus und andere Gewerkschaftsbüros besetzt sowie Gewerkschaftsfunktionäre in Schutzhaft genommen.[807]

Am 12. Mai war die SPD – sie konnte nie vollständig an einer Ratszusammenkunft teilnehmen, weil sich immer ein Teil der Fraktion in Haft befand – letztmals bei einer Stadtratssitzung dabei,[808] rund sechs Wochen später, mit Schreiben vom 5. Juli, legte die BVP ihre Mandate nieder.[809] Ein großer Teil der Fraktionsmitglieder wurde zusammen mit SPD-Stadträten und weiteren Parteifunktionären Ende Juni in Schutzhaft genommen,[810] manche von ihnen traf es dabei bereits zum zweiten Mal. Die meisten von ihnen kamen am 4. Juli wieder frei, nachdem sie auf ihren Ratssitz verzichtet hatten. Auch die Deutschnationalen lösten sich selber auf. In der Regel rückten nun die Augsburger Ortsgruppenleiter auf die frei gewordenen Stadtratsposten. Oberbürgermeister Dr. Otto Bohl

---

Wagner, der gleichzeitig bayerischer Innenminister war, erwies sich als Wahls schärfster Widersacher im Streit um die Zusammenlegung der beiden Gaue. Zu den Eingliederungsbemühungen siehe auch WAHL, Herz, S. 90ff. – DERS., Patrioten, S. 48ff. Interessanterweise wurde 1938, als die Gefahr endgültig abgewendet war, in der ANZ, Nr. 59 vom 11. März 1938, S. 3: „Schwabens alte Kämpfer trafen sich am 9. März" zur Flaggenaktion usw. kein Wort im Bericht verloren.

805 Vgl. FILSER, „Augsburgs Weg", S. 201ff. – FILSER/SOBCZYK, „Augsburg", S.615ff.
806 NNZ, Nr. 83 vom 7. April 1933, S. 7: „Der Stadtrat aufgelöst" – NNZ, Nr. 95 vom 24. April 1933, S. 8: „Der neue Stadtrat ist gebildet".
807 „Hitlergruß im Goldenen Saal: Die Gleichschaltung des Stadtrates"; Aus der Neuen Augsburger Zeitung (26. April 1933), in: Hakenkreuz, S. 14.
808 Siehe hierzu auch NNZ, Nr. 111 vom 13. Mai 1933, S. 2: „Der Auszug der SPD aus dem Stadtrat", sowie S. 8: „Eine denkwürdige Stadtratssitzung".
809 Vgl. „SPD hinaus!" und „Stadtrat ohne BVP und SPD"; Aus der Neuen National-Zeitung (8. Juli 1933), in: Hakenkreuz, S. 15f.
810 Eine Liste der Verhafteten ist abgedruckt in „Gegner in der BVP und SPD"; Aus der Augsburger Postzeitung (28. Juni 1933); in: *ebd.*, S. 16.

musste mittlerweile ‚Urlaub' nehmen,[811] trat aber vorher noch aus der BVP aus. Zu seinem Nachfolger wurde Dr. Edmund Stoeckle gewählt, der jedoch im Herbst 1934 zurücktrat und so den Weg für den bisherigen zweiten Bürgermeister und Vertrauten Karl Wahls, Josef Mayr, freimachte. Die Reichsgemeindeordnung machte im März 1935 aus den Stadträten so genannte Ratsherren, die auf der Basis des Führerprinzips nun nicht mehr abstimmen, sondern dem Bürgermeister nur noch beratend zur Seite stehen durften.[812]

Sobald die Nationalsozialisten die Macht in Augsburg hatten, brachen braune Willkür und Gewalt über ihre tatsächlichen oder vermeintlichen Gegner herein. Allein in den Monaten März und April wurden 500 Personen – darunter Sozialdemokraten,[813] Kommunisten, BVP-Mitglieder, Ernste Bibelforscher[814] und Juden – in Schutzhaft genommen.[815] Bereits am 25. April 1933 kamen die ersten 81 Augsburger Schutzhäftlinge ins Ende März eröffnete Konzentrationslager Dachau.[816] Während des gesamten Jahres 1933 und noch im Frühling 1934 waren gerade die Arbeitervorstädte, in denen nach wie vor mit dem Kommunismus sympathisiert wurde, Ziele von Razzien und Hausdurchsuchungen der Polizei, da in diesem Milieu illegale Aktivisten oder Gruppen bis zu einem gewissen Grad Unterschlupf und Unterstützung fanden.[817] Dennoch gelang es den Beam-

---

811   Vgl. „Das braune Rathaus – Auch im Augsburger Rathaus: Totalität des Nationalsozialismus"; Aus der Neuen National-Zeitung (4. August 1933), in: Hakenkreuz, S. 16.
812   Vgl. hierzu „Stadtverwaltung nach dem Führerprinzip"; Aus der Neuen Augsburger Zeitung (28. März 1935), in: *ebd.*, S. 17.
813   Schadenfroh kommentierte die „NNZ" die Inhaftierung der linken Regimegegner. Beispielsweise titelte sie in der Nr. 66 vom 18. März 1933, S. 4: „Roter Parteitag im Katzenstadel. Die erste Liste der bisher in Schutzhaft genommenen Augsburger Marxisten" oder in der Nr. 71 vom 24. März 1933: „Hochkonjunktur im Katzenstadel. Der Wallfahrtsort der Linken".
814   Siehe hierzu auch die Untersuchung von Gerhard HETZER, „Ernste Bibelforscher in Augsburg", in: Bayern in der NS-Zeit IV: Herrschaft und Gesellschaft im Konflikt, Teil C, hg. von Martin BROSZAT/Elke FRÖHLICH/Anton GROSSMANN (Veröffentlichung im Rahmen des Projekts „Widerstand und Verfolgung in Bayern 1933-1945" im Auftrag des Bayerischen Staatsministeriums für Unterricht und Kultus, bearbeitet vom Institut für Zeitgeschichte in Verbindung mit den Staatlichen Archiven Bayerns), München/Wien 1981, S. 621-643.
815   Vgl. „Abrechnung mit den Feinden", in: Hakenkreuz, S. 45.
816   Vgl. Gerhard HETZER, „Das Dritte Reich: Schicksalsjahre auch für Augsburg", in: 2000 Jahre Augsburg, Das Buch zum Jubiläum, hg. von Willi SCHWEINBERGER, Augsburg 1984, S. 396-409, S. 401.
817   Vgl. Hartmut MEHRINGER, „Die KPD in Bayern 1919-1945: Vorgeschichte, Verfolgung und Widerstand", in: Die Parteien KPD, DPD, BVP in Verfolgung und Widerstand von Hartmut MEHRINGER, Anton GROSSMANN, Klaus SCHÖNHOVEN, in: Bayern in der NS-Zeit V, hg. von Martin BROSZAT und Hartmut MEHRINGER (Veröffentlichung im Rahmen des Projekts „Widerstand und Verfolgung in Bayern

ten relativ schnell, die personelle Führung des Widerstandes schon bis Sommer 1933 auszudünnen.

Zwar gab es auch Versuche, Ende 1934 und Anfang 1945 die KPD wieder aufleben zu lassen, doch blieben sie bedeutungslos.[818] Hingegen durften etwa zehn SS-Angehörige mit Duldung des neuen Polizeidirektors die Stadt bis ins Jahr 1934 ungestört terrorisieren.[819] Gauleiter Wahl deckte das Treiben, da er die SS im Kampf gegen die SA-Sonderkommissare, die sich überall einmischten, brauchte. Bereits am 1. April hatten die Augsburger Nationalsozialisten den Boykott jüdischer Geschäfte organisiert.[820] Damals soll es insgesamt 126 Betriebe gegeben haben, deren Inhaber Juden waren. Sie fielen im Laufe der kommenden Jahre der so genannten Arisierung anheim. Eine neue antisemitische Welle schwappte dann Anfang 1935 übers Land. Dennoch waren 1938 erst 180 der zurzeit der Machtübernahme 1030 Mitglieder der jüdischen Gemeinde ausgewandert.

Zu Repressionen kam es auch immer wieder gegen katholische Geistliche, kirchliche Jugendverbände und Mitarbeiter kirchennaher Institutionen.[821] Ein Versammlungsverbot für die katholischen Vereine und Gewaltakte gegen Pfarrer waren schon im Frühsommer 1933 während einer Verhaftungswelle, die sich gegen BVP-Funktionäre richtete, zu vermelden.[822] Die geistlichen Orden – die Benediktiner von St. Stephan und die Englischen Fräulein – wurden aus ihren

---

1933-1945" im Auftrag des Bayerischen Staatsministeriums für Unterricht und Kultus, bearbeitet vom Institut für Zeitgeschichte in Verbindung mit den Staatlichen Archiven Bayerns), München/Wien 1983, S. 1-286, S. 185.
818 Vgl. *ebd.*, S. 198ff.
819 Näheres bei HÜTTENBERGER, Gauleiter, S. 85.
820 Vgl. FILSER/SOBCZYK, „Augsburg", S. 628f. – „Das Schicksal der Augsburger Juden" in: Hakenkreuz, S. 40ff. Bereits in der NNZ, Nr. 77 vom 31. März 1933, S. 1, lauteten die Titelüberschrift und deren Unterzeile martialisch: „Der Gau Schwaben greift an! Das Gau-Aktionskomitee gegen die jüdische Greuel- und Boykotthetze gebildet". Um ihre Gesinnung zum neuen Regime und gegen die unliebsame Konkurrenz öffentlich kundzutun, scheinen Augsburger Händler und Geschäfte zuhauf zum 1. April Inserate im nationalsozialistischen Organ aufgegeben zu haben. Redaktion und Verlag bitten nämlich um Verständnis, dass es „infolge des riesigen Ansturms" nicht möglich gewesen sei, alle eingegangenen Annoncen zu veröffentlichen. Diese würden in der nächsten Nummer nachgeholt. NNZ, Nr. 78 vom 1. April 1933, S. 4: „An unsere Inserenten". Zum Verbot der „NAZ" im Vorfeld des Boykotts am 30. März für drei Tage siehe Kapitel III.3.4.
821 Von Feindseligkeiten gegenüber der Kirche zeugen auch immer wieder die Regierungspräsidentenberichte. Vgl. WITETSCHEK (Bearb.), Kirchliche Lage, S. 5, 11, 24, 43, 45, 48, 56, 61, 63, 74, 77 (usw.).
822 Vgl. HETZER, Kulturkampf, S. 47. Hierin befindet sich auch eine ausführliche Darstellung zur kirchlichen Lage beider Konfessionen während des Dritten Reiches.

höheren Schulen verdrängt.[823] Wegen angeblicher sittlicher Verfehlungen in katholischen Anstalten und Klöstern begann im Spätherbst 1935 eine politisch motivierte Kampagne, die 1936 noch intensiviert wurde und einer richtiggehenden Hexenjagd glich.[824]

Durch die Bekämpfung der Arbeitslosigkeit holte sich die neue Regierung unter Augsburgs Arbeitern schnell die innenpolitisch größte Anerkennung.[825] Waren im März 1933 etwa 16.000 Menschen, was einem Viertel aller Beschäftigten entsprach, in der Stadt ohne Stelle, herrschte ab 1938 Vollbeschäftigung.[826] Öffentliche Arbeitsbeschaffungsprogramme, beispielsweise durch den Bau neuer Straßen und Siedlungen (Bärenkeller, Hammerschmiede, Siedlung des Volkes), und vor allem die ab 1935 offen betriebene Aufrüstung brachten der MAN oder den Bayerischen Flugzeugwerken (seit 1938 Messerschmitt-Werke) Großaufträge.[827] In der Textilfabrikation herrschte dagegen ab 1934 wegen Rohstoffmangels auf Grund der Devisenbewirtschaftung jahrelang Kurzarbeit, die teilweise bis in die Kriegsjahre andauerte. Die Löhne der Arbeiter stagnierten mit Unterstützung der „Treuhänder der Arbeit" dennoch auf dem niedrigen Niveau von 1933, denn auf Grund der Zerschlagung der Parteien und Gewerkschaften hatten sie ihre Interessenvertreter in Politik und Wirtschaft verloren. Demgegenüber zogen die Gehälter primär der leitenden Angestellten stark an. Die Organisation „Kraft durch Freude", mit ihren Unterorganisationen „Reichsberufswettkampf" oder „Schönheit der Arbeit" sollten jedoch gerade durch Aktionen und Verbesserungen am Arbeitsplatz den Arbeiter in die „Volksgemeinschaft" einbinden.

Mit dem von oben verordneten „Winterhilfswerk" („WHW"), dem Eintopfsonntag oder der „Pfundsammlung" wollten die Augsburger Machthaber wie überall im Reich ein Gefühl der Zusammengehörigkeit aller Bevölkerungsteile herstellen. Rein propagandistisch gelang dies, doch weder wirtschaftlich noch gesellschaftlich kam es nach 1933 zu einem tief greifenden Umbruch: „Die alten Schichten konnten ihren Einfluß weitgehend erhalten", hat Wolfgang Domarus in seiner Dissertation festgestellt.[828]

---

823 Vgl. ZORN, Schwaben, S. 15.
824 Vgl. HETZER, Kulturkampf, S. 56.
825 Vgl. FILSER/SOBCZYK, „Augsburg", S. 621ff. – Siehe hierzu auch das Kapitel „Der Arbeiter im neuen Staat", in: Hakenkreuz, S. 18ff.
826 Bereits am 11. Juni 1937 vermeldete die ANZ, Nr. 132, S. 3, im Artikel „Auf 1000 Einwohner kommen 4 Arbeitslose", dass im Arbeitsamtsbezirk Augsburg die Arbeitslosigkeit praktisch beseitigt sei. Zum 31. März 1937 sollen noch 1152 Personen ohne Beschäftigung gemeldet gewesen sein.
827 Vgl. DOMARUS, Nationalsozialismus, S. 60.
828 *Ebd.*, S. 199.

Gerade aufgrund dieser mangelnden sozialen Strukturveränderungen und der steigenden Lebenshaltungskosten war ein Großteil der Bevölkerung mit der momentanen Lage nicht zufrieden, wobei zu dieser Stimmung zusätzlich noch die allgemeine Wohnungsnot beitrug, die zu den dringendsten Problemen Augsburgs zählte. Ende 1938 fehlten laut „ANZ" allein 8000 Wohnungen in der Stadt, wobei dies eher noch auf zurückhaltenden Schätzungen beruht haben dürfte.[829] Auf geringes Verständnis stießen daher die seit Ende 1937 bestehenden Pläne Hitlers – Augsburg zählte nicht zu seinen bevorzugten Städten – die Gauhauptstadt in großem Stil umzugestalten.[830] Sie sollte zur „Stadt des deutschen Kaufmanns" mit großem Gauforum umgebaut werden. Als die Bürger im Februar 1939 darauf vorbereitet wurden, dass „Augsburg vor einer neuen Bauepoche steht",[831] mit deren erforderlichen Maßnahmen Wahl betraut worden war, dauerte es nur zwei Tage, bis Oberbürgermeister Mayr den Baubeginn von

---

829   NNZ, Nr. 294 vom 17. Dezember 1938, S. 5: „In Augsburg fehlen 8000 Wohnungen".
830   Obgleich er mit Geldern aus Hitlers Privatschatulle bezahlt werden sollte, waren die Augsburger angesichts der prekären Wohnungslage besonders über den Umbau des Augsburger Stadttheaters ab 1937 empört. Vgl. ZORN, Schwaben, S. 15. – DOMARUS, Nationalsozialismus, S. 58. – WAHLS Darstellung über Hitlers Mäzenatentum in: Herz, S. 214ff. – DERS., Patrioten, S. 52ff. In der ANZ, Nr. 87 vom 15. April 1937, S. 1: „Ausbau unserer Gauhauptstadt" wird zunächst nur über die Ausbaupläne für die Bühne berichtet. Hitler als Förderer des Umbaus tritt erst in ANZ, Nr. 221 vom 23. September 1937, S. 3: „Augsburg erhält die modernste Bühne Deutschlands", in Erscheinung. Die Festvorstellung zur Wiedereröffnung fand am 24. Mai 1939 im Beisein des Sponsors statt. ANZ, Nr. 119 vom 24. Mai 1939, S. 1: „Eröffnung des neu gestalteten Theaters" und Nr. 120 vom 25. Mai 1939, S. 1: „Der Führer kam zur Theater-Eröffnung".
831   ANZ, Nr. 46 vom 23. Februar 1939, S. 1: „Der Führer bestimmt Augsburgs Neugestaltung" und „Augsburg vor einer neuen Bauepoche". Verspätet, weil er ihn vorher Hitler vorlegen musste, publizierte Wahl am symbolträchtigen 9. März 1939 einen Aufsatz über die vorgesehenen Baumaßnahmen. Die Gesamtleitung hatte Hitler übrigens dem Architekten Hermann Giesler übertragen. ANZ, Nr. 58 vom 9. Mai 1939, S. 1: „Die bauliche Neugestaltung der Gauhauptstadt Augsburg". Zum Aus- und Umbau der Stadt mit architektonischen Zeichnungen siehe auch Heiner SEYBOLD, „Die Gauhauptstadt Augsburg im süddeutschen Raum", in: Die Kunst im Dritten Reich, Folge 5 (1939), hg. vom Beauftragten des Führers für die gesamte geistige und weltanschauliche Erziehung der NSDAP. und vom Beauftragten für das Bauwesen in der NSDAP., dem Generalbauinspektor für die Reichshauptstadt, Ausgabe B (mit Architekturteil „Die Baukunst"). Siehe hierzu auch WAHL, Herz, S. 222. – DERS., Patrioten, S. 54ff. Umgestaltungspläne, aber im weitaus kleineren Rahmen – unter anderem für eine Versammlungshalle mit Aufmarschplätzen, ein Verwaltungsgebäude der Gauleitung, Gebäude für den Stadtkreis Augsburg, den Kreistag Schwaben und Neuburg und die schwäbischen Bezirke – waren schon im April 1937 bekannt gegeben worden. ANZ, Nr. 87 vom 15. April 1937, S. 1: „Ausbau unserer Gauhauptstadt".

3000 neuen Wohnungen verkündete.[832] Am 9. März 1939, der Tag war natürlich bewusst dafür ausgewählt worden, begannen die Arbeiten für die Großbauten, begleitet von einem Festakt im Rathaus.[833] Doch es blieb bei den Plänen: Mehr als ein Teil der Fuggerstraße wurde – kriegsbedingt – nicht umgestaltet.

2.2 Die Rettung vor der Pleite

Ohne Hitlers Machtantritt wäre das Schicksal großer Teile der NS-Presse besiegelt gewesen. Viele, darunter auch die „NNZ", befanden sich damals am Rande des finanziellen Ruins: „Unsere Schulden werden immer größer, die Hoffnung auf Rettung immer kleiner. Wechsel werden fällig, platzen, unsere Möbel sind verpfändet. Dazu kommen noch eine Reihe verlustbringender Verbote der Zeitung. Was wir auch tun, auf Schritt und Tritt begleitet uns das schreckliche Gespenst der nahenden Katastrophe", beschrieb Karl Wahl in seinen Erinnerungen etwas theatralisch die Situation.[834] Als der Rundfunk am Mittag des 30. Januar Hitlers Ernennung zum Reichskanzler meldete, war sofort klar: „Jetzt endlich ist die Gefahr vorbei", trotz der Schulden in Höhe von 70.000 Mark, wie er in den 50er Jahren behauptete.[835] Ende der 60er Jahre bezifferte er die Summe in einem Gespräch mit dem Amerikaner Edward Petersen dann ‚nur' noch auf 60.000 Mark.[836]

Auch wenn die Angaben des ehemaligen Gauleiters mit der ihnen gebührenden Zurückhaltung bewertet werden müssen, saß die National-Verlag GmbH. auf einem auch für damalige Verhältnisse gewaltigen Schuldenberg. Dieser sammelte sich im Laufe von nur zwei Jahren an, in denen sich die Zeitung – ohne jemals rentabel zu arbeiten – immer nahe am wirtschaftlichen Zusammenbruch befand. Um wenigstens kurzfristig über die Runden zu kommen, versuchte Wahl, regelmäßig bei Gesinnungsfreunden und Parteigenossen im ganzen Gau Geld aufzutreiben. Schneider und Mayr unterstützten ihn dabei.[837]

---

832 ANZ, Nr. 48 vom 25. Februar 1939, S. 5: „Vernichtungsschlag gegen die Augsburger Wohnungsnot".
833 ANZ, Nr. 59 vom 10. März 1939, S. 1: „Augsburgs Neubau begonnen". Auszüge sind abgedruckt in: „Ein gigantisches Gauforum"; Aus der Augsburger National-Zeitung (10. März 1939), in: Hakenkreuz, S. 33. – DOMARUS, Nationalsozialismus, S. 58.
834 WAHL, Herz, S. 68.
835 *Ebd.*, S. 68.
836 Vgl. PETERSON, Limits, S. 336.
837 NNZ, Nr. 280 vom 1. Dezember 1938, S. 9: „Endlich haben wir es geschafft".

Auf ähnliche Weise war schon das Gründungskapital gesammelt worden. Außerdem wurden „verschiedene Herren" in diesen letzten Jahren der Weimarer Republik dazu überredet, eine Bürgschaft zu übernehmen, „um die schwer um ihre Existenz ringende National-Zeitung zu stützen", wie zwei Juweliere 1938 in einem Beschwerdebrief an Dr. Josef Sewald schrieben.[838] Den erbosten Verfassern nach zu urteilen, die sich beim Kauf eines Schmuckstücks für die Tombola des Augsburger Pressefestes übergangen fühlten, handelte es sich bei den Bürgen wahrscheinlich um vermögendere, mittelständische Geschäftsleute.

Dass es mit der „NNZ" pekuniär nicht zum Besten stand, untermalten Anfang April 1933 auch in der Stadt kursierende Gerüchte, die Zeitung suche Anschluss an ein anderes Unternehmen.[839] Obgleich als unsinnig abgetan, sahen sich Verlag und Redaktion veranlasst, dies in der Zeitung energisch zu dementieren, da „heute weniger denn je Veranlassung" bestehe, sich nach irgendeiner Seite dahingehend umzusehen.[840] Die „NNZ" sei „im Gegenteil in einem so beispiellosen Aufstieg begriffen, daß sie als machtvolles Instrument der deutschen Regierung, der nationalsozialistischen Bewegung und der Gauleitung von Schwaben in erster Linie dazu berufen ist, am Aufbau unseres deutschen Vaterlandes mitzuarbeiten."[841]

Ob die Übernahmegerüchte nun tatsächlich stimmten oder nicht, so befand sich die „NNZ" doch – personell ausgedünnt und mit Umbauplänen für ein größeres Verlags- und Druckgebäude behaftet[842] - in einer Phase gravierender Veränderungen. Denn auch inhaltlich musste sie, wie von den neuen Machthabern angestrebt, die entscheidenden Weichen stellen und die „Umgestaltung der nationalsozialistischen Presse zur Regierungspresse" praktisch umsetzen.[843] Zu die-

---

838 StA Augsburg, NSDAP Gauleitung Schwaben 12/1, Nachlaß Sewald 62, Schreiben der Juweliere Biwus & Burkhard, Augsburg, an Dr. Josef Sewald, 9. Februar 1938. Über die Höhe der Bürgschaft und die genauen Beteiligten verlautet nichts in dem Brief.
839 NNZ, Nr. 84 vom 8. April 1933, S. 2: „Unsinnige Gerüchte". Der Text ist in Passagen verstümmelt abgedruckt, sodass weder über die Art des „Anschlusses" noch über den Partner etwas zu erfahren ist.
840 *Ebd.*
841 *Ebd.*
842 Zu den Umbauplänen siehe NNZ, Nr. 94 vom 22. April 1933, S. 7: „Das Alte stürzt, es ändert sich die Zeit...".
843 BA Berlin, NS 22/906, Schreiben der Reichsleitung/Pressestelle an alle Hauptschriftleitungen der nationalsozialistischen Presse, 6. Februar 1933.

sem Konzept gehörte von Anfang an die ‚Erhebung' der von den Gauleitern gegründeten „Kampfblätter der Bewegung" zu gauamtlichen Zeitungen, die, falls sie es nicht schon führten, mit dem entsprechenden Hoheitsemblem – dem Hakenkreuz tragenden Adler im Eichenkranz – ausgestattet wurden.[844]

Um aber aus ihren Gaublättern richtig moderne Massenblätter zu machen, die die Politik, Ideologie und die Konzepte der Nationalsozialisten unter das breite Volk bringen sollten, bedurfte es mehr als nur äußerer Zeichen: Es mussten vollkommen veränderte Konzeptionen her. Hierzu waren Geld, journalistisch geschulte Mitarbeiter, entsprechende verlegerische Erfahrung, aber auch einheitliche Strukturen und Richtlinien für die Presse notwendig, für die die Regierung beziehungsweise ihre beauftragten Stellen zu sorgen hatten.[845] Hitler und Max Amann, der mit dem parteieigenen Eher-Verlag den einzigen großen und wirtschaftlich gesunden Verlagskonzern der NSDAP leitete, wurden denn auch 1933 mit Bitten um finanzielle Unterstützung für die Sanierung der maroden Gauzeitungen konfrontiert. Da er die ökonomisch starke Position des Eher-Verlages nicht gefährden wollte, lehnte Amann diese Forderungen ab. Auch Hitler verweigerte Subventionen.

Jedoch herrschte in der Parteiführung Übereinstimmung über eine Reorganisation, Neustrukturierung und zentrale Kontrolle der bisherigen ‚Kampfpresse' durch die Reichsleitung. Neben politischen und ideologischen Gründen dürfte dabei auch das Motiv, aus dem sanierten Verlagsbesitz private Einkünfte zu beziehen, eine Rolle gespielt haben. Der NSDAP-Führer wiederum verwies die Hilfe suchenden Provinzblätter an den Eher-Chef, der eine Buch- und Rechnungsführung bei den jeweiligen Verlagsbetrieben veranlassen sollte. Dabei wurden nicht nur häufig leere Kassen vorgefunden, sondern teilweise auch Unregelmäßigkeiten in der Geschäftsführung aufgedeckt. Daraufhin folgte eine Anweisung, die Parteifunktionären jede persönliche Beteiligung an parteiamtlichen Zeitungen und Verlagen verbot.

Die Kompetenzen Amanns als Reichsleiter für die Presse der NSDAP wurden hingegen per Parteierlass vom 31. Januar 1934 größer und auch genauer definiert. So erhielt die Parteizentrale jetzt die unmittelbare Kontrolle über die Gaublätter: Amann konnte den parteiamtlichen Organen die Druckerlaubnis erteilen oder wegnehmen, durfte neue Zeitungs- und Zeitschriftengründungen genehmigen oder nicht, hatte Entscheidungsbefugnis in allen das Verlagswesen betreffenden Angelegenheiten. Auch oblag ihm die Aufsicht über die Verlagsdirektoren und –leiter.

---

844 Vgl. <SCHMIDT>, Fesseln, S. 83f.
845 Vgl. HALE, Zwangsjacke, S. 101ff.

Im Zusammenhang mit seinem erweiterten Aufgabenfeld rief Amann in Berlin das „Verwaltungsamt des Reichsleiters für die Presse der NSDAP" ins Leben, das nominell zwar Edgar Brinkmann, tatsächlich aber ‚Stabsleiter' Rolf Rienhardt leitete. Letzterer war gleichzeitig auch noch der ständige stellvertretende Leiter des Reichsverbandes der Deutschen Zeitungsverleger, wodurch er schon über weitgehende Befugnisse im Bereich der privaten Presse verfügte. Die „Cura-Revisions- und Treuhand G.m.b.H.", Berlin, nahm sich im Auftrag Amanns der laufenden und der Bilanz-Revisionen sämtlicher parteiamtlicher Verlage an, wobei diese Aufgabe später auch auf die nichtamtlichen, aber dem Reichsleiter für die Presse nahe stehenden Verlage ausgedehnt wurde.[846]

Der Neuaufbau der NS-Provinzpresse dauerte den Untersuchungen Oron J. Hales zufolge rund ein halbes Jahr. Hatte die „Cura" ihre Revisionsberichte eingereicht, dann wurde ein Gauleiter nach dem anderen zu Rienhardt zum Gespräch geladen. Jegliche persönliche Beteiligung von Parteifunktionären musste, da nicht mehr gestattet, annulliert werden.[847] Diese Besitzrechte gingen an die entsprechenden Gauverlagsgesellschaften über, die alle parteiamtlichen Zeitungen im Gau vereinen sollte. Die privaten Anteile an den bisherigen Kampfpublikationen wurden sobald als möglich abgelöst. Als Dachgesellschaft für die Gauverlagsgesellschaften bediente sich Rolf Rienhardt der „Standarte G.m.b.H.", einer zu diesem Zweck geschaffenen Finanzierungs-, Holdings- und Kontrollgesellschaft, deren Grundkapital der parteieigene Eher-Verlag stellte.[848]

Bei ihr liefen die ökonomischen und handelsrechtlichen Fäden zusammen. An sie mussten die Gauverlage jeden Monat alle Einzelheiten – von den Kontenbewegungen über das Vertriebs- und Anzeigengeschäft bis hin zu Änderungen der Vorräte – melden. Im Gegenzug erhielten finanzschwache Gauverlage finanzielle Unterstützung.[849] Die Gewinne wiederum strich die „Standarte G.m.b.H." ein, die die Gelder entweder an schwächelnde Verlage im betreffenden ‚Gau' oder an die Gauleitung für Parteizwecke weitertransferierte. Dass sich die Gauverlagsgesellschaften selber tragen sollten, war jedoch ein ständiger Appell des Verwaltungsamts des Reichsleiters für die Presse der NSDAP. Die Zuständigkeiten der „Standarte G.m.b.H." waren auch sonst sehr weitreichend. Sie kümmerte sich um entsprechendes Personal in Schriftleitung und Verlag, um Ausbildungskurse, um die Steigerung des Anzeigenumsatzes und den Zentraleinkauf.

---

846 BA Berlin, R 55771, Abschrift an den Rechnungshof des Deutschen Reiches, 12. März 1941, S. 26.
847 Freilich gab es auch Ausnahmen: So überführten die Gauleiter Koch und Bürckel ihre Anteile an ihren Zeitungen in eine Stiftung und sicherten sich damit weiterhin die Kontrolle über deren Gewinne. Vgl. HALE, Zwangsjacke, S. 106.
848 Vgl. <SCHMIDT>, Fesseln, S. 90.
849 Vgl. HALE, Zwangsjacke, S. 105.

Bis Ende 1934 war die Umstrukturierung der Gaupresse dann laut Hale abgeschlossen. In jedem Gau war eine eigene Gauverlagsgesellschaft installiert, die versuchte, die parteiamtlichen Zeitungen ihres Gebietes mit einer mehr oder weniger ausgeklügelten Abhängigkeits- und Erwerbspolitik unter ihre Kontrolle zu bringen.[850] Diese Überwachung im Kleinen übte die „Standarte G.m.b.H." im Großen aus. Die Gauverlage übertrugen ihr 50 Prozent der Anteile an ihrer Gesellschaft, die andere Hälfte verwalteten die jeweiligen Gauleiter als „Treuhänder der NSDAP" ehrenamtlich, wobei diese, rein juristisch gesehen, eigentlich Treuhänder des Eher-Verlages waren, da Amann nach dem Treuhandvertrag über die von den Gauleitern vertretenen Anteile jederzeit verfügen konnte. 1936 sollen die meisten der „Standarte"-Zeitungen schwarze Zahlen geschrieben haben.

Bis auch die „NNZ" die ersten Gewinne einfuhr, war es aber noch ein weiter Weg. Gleichzeitig mit dem Ende der Umbauarbeiten und der technischen Umstellung erfolgte zum 1. Juni 1933 eine umfassende personelle Neuorganisation der Redaktion. Fast gleichzeitig dazu forderte Dr. Otto Dietrich generell einen verstärkten Ausbau der Schriftleitungen von NS-Zeitungen sowohl in personeller Hinsicht wie auch der Nachrichtendienste. Den zunehmenden Abwanderungsbestrebungen fähiger nationalsozialistischer Journalisten zu bürgerlichen Blättern zu diesem „Zeitpunkt des Übergangs" sei mit ausreichender und entsprechender Bezahlung entgegenzutreten, nur so könne ein redaktioneller Betrieb in die Höhe gebracht und auf diesem Niveau gehalten werden. Es sei „absolut erforderlich, dass die redaktionelle Leistungsfähigkeit unserer Blätter auf jede nur mögliche Art und Weise ohne Scheu vor notwendigen Ausgaben gestärkt wird."[851]

Im Gefolge dieser Umstrukturierung versuchte der Gauleiter offenbar, seine Position bei der „NNZ" zu stärken und trab ab der Festnummer vom 2. Juni selbstbewusst als Herausgeber[852] auf, was im Zeitungskopf vermerkt wurde.[853] Vielleicht hoffte er dadurch, nicht so leicht aus ‚seinem' Organ herausgedrängt werden zu können. Doch das stand nicht im Einklang mit dem angestrebten Reorganisationskonzept für die Gaupresse.

---

850 Zur Expansionspolitik der „NNZ" siehe Kapitel III.4.3. – Vgl. HALE, Zwangsjacke, S. 112ff.

851 BA Berlin, NS 22/906, Scheiben der Reichsleitung/Pressestelle an alle Hauptschriftleitungen der N.S.-Presse, 26. Juni 1933. Im Original sind „redaktionelle Leistungsfähigkeit" und „gestärkt wird" unterstrichen.

852 BA Berlin, Sammlung Schumacher 227, Presse und Schrifttum (undatiert). In diesem Dokument wird der Herausgeber als Zwischenglied zwischen dem Verleger, das das wirtschaftliche Risiko trägt und die kaufmännischen Interessen wahrnimmt, und dem Schriftleiter, der den geistigen Inhalt der Zeitung gestaltet.

853 NNZ, Nr. 127 vom 2. Juni 1933, S. 1.

Daher wurde der „NNZ" mit Schreiben vom 22. November 1933 mit sofortiger Wirkung verboten, Karl Wahl als Herausgeber zu nennen, denn: „Nach einer Verfügung das Stellvertreters des Führers vom 20. Oktober ist dies nicht statthaft."[854] Das heißt, man wollte den Gauleitern jegliche Kontrolle über die Parteizeitungen entziehen und so zog Karl Wahl bei diesem Kräftemessen trotz seiner Bemühungen den Kürzeren. Sein Name als Herausgeber verschwand zum Jahresende 1933. Ab der ersten Nummer 1934 betitelte sich die „NNZ" als „Gaublatt der NSDAP".[855] Damit war die Reform auch im Gau Schwaben erfolgreich durchgeführt.

Allerdings scheinen der „NNZ" erst 1939 die Mittel zur Verfügung gestanden zu haben, um die Anteilseigner der bisherigen National-Verlag GmbH. auszahlen zu können. Daraufhin erfolgte die rechtliche Umwandlung der National-Verlag GmbH. in die NS-Gauverlag Schwaben GmbH.[856] Diese wurde, wie die Nachforschungen des Nachkriegs-Treuhänders ergaben, nur brieflich vorgenommen und beim Handelsgericht eingetragen. Der neue Name der Gesellschaft erschien erstmals am 28. August 1940 im Impressum.[857] Das Schema, nach dem sich die Umgestaltung der Gesellschaft vollzog, entsprach dem bereits dargestellten: „An diesem NS-Gauverlag ist die Standarte Berlin, eine Holding-Gesellschaft, mit RM 50.000,- beteiligt ... Der zweite Teilhaber wurde Gauleiter Wahl, der aber nie selbst Teilhaber war, sondern der De-facto-Teilhaber war der Eher-Konzern, für den der Gauleiter zu treuen Händen mit RM 50.000,- als Teilhaber nominiert wurde. Auch der Eher-Konzern hat diese RM 50.000,- nicht aus eigenem Kapital gegeben, sondern das Kapital war inzwischen aus den Gewinnen des National-Verlages gebildet."[858]

---

854 BA Berlin, NS 22/273, Oberste Parteileitung der P.O., Kanzlei, an Gauleitung Schwaben, 22. November 1933.
855 NNZ, Nr. 1 vom 2. Januar 1933, S. 1.
856 StA Augsburg, NS-Gauverlag Schwaben 3, Treuhänder an BLVW, Außenstelle Augsburg Stadt-Land, 2. Juni 1948.
857 ANZ, Nr. 201 vom 28. August 1940. Eine ähnliche Entwicklung lief fast zur gleichen Zeit auch beim NS-Kurier in Stuttgart ab. Vgl. hierzu Friedrich BECHTLE, Die nordwürttembergische politische Presse 1930 bis 1949 unter besonderer Berücksichtigung allgemeiner Vorgänge im deutschen Zeitungswesen, phil. Diss. München 1952, S. 119.
858 StA Augsburg, NS-Gauverlag Schwaben 3, Treuhänder an BLVW, Außenstelle Augsburg-Land, 2. Juni 1948.

Gauverlagsleiter[859] Friedrich Füger setzte „die Parteidienststellen, Behörden und unsere Geschäftsfreunde" im September 1940 in einem Schreiben über die geänderten Verhältnisse in Kenntnis.[860] Der neue Name NS-Gauverlag Schwaben G.m.b.H. „bringt mehr als die bisherige Bezeichnung die Besitzverhältnisse unseres Gauverlages, der sich in ausschließlichem Parteibesitz befindet, zum Ausdruck und entspricht dem Charakter der Augsburger National-Zeitung als alleinigem parteiamtlichen Gauorgan für Schwaben. Die technische Herstellung der Gauzeitung erfolgt weiterhin im Lohndruckverhältnis bei der Firma Frz. X. Schroff."[861]

Im Krieg brachen für den NS-Gauverlag Schwaben finanziell rosige Zeiten an,[862] wie die aus diesen Jahren erhaltenen Bilanzzahlen beweisen. Obgleich sich der Bezugspreis für die „ANZ" nicht veränderte, verringerten sich der Zeitungsumfang und die Unkosten zwischen 1939 und 1945 auf ein Minimum. Auch reduzierte sich die Zahl der Mitarbeiter, für die nicht die vollen Gehälter bezahlt werden mussten, im Laufe dieser Jahre kriegsbedingt immer weiter. Andererseits gab es, auf Grund der rigorosen Seitenbegrenzung, weniger verkaufte Anzeigen, was jedoch angesichts der geringen dafür notwendigen Aufwendungen nicht so sehr ins Gewicht fiel. Allerdings nahmen die Leser die stetig zurückgefahrenen Leistungen bei gleich bleibendem Bezugspreis doch nicht so ohne weiteres hin, wie aus dem Geschäftsbericht 1941 hervorgeht. So sei es öfter zu Disputen gerade mit den Zeitungsausträgern gekommen, die aber die meisten Kunden an der Haustüre beruhigen konnten.[863]

Die Gewinne wurden immer mehr gesteigert. Im Geschäftsjahr 1939 waren erstmals im Geschäftsbericht auch die Zahlen der Zweigverlage in Dillingen, Donauwörth, Günzburg und Wertingen enthalten. Der Unternehmensgewinn belief sich auf insgesamt 190.740 Mark bei einer Bilanzsumme von 1,665 Millionen Mark.[864] 1940 wuchs der Reingewinn auf 271.188 Mark bei 911.240 Mark

---

859 BA Berlin, NS 22/906, Gesichtspunkte der Pressearbeit der Partei in den Gauen, undatiert. In diesem Dokument wird der Gauverlagsleiter als „der verantwortliche wirtschaftliche Leiter der im Gau etablierten Verlagsunternehmen im Parteibesitz" definiert. Er unterstand in seiner Arbeit dem Reichsleiter für die Presse.

860 HStA München, Regierung 18287, Schreiben Fügers an die Parteidienststellen, Behörden und unsere Geschäftsfreunde, September 1940.

861 *Ebd.*

862 Zu diesem Ergebnis kommt auch BECHTLE, Presse, S. 81f.

863 StA Augsburg, NS-Gauverlag Schwaben 31, Geschäftsbericht der NS-Gauverlag Schwaben GmbH., Augsburg, für das Geschäftsjahr 1941.

864 StA Augsburg, NS-Gauverlag Schwaben 31, Geschäftsbericht der Augsburger National-Zeitung für das Geschäftsjahr 1939.

Bilanzsumme an.[865] 1941 ging der Gewinn dann um über 45.000 Mark auf 135.046,30 Mark zurück, die Bilanz umfasste 1,114 Millionen Mark. Die kleinere Gewinnmarge errechnete sich dabei unter anderem aus dem Kauf der „Lindauer National-Zeitung" und der Verlagsrechte im Rahmen der ersten Zeitungsschließungsaktion der Reichspressekammer 1941.[866]

Jetzt ging es aber nur noch aufwärts: 1942 fuhr die NS-Gauverlag Schwaben GmbH. mitsamt ihren Töchtern 246.346 Mark Gewinn ein (Bilanzsumme: 1,395 Millionen Mark)[867] 1943 waren es dann schon 467.091 Mark Reinertrag (Bilanzsumme: 1,677 Millionen Mark)[868] und 1944 war die halbe Million mit 542.128 Mark an Gewinn überschritten (Bilanzsumme: 1,912 Millionen Mark).[869]

Zum Vergleich: Noch im Dezember 1944 erbrachten die eingegangenen Anzeigen 16.822,75 Mark,[870] im Januar 1945 sogar 20.520,50 Mark[871] und das bei einer Begrenzung auf eine halbe Seite Annoncen täglich. Bei der „Standarte G.m.b.H." war per 31. Dezember 1945 ein Geldkonto über 730.309 Mark vorhanden,[872] wobei in diese Summe noch nicht einmal die Zinsen für 1944 eingerechnet waren. Zum gleichen Zeitpunkt betrugen die flüssigen Mittel des Gauverlages 620.219,30 Mark, ausstehende Forderungen häuften sich auf die Summe von 166.124,13 Mark an, während die Verbindlichkeiten in Höhe von 118.810, 51 Mark erreicht hatten. Die Bilanzsumme der NS-Gauverlag Schwaben GmbH. belief sich auf 2,162 Millionen Mark.

---

865   StA Augsburg, NS-Gauverlag Schwaben 31, Geschäftsbericht der NS-Gauverlag Schwaben GmbH., Augsburg, für das Geschäftsjahr 1940.
866   StA Augsburg, NS-Gauverlag Schwaben 31, Geschäftsbericht der NS-Gauverlag Schwaben GmbH., Augsburg, für das Geschäftsjahr 1941.
867   StA Augsburg, NS-Gauverlag Schwaben 31, Geschäftsbericht der NS-Gauverlag Schwaben GmbH., Augsburg, für das Geschäftsjahr 1942.
868   StA Augsburg, NS-Gauverlag Schwaben 31, Protokoll über die Gesellschafterversammlung, 20. Januar 1945.
869   StA Augsburg, NS-Gauverlag Schwaben 31, Jahresabschlussbilanz per 31. Dezember 1944.
870   StA Augsburg, NS-Gauverlag Schwaben 22, Zettel vom 29. Januar 1945.
871   StA Augsburg, NS-Gauverlag Schwaben 22, Zettel vom 19. März 1945.
872   StA Augsburg, NS-Gauverlag Schwaben 18, NS-Gauverlag Schwaben Abwicklungsstelle an Treuhänder des Verlages Franz Eher Nachfolger GmbH., 6. Juli 1946. – NS-Gauverlag Schwaben 31, Bilanz per 31. Dezember 1945 der NS-Gauverlag Schwaben GmbH.

2.3 Zwischen Theorie und Praxis: Die Presse im ‚Neuen Staat'

Abgesehen von der ökonomischen und organisatorischen Reform der NS-Presse war ihr, aber auch den anderen deutschen Tageszeitungen, eine neue Aufgabe im hereinbrechenden Dritten Reich zugedacht: Sie sollten zum täglich neuen Mittel der Staatsführung umfunktioniert werden. Mit den Medien wollten sich die Nationalsozialisten die Kontrolle über das Denken der Bevölkerung, oder, wie es jetzt hieß, der ‚Volksgenossen', sichern. Ziel war und blieb von Anfang an die (möglichst) vollständige Indoktrination der Bevölkerung, nur wurde im Laufe der Jahre eine Verlagerung der Schwerpunkte deutlich.

Eine Meinungsvielfalt und vor allem –freiheit im herkömmlichen Sinne erschien für dieses Vorhaben nicht geeignet. Daher bediente man sich der „Sprachregelungen",[873] die die Journalisten zu benutzen hatten. Als Folgen dieser Bemühungen stellten sich zum einen eine wechselnde Einförmigkeit der Presse, zum anderen rückläufige Verkaufszahlen bei den Zeitungen ein, was aber in erster Linie mit dem „dramatischen ökonomischen Strukturwandel"[874] – der Expansion der Gauverlage und den so genannten „Amann-Anordnungen"[875] vom April 1935 – zusammenhing.

2.3.1. Die Theorie: Die Tageszeitung als Mittel der Staatsführung

Nachdem die Märzwahlen gewonnen waren, mussten die Nationalsozialisten zunächst einmal die juristischen, aber auch organisatorischen Voraussetzungen für eine vom Regime gelenkte Presse schaffen, was im Wesentlichen das Jahr 1933 über dauerte. Während dieser Zeit des Übergangs schlug die Stunde der Theoretiker, die sich mit den neuen Aufgaben der Zeitung auseinander setzten. Eine viel beachtete, vielleicht sogar die bekannteste Abhandlung dazu lieferte Theodor Lüddecke, der ein ideologisches Programm entwarf, das wohl der Idealvorstellung der Machthaber über „Die Tageszeitung als Mittel der Staatsführung", so auch der Titel des Buches, am Nächsten kam.[876] Andererseits konnten Lüddeckes Gedankengänge zum größten Teil nur Utopien bleiben – zu wenig orientierten sie sich an der Realität.[877]

---

873 Näheres in Kapitel III.7.2.
874 SCHMITZ/FREI, Journalismus, S. 37.
875 Siehe dazu Kapitel III.2.3.2.d)
876 Theodor LÜDDECKE, Die Tageszeitung als Mittel der Staatsführung, Hamburg 1933.
877 Lüddeckes Buch blieb, soweit das überhaupt möglich war, nicht unumstritten. Vgl. die Kritik von Emil DOVIFAT, „Die Tageszeitung als Mittel der Staatsführung", in: Deutsche Presse 18 (1933), S. 265f. Der Zeitungswissenschaftler etwa unterstellte dem Autor, sich dem „Mann am Redaktionstisch" gegenüber nicht darüber zu äußern, wie seine Vorstellungen praktisch durchzusetzen seien (S. 265). Der Verfasser mache aus der Zeitung einen Befehlsempfänger: „Die große erzieherische Aufgabe der Presse wird sich wesentlich anders vollziehen müssen, wie Lüddecke sich das vorstellt" (S.

„Der neue Staat und der neue Mensch wird nicht ‚nach den Bedürfnissen' des ‚Publikums' geprägt werden, sondern nach den Vorstellungen, die sich die hervorragendsten Männer der Nation vom Staate und vom Menschen zu machen imstande sind."[878] In diesem Satz sind die Intentionen der kommenden Jahre prägnant zusammengefasst. Ganz unverblümt plädierte der Verfasser für eine nach den Vorstellungen der neuen Führung formierte, einheitliche Gesellschaft. Dazu eigne sich keineswegs mehr eine Pluralität in der Meinungsbildung, weil sich in der Demokratie mit ihrer Parteien-, Denk- und Interessensvielfalt die Masse ganz zwangsläufig verschlechtern müsse. Konkret bedeutete dies vor allem eines: Der ‚Volksgenosse' hatte so zu denken, wie von ‚oben' verordnet. Der dazu einzuschlagende Weg führe zu einer „einheitlichen autoritären Meinungsbildung, die es allein ermöglicht, den Staat einheitlich, kraftvoll und auf lange Sicht zu führen."[879]

Um aber ein nach einheitlichen Richtlinien verlaufendes politisches, wirtschaftliches und moralisches nationales Leben gewährleisten zu können, sei, so Lüddecke, notwendigerweise eine planmäßig geregelte, öffentliche Meinung unumgänglich, da diese nun einmal „Grundlage unserer Regierung" sei.[880] Und mit Regieren sei eben nicht gemeint, dass Auseinandersetzungen mit der Presse einen großen Teil der Zeit der führenden Persönlichkeiten beanspruchten oder dass diese einen Großteil des Tages mit Parteiführern oder Interessengruppen verhandelten; dies bedeute vielmehr, wie es Mussolini formuliert habe, 16 Stunden am Schreibtisch zu verbringen.[881] Solange allerdings zwischen Presse und Staat gegenläufige Weltanschauungen herrschten, solange bestünde auch ein Gegensatz zwischen beiden.[882]

Die Zeitung selbst wurde bei Lüddecke die Rolle eines Kanals „zu den Gehirnen der Masse" zugewiesen.[883] Dafür hatte sie seiner Meinung nach ihre geistige Selbständigkeit aufzugeben, sollte sie aber auch nicht nur als Lieferant der Ware Lesestoff dienen. Ihre Aufgabe sah er künftig vielmehr darin, wichtigstes Medium für den Transport der Ideen und des Willens der Staats- und Parteifüh-

---

265). Dovifat lehnte die Behauptungen, der Leser „harre der Befehlsausgabe der Zeitung", als unjournalistisch und unpsychologisch ab (S. 265). Die Führung eines Blattes werde keineswegs nur durch Kommando ausgeübt, „sondern durch rechten vertrauenerweckenden Dienst im Rhythmus des Tagesgeschehens" (S. 265). In der NNZ, Nr. 235 vom 11. Oktober, S. 4: „Die Tageszeitung im Dienste der Nation" wurde Lüddeckes Buch als „eine grundlegende Arbeit auf dem Gebiet der Journalistik" bezeichnet, die „der gesamten Presse Richtlinien ihrer künftigen Gestaltung" gebe.
878 LÜDDECKE, Tageszeitung, S. 53.
879 *Ebd.*, S. 60.
880 *Ebd.*, S. 45.
881 Vgl. *ebd.*, S. 167.
882 Vgl. *ebd.*, S. 126.
883 *Ebd.*, S. 112.

rung ans Volk zu sein,[884] denn: „Jede totale Diktatur erfordert eine propagandistische Vorbereitung des Menschentums."[885] Die Tageszeitung sollte das für den Staatsbetrieb sein, was eine Firmenzeitung für ein Industrieunternehmen zu sein habe – ein Hilfsinstrument, um die Firma auf zielstrebigeren, besseren und einheitlicheren Kurs zu bringen.[886] Wenn die Hitler-Regierung ihr Ziel erreichen wolle, so das kaum verwundernde Fazit des Theoretikers, dann dürfe sie keinesfalls eine Zeitungslandschaft mit den unterschiedlichsten Richtungen erlauben.[887]

Während Theodor Lüddecke in erster Linie den machtpolitischen Aspekt im Auge hatte und sich in den Dienst der totalen Instrumentalisierung der Zeitung für die Diktatur stellte, sah der Journalist Ewald Beckmann die Gleichschaltung der Presse Ende 1933 bereits unter dem Eindruck der verschiedenen Gesetzmaßnahmen, die zu diesem Zwecke eingeleitet worden waren.[888] Er umschrieb die Umgestaltung der Zeitungslandschaft als eine „Zusammenarbeit von Staat und Presse zum Wohle des Volkes und der Nation."[889]

Diese „Selbstverständlichkeit", die die Säuberung aller „undeutschen Organe und Personen" und „allen die Nation in ihrem Wollen zum Aufstieg hemmenden Schlacken" beinhalte, bedeute keineswegs eine Uniformierung des Pressewesens, sondern „freie, aufbauende Kritik im Rahmen der von Liebe zu Volk und Vaterland gezogenen Grenzen und im Geiste des Führers."[890] Dies hatte für ihn zur Folge, dass es im neuen Staat „nur eine deutsche Presse" geben könne,[891] in der die eigentliche Politik nur nach einem einzigen Gesichtspunkt behandelt werden könne und dürfe, nämlich „nach dem deutschen und nach den großen Richtlinien, die von der obersten Führung und Leitung des Staates nach reiflich erwogenen Entschlüssen zu geben sind."[892]

Nichts anderes forderte Theodor Lüddecke, nur viel undiplomatischer, da offener formuliert. Anders als dieser machte sich Beckmann in seinen Äußerungen jedoch für den Erhalt der privaten Presse stark, allerdings unter einer Prä-

---

884 Vgl. *ebd.*, S. 112.
885 *Ebd.*, S. 114.
886 Vgl. *ebd.*, S. 126.
887 Vgl. *ebd.*, S. 155.
888 Die Presse im neuen Staat, Ein Vortrag gehalten von Schriftleiter Ewald BECKMANN in der Zeitungswissenschaftlichen Vereinigung München, München 1933.
889 *Ebd.,* S. 10. Das Zitat ist im Original gesperrt.
890 *Ebd.* Das Wort „Führer" ist im Original gesperrt.
891 *Ebd.* Das Zitat „nur eine deutsche Presse geben" ist im Original gesperrt.
892 *Ebd.*, S. 10f. Das Wort „deutschen" ist im Original gesperrt.

misse: „Es gibt nur noch eine nationalsozialistische Presse."[893] Er hielt die Qualitäten der nichtamtlichen Presse bei der „Vollendung der Erziehung des Volkes, zur bleibenden Herüberreißung zu den neuen Ideen und zu den neuen Methoden, zur Erfüllung all der großen nationalen Aufgaben" für unverzichtbar.[894]

Warum er diese Lanze brach, wird durch die verhaltene Kritik an den Parteizeitungen klar, die in den zurückliegenden Kampfjahren so viel Kampfeskraft, -willen und -freude aufgespeichert hätten, „daß sich das Ventil jetzt nach der Uebernahme des Staates durch den Nationalsozialismus ohne Gefahr der Ueberhitzung nicht ganz plötzlich schließen läßt."[895] Und als ob er sich fürchtete, sich ein wenig zu weit aus dem Fenster gelehnt zu haben, folgt auf dem Fuße die Einschränkung seiner Aussage: „Wir werden aber auch wohl noch auf längere Zeit hinaus die ganz besondere Sprache und ganz besondere Hammer-Methode der amtlichen nationalsozialistischen Presse brauchen."[896]

Trotz aller Vorsicht, die er bei seiner Wortwahl an den Tag legte, schimmert dennoch durch, wie wenig dem Journalisten dieser Zeitungsstil behagte und so verwies er dann auch ganz vorsichtig auf den „anderen Ton" der Privaten, der von den Lesern zum Vergleich und zur Kontrolle herangezogen werden könne und solle.[897] Inzwischen seien ja auch die leitenden Persönlichkeiten dieser Organe aus „tiefster innerer Überzeugung" ebenso deutsch und nationalsozialistisch gesinnt wie ihre Kollegen von den parteiamtlichen Zeitungen.[898] Eine weitere, etwas kryptisch formulierte Daseinsberechtigung sah der Redner in den „besonderen nationalen Aufgaben", die die Offiziellen nie in diesem Ausmaße wahrnehmen könnten, etwa in der Außenpolitik, wo die NS-Publikationen wegen ihres amtlichen Charakters gehemmt seien.[899]

Die besonderen Aufgaben der Presse im neuen Deutschland kamen laut Beckmann in der „Pflege des Kulturellen in der Zeitung" zum Ausdruck.[900] Diese „große volkserzieherische Pflicht" sei über dem „politischen Parteigezänke so sehr vergessen worden."[901] Zu Lasten der „bunten Geschichten" und Reportagen sollten dem Volke „die geistigen Führer der Nation auf allen Gebieten" näher gebracht werden, auch dahingehend, dass man sie zu Wort kommen lasse.[902] Der

---

893 *Ebd.*, S. 11. Das Zitat „nur noch eine nationalsozialistische Presse" im Original gesperrt.
894 *Ebd.*
895 *Ebd.*
896 *Ebd.*
897 *Ebd.*
898 *Ebd.*
899 *Ebd.*, S. 13.
900 *Ebd.*, S. 12. Das Zitat ist im Original gesperrt.
901 *Ebd.*
902 *Ebd.* Das Zitat „geistigen Führer der Nation auf allen Gebieten" im Original gesperrt.

Wissenschaft, der Kunst und der Literatur müsse, so der Hauptschriftleiter, ein besonderer Raum eingeräumt werden, ebenso wie der Persönlichkeit, der, wo immer sie sich zeige, wieder Recht und Geltung zu verschaffen sei. Das Führerprinzip solle auch in der Zeitung durchgesetzt werden.

Von sekundärem Belang war es für ihn hingegen, „daß die Zeitung möglichst alle neuesten Meldungen, auch solche minderer Bedeutung, enthält."[903] Den Lesern sollten vielmehr künftig die Zusammenhänge dargelegt werden. In politischen Stellungnahmen, vor allem in der Außenpolitik, forderte er „viel größere Zurückhaltung" als in der Vergangenheit, also keine Kommentare und Meinungsäußerungen.[904] Sachlich ernste Darlegungen der realen Verhältnisse und der Geschehnisse im Ausland – also im nationalsozialistischen Freund-Feind-Denken verfasste Berichte – wollte er wiederum verstärkt ins Blatt nehmen. In der Forderung: „Der Nachrichtenteil der Zeitungen muß auch in Zukunft gut, reichhaltig, umfangreich, originell sein", sah Beckmann offenbar keine Diskrepanz zu den uniformen Tendenzen der Presse, für die er selber eintrat.[905]

Eine Art ‚Zwischenbilanz' über den Stand der Bemühungen auf dem Gebiet der Monopolisierung der öffentlichen Meinung zog der Leiter der „Nationalsozialistischen Parteikorrespondenz" (NSK), Helmut Sündermann, in einem Vortrag Anfang 1935.[906] Längst hatte dabei der Pragmatismus über den Idealismus gesiegt. Etwa dann, wenn purer Zynismus durchklang, als der Redner von der Erfassung der großen Masse durch die Presse als „Leistungsziel", das es zu erreichen gelte, sprach.[907] Dabei stünden vor allem Schulung und Erziehung im Zentrum, um damit politisches Denken zu erwecken, denn das habe das deutsche Volk nicht gekonnt. Lüddecke meinte schon 1933 dasselbe, wenn er unterstellte, der „kämpfende Mensch unserer Zeit" brauche „in erster Linie Aufklärung über die großen Fragen",[908] denn man habe ja gesehen, was passiert, wenn man „den Bedürfnissen der Masse freien Lauf läßt",[909] jedoch sprach aus seinen Äußerungen der Theoretiker am Anfang einer neuen Entwicklung, nicht der Funktionär am Ende des zweiten Jahres der Diktatur, der einräumen musste, dass man bei den diesbezüglichen Bemühungen noch nicht soweit gekommen war, wie man eigentlich erhofft hatte.

---

903   *Ebd.*
904   *Ebd.*
905   *Ebd.*
906   BA Berlin, NS 26/1167, „Welche Rolle spielt die Zeitung, überhaupt die Presse im nationalsozialistischen Staate, Entwicklung des N.S.-Pressewesens", Vortrag des Leiters der N.S.K. Amtsleiter Pg. SÜNDERMANN am 25. Januar 1935.
907   *Ebd.,* S. 4..
908   LÜDDECKE, Tageszeitung, S. 65.
909   *Ebd.,* S. 53.

Zwar berichtete Sündermann, dass „schon grosse Fortschritte" in der bisherigen nationalsozialistischen „Erneuerungsarbeit" erzielt worden seien, obgleich es sich um eine Entwicklung handle, die natürliches Wachsen erfordere.[910] Ein neues Zeitalter für Journalisten und Presse sei angebrochen, doch war seinen Ausführungen zufolge die überaus wichtige Verbindung der übrigen Presse mit den NS-Zeitungen noch nicht voll erreicht, „da das Wesen der Partei diesen Herrschaften noch nicht ganz zum Bewusstsein gekommen sein kann"[911] – doch hier nahte im April ‚Abhilfe' in Gestalt der „Amann-Verordnungen". Als Brückenfunktion zur „Presse der anderen" seien nun die Gaupressestellen neu errichtet worden.[912] Auf diese Weise versuchten die Nationalsozialisten ihren Anspruch auf das Meinungsmonopol im Reich zu befestigen. Als Endprodukt dieser Bemühungen musste für Sündermann die „Entwicklung und Schaffung eines neuen Zeitungstyps, einer Volkszeitung"[913] stehen, die „ein getreues Spiegelbild der Nation des völkischen Lebens" wiedergeben sollte.[914]

Die Vereinheitlichung der öffentlichen Meinung blieb über all die Jahre hinweg wichtigster Punkt der NS-Pressepolitik. Von der Warte einer immer besser greifenden Steuerung und Überwachung aus konnte 1938 der Reichspressechef Dr. Otto Dietrich „unsere moderne Auffassung von den Aufgaben der Presse" vor Diplomaten und ausländischen Journalisten erklären.[915] Die NSDAP „hat aus ihrer eigenen Geschichte gelernt, daß das einheitliche politische Denken des ganzen Volkes die Grundlage aller nationalen und sozialen Erfolge ist", stellte er dabei fest.[916] Sein Erklärungsansatz, um die Kontrolle der Zeitungen zu rechtfertigen, war freilich raffinierter. Die Presse solle nicht die individuelle Meinung des Einzelnen gegenüber dem Ganzen zum Ausdruck bringen „und etwas als ‚öffentliche Meinung' vortäuschen, was keine ist."[917] Er verwies vielmehr auf die umgekehrte Aufgabe der Zeitung als „Mahner der Nation" und „Schule des politischen Denkens", um jedem Bürger vor Augen zu führen, Glied einer Gemeinschaft zu sein, der er „auf Gedeih und Verderb verbunden" sei.[918]

---

910 BA Berlin, NS 26/1167, Sündermann, „Rolle", S. 4.
911 *Ebd.*
912 *Ebd.*
913 *Ebd.* „Volkszeitung" im Original gesperrt.
914 *Ebd.* „Spiegelbild der Nation des völkischen Lebens" im Original gesperrt.
915 Reichspressechef Otto DIETRICH, „Nationalsozialistische Pressepolitik", Rede vor Diplomatie und Auslandspresse am 7. März 1938 (Schriften des Dt. Instituts für außenpolitische Forschung 2), Berlin 1938, S. 9.
916 *Ebd.*, S. 7.
917 *Ebd.*, S. 8.
918 *Ebd.*

Dies war Dietrichs Auffassung von öffentlicher Meinung, die „bei uns nicht gemacht, sondern erforscht" werde, da der Nationalsozialismus mit seiner „lebendigen Verbundenheit" mit den Menschen den „wirklichen Volkswillen", der ja nichts anderes als die öffentliche Meinung sei, unmittelbar an seiner Quelle erfasse.[919] Kein Widerspruch ergab sich für den Reichspressechef auch aus der daraus resultierenden Forderung, eine „lebendige Volkspresse" und keine „mechanisierte Staatspresse", bei der der Schriftleiter „sein journalistisches Pflichtgefühl zu schöpferischer Entfaltung für das Wohl seines Volkes" einbringe, zu schaffen.[920]

Die an die Presse gestellte Anforderung, das „Wirken des Staates zu fördern, statt es zu lähmen", ja das „publizistische Gewissen der Nation" zu sein, sah Dietrich dadurch gelöst, dass sie nicht das kritisiere, was dem Volk dienlich sei, sondern das, was ihm schade.[921] Das gelte auch für das Feld der Außenpolitik. Zur „nationalen Disziplin" durch die NS-Presse „erzogen" – dieses Wort durfte nie im Zusammenhang mit der Medienlenkung fehlen – hätten die Zeitungen auch auf diesem Gebiet nichts zu schreiben, was der Führung zuwiderlaufe, war die logische Konsequenz, die er daraus ableitete.[922]

„In den selbstverständlichen Grenzen, die ihr das Lebensinteresse der Nation setzt", verfügte die deutsche Publizistik letztendlich über ein „höheres Maß von Freiheit, als die liberale Presse sie je besessen hat."[923] Wie diese Grenzen jedoch konkret abgesteckt wurden, darüber gab Dr. Otto Dietrich keine Auskunft.

2.3.2. Die Praxis: Die Schaffung neuer Rechtsgrundlagen

Kaum Teilhaber an der Regierungsgewalt, legten die Nationalsozialisten am 4. Februar 1933 mit der „Verordnung zum Schutz des deutschen Volkes" schon Hand an das Presserecht.[924] Dass es den neuen Machthabern um viel mehr ging als nur ein temporäres Erscheinungsverbot der unliebsamen, gegnerischen Blätter, verdeutlichte die Verordnung des Reichspräsidenten „Zum Schutz von Staat und Volk" vom 28. Februar,[925] dessen äußerer Anlass der Reichstagsbrand vom Vortag bildete.[926] Diese beiden Verordnungen bildeten das Fundament für die Abschaffung jeglicher Pressefreiheit im Dritten Reich.[927]

---

919 *Ebd.*
920 *Ebd.*, S. 13.
921 *Ebd.*, S. 9.
922 *Ebd.*, S. 23.
923 *Ebd.*, S. 9.
924 Text im Reichsgesetzblatt 1933, Teil I, S. 35ff.
925 Text in: *ebd.*, S. 83.
926 Vgl. FREI/SCHMITZ, Journalismus, S. 22. – FREI, Führerstaat, S. 50f.
927 Vgl. Josef WULF, Presse und Funk im Dritten Reich, Gütersloh 1964, S. 19.

Grundrechte wie die Vereins-, Versammlungs-, Meinungs- und Pressefreiheit wurden auf dieser Grundlage ebenso aufgehoben wie das Post- und Telefongeheimnis und die Unverletzlichkeit von Wohnung und Eigentum. KPD-Abgeordnete und Funktionäre wurden verhaftet, die kommunistische Presse auf unbestimmte Zeit, SPD-Blätter zunächst auf 14 Tage verboten. Damit hatte die Regierung Hitler gut eine Woche vor den Reichstagswahlen vom 5. März die gesamte linke Publizistik ‚legal' aus dem Wahlkampf ausgeschaltet. In den darauf folgenden Wochen und Monaten sollten dann Besetzungen der Druck- und Verlagshäuser von rund 35 kommunistischen und 200 sozialdemokratischen Zeitungen mit insgesamt zwei Millionen Stück Auflage, die häufig zugunsten der NSDAP und ihrer Presse enteignet wurden, auf der Tagesordnung stehen.[928] Die Zeitungen sollten unter dem Hitler-Regime ja eine andere Rolle als bisher übernehmen: Sie bekamen die Aufgabe zugewiesen, künftig als Instrument der autoritären Staatsführung – mit Meinungsmonopol für die Partei und totaler Überwachung der öffentlichen Kommunikation – zu fungieren.

Der dazu notwendige gesetzliche Rahmen stützte sich im Wesentlichen auf drei, alle aus dem Jahr 1933 datierende Maßnahmen für die hierfür notwendige „systematische Personalkontrolle."[929] Von den blumigen Utopien der Theoretiker unterschieden sie sich durch klare, unzweideutige Formulierungen.[930] So sorgte das Reichsministerium für Volksaufklärung und Propaganda, das per Kabinettsbeschluss vom 11. März eingerichtet wurde, für die organisatorische Basis. Die eigentliche Reglementierung der bei der Presse Tätigen beruhte dann auf dem am 22. September erlassenen Gesetz zur Errichtung einer Reichskulturkammer und dem Schriftleitergesetz vom 4. Oktober.

a) Das Reichsministerium für Volksaufklärung und Propaganda

In die Zuständigkeit des neu geschaffenen Reichspropagandaministeriums,[931] an dessen Spitze Dr. Paul Joseph Geobbels stand, fielen „alle Aufgaben der geistigen Einwirkung auf die Nation, der Werbung für Staat, Kultur und Wirtschaft, der Unterrichtung der in- und ausländischen Oeffentlichkeit über sie und der Verwaltung aller diesen Zwecken dienenden Einrichtungen."[932] In ihm waren alle für die Öffentlichkeitsarbeit zuständigen Einrichtungen, die bisher dem Auswärtigen Amt, den Reichsministerien, den preußischen Ministerien und der Reichszentrale für den Heimatdienst angegliedert gewesen waren, zusam-

---

928 Vgl. FREI/SCHMITZ, Journalismus, S. 22f.
929 *Ebd.*, S. 27.
930 Zu den Theoretikern siehe Kapitel III.2.3.1.
931 Text im Reichsgesetzblatt 1933, Teil I, S. 104.
932 Gerhard BAUMANN, Der organisatorische Aufbau der deutschen Presse, phil. Diss. München 1938, S. 14.

mengefasst.[933] Das Goebbels-Ressort bestand neben dem Ministerbüro zunächst aus sieben, dann aus neun und schließlich aus elf Abteilungen,[934] von denen die Abteilung IV – ihre Ursprünge gingen auf das Presseamt des Außenministeriums zurück – für die Printmedien zuständig war.[935] Zu deren wichtigsten Einrichtungen zählte wiederum die täglich stattfindende Pressekonferenz, in der die in Berlin akkreditierten Journalisten ihre Anweisungen erhielten, ob und wie bestimmte Themen in der Zeitung zu behandeln waren.[936] Insgesamt oblag es ihr, die Presse in allen wesentlichen Belangen mit Informationen zu versorgen und sie zu kontrollieren.[937]

„Durch die Errichtung der Abteilung IV im Propagandaministerium, der die Ueberwachung der gesamten deutschen Presse in letzter Instanz übertragen ist, hat der Staat eines der wichtigsten Instrumente der Volkserziehung und Gemeinschaftsgestaltung in seinen Dienst gestellt und damit die einheitliche Willensbildung der deutschen Nation gesichert", beschrieb der Doktorand Gerhard Baumann 1938 euphorisch die vollständige Gängelung der Zeitungen.[938]

b) Die Reichskulturkammer

Während sich das Propagandaministerium der Presse und der kulturellen Organe bediente, um gleichzeitig in seinem Sinne auf sie einzuwirken, war die in sieben, ihr nach geordnete Teilkammern aufgegliederte Reichskulturkammer generell für die einheitliche Führung und Kontrolle des Kulturlebens zuständig.[939] Gebildet wurden diese Kammern (Reichspressekammer, Reichsmusikkammer, Reichskammer der bildenden Künste, Reichstheaterkammer, Reichsschrifttumskammer, Reichsrundfunkkammer und Reichsfilmkammer) durch eine Eingliederung der verschiedenen Berufs- und Standesorganisationen, wobei jede Kammer einen Verwaltungsbeirat aus Vertretern der jeweiligen Gruppe erhielt.

---

933 Einen historischen Überblick über die Vorläufer der Abteilung IV liefert *ebd.*, S. 10ff.
934 Zu den Geschäftsbereichen, die die einzelnen Reichsministerien an das Reichsministerium für Volksaufklärung und Propaganda abtreten mussten, und zu den Aufgabengebieten der einzelnen Abteilungen – allerdings aus nationalsozialistischer Sicht – siehe *ebd.*, S. 14ff.
935 Eine Aufstellung der einzelnen Referate der Abteilung IV und ihrer Einteilung, in: *ebd.*, S. 20f.
936 Einzelheiten zur täglichen Pressekonferenz bei FREI/SCHMITZ, Journalismus, S. 29ff.
937 Vgl. KOSZYK, Deutsche Presse, S. 363.
938 BAUMANN, Aufbau, S. 22.
939 Vgl. KOSZYK, Ende, S. 17. – HALE, Zwangsjacke, S. 97ff., beschreibt weitere Einzelheiten über Aufbau und Aufgaben der Reichspressekammer.

Mit dem Reichskulturkammergesetz, das am 22. September 1933 verabschiedet wurde,[940] hatten die Nationalsozialisten einen weiteren Schritt auf dem Weg zur ideologischen Unterordnung des kulturellen und geistigen Lebens geschafft.[941] Mit der dann am 1. November erlassenen ersten „Verordnung zur Durchführung des Reichskulturkammergesetzes"[942] als Körperschaft des öffentlichen Rechts trat die Reichspressekammer an die Stelle der bisherigen „Reichsarbeitsgemeinschaft der Deutschen Presse".[943]

Die Reichspressekammer[944], deren Präsidentenamt Max Amann, Chef des Zentralverlages der Partei und Reichsleiter für die Presse der NSDAP, bekleidete, was als Ergänzung des Schriftleitergesetzes vom 4. Oktober gedacht. Angeschlossen waren ihr 13 Fachverbände beziehungsweise Fachschaften, als deren wichtigste der „Reichsverband der Deutschen Presse"[945] und der „Verein Deutscher Zeitungsverleger" galten.[946] Jeder, der journalistisch tätig sein wollte,

940 Text des Reichskulturkammergesetzes in: Handbuch der deutschen Tagespresse 1937, hg. vom Institut für Zeitungswissenschaft an der Universität Berlin, 6. Auflage Leipzig/Frankfurt am Main 1937, S. 351-355. Den maßgeblichen nationalsozialistischen Kommentar zu diesem Gesetz liefert Hans HINKEL (Hg.), Handbuch der Reichskulturkammer, bearbeitet von Günther GENTZ, Berlin 1937. Darin ist das Gesetz auf S. 24-35 ebenfalls abgedruckt. Siehe auch Reichsgesetzblatt 1933, Teil I, S. 661f.
941 Der Präsident der Reichskulturkammer, Max Amann, äußerte sich Mitte der 30er Jahre ganz offen über die eigentlichen Ziele, die mit der Einführung ‚seiner' Kammer verfolgt wurden: „Diese Einrichtung einer Presseorganisation, die für alle in der Presse tätigen Deutschen verpflichtend ist, gibt der Staatsführung die Gewißheit, daß in der deutschen Presse, so vielgestaltig sie auch immer sein mag, alle Erscheinungen des öffentlichen Lebens nur mit nationalsozialistischer Haltung dem Volk vermittelt werden." Und fast hämisch heißt es weiter: „Es besteht darin keineswegs eine Bevormundung der Presse durch den Staat. Im Gegenteil! Wo früher Zügellosigkeit beim Volk Schaden zufügte, ist heute Verantwortung getreten. Dadurch hat der Staat dem Berufsstand der Presse eine niegekannte Selbstverwaltung übertragen und im Zusammenhang damit die Aufgabe ununterbrochener Selbsterziehung." Max Amann zit. Nach BAUMANN, Aufbau, S. 4.
942 Text im Reichsgesetzblatt 1933, Teil I, S. 797ff.
943 Siehe hierzu auch Volker DAHM, „Anfänge und Ideologie der Reichskulturkammer: Die ‚Berufsgemeinschaft' als Instrument kulturpolitischer Steuerung und sozialer Reglementierung", in: Vierteljahreshefte für Zeitgeschichte 34 (1986), S. 53-84.
944 Ein Organisationsplan der Reichspressekammer mit einer Definition ihrer Aufgaben bei BAUMANN, Aufbau, S. 31.
945 Die Satzungen des „Reichsverbandes der Deutschen Presse" sind abgedruckt in: Das Schriftleitergesetz vom 4. Oktober 1933 nebst den einschlägigen Bestimmungen, erläutert von Hans SCHMIDT-LEONHARD und Peter GAST, Berlin 1934, S. 234-238.
946 Ferner handelte es sich dabei um den „Reichsverband Deutscher Zeitschriftenverleger", den „Reichsverband der Deutschen Korrespondenz- und Nachrichtenbüros", den „Reichsverband der Evangelischen Presse", die „Fachschaft der katholisch-kirchlichen Presse", den „Reichsverband Deutscher Pressestenographen", die „Fachschaft der Ver-

musste in die Reichspressekammer eintreten. Gefordert wurden politische (gemeint war nationalsozialistische Gesinnung) und charakterliche Zuverlässigkeit sowie fachliche Eignung. Jeder Kulturschaffende ‚durfte' sich nun als „Träger einer öffentlichen Aufgabe" betrachten, der eine „nationalpolitische Führungs- und Erziehungsaufgabe" zu erfüllen hatte.[947] Bei Ausschluss aus oder Nichtaufnahme in die Reichskulturkammer kam das de facto einem Berufsverbot gleich. Der am 15. November 1933 in „Reichsverband der Deutschen Zeitungsverleger" umbenannte und umgebildete „Verein Deutscher Zeitungsverleger" war innerhalb der Reichspressekammer wirtschaftlich und politisch am einflussreichsten.

Als Standesorgan hatte er ausgedient und führte nur noch Anordnungen von oben aus. Die Verleger wurden in die Isolierung gedrängt, da auch die bislang weitgehend eigenständigen Landesverbände nun ihre Selbständigkeit verloren.[948] Nach offizieller Lesart hatten sie jetzt die Aufgabe, die Voraussetzungen für die Gestaltung einer nationalsozialistischen Gesinnungspresse zu schaffen und diese im Sinne wirksamer NS-Pressearbeit auch zu sichern: Die Aufgabe des Verlegers „darf sich nicht im rein Kaufmännischen erschöpfen, er ist vielmehr berufen, an der Durchsetzung der Staatsideen mitzuwirken."[949] Denn: „Es wäre eine zu große Bevorrechtung des Einzelnen, wenn man ihm das Recht zugestehen würde, seine Zeitung auf Kosten der Gesamtheit über Fragen schreiben zu lassen, die das Wohl und Wehe des ganzen Volkes angehen."[950]

---

lagsangestellten", die „Reichsfachschaft Deutscher Werbefachleute", den „Fachverband der Rundfunkpresse", den „Reichsverband Deutscher Zeitschriften-Buchhändler", den „Reichsverband der Deutschen Lesezirkelbesitzer" und den „Verband deutscher Zeitungs-, Zeitschriften- und Buchgrossisten". Näheres zu den einzelnen Fachverbänden und Fachschaften, zwar aus nationalsozialistischer Perspektive, aber durchaus informativ, bei BAUMANN, Aufbau, S. 43ff. Siehe hierzu auch HINKEL (Hg.), Reichskulturkammer, S. 209-243.

947 Peter GAST, „Die rechtlichen Grundlagen der Reichskulturkammer", in: HINKEL (Hg.), Reichskulturkammer, S. 17-23, S. 20.
948 Vgl. Johannes BINKOWSKI, „Die Diktatur des Nationalsozialismus: Die Presse in Baden-Württemberg 1933-1945", in: Von der Preßfreiheit zur Pressefreiheit, Südwestdeutsche Zeitungsgeschichte von den Anfängen bis zur Gegenwart, hg. von der Württembergischen Landesbibliothek Stuttgart in Zusammenarbeit mit dem Verband Südwestdeutscher Zeitungsverleger und dem Verband der Druckindustrie in Baden-Württemberg, Stuttgart 1983, S. 155-170, S. 164.
949 MÜNSTER, Zeitung, S. 35.
950 *Ebd.*

Des Weiteren hatte der Reichsverband die Vorarbeiten für die einschlägigen Anordnungen der Reichspressekammer zu leisten und ihre Durchführung zu überwachen. Darauf und in der Befugnis der Reichspressekammer, Anordnungen zu erlassen, beruhte die große Machtfülle des NS-Regimes im deutschen Zeitungsgewerbe.[951]

c) Das Schriftleitergesetz

In engem Zusammenhang mit dem Reichskulturkammergesetz stand – neben einer Anzahl weiterer gesetzlicher Bestimmungen – das Schriftleitergesetz vom 4. Oktober 1933[952] mit seinen Durchführungsbestimmungen vom 13. Dezember.953 Im Zusammenspiel sollte die Grundlage geschaffen werden, „um den nationalen Willen zu führen und in steter Übereinstimmung mit der Staatsführung zu halten."954 Mit ihm wurden die rechtlichen Maßnahmen zur Firmierung des geistig-kulturellen Lebens in Deutschland komplettiert. „In der Geschichte des deutschen Zeitungslebens ist der 4. Oktober 1933 ein Tag von epochaler Bedeutung", kommentierte die „Deutsche Presse", das Organ des gleichgeschalteten „Reichsverbandes der Deutschen Presse" doppeldeutig.[955] Epochal war der Tag zweifelsohne: Damit endete nicht nur die berufliche Unabhängigkeit für die Journalisten, gleichzeitig handelte es sich dabei um den Abgesang der ohnehin schon stark beschnittenen Pressefreiheit.[956]

Aus nationalsozialistischer Sicht wurde hingegen mit dem Inkrafttreten des neuen Gesetzes am 1. Januar 1934 der Schlusspunkt hinter eine Übergangsphase gesetzt, die mit der Kanzlerschaft Hitlers ihren Anfang genommen hatte. Denn nun, mit dem „neuen Pressesystem",[957] wurde die „Gestaltung des geistigen Inhalts der im Reichsgebiet herausgegebenen Zeitungen und politischen Zeitschriften durch Wort, Nachricht oder Bild" zu einer „in ihren beruflichen Pflichten und Rechten vom Staat durch dieses Gesetz geregelte öffentliche Aufgabe",

---

951 Vgl. HALE, Zwangsjacke, S. 99.
952 Text im Reichsgesetzblatt 1933, Teil I, S. 713ff.
953 Text in *ebd.*, S. 1085ff.
954 GAST, „Rechtliche Grundlagen", in: HINKEL (Hg.), Reichskulturkammer, S. 19. Das Zitat ist im Original gesperrt.
955 Zit. Nach „Das Schriftleitergesetz im Urteil des In- und Auslandes", zusammengestellt von Josef WILKENS, in: Zeitungswissenschaft 6 (1933), S. 361-394, S. 362.
956 Das Schriftleitergesetz ist eine Kombination aus einer Neufassung eines damals abgelehnten Journalistengesetzes aus dem Jahr 1924 und dem im faschistischen Italien aufgebauten System der Zwangsorganisationen für Schriftleiter und Journalisten. Vgl. HALE, Zwangsjacke, S. 91. Zu diesem Thema siehe auch MÜSSE, Reichspresseschule, S. 88ff.
957 MÜNSTER, Zeitung, S. 44.

wie es in § 1 des Schriftleitergesetzes heißt.[958] Somit bekam der Redakteur im neuen Staat „einen amtsähnlichen Charakter" und sollte nicht mehr „nur Organ der Zeitung sein oder sich als solches fühlen, sondern als staatliches Organ, das berufen ist, eine der wichtigsten Aufgaben des Staates zu erfüllen. Der Schriftleiter wird dadurch in seiner Stellung etwa dem Arzt oder Anwalt ähnlich, die ebenfalls staatliche Aufgaben zu erfüllen haben."[959] Auf die privatrechtlich angestellten Journalisten kamen kaum noch überschaubare Pflichten und Gebote zu, die bei Verstößen hart bestraft wurden. „Auf die Fürsorge des Staates, die dieser dem öffentlichen Dienst normalerweise angedeihen läßt, mußten sie hingegen verzichten."[960]

Nur wer aufgrund dieses Gesetzes die Befugnis dazu hatte, durfte sich Schriftleiter nennen. Vertreter dieser Berufsgruppe mussten mindestens 21 Jahre und deutsche Reichsangehörige, von ‚arischer' Abstammung, mit einem nichtjüdischen Partner verheiratet sowie fachmännisch ausgebildet sein und hatten über die Eigenschaften zu verfügen, „die die Aufgabe der geistigen Einwirkung auf die Öffentlichkeit erfordert" (§ 5). Schriftleiter konnte auch nur der werden, der in die Berufsliste eingetragen war (§ 8). Über diese Liste wiederum definierte sich die gesetzliche Mitgliedschaft im „Reichsverband der Deutschen Presse" (§ 23). Durch diese gesetzlich festgeschriebenen Voraussetzungen wurde von vornehrein die Auswahl des ‚richtigen' Personals gewährleistet. Diese Kontrolle war vor allem in der Anfangsphase der ‚Neugestaltung' der Presse zum „Staats- und Nationalerziehungsmittel" für die Nationalsozialisten als unabdingbar,[961] da man nicht auf genügend Journalisten aus dem eigenen politischen Lager zurückgreifen konnte.

Für die Redakteure galt von nun an, „die Gegenstände, die sie behandeln, wahrhaftig darzustellen und nach ihrem besten Wissen zu beurteilen" (§ 13). Dies meinte nicht anderes, als alles unter nationalsozialistischen Aspekten zu bewerten und zu bearbeiten. Fern zu halten aus der Zeitung war unter anderem, „was eigennützige Zwecke mit gemeinnützigen in einer die Öffentlichkeit irreführenden Weise vermengt", was die „die Kraft des Deutschen Reiches nach außen oder im Innern den Gemeinschaftswillen des deutschen Volkes, die deutsche Wehrhaftigkeit, Kultur oder Wirtschaft" schwächen oder was „gegen die Ehre und Würde eines Deutschen verstößt" (§ 14). Der Schriftleiter sollte die

---

958 Alle folgenden Textstellen des Schriftleitergesetzes aus „Das Schriftleitergesetz vom 19. Dezember 1933", in: Handbuch 1937, S. 297ff. – SCHMIDT-LEONHARDT/ GAST, Schriftleitergesetz, S. 23ff.
959 SCHMIDT-LEONHARDT/GAST, Schriftleitergesetz, S. 7.
960 MÜSSE, Reichspresseschule, S. 62.
961 „Das Schriftleitergesetz vom 19. Dezember 1933 – Begründung", in: Handbuch 1937, S. 301.

Stellung eines „Erziehers der Öffentlichkeit" einnehmen,[962] für den sogar eigene Berufsgerichte eingerichtet wurden, deren Mitglieder der Propagandaminister ernannte (§§ 27-35). Diese Standgerichtsbarkeit diente in erster Linie als Mittel zur Disziplinierung und politischen Einschüchterung der Journalisten.[963] Offenbar hatte Goebbels jedoch auch die Absicht, das Selbstwertgefühl der in der Presse Tätigen anzusprechen und wollte diesen so den Eindruck vermitteln, man wolle ihr Sozialprestige aufwerten.

Entscheidende Veränderungen brachte das Schriftleitergesetz für das Verhältnis zwischen Redakteur und Verleger mit sich. Hatte Letzterer bislang die politische Tendenz seiner Zeitung bestimmt, wurde er nun auf die Rolle eines Unternehmers, der sich lediglich mit der technischen und geschäftlichen Seite seines Verlages beschäftigen sollte, reduziert.[964] Die Zuständigkeit für die „Gesamthaltung des Textteiles der Zeitung" übernahm jetzt das Propagandaministerium, dessen Handlanger der jeweilige Hauptschriftleiter war (§ 20). Dessen Verantwortung dem Staat gegenüber hatte Vorrang vor seinem mit dem Verleger im Arbeitsvertrag fixierten Verpflichtungen: „Er ist nun in Zukunft nicht mehr in erster Linie Angestellter eines privaten Verlags, einer Gruppe oder einer Partei, sondern Diener des Staates und Volkes."[965]

Der Schriftleiter, der sich wirklich als „Beamter des Volkes" fühle, könne seine Persönlichkeit nun in ganz anderem Ausmaß entwickeln, weil ihn der starke Staat bei jedem Eintreten für die Volksgemeinschaft schütze, jubilierte der Zeitungshistoriker Hans A. Münster.[966] Und so durfte ein Verleger einem Schriftleiter auch nicht kündigen, wenn er mit der vom Redakteur im Blatt vertretenen „geistigen Haltung" nicht einverstanden war (§ 30). Selbst bei einer Entlassung auf Grund eines Verstoßes gegen „die öffentlichen Berufspflichten" oder die „vereinbarten Richtlinien" sprach künftig das Berufsgericht das letzte Wort.

Versuchte ein Verleger einen Redakteur durch das Anbieten von Vorteilen oder durch Androhen von Nachteilen zu manipulieren, wie es im Gesetz sehr schwammig formuliert wird, drohten ihm nicht nur Geld- oder Gefängnisstrafe und der Verlust der bürgerlichen Ehrenrechte, sondern auch der Entzug der Verlegererlaubnis (§§ 39-41, § 43).

---

962   SCHMIDT-LEONHARDT/GAST, Schriftleitergesetz, S. 7.
963   Vgl. FREI/SCHMITZ, Journalismus, S. 28.
964   Vgl. HALE, Zwangsjacke, S. 93f.
965   MÜNSTER, Zeitung, S. 44.
966   *Ebd.*, S. 110.

Oron J. Hale beurteilt das Schriftleitergesetz als einen raffinierten Kunstgriff der Hitler-Goebbelschen Pressepolitik, „durch den die gesamte bürgerliche Presse als ein Mittel der Nachrichtenverbreitung und Meinungsbildung in die Verfügung des NS-Staates gestellt wurde."[967] Zusammen mit dem Reichskulturkammergesetz hatten die Parteigrößen nun die Möglichkeit, die kleineren und mittleren bürgerlichen Betriebe in die Hand zu bekommen.

d) Die Gesetze des Jahres 1935

Nachdem sich die Nationalsozialisten mit dem Schriftleitergesetz vom 4. Oktober 1933 Zugriff auf den Journalisten und seine Arbeit verschafft hatten, waren die Rechte des freien Verlegertums auf Grund des § 25 der „Ersten Durchführungsverordnung zum Reichskulturkammergesetz" vom 1. November 1933 praktisch außer Kraft gesetzt worden.[968] Damit unterlagen beide – Journalisten und Verleger – der politischen Bevormundung der Partei, deren Resultat die Leser täglich schwarz auf weiß in Händen hielten. Diese Eintönigkeit in der Berichterstattung, die sich nun einstellte, bewirkte aber beim Konsumenten eher eine Art Zeitungsverdrossenheit.[969] Die Auflage der Blätter sank beständig, wobei allerdings auch die ökonomischen Rahmenbedingungen und das Aufkommen des Radios eine gewisse Rolle gespielt haben dürften.[970] Trotz intensiver Werbekampagnen war die Gesamtauflage der Tagespresse von 18,5 Millionen Anfang 1933 um rund 1,8 Millionen auf 16,69 Millionen Stück gefallen.[971]

Die Konzeption der Zeitungen als publizistisches Führungsmittel erlitt durch diese Entwicklung einen erheblichen Dämpfer. Auch die Duldung privater Verlage hatte die Wirkung der Propaganda nicht eben erhöhen können.[972] Ohnehin waren für das Regime im dritten Jahr seines Bestehens diese Zeitungen überflüssig geworden, zumal es seine Macht inzwischen soweit gefestigt hatte, dass es sich nun ein radikales Vorgehen gegen die gut fundierte Provinz- und Generalanzeigerpresse erlauben konnte. Wenn der organisatorische Neuaufbau und die Befriedigung des Zeitungswesens im Sinne der Staatsführung letztendlich erfolgreich greifen sollten, mussten nichtnationalsozialistische Verleger ausgeschaltet werden. Auf diese Weise hoffte sie, den größten Teil der deutschen Presse in Parteibesitz zu überführen und zu kontrollieren,[973] um damit die Grundlage „für eingeschlossenes deutsches Zeitungswesen nationalsozialisti-

---

967 HALE, Zwangsjacke, S. 94.
968 Vgl. <SCHMIDT>, Fesseln, S. 48. Näheres zu den Gesetzen in den Kapiteln III.2.3.2.b) und c).
969 Vgl. MÜSSE, Reichspresseschule, S. 37ff.
970 Vgl. KOSZYK, Ende, S. 14.
971 Vgl. STOREK, Öffentlichkeit, S. 73.
972 Vgl. HALE, Zwangsjacke, S. 157.
973 Vgl. *ebd.*, S. 159.

scher Prägung und nationalsozialistischen Geistes" zu schaffen.[974] Neben der politischen Stabilisierung spielte vermutlich auch die schlechte wirtschaftliche Lage der NS-Gaupresse 1933 eine gewisse Rolle, warum erst 1935 zum Generalangriff auf die private Konkurrenz geblasen wurde, denn die NS-Verlage hätten damals gar nicht über die finanziellen Mittel verfügt, diese zu übernehmen.[975]

Mit den drei so genannten „Amann-Anordnungen" vom 24. April 1935 gelang es dann in kurzer Zeit, viele der bürgerlichen Blätter in den Besitz der Partei zu bringen. Dabei handelte es sich um die „Anordnung über Schließung von Zeitungsverlagen zwecks Beseitigung ungesunder Wettbewerbsverhältnisse",[976] die „Anordnung zur Wahrung der Unabhängigkeit des Zeitungsverlagswesens"[977] sowie um die „Anordnung zur Beseitigung der Skandalpresse",[978] die speziell auf drei Gruppen von Zeitungen zugeschnitten waren: auf konfessionelle Publikationen oder solche, die vor der Machtergreifung konfessionell geprägt waren, die Sensationspresse sowie Blätter, die offenkundig dem Typus eines Generalanzeigers zugerechnet wurden.

„Ist in einem Orte eine Mehrzahl von Zeitungsverlagen vorhanden, deren Betriebe auf den Absatz einer höheren Auflage angewiesen sind, als nach den örtlichen Verhältnissen und gesunden verlegerischen Grundsätzen insgesamt vertrieben werden kann, so können zur Herbeiführung gesunder wirtschaftlicher Verhältnisse einzelne Verlage geschlossen werden", lautet Artikel I der „Anordnung über Schließung von Zeitungsverlagen zwecks Beseitigung ungesunder Wettbewerbsverhältnisse",[979] mit dem auf besonders perfide Weise die lästige private Konkurrenz ausgeschaltet werden konnte. Denn es war von vorneherein klar, wer dabei den Kürzeren zog. Mit der Durchführung wurde geschickter Weise der „Reichsverband der Deutschen Zeitungsverleger" (Artikel II), also die eigene Standesvertretung der Betroffenen, betraut. Er sollte nicht nur die Orte mit „überspitzten Wettbewerbsverhältnissen" angeben und die Verlage benennen, die zu prüfen waren, sondern hatte vielmehr auch auf die betroffenen Verleger einzuwirken, sich zu freiwilligen Zusammenlegungen bereit zu finden. Die „Cura Revisions- und Treuhandgesellschaft" kümmerte sich dann um die prakti-

---

974 NNZ, Nr. 116 vom 21. Mai 1935, S. 5: „Für ein geschlossenes deutsches Zeitungswesen nationalsozialistischer Prägung".
975 Vgl. KOSZYK, Deutsche Presse, S. 392.
976 „Anordnung über Schließung von Zeitungsverlagen zwecks Beseitigung ungesunder Wettbewerbsverhältnisse vom 24. April 1935", in: Handbuch 1937, S. 400.
977 „Anordnung zur Wahrung der Unabhängigkeit des Zeitungsverlagswesens vom 24. April 1935", in: ebd., S. 394-399.
978 „Anordnung zur Beseitigung der Skandalpresse vom 24. April 1935", in: ebd., S. 400.
979 Zum Folgenden siehe „Anordnung über Schließung von Zeitungsverlagen zwecks Beseitigung ungesunder Wettbewerbsverhältnisse vom 24. April 1935", in: ebd., S. 400.

sche Umsetzung. Doch im Endeffekt war es nicht der „Reichsverband der Deutschen Zeitungsverleger", der die Entscheidungen fällte, sondern der Präsident der Reichskulturkammer, Max Amann, der über das Schicksal der vorgeschlagenen Verlage bestimmte.

Von der „Anordnung zur Wahrung der Unabhängigkeit des Zeitungsverlagswesens" waren besonders Blätter mit konfessionellem Charakter betroffen, da sie häufig – gerade im katholischen Bereich[980] - auf Kapitalbasis aufbauten, Zuwendungen von konfessionellen Organisationen erhielten oder sich zu Konzernen und Zeitungsketten zusammengeschlossen hatten.[981] Künftig konnten laut Artikel II Absatz 1 „Aktiengesellschaften, Kommanditgesellschaften auf Aktien, Gesellschaften mit beschränkter Haftung, Genossenschaften, Stiftungen" nicht mehr Zeitungsverleger sein. Auch öffentlich-rechtliche Körperschaften und ihren Zwecken dienende Einrichtungen, juristische Personen und Personengesamtheiten, die unter Beachtung beruflicher, ständischer oder konfessioneller Gesichtspunkte zusammengesetzt waren, sowie Personen und Personengesamtheiten, die die Verlagsrechte nicht für sich, sondern für Dritte wahrnahmen, „es sei denn, daß ihnen die Wahrnehmung solcher Rechte auf Grund eines gesetzlichen Treueverhältnisses (...) obliegt", konnten ebenfalls nicht mehr Zeitungen verlegen.

Zudem mussten der Verleger und sein Ehepartner den Nachweis arischer Abstammung bis ins Jahr 1800 erbringen, dominierte endgültig die Rassenideologie über die journalistische Befähigung. Ebenso konnte die Reichspressekammer die Bedingungen für das Betreiben, die Eröffnung und Schließung von Medienunternehmen bestimmen, was andererseits jedoch keine Entschädigungsansprüche wegen Enteignung begründete.

Verboten wurde nun auch die gemeinschaftliche Herausgabe von Publikationen durch mehrere Unternehmen und das Herausgeben mehrerer Zeitungen durch eine Firma. Jetzt galt: eine Zeitung, ein Verleger. Auch durften sich die Verleger außerhalb eines Fachverbandes oder einer Fachschaft der Reichspressekammer nicht zusammenschließen. Absicht war offenbar, den einzelnen Zeitungsbesitzer zu isolieren und vom Erfahrungsaustausch mit Kollegen in ähnlicher Situation abzuschneiden, damit die bürgerlichen Verleger umso eher dem Druck der konkurrierenden Parteiverlage und der staatlichen Stellen nachgaben.[982]

---

980 Im Gegensatz zum Katholizismus kannten die deutschen Protestanten keine eigene Tagespresse, vielmehr lag hier das Schwergewicht bei den Zeitschriften. Vgl. KOSZYK, Deutsche Presse, S. 399ff.
981 Alle folgenden Textstellen aus „Anordnung zur Wahrung der Unabhängigkeit des Zeitungsverlagswesens vom 24. April 1935", in: Handbuch 1937, S. 394-399.
982 Vgl. <SCHMIDT>, Fesseln, S. 53.

Um die aktive Beteiligung von Industrieunternehmungen und Banken an Zeitungsverlagen abzuschaffen, brauchten „Personen und Personengesamtheiten, die ganz oder überwiegend Wirtschaftsinteressen nicht pressemäßiger Art verfolgen und deren Unternehmen nicht Nebenbetrieb eines eigenen Zeitungsverlages sind", für eine Betätigung als Zeitungsverleger von nun an die Genehmigung des Präsidenten der Reichspressekammer.[983] Diese Vorgaben trafen die private Presse schwer.[984]

Ein „wohlberechneter Tiefschlag" gegen die katholischen Organe war Artikel IV:[985] „Zeitungen dürfen nach ihrer inhaltlichen Gestaltung nicht auf einen konfessionell, beruflich oder interessensmäßig bestimmten oder bestimmbaren Personenkreis abgestellt werden", hieß es da. Damit war diese Presse ihres eigentlichen Sinnes beraubt. Bei Zuwiderhandlung drohte der Ausschluss aus der Reichspressekammer. Für die Umstellung hatten die hiervon betroffenen Verlage laut Artikel VIII drei Monate, diejenigen Unternehmen, die unter die Bestimmungen des Artikels II fielen, erhielten für die Änderung ihrer Besitzverhältnisse zwischen sechs und zwölf Monaten Zeit. Ausgenommen von diesen Bestimmungen waren das Reich, die NSDAP und die von ihr ausdrücklich beauftragten Personen und Personengesamtheiten (Artikel II Absatz 4). Was für die bürgerlichen Verlage galt, hatte für die NS-Unternehmen also keine Relevanz.

Dies ist auch bei der „Anordnung zur Beseitigung der Skandalpresse" festzustellen,[986] die Oron J. Hale „von der Art eines schlechten Witzes" charakterisierte.[987] „Mangels echter Skandalblätter" scheint sie sich hauptsächlich gegen „die politisch nicht engagierte Generalanzeigerpresse" gerichtet zu haben.[988] Sie beinhaltete für die Verleger die Drohung des Ausschlusses aus der Reichspressekammer, wenn über Geschehnisse in einer Form berichtet werde, „die der Bedeutung für die Öffentlichkeit nicht entspricht und die geeignet ist, Anstoß zu erregen oder der Würde der Presse zu schaden." Der amerikanische Professor spricht von „Scheinmoral", denn das berüchtigte Hetzblatt „Der Stürmer" des ‚Frankenführers' Julius Streicher etwa blieb davon ausgenommen.[989]

---

983 „Anordnung zur Wahrung der Unabhängigkeit des Zeitungsverlagswesens vom 24. April 1935", S. 395.
984 Vgl. HALE, Zwangsjacke, S. 156.
985 *Ebd.*
986 Vgl. „Anordnung zur Beseitigung der Skandalpresse vom 24. April 1935, in: Handbuch 1937, S. 400.
987 HALE, Zwangsjacke, S. 154.
988 L. KUPPELMAYR, § 82. Die Presse in der NS-Zeit 1933-1945, in: Handbuch der bayerischen Geschichte, Bd. IV/2, Das neue Bayern 1800-1970, in Verbindung mit Dieter ALBRECHT et al., hg. von Max SPINDLER, München 1979, S. 1159-1164, S. 1163.
989 HALE, Zwangsjacke, S. 155.

Rund 500 bis 600 Blätter verschwanden schätzungsweise in den kommenden 18 Monaten durch Schließungen, Zusammenschlüsse und Notverkäufe.[990] Allein 1935 sollen es zwischen 200 und 300 Publikationen gewesen sein.[991] Im Jahr 1936 war die katholische Tagespresse am Zeitungsmarkt so gut wie ausgelöscht.[992]

Damit alles reibungslos über die Bühne ging, standen verschiedene staatliche Auffanggesellschaften für die Eingliederung der betroffenen Privatverlage bereit.[993] So war die „Vera Verlagsanstalt GmbH", eine Treuhandgesellschaft, die einst zum Hugenberg-Imperium gehört hatte, prinzipiell dafür ausgewählt worden, die Generalanzeigerpresse aufzunehmen. Für die konfessionellen und die Heimatzeitungen war die „Phönix GmbH" vorgesehen, während unter dem Dach der „Herold Verlagsanstalt GmbH" die größeren politischen, bürgerlichen Blätter eingegliedert werden sollten. 1940 wurden alle drei Gesellschaften miteinander verschmolzen.

Den Zeitungsunternehmen wurden 1936 und 1937 weitere Daumenschrauben angelegt, von denen wiederum die verbliebenen privaten Verlage besonders betroffen waren.[994] Die Verkaufspreise durften mit Stichtag 17. Oktober 1936 nur noch mit Genehmigung des Preiskommissars erhöht werden und ab 1937 wurde eine systematische Beschränkung des Umfangs eingeführt. Mit Beginn des Zweiten Weltkriegs standen neue Restriktionen ins Haus, von denen diese Blätter erwartungsgemäß weit mehr betroffen waren als die parteieigenen. Das

---

990 Vgl. *ebd.*, S. 157.
991 Vgl. KOSZYK, Deutsche Presse, S. 398.
992 Vgl. *ebd.*, S. 401. Noch 1932 betrug die Auflage der katholischen Zeitungen Schätzungen zufolge zwischen 2,5 und drei Millionen und machte etwa ein Achtel der deutschen Gesamtauflage aus. Allein in Bayern, Baden und Württemberg nahm die katholische Presse sowohl nach Zahl als auch nach Auflage die erste Stelle unter den Parteiblättern ein. Vgl. Die Presse und der Katholik: Anklage und Rechtfertigung, Handbuch für Vortrag und Unterricht, hg. von Schriftleiter Johann Wilhelm NAUMANN im Auftrag d. „Akad. Klub f. kath. Schrifttum e. V.", München, in Zusammenarbeit mit der „Kath. Information", Wiesbaden, Augsburg 1932, S. 214ff. Das bedeutete, dass allein im Freistaat jeden Tag rund eine halbe Million Zeitungsexemplare mit dem Gedankengut der katholischen Bayerischen Volkspartei zur öffentlichen Meinungsbildung beitrugen. Vgl. Klaus SCHÖNHOVEN, „Der politische Katholizismus in Bayern unter der NS-Herrschaft 1933-1945", in: Bayern in der NS-Zeit V, S. 541-646, S. 604.
993 Vgl. Flugblatt und Zeitung: Ein Wegweiser durch das gedruckte Tagesschrifttum, Von 1848 bis Gegenwart, Bd. II., Unter Zugrundelegung des Textes von Karl SCHOTTENLOHER neu verfaßt und bis in die Gegenwart fortgeführt von Johannes BINKOWSKI (Bibliothek für Kunst- und Antiquitätenfreunde, Bd. XXI/2), München 1985, S. 135. - <SCHMIDT>, Fesseln, S. 73ff.
994 Vgl. BINKOWSKI, Diktatur, S. 167. – Doris KOHLMANN-VIAND, NS-Pressepolitik, S. 53ff.

Personal erhielt seine Einberufung zum Militär, ein Auflagenstopp beendete das ohnehin schon beschränkte Wachstum, das Papier unterlag einer weiteren Kontingentierung. Kohle, Gas und Strom wurden rationiert. Schließlich folgten als letzte Stufe 1941, 1943 und 1944 kriegsbedingte Zusammenlegungen mit nationalsozialistischen Zeitungen.

3. Das Ende der Konkurrenz auf dem Augsburger Zeitungsmarkt

Mit dem beginnenden Dritten Reich der Nationalsozialisten zog in Augsburg, wie überall im Reich, das Ende der bürgerlichen und sozialdemokratischen Blätter herauf. Dabei wurde weder Rücksicht auf Traditionen noch auf Kooperationsbereitschaft genommen. Neben der „NNZ" blieb lediglich die „NAZ" übrig.

3.1 Die „München-Augsburger Abendzeitung"

Die „München-Augsburger Abendzeitung" schien nach Hitlers Wahlsieg zwei Vorteile für sich nutzen zu können, die die anderen Blätter in Augsburg nicht hatten:[995] Als deutschnationales Blatt vertrat sie – erstens – den Kurs der mit den Nationalsozialisten koalierenden DNVP Hugenbergs und – zweitens – der nationalsozialistische Reichspressechef Dr. Otto Dietrich war von 1928 bis Anfang 1931 Wirtschaftsredakteur bei der „MAA" gewesen.[996] Anzunehmen ist, dass seine ehemaligen Kollegen auf die Protektion des mächtigen Mannes vertrauten. So stellte sich die rechtsbürgerliche Publikation im Vorfeld der Reichstagswahlen vom 5. März erwartungsgemäß hinter das Kabinett Hitler und schoss propagandistische Breitseiten gegen die bayerische Staatsregierung ab.

Schon anlässlich der Machtübernahme Ende Januar hatte der Herausgeber der „MAA" einen Grundsatzkodex über die künftige Marschrichtung der Zeitung aufgestellt: Oberster Grundsatz war die volle Loyalität der Redaktion gegenüber der neuen Reichsregierung, doch sollte ihr die eigene Meinungsäußerung nach dem von der Staatsführung zugesicherten Recht vorbehalten bleiben. Der Außenpolitik wurde der Primat vor der Innenpolitik eingeräumt. Außerdem war vorgesehen, den amtlichen Stoff für die Weltnachrichten durch eine eigene redaktionelle Auswertung der Auslandspresse zu ergänzen. Reine Parteipolitik sollte im Blatt nur beschränkt stattfinden, der offiziellen Regierungspolitik hingegen breiter Raum eingeräumt werden. Die Pflege deutscher Kultur schrieb sich die „MAA" ebenso auf ihre Fahnen wie das Eintreten für den christlichen Glauben beider Kirchen und die Ablehnung jeglicher Hetze gegen die Juden.

---

995   Näheres zur Haltung der „München-Augsburger Abendzeitung" in den Jahren von 1933 bis 1934 bei HOSER, Hintergründe 2, S. 1028ff.

996   Eine Auflistung mit der Zusammensetzung der Redaktion der „MAA" ab 1913 in: *ebd.*, Anhang I, S. 1054ff.

Dies erwies sich jedoch schnell als krasse Fehleinschätzung der Lage. Mit dem 31. Dezember 1934 musste die „MAA", die im September eine durchschnittliche Gesamtauflage von 11.648 Stück zählte,[997] ihr Erscheinen einstellen: „Infolge innerer Schwierigkeiten", wie es Franz Laschinger recht ungenau umschrieb.[998] Im „Handbuch der Zeitungswissenschaft" wurde ihre Auflösung auf das Ende des Parteienstaates nach dem Antritt der NS-Regierung zurückgeführt, was sowohl der „MAA" als auch ihrer Jahrhunderte langen Kontrahentin, der „Postzeitung", die politische Basis ihres Daseins entzogen habe.[999] Immerhin war die „Abendzeitung" nie einem Verbot anheim gefallen, noch hatte einer der Mitarbeiter aus politischen Motiven entlassen werden müssen. Die Nationalsozialisten betrachteten die „MAA", die ihnen gute Dienste als Steigbügelhalter geleistet hatte, jetzt einfach als überflüssig.

Da nutzte auch die ebenfalls 1934 herausgegebene, dem Regime huldigende Festschrift zum 325. Jubiläum des Blattes nichts mehr, zu der hochkarätige Vertreter aus Politik und Staat Grußworte geliefert hatten. Chefredakteur Fred Ottow erhob darin noch selbstbewusst – vielleicht schon vor dem Hintergrund der drohenden Schließung – den Anspruch, die „MAA" habe ihren Teil „zum Sturze des schwarz-roten Regimes beigetragen."[1000] Sie habe in erster Linie dem Parlamentarismus, der den Reichstag zum „Schauplatz hemmungsloser Parteileidenschaften" gemacht und die „Zentralgewalt des Reiches immer mehr in Misskredit" gebracht habe, den Kampf angesagt, beschwor er die antidemokratischen ‚Verdienste' des Blattes.[1001]

Den Abgesang auf „eine der bekanntesten Tageszeitungen Deutschlands" veröffentlichte ausgerechnet die „NNZ".[1002] Das Ansehen der ältesten deutschen Tageszeitung, analysierte sie am Jahresende 1934, „beruhte besonders auf der unbeugsamen und vornehmen Kampfesweise, mit der sie in der Notzeit der schwarz-roten Misswirtschaft Seite an Seite mit der nationalsozialistischen Presse den deutschen Standpunkt vertrat."[1003] Über Gründe für das Ende der verdienstvollen Mitstreiterin schwieg sich der Nachruf freilich aus. Vielleicht sollte das Lob implizieren, dass nun keine Kampfgenossin mehr gebraucht wurde und die „MAA" schlichtweg überholt war. Die Einstellung der „MAA" gereichten der „NAZ" und der „NNZ" nicht zum Schaden, wobei das Gaublatt den Löwen-

---

997 ALA 1935, S. 103.
998 Vgl. LASCHINGER, Struktur, S. 110 Anmerkung 1.
999 Vgl. HART, „Augsburg", Spalte 399f.
1000 OTTOW, „Reichsgedanke", in: 325 Jahre, S. 2.
1001 *Ebd.*
1002 NNZ, Nr. 301 vom 31. Dezember 1934, S. 4: „München-Augsburger Abendzeitung stellt ihr Erscheinen ein". Die Zitate sind im Original fett.
1003 *Ebd.*

anteil der noch etwa durchschnittlich 4700 Augsburger Bezieher abbekam,[1004] wie der Lagebericht der Polizeidirektion Augsburg vom 7. März 1935 bemerkt: „Die Neue Augsburger Nationalzeitung konnte nach einer anfangs März vorgenommenen Zählung innerhalb Monatsfrist etwa 3000 neue Bezieher buchen. Die Mehrzahl hievon dürfte früher die inzwischen eingegangene Münchener-Augsburger Abendzeitung bezogen haben. Dies ist um so mehr anzunehmen, als auch das frühere Volksparteiorgan, die Neue Augsburger Zeitung, im gleichen Zeitraum über 1000 neue Bezieher gewann."[1005]

3.2 Die „Augsburger Postzeitung"

Kommerzienrat Paul Haas, der in seinem „Literarischen Institut von Haas & Grabherr KG" neben der „AP" und der „NAZ" unter anderem noch das „Katholische Sonntagsblatt für die Diözese Augsburg" herausgab, mahnte seine Redakteure in Anbetracht der neuen Verhältnisse bereits nach dem 30. Januar, weniger kritisch über die Nationalsozialisten zu berichten.[1006] Er wollte kein Verbot seiner Blätter riskieren. Dennoch stellte die „AP" im Vorfeld der Reichstagswahlen den Kandidaten der Nationalsozialisten für das Amt des Reichskanzlers in ihrer Ausgabe vom 12. Februar wie folgt vor: „Hitler Adolf, katholisch, nach den Richtlinien der deutschen Bischöfe von den Gnadenmitteln der Kirche ausgeschlossen."[1007]

Nach dem Erfolg der NSDAP/DNVP-Koalition verstärkte sich der Druck auf die bürgerliche Presse. Als die Nationalsozialisten am 9. März in Augsburg die Macht übernahmen, gaben die Schriftleiter des überregional bekannten Blattes ihren Willen zur Mitarbeit zu erkennen, zumal diese den Einfluss und die Tradition des Katholizismus im Hitler-Staat sichern wollten.[1008] Da sich die Wähler für die Männer um Hitler entschieden hatten, billigte ihnen die „AP" aus ihrem christlich-demokratischen Verständnis heraus auch die Regierungsverantwortung zu. Im Zuge dieser Entwicklung musste der politische Katholizismus im Blatt zugunsten einer pro-nationalsozialistischen Haltung weichen. Hingegen vertrat das Feuilleton eine betont religiöse Komponente.

1004 Handbuch 1934, S. 20.
1005 HStA München, MA 106697, Lagebericht der Polizeidirektion Augsburg, 7. März 1935.
1006 Vgl. HETZER, Kulturkampf, S. 43.
1007 Zit. nach ALTMEYER, Presse, Dokument 3, S. 16.
1008 Vgl. HETZER, Kulturkampf, S. 43ff.

Die Auflage des Blattes ging jetzt jedoch kontinuierlich zurück. Im Juli 1934 soll sie nur noch bei 4046, im August bei 4038 gelegen haben.[1009] Hauptschriftleiter Dr. Alphons Nobel war sich angesichts dieser Leserverluste nicht zu schade, im November 1933 im bayerischen Innenministerium – vergeblich – ein Einfuhrverbot für Schweizer Publikationen wie die „Zürcher Zeitung" oder das Luzerner „Vaterland", die die deutsche Politik kritisch verfolgten und zu denen viele Bezieher der katholischen Presse abgewandert waren, zu fordern.[1010]

Die einst so berühmte „AP" führte jetzt nur mehr ein kümmerliches Dasein. Daran änderte auch eine Umformung der rechtlichen Verhältnisse nichts: Mit Vertrag vom 28. Mai 1934 wurde nämlich eine eigene Gesellschaft gegründet, die „Augsburger Postzeitung GmbH.", die das Traditionsblatt fürderhin verlegen sollte. Das Stammkapital betrug 150.000 Mark, wovon ein Teil – das mit 50.000 Mark bewertete Verlagsrecht – vom „Literarischen Institut Haas & Grabherr" eingebracht wurde.[1011] Als Geschäftsführer fungierte der Schriftleiter Dr. Heinrich Helfrich.

Im weiteren Verlauf des Jahres 1934 kaufte die „Augsburger Postzeitung GmbH." das Verlagsrecht für den „Bayerischen Kurier"[1012], der vor der Machtergreifung wie die „AP" im „Landesverband der Presse der Bayerischen Volkspartei" organisiert war und dem katholischen Manz-Verlag gehörte.[1013] Dieses Blatt, das neben der „Kölnischen Volkszeitung", der Berliner „Germania" und nicht zuletzt der „AP" zu den tonangebenden Organen des politischen Katholizismus gehört hatte,[1014] wurde dann zum 31. Oktober des Jahres eingestellt und fusionierte zum 1. November 1934 mit der „AP" zur „Postzeitung".[1015] Die Redaktion versuchte nun, die alten Leserschichten zurück zu gewinnen. In einem vier Monate später verteilten Bestellappell an Geistliche wurde die Notwendigkeit einer führenden katholischen Tageszeitung in Süddeutschland hervorgehoben, die verbreitungs- und bedeutungsmäßig über den Rahmen einer Lokalzeitung hinausgehe.[1016] Um der „Postzeitung" diesen Status zu sichern, sei sie bereits 1934 von einer aus süddeutschen Pfarrern und katholischen Laien bestehenden GmbH übernommen worden.

1009 HStA München, MA 106697, Lagebericht der Polizeidirektion Augsburg, 1. September 1934. In ALA 1935, S. 98, wird die Durchschnittsauflage vom September 1934 mit 4080 Stück angegeben.
1010 Vgl. HETZER, Kulturkampf, S. 45.
1011 NNZ, Nr. 174 vom 30. Juli 1934, S. 15: „Handelsregister".
1012 Näheres zum „Bayerischen Kurier" bei HOSER, Hintergründe 1, S. 101ff.
1013 Vgl. WALZEL, Postzeitung, S. 5. Zum Manz-Verlag siehe Kapitel III.4.3.1.a)
1014 Vgl. FREI/SCHMITZ, Journalismus, S. 66.
1015 HStA München, MA 106697, Lagebericht der Polizeidirektion Augsburg, 1. November 1934.
1016 Vgl. ALTMEYER, Presse, Dokument 48, S. 44.

Trotz dieser Bemühungen, das Traditionsorgan zu erhalten, waren seine Tage gezählt. Schon am 1. Dezember 1934 stellte die Augsburger Polizeidirektion ein „in letzter Zeit auffallend stark konfessionelles Gepräge" fest.[1017] Zunehmend würden in der „Postzeitung" katholische Glaubensbelange und weltanschauliche Grundsätze vertreten. Diese Haltung lief aber genau den ein knappes halbes Jahr später veröffentlichten „Amann-Anordnungen" zuwider, mit denen unter anderem die Entkonfessionalisierung der politischen Presse angestrebt wurde.[1018] Mit diesen Gesetzen war das Schicksal einer der ältesten Zeitungen Deutschlands besiegelt. Zunächst schied sie „ab 1.8.35 aus den Reihen der Tageszeitung aus. Sie erscheint jetzt ab wöchentlich nur mehr einmal" – aufgrund der Unrentabilität der Publikation in den vergangenen Jahren, wie die Polizei vermutete.[1019] Doch schon nach zwei Nummern wurde die „Postzeitung" im 250. Jahr ihres Bestehens auf Veranlassung der Reichspressekammer endgültig eingestellt.[1020] Die hervorstechende konfessionelle Aufmachung, die im völligen Gegensatz zur Anordnung über die Entkonfessionalisierung der politischen Presse gestanden habe, sei wohl die Ursache für die Rücknahme der vorläufig erteilten Genehmigung zur Herausgabe gewesen, mutmaßte die Polizeidirektion Augsburg.[1021] Teile der Redaktion – darunter Dr. Alphons Nobel und Georg Schwerdt – kamen bei der im selben Verlag erscheinenden „NAZ" unter.

Auch hier ließ es sich die „NNZ" nicht nehmen, sich am Untergang der einstigen Kontrahentin zu weiden: Das „konfessionelle Hetzblatt", das während der Kampfzeit „unangenehm" hervorgetreten sei, habe in einer Form gegen den Nationalsozialismus Stellung genommen, „die weit über das damals gewohnte Maß hinausging und die Schriftleiter der ‚Postzeitung' wiederholt mit dem Gesetz in Konflikt brachte … In Augsburg wird das Verschwinden der Postzeitung wenig Beachtung finden, da sie schon bisher hier kaum bekannt war", beschrieb sie boshaft deren unwürdiges Ende.[1022]

1017 HStA München, MA 106697, Lagebericht der Polizeidirektion Augsburg, 1. Dezember 1934.
1018 Siehe hierzu Kapitel III.2.3.2.d)
1019 HStA München, MA 106697, Lagebericht der Polizeidirektion Augsburg, 1. August 1935.
1020 *Ebd.*
1021 HStA München, MA 106697, Lagebericht der Polizeidirektion Augsburg, 1. Oktober 1935.
1022 NNZ, Nr. 174 vom 31. Juli 1935, S. 3: „Augsburger Postzeitung nur noch Wochenzeitschrift".

3.3 Die „Schwäbische Volkszeitung"

Da die Nationalsozialisten aufgrund der „Verordnung zum Schutz des deutschen Volkes" vom 4. Februar 1933 nun die Möglichkeit hatten, missliebige Zeitungen – in erster Linier KPD- und SPD-Blätter – mundtot zu machen, schwebte über den Publikationen der Regimegegner von nun an das Damoklesschwert des Verbotes.[1023] Allerdings hatten die Betroffenen zumindest noch die Möglichkeit, das Reichsgericht als Beschwerdeinstanz anzurufen. Nach der „Verordnung des Reichspräsidenten zum Schutz von Volk und Staat" vom 28. Februar blieb ihnen auch dies versagt. Für die kommunistischen Blätter bedeutete dies das endgültige Aus, da die neue Verordnung die obersten Landes- und die ihnen nach geordneten Behörden verpflichtete, die Anordnungen, soweit sie sich im Rahmen der „Abwehr kommunistischer staatsgefährdender Gewaltakte" bewegten, unbedingt auszuführen.[1024]

Die SPD-Organe waren ebenfalls Repressionen und temporären Verboten ausgesetzt – dies galt auch für kritische bürgerliche Zeitungen. Und so rechneten die neuen Machthaber auch mit der „Schwäbischen Volkszeitung" nur zu gerne ab. Weil sie den Reichskanzler und die Reichsregierung verächtlich gemacht habe, so die Begründung der Behörden, erfolgte das Verbot ihrer für die unmittelbar bevorstehende Reichstagswahl so wichtigen Nummern vom 2. und 3. März: „Der überwiegende Teil der Augsburger Bevölkerung begrüßt diese polizeiliche Maßnahme", behauptete die „NNZ" und bemängelte gleichzeitig aber eine „unverständliche Milde" gegenüber „diesen Volksverhetzern."[1025]

Als die Nationalsozialisten unter Führung von Gauleiter Karl Wahl am 9. März am Lech das Ende der Demokratie einläuteten, ließ der SPD-Reichstagsabgeordnete, Augsburger Parteivorsitzende und Stadtrat Josef Felder das Druckereigebäude in der Rosenaustraße in Verteidigungsbereitschaft setzen: „Große Bleiklötze wurden als Wurfgeschosse bereitgelegt, die Türen gesichert."[1026] An diesem Tag war das Blatt noch als Frühzeitung erschienen – das letzte Mal für lange Zeit. Die nächste Nummer vom 10. März wurde dann beschlagnahmt und das Parteiorgan aufgrund der „Verordnung zum Schutz von

---

1023 Vgl. WIESEMANN, Vorgeschichte, S. 171ff.
1024 *Ebd.*, S. 176.
1025 NNZ, Nr. 51 vom 2. März 1933, S. 7: „Die ‚Schwäbische Volkszeitung' verboten". Vgl. auch RIEGELE, Parteienentwicklung, S. 36. Eine Beschwerde der „SV" wurde vom Reichsgericht abgelehnt. Siehe hierzu NNZ, Nr. 65 vom 17. März 1933, S. 7: „Die ‚Schwäbische Volkszeitung' zu Recht verboten!"
1026 FELDER, „Weg", S. 47.

Volk und Staat" zunächst auf vier Tage bis einschließlich 14. März und am 14. März dann endgültig verboten.[1027]

Angeführt von Hans Loritz und im Beisein unter anderem von NSDAP-Gaugeschäftsführer und „NNZ"-Politikredakteur Anton Saule zogen SA- und SS-Kolonnen dann am frühen Nachmittag des 10. März in die Rosenaustraße und inszenierten dort einen „regelrechten Sturmangriff."[1028]

Die wenigen Anwesenden – der Druckereileiter Xaver Bickl und ein paar Arbeiter – führten die Angreifer unter strenger Bewachung ab. Allerdings, so Bickl, wurden die Gefangenen bereits an der Pferseer Brücke nach Hause geschickt.[1029] Die SA-Hilfspolizei hielt vor dem Haus Wache. Nach der Besetzung des Verlagsunternehmens folgte der Ausverkauf der Beute.[1030] Den angeblich rund 270.000 Mark teuren Maschinenpark – von der Rotationsmaschine über die vier Schnellpressen bis hin zu den beiden Tiegeln und fünf Setzmaschinen – soll der Lohndrucker der „NNZ" laut Zeugenaussage vor der Spruchkammer für 90.000 Mark erworben haben.[1031] Auch die Handsetzerei, das Papierlager, die Buchbinderei und die fast neue, moderne Stereotypie wurden ausgeräumt. Im Laufe der Jahre verstreute sich so das Inventar über ganz Schwaben.[1032] Die technische Belegschaft der „Volkszeitung" übernahm die „NNZ" anscheinend geschlossen.[1033] Das beschlagnahmte Druckereigebäude selber erwarb im März 1934 ebenfalls die Firma Schroff, weil sie eine erhebliche Kapazitätsausweitung erwartete. Doch die Hoffnung trog und wurde es einige Jahre später wieder verkauft.

1027 NNZ, Nr. 60 vom 11. März 1933, S. 6: „Die ‚Schwäbische Volkszeitung' 4 Tage verboten".
1028 „Immer ein klares Spiegelbild der Zeit", in: 70 Jahre SV, S. 2, S. 2. Die „ANZ" behauptete in einem Rückblick, die „SV" sei erst am 15. März 1933 von der SS besetzt worden. ANZ, Nr. 269 vom 19. November 1937, S. 9: „Treu steht die SS".
1029 Vgl. RIEGELE, Parteienentwicklung, S. 458 Anmerkung 52. Siehe hierzu auch die Darstellung der Geschehnisse in der NNZ, Nr. 64 vom 16. März 1933, S. 6: „Die ‚Schwäbische Volkszeitung' besetzt".
1030 Vgl. „Goldenes Jubiläum", in: 70 Jahre SV, S. 1.
1031 AG Augsburg, S-Registratur, Dr. Josef Sewald, Zeugenaussage Grotz vom 11. Juli 1948. Wann dieser Verkauf genau erfolgt sein soll, geht aus den Zeugenaussagen nicht hervor. In der NNZ, Nr. 1 vom 2. Januar 1934, S. 17, veröffentlichte die Polizeidirektion Augsburg unter dem Titel „Einziehung staatsfeindlichen Vermögens" einen Beschluss, wonach das gesamte Vermögen der früheren kommunistischen und sozialdemokratischen Organisationen zugunsten des bayerischen Staates eingezogen wurde. An erster Stelle aufgeführter Liste wurde dabei die Augsburger Buchdruckerei und Verlagsanstalt G.m.b.H. genannt, die die „SV" herausgebracht hatte.
1032 Vgl. RIEGELE, Parteienentwicklung, S. 194.
1033 AG Augsburg, S-Registratur, Dr. Josef Sewald, Abschrift an die Spruchkammer des Interniertenlagers Regensburg, 16. April 1948, S. 5.

Zwar blieben die Redakteure Brunner und Ulrich anfangs noch unbehelligt, doch der Chefredakteur und ehemalige Reichstagsabgeordnete Georg Simon fiel der Verhaftung ebenso anheim wie der Redakteur Nikolaus Schlelein und der Geschäftsführer Georg Hofmann.[1034] Josef Felder floh nach der Aberkennung seines Reichstagsmandat im Juni 1933 nach Österreich, im Februar 1934 dann weiter nach Brünn und Prag. Nach seiner illegalen Rückkehr im Juni desselben Jahres wurde er verhaftet und bis 1936 im Konzentrationslager Dachau gefangen gehalten.[1035]

Am 22. Juni 1933 verbot der Reichsinnenminister Dr. Wilhelm Frick die SPD, da sie sich nicht eindeutig vom hochverräterischen Exilvorstand distanziert habe.[1036] Auf dieser Rechtsgrundlage konnte das bereits am 9. Mai vom Generalstaatsanwalt in Berlin beschlagnahmte Vermögen der Partei und der Druckereien sowie des Reichsbanners und der freien Gewerkschaften zugunsten des bayerischen Staates eingezogen werden.

Die „Schwäbische Volkszeitung" wurde am 1. September 1949 als Nebenausgabe des in München erscheinenden SPD-Blattes „Die Südpost" wieder gegründet und kam dreimal pro Woche heraus.[1037] Die endgültige Auflösung erfolgte zum 31. Dezember 1966.

1034 Vgl. FELDER, „Weg", S. 48. – NNZ, Nr. 70 vom 23. März 1933, S. 7: „Nur nicht so drängen, meine Herren". Nikolaus Schlelein, Georg Simon und August Ulrich wurden im August 1933 ins KZ Dachau eingeliefert. Siehe NNZ, Nr. 185 vom 12. August 1933, S. 7: „Hier sind wir versammelt...".
1035 Vgl. FELDER, „Weg", S. 9 – NNZ, Nr. 295 vom 21. Dezember 1934, S. 7: „Ein ehemaliger Hetzer endlich gefaßt".
1036 Vgl. Susanne MILLER/Heinrich POTTHOFF, Kleine Geschichte der SPD: Darstellung und Dokumentation 1848-1983, Bonn 1983 (5. Auflage). – FELDER, „Weg", S. 49.
1037 „Die Südpost" wurde bereits zum 15. Juli 1955 eingestellt. Da das Münchner Organ seinen Mantelteil von der Nürnberger „Fränkischen Tagespost" bezogen hatte, konnte die „Schwäbische Volkszeitung" auch nach dem Ende der „Südpost" weiter erscheinen. Vgl. hierzu Walter J. SCHÜTZ, „Aufbau und Ausbau – Zeitungen in Augsburg und im Regierungsbezirk Schwaben 1945-1995", in: Augsburger Buchdruck, S. 1159-1178, S. 1168.

3.4 Die Ausnahme: Die „Neue Augsburger Zeitung" bleibt bestehen

Nicht nur die Schriftleiter der „Augsburger Postzeitung", auch ihre Kollegen von der „Neuen Augsburger Zeitung", dem zweiten Haas-Blatt, begannen, bereits im Vorfeld und erst recht nach den Märzwahlen den von Kommerzienrat Paul Haas geforderten, respektvolleren Ton den Nationalsozialisten gegenüber zu gebrauchen.[1038] Bereits zu Zeiten der Regierung Franz von Papens hatte sich der Verleger den Belangen der nationalen Rechten gegenüber zu Kompromissen bereit gefunden. Diese Haltung trugen die leitenden Redakteure durchaus mit, um somit Tradition und Einfluss des politischen Katholizismus zu sichern.

Dennoch bewies man bei der „NAZ" Mut, als sich deren Leitung im Gefolge des Boykotts jüdischer Firmen Ende März 1933 weigerte, in die Anzeigen mehrerer Textilgeschäfte die Bezeichnung „christlich" aufzunehmen.[1039] Dies zog ein Verbot vom 30. März bis einschließlich 3. April nach sich. „Sie hat damit gegen die von unserer Führung befohlene Abwehraktion gegen jüdische Machenschaften gehandelt", wie der Sonderkommissar von Schwaben und Neuburg, Hermann Ritter von Schöpf, die Zeitung brandmarkte.[1040]

Die „NAZ", die ihre durchschnittliche Gesamtauflage 1933 mit 37.000 Stück[1041] angab und damit die mit Abstand meist gelesene Publikation Augsburgs war, hatte andererseits geschäftliche Interessen, die sie wahren wollte – und musste. Deshalb war der von nun an gepflegte Stil teilweise linientreuer als der der „NNZ".[1042]

In der Tat gelang es dem nach NS-Terminologie zur Kategorie der „Geschäftspresse" zählenden Blatt, mit vielfältigen Beilagen und umfangreicher Lokal- und Umlandberichterstattung seine Position als Marktführerin – was immer ein Stachel im Fleisch der „NNZ" blieb – bis zur Jahreswende 1943/44 zu behaupten. Zugute kam ihr dabei neben dem Vorteil, eine eingeführte und bewährte Publikation zu sein, zunächst ihr Ruf, eine unabhängige Zeitung zu sein. Mit dem Abonnement oder dem Kauf der „NAZ" wollte sicherlich so mancher eine gewisse Distanz zum Regime wahren.

1038 Vgl. HETZER, „Industriestadt", S. 219.
1039 NNZ, Nr. 76 vom 30. März 1933, S. 6: „Die Neue Augsburger Zeitung fürchtet das Wort ‚christlich'" und Nr. 77 vom 31. März 1933, S. 2: „Neue Augsburger Zeitung auf drei Tage verboten!"
1040 NNZ, Nr. 77 vom 31. März 1933, S. 6: „Verfügung des Sonderkommissars". Im Original von „gegen" bis „Machenschaften" gesperrt.
1041 SPERLING 1933, S. 428.
1042 Vgl. HETZER, „Industriestadt", S. 219.

Trotz ihrer Anpassung an die Erfordernisse der neuen Zeit war die Haas-Zeitung gerade am Anfang nicht vor Übergriffen der Nationalsozialisten sicher. Im April 1933 rottete sich offenbar eine Gruppe SS-Angehöriger zusammen, um ihren Maschinenpark gebrauchsunfähig zu machen.[1043] Gauleiter Karl Wahl untersagte zwar dieses Vorhaben, doch die Sturmtruppe mochte sich damit nicht zufrieden geben. Ihre aufgestauten Aggressionen richteten sich nun gegen den Verleger, Kommerzienrat Paul Haas, den sie ‚maßregeln' wollten. Die aufgebrachten Männer von diesem Vorhaben abgehalten zu haben, schrieben sich nach dem Krieg Georg Boegner, der damalige Leiter der National-Verlag GmbH., und Ludwig Schroff, der Sohn des Lohndruckers der „NNZ", auf ihre Fahnen.[1044]

Aufgrund der Verordnungen vom April 1935 wurde Paul Haas, wie er 1945 versicherte, im Frühjahr 1936 nach Berlin geladen.[1045] Da er im nationalsozialistischen Sinne als politisch unzuverlässig gegolten habe, sei ihm nicht mehr gestattet worden, verlegerisch tätig zu sein. Er habe das Verlagsrecht der „NAZ" für 190.000 Mark an die Vera Verlagsanstalt G.m.b.H, eine parteieigene Auffanggesellschaft für die Generalanzeigerpresse, verkaufen müssen. Abtreten musste er an die neue Eigentümerin auch das Recht zur Fortführung des alten Firmennamens „Haas & Grabherr GmbH. & Co. KG:", um nach außen hin weiter den Anschein zu erwecken, das Unternehmen befinde sich in den Händen der alten Besitzer. Der Kaufpreis, so die Klage des Kommerzienrates, hätte nicht einmal dem normalen Jahresgewinn der „NAZ" entsprochen.

Die Gebäude, die Maschinen und die Zeitschriften hingegen verblieben im familieneigenen „Literarischen Institut von Haas & Grabherr GmbH.". Haas bekam nun den Druckvertrag für die „NAZ", der bis zum 1. April 1946 laufen sollte – und zwar unkündbar. Der Status einer parteiamtlichen Zeitung wurde der „NAZ" aber trotz der veränderten Eigentumsverhältnisse nicht eingeräumt. Und erst 1940 gelang es der Verlagsleitung nach Verhandlungen mit der Gau- und

---

1043 AG Augsburg, Akten der Spruchkammer I Augsburg S 522, Ludwig Schroff, Eidesstattliche Erklärung Georg Boegners vom 10. März 1947.
1044 In einem am 3. Mai 1945 abgefassten Schreiben behauptete Paul Haas, dass „der Kreis um das Parteiblatt Nationalzeitung und dessen damaligen Direktor" seine Verhaftung betrieben hätten, um die „NAZ" als Konkurrenzblatt zu vernichten, wenn man mit ihm den führenden Mann der Zeitung ausgeschaltet hätte. Es sei geplant gewesen, ihn in ein Konzentrationslager zu stecken. Der damalige Polizeidirektor Eichner habe ihn insgeheim warnen lassen, sodass er mit dem letzten Zug vor der Schließung der Grenze nach Österreich fliehen konnte. Der Verhaftungsbeschluss sei im so genannten Verhaftungsausschuss genehmigt worden, doch Gauleiter Karl Wahl, den er damals nicht persönlich gekannt habe, hätte seine Zustimmung dazu verweigert. StA Augsburg, Nachlaß Josef Hall, Bericht des Kommerzienrates Paul Haas, 3. Mai 1945.
1045 *Ebd.*

Kreisleitung, die Berechtigung zu erlangen, Parteiveröffentlichungen und Berichte der Ortsgruppen gleichzeitig mit der „ANZ" bringen zu dürfen.[1046] Durch den schweren Fliegerangriff der Alliierten auf Augsburg am 25./26. Februar 1944 wurde ein Großteil der Haas'schen Liegenschaften zerstört. Nur einige Druckmaschinen blieben verschont, wobei die Instandsetzung und Überdachung der erhaltenen Resträume der Firma „offenbar planmässig" erschwert worden sein soll.[1047] Trotzdem wurde die „NAZ" ab 1. Mai 1944 wieder in Augsburg gedruckt, nachdem sie die Verlagsleitung bis dahin bei den „Mindelheimer Neuesten Nachrichten", die als Ausweichbetrieb für sie vorgesehen waren, produzieren ließ.[1048] Gleichzeitig damit ging eine Änderung des äußeren Erscheinungsbildes der Zeitung einher: Statt der Vier-Spalten-Einteilung fiel die Entscheidung nun auf einen fünfspaltigen Umbruch und auf eine neue Grundschrift.

Exkurs: Die kriegsbedingte Zusammenlegung mit der „Augsburger National-Zeitung" 1944

Viel Zeit, um sich an das neue Layout zu gewöhnen, blieb den Lesern freilich nicht, da die „NAZ", die „im gesamten Gaugebiet sehr verbreitet und in allen Volksschichten des Gaues stark verwurzelt" war, wie es in einer Eigenanzeige hieß,[1049] im 93. Jahr ihres Bestehens ihre Eigenständigkeit aufgeben musste. Sie fiel im Spätsommer 1944 der reichsweiten, kriegsbedingten Zeitungsschließungswelle zum Opfer und wurde mit der „ANZ" verschmolzen. Offiziell sollte dieser Zustand allerdings nur bis Kriegsende andauern.

Mit einer Stoppauflage Ende August 1944 von 45.150 Exemplaren täglich produzierte das einstige Haas-Blatt nur 332 Stück weniger als die Gauzeitung mit 45.482.[1050] Die Einwände gegen die erzwungene Zusammenlegung, die „NAZ"-Verlagsdirektor Josef Hall[1051] an den Stabsleiter des Reichsleiters für die

---

1046 StA Augsburg, Neue Augsburger Zeitung 11, Bericht an das Verwaltungsamt des Reichsleiters für die Presse der NSDAP, Berlin, 2. Oktober 1944.
1047 StA Augsburg, Nachlaß Josef Hall, Bericht des Kommerzienrates Paul Haas, 3. Mai 1945.
1048 StA Augsburg, Neue Augsburger Zeitung 11, Schreiben des Reichsverbandes der Deutschen Zeitungsverleger, Landesverband Bayern, an Verlagsdirektor Hall, 2. März 1944.
1049 StA Augsburg, Neue Augsburger Zeitung 24, Verlagsdirektor Hall an Stabsleiter Bauer, 9. August 1944.
1050 StA Augsburg, Neue Augsburger Zeitung 24, Füger an Landesverband Bayern im Reichsverband der deutschen Zeitungsverleger, 26. September 1944.
1051 Verlagsdirektor Josef Hall, geboren 1891 in Kirchdorf/Baden, Parteimitglied ab 1. Juni 1936, seit 1939 im Verlag. Nach dem Ausscheiden von Direktor Konstantin Stauber aus der Firma „Haas & Grabherr, Gesellschaft mit beschränkter Haftung & Co.

Presse richtete, zeitigten keinen Erfolg.[1052] Von den zuletzt 45 Beschäftigten[1053] fanden zwei in der Druckerei Schroff einen neuen Arbeitsplatz,[1054] 32 übernahm die „ANZ", und zwar „mit allen Rechten und Pflichten wie sie bei der bisherigen Arbeitsstätte bestanden haben."[1055] Für „anderweitigen Einsatz" wurden sieben Personen freigestellt und zwei erhielten ihre Einberufung zur Wehrmacht.[1056] Zwei Angestellte sollten das Unternehmen fortführen.

Pikanterweise kamen so jetzt auch alt gediente Redakteure in die Schriftleitung der „Augsburger National-Zeitung", die bereits vor 1933 zur Schriftleitung der beiden katholischen Haas-Tageszeitungen gehört hatten und teilweise durch ihre antinazistische Haltung aufgefallen waren. Dies betraf in erster Linie den Politikschriftleiter Georg Schwerdt.[1057] Zur alten Garde zählten daneben Lokalredakteur Max Hohenester[1058] und Sportredakteur Josef Pfäffle.[1059] Wohl auch aus taktischen Gründen wurde das ehemalige „NAZ"-Redaktionspersonal auf verschiedene verlagseigene Redaktionen des „ANZ"-Imperiums verteilt.

Kommanditgesellschaft" wurde Hall am 31. Dezember 1942 neuer persönlich haftender Gesellschafter der nunmehrigen Firma „Neue Augsburger Zeitung Haas & Grabherr K.G.". Siehe hierzu ANZ, Nr. 20 vom 21. Januar 1943, S. 4: „Amtliche Bekanntmachungen". Übrigens war noch am 24. Juni 1944 eine Liste über die „Jetzige und voraussichtlich künftige Besetzung der Schriftleitung der Neuen Augsburger Zeitung" erstellt worden. Siehe hierzu auch StA Augsburg, Neue Augsburger Zeitung 50.

1052 StA Augsburg, Neue Augsburger Zeitung 24, Verlagsdirektor Hall an Stabsleiter Bauer, 9. August 1944.
1053 Davon waren sechs Personen in der Schriftleitung, 30 im kaufmännischen Bereich und neun in der Technik beschäftigt. Außerdem gab es noch 82 Träger. Die Liste der Beschäftigten zeigte kurz nach Kriegsanfang, am 25. September 1939, noch zehn Schriftleitungsangehörige, 38 kaufmännisch Beschäftigte und elf in der Technik Arbeitende sowie 116 Träger. StA Augsburg, Neue Augsburger Zeitung 11, Hall an das Verwaltungsamt des Reichsleiters für die Presse der NSDAP, 2. Oktober 1944.
1054 StA Augsburg, Neue Augsburger Zeitung 24, Direktion an Arbeitsamt, 16. Oktober 1944.
1055 StA Augsburg, Neue Augsburger Zeitung 24, Aktennotiz: Besprechung mit Dr. Richter, Herold-Verlagsgesellschaft, 7. September 1944.
1056 *Ebd.*
1057 Zu Schwerdt siehe Kapitel II.3.2.
1058 Max Hohenester, geboren 1897, war ein Schulkamerad Bertold Brechts und schrieb sogar für dessen Schülerzeitung „Die Ernte". Hohenester trat am 1. September 1930 in den Verlag der „NAZ" ein. StA Augsburg, NS-Gauverlag Schwaben 73, Weihnachtsgratifikationen, 22. November 1944.
1059 Josef Pfäffle, Jahrgang 1876, war seit 1. Januar 1925 für die „NAZ" tätig und verantwortlicher Sportredakteur, wurde aber auch als Provinz-Schriftleiter eingesetzt. Pfäffle hatte als Turner große Erfolge errungen und war im Ersten Weltkrieg zeitweise Turnlehrer. Er wurde nach der Zwangsvereinigung nach Neuburg versetzt. Ebd. sowie ANZ, Nr. 150 vom 30. Juni 1941, S. 4: „Augsburger Personalnachrichten".

Die „Neue Augsburger Zeitung, Haas & Grabherr K.G." verpachtete im Zuge der Zusammenlegung der NS-Gauverlag GmbH. für die Dauer des Krieges ihr Verlagsrecht und erhielt dafür pro übernommenen, voll zahlenden Bezieher 80 Pfennig im Monat.[1060] Die „ANZ" bekam für diese geradezu lächerliche Summe eine Zeitung, die mit ihren 324,1 Anzeigenseiten im Kalenderjahr 1943 einen Gesamtbruttoerlös von nahezu 309.000 Mark erwirtschaftet hatte.[1061] Die Bezieher der „NAZ" waren vor allem im Mittelstand situiert. An der Spitze standen dabei die Industriearbeiter mit einem Leseranteil von 28 Prozent und die Angestellten und Beamten mit 25 Prozent. Es folgten selbständige Kaufleute und Gewerbe treibenden Betriebsführer mit 20 Prozent sowie Landwirte mit zwölf Prozent. Der Rest setzte sich aus „Privatiers" (zehn Prozent), Sonstigen (drei Prozent) und Freien Berufen (zwei Prozent) zusammen.[1062]

„Aus stimmungstechnischen Gründen" hatte Gauverlagsleiter Friedrich Füger bei der Reichspressekammer in Berlin angeregt, für die neue Zeitung einen anderen Namen zu wählen.[1063] Zudem sollte sie künftig bei P. Haas & Cie. K.G. gedruckt werden, während der langjährigen „ANZ"-Lohndruckerei Schroff künftig der Zeitungssatz zugedacht war. Berlin erteilte zwar grünes Licht für diese Pläne, doch stießen sie bei Gauleiter Wahl, dessen Zustimmung ebenfalls notwendig war, auf keine Gegenliebe. Dieser bestand auf der Beibehaltung des Titels „Augsburger National-Zeitung" und konzedierte lediglich die Unterzeile „In schwerer Zeit vereinigt mit der ‚Neuen Augsburger Zeitung'". Aus Sicht des „National-Zeitungs"-Gründers ist dieses Veto gegen die Namensänderung in gewisser Weise nachvollziehbar, wenn auch kleinlich.

Über seine näheren Beweggründe ist jedoch nichts bekannt. Durchaus möglich, dass er auf diesen späten Triumph nicht verzichten wollte, oder aber, er passte sich einfach der allgemeinen Entwicklung an, verschwanden doch bei dieser dritten und letzten Schließungswelle im gesamten Reich die Titel der alteingesessenen Blätter zugunsten der Parteizeitungen.[1064]

1060 StA Augsburg, Neue Augsburger Zeitung 5, Pachtvertrag vom 28. August 1944.
1061 StA Augsburg, Neue Augsburger Zeitung 11, Fragebogen für die Anzeigenstatistik des Reichsverbandes der Deutschen Zeitungsverleger, undatiert.
1062 StA Augsburg, Neue Augsburger Zeitung 11, Fragebogen für die Anzeigenstatistik des Reichsverbandes der Deutschen Zeitungsverleger, 19. April 1944.
1063 StA Augsburg, Neue Augsburger Zeitung 24, Aktennotiz Hermann Riester, 16. August 1944.
1064 Näheres zu den Schließungswellen bei KOHLMANN-VIAND, NS-Pressepolitik, S. 53ff.

Nach Wahls Willen blieb auch die Gesamtherstellung beim bisherigen Lohndrucker.[1065] Offiziell geschah das aus Gründen der technischen Vereinfachung: Verlag, Schriftleitung sowie alle erforderlichen technischen Einrichtungen waren so in einem Gebäudekomplex zusammengefasst. Die „NAZ"-Direktion musste klein beigeben. Dennoch führte Verlagsleiter Josef Hall das Unternehmen von der Prinzregentenstraße 3 aus weiter, zumal die ehemalige „NAZ"-Druckerei als Ausweichbetrieb sowohl für die „ANZ" als auch für den Münchner „VB" dienen sollte.[1066] Ob die Nationalsozialisten tatsächlich daran dachten, sich an § 7 des Pachtvertrages zu halten, demzufolge die Vereinbarungen mit Kriegsende ihre Gültigkeit verloren, darüber lässt die folgende Formulierung durchaus Zweifell aufkommen: „Der genaue Zeitpunkt der Auflösung der Pachtverhältnisse wird zu gegebener Zeit in dem Verwaltungsamt des Reichsleiters für die Presse der NSDAP. Festgesetzt. Bei Ablauf des Pachtverhältnisses gibt der Gauverlag alle von der Neuen Augsburger Zeitung übernommenen Bezieher zurück und stellt seinerseits – ausgenommen die vor Beginn des Pachtverhältnisses vorhandenen Doppelleser – deren Belieferung ein."[1067]

Als die „ANZ" am 1. September 1944 zum Preis von 2,10 Mark[1068] erstmals mit dem Untertitel „Hauptorgan der NSDAP für den Gau Schwaben. In schwerer Zeit vereinigt mit der Neuen Augsburger Zeitung" erschien, war in einer dazugehörigen Erklärung kein Siegesjubel herauszulesen.[1069] Bedingt durch die Totalisierung des Krieges gingen „die beiden größten Zeitungen des Schwabengaues (…), wie die Zeitungen in den anderen Gauhauptstädten, den restlichen Weg des Krieges gemeinsam."[1070] Diese Verbindung „ist Erscheinung und Ausdruck einer in und durch den Krieg gehärteten Volksgemeinschaft. Sie findet ihren äußeren Niederschlag, auf die einfachste Form gebracht, im Kopfbild der Zeitung ‚In schwerer Zeit'."[1071] Nach über 13 Jahren erbitterter Konkurrenz hatte es die „ANZ" – wenn auch nicht aus eigener Kraft – geschafft: Die verhasste Rivalin existierte nur mehr in einer Zeitungs-Unterzeile.

1065 StA Augsburg, Neue Augsburger Zeitung 24, NAZ und ANZ an Präsidenten der Reichspressekammer, 19. August 1944.
1066 StA Augsburg, Neue Augsburger Zeitung 24, NAZ an Arbeitsamt Augsburg, 2. Oktober 1944.
1067 StA Augsburg, Neue Augsburger Zeitung 5, Pachtvertrag vom 28. August 1944.
1068 Damit wurde der alte Preis der „ANZ" beibehalten. Die bisherigen Leser der „NAZ" mussten für den Monat September noch deren alten Preis von 2,50 Mark in der Stadt und 2,20 Mark auf dem Land bezahlen. StA Augsburg, Neue Augsburger Zeitung 24, Drucksache vom 16. August 1944 an alle Träger und Agenturen beider Zeitungen.
1069 ANZ, Nr. 204 vom 1. September 1944, S. 3: „In schwerer Zeit vereint". Im Zeitungskopf steht im Übrigen „In schwerer Zeit vereinigt mit der Neuen Augsburger Zeitung" und nicht, wie in dem Artikel behauptet „In schwerer Zeit vereint".
1070 *Ebd.*
1071 *Ebd.*

Viereinhalb Jahre nach dem Zusammenbruch des Dritten Reichs wagten Paul Haas und der einstige „NAZ"-Schriftleiter Johann Wilhelm Naumann[1072] einen Neuanfang. Am 3. Januar 1950 erschien die Zeitung unter ihrem alten Namen erstmals wieder.[1073] Sie war die Nachfolgerin der „Augsburger Tagespost", die Naumann, der eine Lizenz von den Amerikanern erhalten hatte, vom 28. August 1948 an herausgab und wegen Überschuldung am 31. Dezember 1949 einstellte. Naumann verfolgte in beiden Fällen das Konzept einer richtungsbestimmten, katholisch-konfessionellen Tageszeitung.

Doch auch der Verlag der „NAZ" musste schon 14 Monate später liquidiert werden, denn im Vergleich mit der zweiten Tageszeitung am Ort, der „Schwäbischen Landeszeitung", für die Naumann zusammen mit Curt Frenzel die Lizenz erhalten hatte, zog das wieder belebte Blatt den Kürzeren.[1074] Am 28. Februar 1951 war das Intermezzo der „NAZ" endgültig beendet.

4. Die „Neue National-Zeitung" auf Erfolgskurs

Im Reich Adolf Hitlers boten sich der „Neuen National-Zeitung" ganz neue Erfolgsperspektiven – sowohl was die Zahl ihrer Bezieher als auch ihrer Redaktionsmitglieder und Mitarbeiter anbelangte. Sie wusste allerdings auch nur zu gut die Chance, eine Art Zeitungsimperium im Gau Schwaben aufzubauen, das verschiedene Formen der Abhängigkeiten beinhaltete, zu nutzen.

4.1 Leserwerbung auf nationalsozialistische Art

Im Besitz der Regierungsgewalt hatten die Nationalsozialisten im Vergleich mit der „Kampfzeit" nun ganz andere Möglichkeiten zur ‚Erschließung' neuer Käuferschichten für ihre maroden, aber jetzt gewaltig expandierenden Blätter. Hatte die „NNZ" in den Jahren 1931 und 1932 versucht, Bezieher vor allem durch kostenloses Verteilen der Zeitung bei Wahl- und Parteiveranstaltungen, durch zahllose Appelle an den Opfersinn oder das Pflichtgefühl an die Parteigenossen oder durch Eigenanzeigen zu gewinnen, wurde nun – bedingt durch die veränderte Gesetzeslage – die Jagd auf Leser und Abonnenten der Linkspresse, aber auch der bürgerlichen Zeitungen freigegeben.

1072 Zu Naumann siehe SCHÜTZ, „Aufbau", S. 1162.
1073 Zur Situation der Augsburger Presse nach dem Zusammenbruch vgl. ebd., S. 1159ff. Zur Pressepolitik der Alliierten nach Kriegsende siehe Helmut MOSBERG: Reeducation. Umerziehung und Lizenzpresse im Nachkriegsdeutschland, München 1991. - Kurt KOSZYK, Pressepolitik für Deutsche 1945-1949: Geschichte der deutschen Presse, Teil IV (Abhandlungen und Materialien zur Publizistik, Bd. 10), Berlin 1986. – Norbert FREI, Amerikanische Lizenzpolitik und deutsche Pressetradition: die Geschichte der Nachkriegszeitung Südost-Kurier (Schriftenreihe der Vierteljahrhefte für Zeitgeschichte, Bd. 52), München 1986.
1074 Augsburger Allgemeine 1945-1995: Ein halbes Jahrhundert Zeitgeschichte im Rückblick, Augsburg o. J. <1995>, S. 9.

Die NS-Blätter starteten im Hochsommer 1933 große, zum Teil recht aggressive Werbekampagnen, die jedoch keineswegs nur der Auflagensteigerung der nunmehrigen Gauzeitungen dienen sollten, die den wirtschaftlichen Erfolg mehr als dringend benötigten. Sie erwiesen sich vielmehr als hervorragende Druckmittel gegen die bürgerlichen Verlagshäuser.[1075] Werbetrupps wurden ausgesandt, die dabei gerne in SA-Uniformen auftraten, um ihren Bemühungen so mehr Nachdruck zu verleihen. Die von diesen ‚Methoden' betroffenen Publikationen befanden sich eindeutig im Nachteil: Versuchten sie sich zu wehren, scheuten sich die Nationalsozialisten nicht, ihr Handeln mit Drohungen und Einschüchterungsmaßnahmen gegen die Verlage zu bekräftigen. Wer hätte es ihnen wehren sollen?[1076]

Und so sprang auch die „NNZ" nur zu gerne auf diesen Zug auf, wenn es sich um ihre neu erwachten geschäftlichen Interessen handelte, wie das Paradebeispiel des „Neu-Ulmer Anzeiger", der dem Verleger Willi Helb gehörte, zeigt.[1077] Im Juni 1933 rief dieser Verlag seine Leser in einer Eigenanzeige dazu auf, gegenüber den „terroristischen Methoden uniformierter SA-Abonnentenwerber" für ein Kopfblatt der „NNZ" hart zu bleiben.[1078] Eine Abordnung der Werbergruppe verlangte daraufhin in der nächsten Ausgabe des „Neu-Ulmer Anzeiger" den Abdruck eines Widerrufes, der, wie der damalige kommissarische Leiter des Vereins Bayerischer Zeitungs-Verleger, Wilhelm Leupold, in einer eidesstattlichen Erklärung schildert, die Sachlage völlig verdrehte.[1079]

Als diese Forderung nicht auf sofortige Zustimmung stieß, bedrohten die SA-Abgesandten im Büro Helbs den Verfasser der umstrittenen Annonce zumindest verbal mit der Einweisung ins Konzentrationslager durch den örtlichen SA-Sonderkommissar. Doch die Neu-Ulmer hatten Glück, denn mit Hilfe Leupolds, der bei dem für die Presse zuständigen Staatsminister Hermann Esser intervenierte, konnte der Abdruck des Widerrufs verhindert werden.

Da die Vorgehensweise der „NNZ" in erster Linie die „NAZ" betraf, verteidigte sich das NS-Blatt einmal mehr in bewährter Manier, indem sie ihre Konkurrenz beschuldigte, ihr unlautere Methoden bei der Bezieherwerbung zu un-

---

1075 Vgl. FREI, Eroberung, S. 127ff.
1076 Norbert Freis Meinung nach hätte der Staat die sich abzeichnende Entwicklung im Bereich der Bezieherwerbung gleich unmittelbar nach der Machtergreifung noch eindämmen können. Für ihn trat die entscheidende Phase nach dem Ausschalten der Links-Verlage ein, als die wirtschaftlich ruinierte NS-Presse sich ihrer noch nicht bemächtigt und sich noch nicht ökonomisch konsolidiert hatte. Vgl. *ebd.*, S. 132f.
1077 Zum „Neu-Ulmer Anzeiger" siehe Kapitel III.4.3.1.c)
1078 StA Augsburg, NS-Gauverlag Schwaben 7, Eidesstattliche Aussage Wilhelm Leupolds, 1. Februar 1947.
1079 *Ebd.*

terstellen, nur weil ihr die Leser aufgrund der „rastlosen Aufklärungsarbeit der NSDAP" zugeflossen seien.[1080] „In diesem Akt der Umstellung der Zeitungswahl liegt neben dem offenen Bekenntnis zum neuen Staat auch der Ausdruck der Dankbarkeit für das Kämpfertum einer Presse, die Jahre hindurch ihre Existenz gegen eine nahezu monopolisierte Großzeitung zu behaupten hatte."[1081] Und weiter polemisierten die Nationalsozialisten: „Scheinbar sind nun bei Leuten, die das stürmische Vorwärtsschreiten der nationalen Bewegung noch immer nicht verstanden haben, Auffassungen erweckt worden, die die starkbedrängte, vorher extrem gegnerische Presse zu dringenden S-O-S-Rufen veranlaßt haben."[1082]

Die „NNZ", so hieß es in der verklausulierten Kampfansage kryptisch, arbeite mit den Mitteln, „die ihr billigerweise für die Werbung zur Verfügung stehen", um damit „den nunmehr verwaisten und durch die politische Umstellung gewisser Zeitungen vollkommen verwirrten und teilweise empörten Leserkreis an sich heranzuziehen."[1083] Und doch wurden diese Aussagen bereits wieder relativiert, wenn die Bitte um Verständnis folgte, falls sich vielleicht der eine oder andere Werber nicht an die gegebenen Anweisungen gehalten habe. Er handle sich um lauter Männer, die in der schweren Kampfzeit selbstlose Verfechter der nationalsozialistische Ideen und für ihr tapferes Eintreten drangsaliert worden seien. Dass sich diese scheinbar vor Idealismus überquellenden NS-Aktivisten krimineller Handlungen schuldig machten, weil es ihnen als professionelle Werber ums Geschäft ging, blieb selbstredend unerwähnt.

Diese Anarchie an den Haustüren nutzten in jenen Tagen allerdings auch andere Trittbrettfahrer: Betrüger nämlich. So sah sich die „NNZ" am 22. Juni 1933 veranlasst, vor einem Mann zu warnen, der ohne Berechtigung Abonnenten werbe, sich Teilbeträge anzahlen lasse und die Gelder unterschlage.[1084] Die Werber der National-Verlag GmbH. seien hingegen ausnahmslos mit Ausweisen ausgestattet und hätten vor gedruckte Formulare dabei. Und noch am 27. November des darauf folgenden Jahres beklagte sich die schwäbische Gaufrauenschaftsleiterin Magda Donner über „Schwindelhafte Zeitungswerbung".[1085] Dabei ging es um einen Fall aus Mönchengladbach, bei dem zwei Männer für eine

---

1080 NNZ, Nr. 125 vom 31. Mai 1933, S. 5: „In eigener Sache".
1081 *Ebd.*
1082 *Ebd.*
1083 *Ebd.*
1084 NNZ, Nr. 142 vom 22. Juni 1933, S. 4: „Warnung".
1085 NNZ, Nr. 274 vom 27. November 1934, S. 4: „Warnung!" Der ganze Artikel im Original fett.

nationalsozialistische Frauenzeitschrift warben, in dem sie den Kundinnen bekundeten, der Bezug der Publikation ersetze die Mitgliedschaft in der NS-Frauenschaft, beinhalte aber die gleichen Rechte und Vorzüge. „Weiter versuchten sie diese Frauen zu veranlassen, eine Tageszeitung abzubestellen und dafür die Zeitschrift zu beziehen."[1086]

Ähnliche und gleiche Fälle hätten sich in Schwaben und dort hauptsächlich in Augsburg wiederholt, beklagte Donner und appellierte an die Betroffenen, sich sofort an die Polizei zu wenden.

Insgesamt scheinen die Werbeaktivitäten der NS-Presse während des Frühjahrs und des Sommers 1933 ziemlich aus dem Ruder gelaufen zu sein; jedenfalls bemühte man sich von parteioffizieller Seite um Schadensbekämpfung. So wandte sich der stellvertretende Leiter des Presseamtes Groß-Berlin der NSDAP bei einer Pressetagung in Berlin gegen unlauteren Wettbewerb im Zeitungswesen.[1087] Leserwerbung unter parteipolitischem Druck sei unnationalsozialistisch und werde aufs Schärfste bekämpft. Staatssekretär Gottfried Feder sprach sich für einen Konkurrenzkampf „nur mit loyalen Mitteln" aus, wenn nicht, müsse die Partei „gegebenenfalls" hart durchgreifen.[1088] Ministerialrat und stellvertretender Reichspressechef Dr. Kurt Jahncke erwartete, dass sich die NSDAP-Dienststellen „aller Eingriffe strikte enthalten", die den Anordnungen der Parteiführung und Hitlers widersprächen.[1089] Die Gauleiter und die Gaupressewarte seien unterrichtet worden, machtpolitische Druckmittel und unzweckmäßige Eingriffe zu unterlassen.

Auch der Reichsleiter für die Presse, Max Amann, sah sich veranlasst, in einem an alle Gauleitungen gerichteten Rundschreiben vom 29. August gegen den überhand nehmenden ‚Wildwuchs' Stellung zu beziehen: „Bei der Parteileitung häufen sich fortgesetzt die Beschwerden über unzulässige Boykottmassnahmen, die heute noch gegen die nicht parteiamtlich anerkannte Presse von Parteidienststellen, Gauverlagen u.s.w. ausgeübt werden", bemängelte er.[1090] Dennoch äußerte Amann Verständnis für das bisherige Vorgehen, denn diese Handlungsweise sei in den Tagen der nationalsozialistischen Revolution verständlich gewesen. Nun aber, da die NSDAP den Staat mit allen seinen Machtmitteln verkörpere, sei von allen Parteidienststellen darauf hinzuarbeiten, „dass in der Gesamtheit der deutschen Presse schnellstens wieder geordnete, normale Zustände eintreten."[1091]

1086 *Ebd.*
1087 NNZ, Nr. 193 vom 23. August 1933, S. 2: „Die Stellung der Presse im neuen Staat".
1088 „Zum Konkurrenzkampf im Zeitungsgewerbe", in: Deutsche Presse 15 (1933), S. 220, S. 220. Zitat im Original fett und gesperrt.
1089 *Ebd.* Zitat im Original fett.
1090 HStA München, MA 106503, Rundschreiben Amanns vom 29. August 1933.
1091 *Ebd.*

Die Linkspresse sei vernichtet und die bürgerlichen und neutralen Zeitungen arbeiteten jetzt für den Staat. Alle eingeleiteten Zwangsmaßnahmen gegen diese seien sofort nachzuprüfen, um die rechtlichen Grundlagen wieder herzustellen. Die „Auswüchse in den Werbemethoden unserer nat. soz. Zeitungen" jedenfalls wurden „mit sofortiger Wirkung" untersagt.[1092] Es folgte der hehre Appell an die Ehre und den Ehrgeiz der NS-Verlage und ihrer Werber: Als oberstes Prinzip im Konkurrenzkampf zähle die Leistung. Unzulässige Werbemethoden seien keine Leistung, schädigten nur das Ansehen von Staat und Partei. Daher sei es „verboten, dass die Werber für nat. soz. Zeitungen in S.A. Uniform werben und dass Werbung unter Drohung wirtschaftlicher Nachteile oder unter Versprechungen vorgenommen werden."[1093] Es sei zweckmäßig und Erfolg versprechend zu betonen, empfahl Amann stattdessen, dass die NS-Presse den Kampf für den nationalsozialistischen Staat zu einer Zeit geführt habe, als das Kollektiv der übrigen Zeitungen die Hitler-Partei bekämpfte, und dass es ausschließlich die NS-Blätter gewesen seien, die vom ersten Tag an Anzeigen jüdischer Firmen abgelehnt hätten. Damit lieferte der Reichsleiter Argumente, die zwar nichts mit dem oben gepredigten Leistungsprinzip zu tun hatten, denen sich aber kaum jemand entziehen konnte, wollte er nicht als Gegner des Regimes gelten.

Im Umgang mit den nicht-nationalsozialistischen Publikationen riet er, dass die Parteidienststellen ihre Nachrichten erst an die parteiamtlichen Zeitungen schicken sollten. Den Abdruck dieser Mitteilungen könne man den anderen Blättern freilich nicht untersagen, denn ein Verbot sei unzulässig.[1094] Zu den Klagen über die Vernichtung der Heimatpresse meinte genau derselbe Amann, der 1935 mit den nach ihm benannten Anordnungen ihre Zerschlagung forcierte, es könne nicht das Ziel sein, diese durch die Großstadtzeitungen auszurotten.[1095]

Bei der „NNZ", deren Verlagsleitung offenbar wenig Skrupel hatte, wenn es darum ging, ihre Mitanbieter auf dem Zeitungsmarkt zu übervorteilen und ihr die Leser abzunehmen, aber auch bei den anderen bayerischen NS-Blättern stieß das Rundschreiben Amanns auf wenig Resonanz. Solange die Behörden diese Vorgehensweise deckten oder sich gar als Helfershelfer benutzen ließen, bestand ja auch kein Anlass dazu. Die Augsburger Gauzeitung setzte also ihre Expansionsbemühungen munter fort. Ein zurückhaltendes Auftreten ihrer Werbekolonnen war vorerst jedenfalls nicht festzustellen. Im Gegenteil. Im Oktober 1933 berichtete das Bezirksamt Krumbach von derart aufdringlichen Werbern in SA-

---

1092 *Ebd.*
1093 *Ebd.*
1094 Wie schon erwähnt, gelang es der „NAZ" erst 1940 nach langen Verhandlungen mit der Gau- und Kreisleitung, parteiamtliche Bekanntmachungen zeitgleich mit der „ANZ" abzudrucken. Siehe hierzu Kapitel III.3.4.
1095 Zu den so genannten „Amann-Anordnungen" siehe Kapitel III.2.3.2.d).

Montur, dass die Bevölkerung richtiggehend Anstoß daran genommen habe.[1096] Einer dieser Uniformierten hatte einem Landwirt sogar mit Schutzhaft gedroht, falls er nicht die nationalsozialistische Tageszeitung abonniere. Ein anderer Werber behauptete, der „Krumbacher Bote" – eine Heimatzeitung, wie die Regierung von Schwaben und Neuburg bemerkte, „die der NSDAP stets sehr nahe stand" –[1097] werde bald ihre Abonnenten verlieren. Auf Grund dieser Vorfälle ließ das Bezirksamt die Werbung durch die Gendarmerie einstellen. Die „NNZ" musste ihre Abgesandten sofort abziehen.

Weil sich die Zustände in Bayern nicht besserten, nahm sich der bayerische Staatsminister Hermann Esser in einem Schreiben vom 6. November 1933, dem er das bereits zitierte Amannsche Rundschreiben beilegte, der weiter einlaufenden Klagen, dass die parteiamtlich anerkannte NS-Presse teilweise mit unzulässigen Mitteln werbe, an.[1098] Wiederholt, so Esser, habe der Reichsleiter für die Presse die Parteidienststellen angewiesen, den geschäftlichen Wettbewerb nur in der gesetzlich geregelten Weise zu führen. Der Minister wagte aber nicht, Ross und Reiter beim Namen zu nennen: Diese vorschriftswidrigen Methoden würden zweifellos weder von den Schriftleitungen der betreffenden Blätter noch von den Parteidienststellen gebilligt. Es seien einzelne Werber, die sich nicht an die allgemeinen Weisungen hielten. Künftig werde die Staatskanzlei die Beschwerden über diese Leute an die Bezirkspolizeibehörden weitergeben.

Die Esserschen Drohungen kümmerten die „NNZ" nicht weiter. „Klagen über die Art der Werbung für die Nationalzeitung sind in letzterer Zeit wiederholt aus Schwaben eingelaufen und an die Regierung weitergeleitet worden", kritisierte die Münchner Staatskanzlei nur drei Wochen nach den Verlautbarungen des Ministers, am 30. November.[1099] So hatten sich bereits am 13. November Vertreter des Literarischen Instituts von Haas & Grabherr, in dem die „Neue Augsburger Zeitung" und die „Augsburger Postzeitung" erschienen, nicht nur schriftlich, sondern auch persönlich in der bayerischen Staatskanzlei beschwert, der Verlag der „Neuen National-Zeitung" wolle doch dazu veranlasst werden, gemäß der Vorgaben Amanns und der Staatskanzlei seine Werber von der Anwendung unzulässiger Methoden abzuhalten. Auch wurde gefordert, die Beziehungen der Augsburger Presse gemäß den allgemeinen Weisungen zu regeln.

1096 HStA München, MA 106682, Halbmonatsberichte der Regierung von Schwaben und Neuburg vom 21. Oktober 1933.
1097 *Ebd.* Allgemein scheinen die Gauzeitungen auf Privatverlage, die vor der Machtergreifung mit der NSDAP sympathisiert hatten, keine Rücksicht genommen zu haben, wenn es galt, neue Leser zu „werben". Vgl. FREI, Eroberung, S. 132. Zum „Krumbacher Boten" siehe auch Kapitel III.4.3.4.c).
1098 HStA München, MA 106503, Schreiben Essers an die Regierungen, 6. November 1933.
1099 HStA München, MA 106503, Schreiben der bayerischen Staatskanzlei an die Regierung von Schwaben und Neuburg, Kammer des Innern, 30. November 1933.

Vor der Polizeidirektion Augsburg kam es dann am 22. Dezember 1933 zu einer Aussprache zwischen Vertretern der beiden betreffenden Verlage, bei der die National-Verlag GmbH. „entschieden" von den beanstandeten Entgleisungen seiner Werbenden abrückte.[1100] Bei dieser Zusammenkunft vereinbarten beide Seiten, künftig „im Sinne und Interesse des nationalsozialistischen Gedankens" zusammenzuarbeiten.[1101] Meinungsverschiedenheiten wollten die Beteiligten von nun an in direkter Aussprache beilegen. Kommerzienrat Paul Haas betrachtete damit seinen Brief an die Münchner Staatskanzlei vom 13. November als gegenstandslos.

Dass es sich um durchaus berechtigte Beschwerden der „NAZ" handelte, bestätigt ein aus dem Jahr 1935 stammender Brief eines der NSDAP zumindest nahe stehenden „NNZ"-Lesers: Die Werber für die Zeitung seien nicht immer so vorgegangen, „wie es korrekt gewesen wäre."[1102] Darüber habe er mehr als eine Klage gehört. Sie hätten „oft durch ein ‚Muss' nachhelfen" wollen, während Publikationen wie die „NAZ" oder die „Münchner Neuesten Nachrichten" ganze Straßenviertel in friedlicher Art und Weise mit Gratisnummern „in ausreichendem Masse" versorgt hätten – kaum einmal zum Bezug sei man aufgefordert worden.[1103]

1100 HStA München, MA 106503, Schreiben der Regierung von Schwaben und Neuburg an die Staatskanzlei des Freistaates Bayern, 10. Januar 1934. Ganz so entschieden verurteilte die „NNZ" das Verhalten ihrer Werber dann doch nicht, denn bereits am 4. Dezember 1933 musste, wie sie in der Nr. 281 vom 5. Dezember 1933, S. 5, in dem Artikel „Um die Verhaftung eines Zeitungswerbers" berichtet. Laut Polizeibericht sei ein Werber der Zeitung aufgrund von „Entgleisungen" bei seiner Werbetätigkeit in einem Augsburger Vorort in Schutzhaft genommen werden. Der Verlag der „NNZ" bedauere diese „Entgleisungen, die absolut nicht in seinem Interesse gelegen sind." Relativiert wird die Aussage jedoch wieder mit der Beschuldigung der „NAZ", sie versuche, „aus dieser harmlosen und in einem großen Geschäftsbetrieb unbedeutenden Angelegenheit für sich Kapital zu schlagen", da sie diese Geschehnisse groß aufgemacht, im Fettdruck und an hervorragender Stelle gebracht habe. Denn: „Wenn sich ein ums tägliche Brot kämpfender Werber eine bedauerliche Ungehörigkeit erlaubt und dafür zur Verantwortung gezogen wird, wird das in der NAZ. groß aufgebauscht." Diese hatte aber offenbar die Methoden ihrer Konkurrentin studiert, denn im selben Bericht wurde angedeutet, dass auch ein Werber der „NAZ" wochenlang in Schutzhaft gesessen habe.
1101 HStA München, MA 106503, Schreiben der Regierung von Schwaben und Neuburg an die Staatskanzlei des Freistaates Bayern, 10. Januar 1934.
1102 StA Augsburg, NSDAP Gauleitung Schwaben 12/1, Nachlaß Sewald 62, Antwort vom 20. Januar 1935 auf eine Leserbefragung der „NNZ" vom 19. Januar 1935.
1103 *Ebd.*

Mit ihren Werber-Methoden war die „NNZ", wie erwähnt, aber keineswegs das einzige schwarze Schaf im ‚Gau' Schwaben. Im Einflussbereich der zweiten schwäbischen Gauzeitung, des „Allgäuer Beobachters" („AB") in Memmingen, sprang man – wiederum mit Hilfe der Parteidienststellen, die sich in Neu-Ulm als besonders willfährig erwiesen – mit der ehemals BVP-nahen örtlichen Firma „Josef Feiner & Co.", der im Illertal mehrere Zeitungen gehörten, auch nicht gerade zimperlich um.[1104] Um sich gegen „unerhörte" Werbemethoden des „AB" zur Wehr zu setzen, waren in vier der sieben Blätter des Feiner-Verlages Eigenanzeigen unter dem Titel „Werber sind am Werke" veröffentlicht worden.

Obwohl dieser Hinweis gar nicht in der „Neu-Ulmer Zeitung", die sich mit dem „Neu-Ulmer Anzeiger" den dortigen Markt teilte, erschienen war, beschwerte sich Kreisleiter Boch am 7. November 1933 beim Geschäftsführer des Blattes. „Wir würden dem Vorgefallenen nicht allzugrosse Bedeutung zumessen, hätte nicht Herr Boch schon öfters gelegentlich früherer, telefonischer Auseinandersetzungen anlässlich des Nachdrucks amtlicher und parteiamtlicher Nachrichten, die bekanntlich mit entsprechenden Zusätzen freigestellt sind, sich gegenüber unserem Neu-Ulmer Geschäftsführer Aeusserungen erlaubt, die beleidigend wie geschäftsschädigend sind", führte der Zeitungskonzern Klage bei der Regierung von Schwaben und Neuburg.[1105] Wie groß der Einfluss Bochs war, bemerkte der Verlag bei der örtlichen Handwerkerwoche, als die Publikation trotz intensiver Werbung kaum Anzeigen bekam. Die Innungsmeister, so vermutete die Verlagsdirektion, seien so stark von der Kreisleitung beeinflusst gewesen, dass sich ein Redner bei einer Versammlung im Vorfeld der Schau für das Amtsblatt, den „Neu-Ulmer Anzeiger", als Insertionsorgan ausgesprochen habe.

Zu einem Zeitpunkt, als die ‚Schlacht' um die Leser zum größten Teil schon geschlagen war, wurde am 13. Dezember 1933 im Rahmen der Verordnungen der Reichspressekammer schließlich die „1. Anordnung über Fragen des Vertriebes und der Bezieherwerbung sowie Neugründungen über die Befriedung der wirtschaftlichen Verhältnisse im deutschen Zeitungswesen" veröffentlicht, um wieder geordnete Verhältnisse in diesem Bereich herzustellen.[1106] Es folgte ein dreimonatiges, generelles Werbeverbot zum 1. Januar 1934, das aber kurze Zeit

---

1104   HStA München, MA 106503, Josef Feiner & Co. an Regierung von Schwaben und Neuburg, 9. November 1933. Zur Firma Feiner siehe Kapitel II.2.1. insbesondere Anmerkung 83.
1105   *Ebd.* Unter anderem hatte Boch angedroht, „dass er dafür sorgen werde, dass die ‚Neu-Ulmer Zeitung' sobald als möglich von der Bildfläche verschwindet."
1106   „1. Anordnung über Fragen des Vertriebes und der Bezieherwerbung sowie Neugründungen über die Befriedung der wirtschaftlichen Verhältnisse im deutschen Zeitungswesen vom 13. Dezember 1933", in: Handbuch 1934, S. 325f.

später auf den 1. März verkürzt wurde.[1107] Außerdem durften zwischen dem 14. Dezember 1933 und dem 31. März 1934 keine Zeitungen und Zeitschriften gegründet werden.[1108] Nicht zulässig war auch eine Verpflichtung zum Bezug bestimmter Zeitungen, „insbesondere nicht durch Anordnungen oder Befehle, ebenso wenig darf eine Kontrolle über den Bezug bestimmter Zeitungen ausgeübt werden."[1109] Natürlich gab es hiervon Ausnahmen: Unberührt davon sein sollten der innere Dienstbetrieb behördlicher Stellen und das Recht von Organisationen, Publikationen zu empfehlen. Verboten war es Verlegern und Verlagen im Übrigen, eine ausschließliche Veröffentlichungsbefugnis für Bekanntmachungen und Nachrichten von Vereinen, Organisationen und Verbänden abzuschließen.

Nachdem am 4. Januar 1934 in einer „2. Anordnung zur Befriedung der wirtschaftlichen Verhältnisse im Zeitungswesen" die Modalitäten für die Zwangseingliederung der Verlage und Verleger in den Verein Deutscher Zeitungsverleger genau aufgelistet wurden,[1110] regelte Amann als Präsident der Reichspressekammer am 23. Januar in einer dritten Anordnung nun genau die strittigen Fragen des Vertriebes und der Bezieherwerbung.[1111] Darin wurde den Werbern unter anderem untersagt, zur Abbestellung eines anderen Blattes aufzufordern oder Abbestellungen zu sammeln; das Ausüben von Zwang, Druck und Drohungen auf den Bezieher waren nicht gestattet. Die Werbung sollte höflich und taktvoll über die Bühne gehen, Fragen waren gewissenhaft und erschöpfend zu beantworten, ebenso hatten die Anbieter genau über Preis, Dauer und Kündigungsfristen des Abonnements zu informieren.

Die Werber mussten einen von der Reichspressekammer vorgeschriebenen Ausweis mit sich führen und ausdrücklich von einem Verleger, Verlag oder Zeitschriften-Buchhändler, deren Mitgliedschaft in der Reichspressekammer obligatorisch war, mit der Bezieherwerbung betraut worden sein. Verstießen die Werber gegen die gesetzlichen Auflagen, drohte der Entzug des Ausweises durch die Reichspressekammer und ihre Auftraggeber konnten mit einem vier bis zwölf Wochen dauernden Verbot für Bezieherwerbung belegt werden.

1107 „3. Anordnung über Fragen des Vertriebes und der Bezieherwerbung vom 23. Januar 1934 zur Befriedung der wirtschaftlichen Verhältnisse im deutschen Zeitungswesen vom 13. Dezember 1933", in: *ebd.*, S. 327f.
1108 Diese Bestimmung wurde bis zum 30. September 1934 verlängert. Siehe dazu „4. Anordnung über Fragen des Vertriebes und der Bezieherwerbung sowie über Neugründungen auf dem Gebiet der Presse vom 4. Februar 1934 zur Befriedung der wirtschaftlichen Verhältnisse im deutschen Zeitungswesen", in: *ebd.*, S. 329.
1109 „1. Anordnung", in: *ebd.*, S. 325.
1110 „2. Anordnung zur Befriedung der wirtschaftlichen Verhältnisse im Zeitungswesen", in: *ebd.*, S. 326f.
1111 „3. Anordnung", in: *ebd.*, S. 327f.

Dennoch verhalten die Anschuldigungen über das Verhalten von Werbern auch 1934 nicht.[1112] Lokale NS-Größen duldeten weiterhin ungesetzliche Vorgehensweisen der Werber, selbst wenn die Beschuldigten gar nicht über den vorgeschriebenen Ausweis der Reichspressekammer verfügten.[1113] Mit den Protesten der Privatverleger nahm man es auch weiterhin nicht so genau – überhaupt vermieden es gerade Beamte der unteren Ebene, sich mit den mächtig werdenden Gauverlagen anzulegen. Die juristischen Grundlagen wurden im Zweifelsfall sehr einseitig ausgelegt.

Wer von den privaten Unternehmen Widerstand leistete und die zwanghaften Methoden bei der Zeitungswerbung in der Öffentlichkeit anprangerte, konnte sehr schnell unter die Räder kommen, wie die beiden vereinigten Memminger Blätter – „Memminger Volksblatt" und „Memminger Zeitung" – im März 1934 erfahren mussten. Dort wurden der Verlagsdirektor Wilhelm Frieß, der Hauptschriftleiter Ferdinand Mayr, der Schriftleiter Willi Feiner und der Berichterstatter Georg Hering in Schutzhaft genommen, weil sie laut Polizeibericht wiederholt Ursache zu „größter Erregung in der SA und in der Bevölkerung" gegeben hatten.[1114] In einem Flugblatt und in einem ein paar Tage vorher erschienenen Artikel stand zu lesen, „daß die SA bzw. Leute, die in SA.-Uniform stecken, seinerzeit für die Werbung der nationalsozialistischen Presse mit Drohungen und unlauteren Machenschaften vorgegangen seien."[1115]

Um die Werbung für die NS-Blätter besser und vor allem geordneter steuern zu können, wurde 1935 reichsweit eine Werbewoche eingeführt, für die am 22. Januar der Startschuss fiel. Den Zweck des Ganzen brachte Gauleiter Karl Wahl in seinem Geleitwort in kurzen Worten auf den Punkt: „Je mehr Interesse unserer NS-Presse entgegengebracht wird, desto schneller werden wir unser Hochziel, die Schaffung einer wahren Volksgemeinschaft der Tat erreichen."[1116] Unterstützung erhielt die Kampagne durch Artikel und Kommentare bekannter Nationalsozialisten sowie durch die „NNZ"-Aktion „Wir besuchen unsere Leser". Jedoch kamen auch Werber erneut zum Einsatz, um diese Bemühungen tatkräftig zu unterstützen.[1117] 1936 wurde dieser „Appell der Parteipresse" aufs Neue

---

1112 Siehe hierzu HStA München, MA 106503, Deutsche Allgemeine Zeitung vom 16. Mai 1934.
1113 Vgl. FREI, Eroberung, S. 129.
1114 NNZ, Nr. 61 vom 14. März 1934, S. 1: „In Schutzhaft genommen". Zitate im Original fett. In „größter Erregung" gesperrt.
1115 *Ebd.*
1116 NNZ, Nr. 18 vom 22. Januar 1935, S. 1: „Gauleiter Wahl zur Werbewoche der NS-Presse" und die Ausgaben bis zum 26. Januar 1935.
1117 StA Augsburg, NSDAP Gauleitung Schwaben 12/1, Nachlaß Sewald 62, Antwort vom 25. Januar auf eine Leserbefragung der „NNZ" vom 19. Januar 1935. Wie aus dem Schreiben hervorgeht, waren die Werber dabei peinlicherweise auch an Adressen von Personen gelangt, die schon Abonnenten der „NNZ" waren.

anberaumt, um dem deutschen Leser „das leidenschaftliche Bemühen" aufzuzeigen, „mit dem die Zeitungen der Bewegung ihre führende Stellung in der deutschen Presse als eine besondere Verpflichtung auffassen."[1118] Die Werbewoche hatte aber nicht mehr das Gewicht, das ihr beim ersten Mal eingeräumt worden war. Danach wurde auf derlei Aktionen ganz verzichtet.

Der Krieg setzte der Geschäftstüchtigkeit der NS-Zeitungen insofern ein Ende, als am 6. Februar 1940 mit der „3. Kriegsanordnung der Reichspressekammer für das Pressewesen" ein ausgesprochenes Verbot der Bezieherwerbung und des Einzelverkaufs in Gebieten, die mehr als 100 Kilometer vom Verlagsort entfernt lagen, erging.[1119] Der Einzelverkauf durfte Mitte August 1944 schließlich nur noch innerhalb einer 25-Kilometer-Zone, der Vertrieb nur noch in einem 100-Kilometer-Radius erfolgen. Die Feldpostlieferungen wurden ganz eingestellt.[1120]

Sicherlich hat Norbert Frei mit seinem Fazit Recht, dass kein Gauverlag zu seiner späteren Größe emporgestiegen wäre, „hätte er sich einem fairen Konkurrenzkampf mit der Privatpresse stellen müssen."[1121]

4.2 Expansion nach innen: Veränderungen im Redaktionsablauf

Es scheint so, als ob die Firma Schroff mitsamt der dezimierten Schriftleitung von der sprunghaften Entwicklung der politischen Verhältnisse in den ersten Monaten des Jahres 1933 geradezu überrollt worden ist. Dennoch entschlossen sich die Verantwortlichen erstaunlich schnell zu weitreichenden Maßnahmen: Nur eineinhalb Monate nach der Reichstagswahl, am 22. April 1933, begannen die Abrissarbeiten am Katzenstadel, dem bisherigen Standort des Blattes, um damit den Weg für eine redaktionelle und technische Vergrößerung und Modernisierung, die durch eine stark anwachsende Auflage und die neuen Anforderungen an die Zeitungen dringend notwendig wurde, frei zu machen. Die „NNZ" sei, „getragen von unserer siegreichen Bewegung", zu einer Auflage

---

1118 NNZ, Nr. 15 vom 18. Januar 1936, S. 1: „Der Appell der NS-Presse".
1119 Vgl. BECHTLE, Presse, S. 72.
1120 Vgl. *ebd.*, S. 81. Dabei handelte es sich um die „7. Kriegsanordnung der Reichspressekammer vom 12. August 1944.
1121 FREI, Eroberung, S. 133.

angewachsen, „die der technische Betrieb nur noch mit aller äußerster Anstrengung bewältigen kann", wurde die Maßnahme begründet.[1122] Und so stürze auch in den Baulichkeiten der Druckerei Schroff „das Alte, um den Forderungen der neuen Zeit Raum zu schaffen."[1123]

Parallel mit dem zunehmenden Erfolg nahm auch das Selbstvertrauen von Verlag und Schriftleitung stetig zu. So richtete der Verlag Mitte April die „Höfliche Bitte" an seine Leser, dass die „NNZ" – sei es in Buchhandlungen, in Kiosken oder bei Zeitungshändlern – überall öffentlich an erster Stelle zum Aushang käme.[1124] Diejenigen Händler, die NS-Zeitungen und Zeitschriften gar nicht oder nur spärlich im Angebot führten, sollten boykottiert werden. Da es sich um „das schwäbische Zentralorgan der deutschen Freiheitsbewegung und der nationalen Revolution" handle, leitete die National-Verlag GmbH. daraus das Recht für sich ab, „daß unser Blatt bevorzugt angeboten wird."[1125]

Von Partei und Behörden wurde die Zeitung ebenfalls entsprechend protegiert, um ihm Vorteil vor der Konkurrenz zu verschaffen: Auf Veranlassung des Sonderkommissars für Schwaben und Neuburg, Hermann Ritter von Schöpf stieg die „NNZ" mit ihren Kopfblättern bereits am 26. März zum „amtlichen Publikationsorgan aller Behörden in Schwaben und Neuburg" auf.[1126] Am 31. März zog schon das Amtsgericht Augsburg nach.[1127] Die „NAZ", die bisher Amtsblatt gewesen war, hatte das Nachsehen. Damit waren jetzt die offiziellen Stellen gezwungen, die NS-Zeitung zu halten und dort ihre Bekanntmachungen zu veröffentlichen. Umgekehrt musste jeder, der auf diese Informationen ange-

---

1122 NNZ, Nr. 94 vom 22. April 1933, S. 7: „Das Alte stürzt, es ändert sich die Zeit ...". Bereits in der Nr. 84 vom 8. April 1933, S. 3, wurden die Bezieher im Artikel „An unsere Leser!" darauf vertröstet, dass es erst in einigen Wochen möglich sei, die Seitenzahl zu erhöhen. Die Vergrößerungspläne müssen damals schon in der entscheidenden Phase gewesen sein.
1123 NNZ, Nr. 94 vom 22. April 1933, S. 7: „Das Alte stürzt, es ändert sich die Zeit...".
1124 NNZ, Nr. 89 vom 15. April 1933, S. 3: „Höfliche Bitte".
1125 *Ebd.*
1126 NNZ, Nr. 75 vom 29. März 1933, S. 1, Zeitungskopf sowie Verfügung des Sonderkommissars. Die „NNZ" führte seit diesem Tag auch die Bezeichnung „Amtsblatt für den Regierungsbezirk Schwaben und Neuburg" im Zeitungskopf. Der Entzug des Amtsblattcharakters bedeutete einen erheblichen Wertverlust. Die Eigenschaft, Amtsblatt zu sein, wurde von der Behörde durch einen Hoheitsakt ausdrücklich verliehen mit der gleichzeitigen Feststellung, dass die amtlichen Bekanntmachungen erst mit der Veröffentlichung in der betreffenden Zeitung verbindlichen Charakter erhielten. Vgl. BECHTLE, Presse, S. 73. Die umliegenden Gemeinden Augsburgs wie Göggingen, Friedberg oder Bobingen machten die „ANZ" erst im Laufe des Jahres 1939 zum offiziellen Amtsblatt.
1127 NNZ, Nr. 80 vom 4. April 1933, S. 1: „Neue National-Zeitung überall offizielles Organ".

wiesen war, nun die „NNZ" beziehen.[1128] Beim Bezugspreis blieb trotz gegenläufiger Gerüchte (oder vielleicht gerade deswegen)[1129] und trotz des größeren Seitenumfangs, der Einführung neuer Rubriken und der deutlich sichtbar werdenden Professionalität der Zeitung zunächst alles beim Alten.

Das Abonnement kostete in Augsburg weiterhin zwei Mark, doch nutzte die Verlagsleitung die nächste sich bietende Gelegenheit, mehr zu verlangen. Mit der für den 4. November geplanten Einführung der „NNZ-Bilderwoche", einer „Spezial-Ausgabe des ‚Illustrierten Beobachters'", laut Ankündigung die „beste Bilderbeilage, die als sinnvolle Ergänzung einer Tageszeitung geboten werden kann", mussten ab 1. November zehn Pfennig mehr bezahlt werden.[1130]

Einen weiteren wichtigen Wettbewerbsvorteil sicherte sich die „NNZ" am 4. November 1933 mit amtlicher Hilfe. „Mit sofortiger Wirkung" erging in dieser Ausgabe eine von Gaupresseamtsleiter Anton Saule unterzeichnete Anordnung, dass sämtliche parteiamtlichen Bekanntmachungen und Berichte rechtzeitig der parteieigenen Presse zum Erstabdruck geschickt werden sollten.[1131] Dies galt für alle NSDAP-Amtsträger im Gaubereich, die von ihm, wie der Verfasser drohte, bei Zuwiderhandlungen „mit dem Antrag auf strengste parteidisziplinarische Ahndung" beim Gauleiter gemeldet werden würden.[1132] Hintergrund war, dass einige schwäbische NS-Blätter geklagt hatten, die Parteidienststellen leiteten „aus nicht ersichtlichen Gründen" ihre zur Veröffentlichung bestimmten Materialien zuerst an die nichtnationalsozialistische Presse, während die eigenen Zeitungen oft einen oder zwei Tage hinterherhinkten.[1133] Dies stellte nicht gerade das probateste Mittel dar, um den Absatz der Parteizeitungen zu erhöhen.

Im Verlauf des Jahres 1934 fing die „NNZ" an, ihre Infrastruktur in der Stadt auszubauen. In den Ortsteilen wurden nun Anzeigen-Annahmestellen eingerichtet, um den Kunden den Weg zu verkürzen. Den Anfang machten im Februar Lechhausen,[1134] wo täglich bis 19 Uhr Klein- und Familienannoncen für die

---

1128 Vgl. GROTH, Zeitung 2, S. 272. Seiner Meinung nach konnte die Amtsblattfunktion die Existenz einer Zeitung sichern.
1129 NNZ, Nr. 125 vom 31. Mai 1933, S. 5: „Durchsichtige Schwätzereien". Darin stritten Verlag und Redaktion Gerüchte ab, die sich um eine Bezugspreiserhöhung auf Grund der Vergrößerung des Betriebes und des eingeleiteten Ausbaus der „NNZ" drehten.
1130 NNZ, Nr. 254 vom 3. November 1933, S. 5: „Morgen stellt sich vor…". Zitat im Original fett. Zitat im Original fett.
1131 NNZ, Nr. 255 vom 4. November 1933, S. 1: „An alle parteiamtlichen Stellen". Zitat im Original fett.
1132 *Ebd.* Zitat im Original fett.
1133 *Ebd.* Zitat im Original fett.
1134 NNZ, Nr. 38 vom 15. Februar 1934, S. 10: „Lechhausen erhält eine Anzeigen-Annahmestelle der NNZ". Zum Artikel gehören eine Übersichtskarte und ein Bild vom Laden.

kommende Ausgabe aufgegeben werden konnten, und Oberhausen, wo zusätzlich auch noch „kleine Tagesnachrichten örtlichen Charakters" und „NNZ"-Abo-Bestellungen entgegengenommen wurden.[1135] Im März kam Pfersee an die Reihe.[1136] Die eigentliche Stadtgeschäftsstelle übersiedelte schließlich mitsamt der Verlags-Buchhandlung ab 12. November von der Zeuggasse B 206 ins Erdgeschoss der Annastraße D 220, wo einen Stock höher bereits seit 1. Oktober die Kreisleitung Augsburg residierte.[1137] Im Mai 1938 schließlich zogen Stadtgeschäftsstelle und Buchhandlung – zum vierten Mal seit der Zeitungsgründung – in die Karolinenstraße C 25, die im „Verkehrszentrum der Stadt" lag.[1138]

Dieser äußeren Modernisierung der „NNZ" ging jedoch zunächst die im ersten Halbjahr 1933 avisierte technische und personelle Aufstockung voraus. In diesem Zusammenhang war dem Leser eine Verdopplung, ja teilweise Verdreifachung der Belegschaft angekündigt worden.[1139] Zudem sollte der technische Maschinenpark auf den aktuellen Stand gebracht werden, wozu auch eine Rotationsmaschine neuester Bauart mit 32-seitiger Produktion gehörte. Die Stereotypie, in der die Druckplatten hergestellt wurden, bekam ebenfalls modernste Maschinen, und zwei Hochleistungs-Setzmaschinen verstärkten den Setzmaschinenpark, sodass insgesamt sechs Setzmaschinen vom Typ Linotype und Intertype in der Folge bei der Druckerei Schroff zum Einsatz kamen.[1140]

Mit dieser Rundumsanierung wollte das Zeitungsunternehmen „in ein neues Stadium eintreten".[1141] Denn: „Wir werden in der Lage sein, unseren Lesern die Fülle von Stoff zu bieten und mit der Schnelligkeit zu verarbeiten, wie sie die Zeitungen großen und modernsten Stils auszeichnen."[1142] Damit sei dann eine pünktliche und frühzeitige Lieferung des Blattes garantiert. Nicht später als 10 Uhr wollten die Verantwortlichen die „NNZ" künftig im Stadtgebiet zur Ausga-

---

1135 NNZ, Nr. 40 vom 17. Februar 1934, S. 12: „Oberhausen erhält eine Anzeigen-Annahmestelle der NNZ". Beim Bericht befinden sich ein Lageplan und ein Foto vom Geschäft.
1136 NNZ, Nr. 61 vom 14. März 1934, S. 13: „Pfersee erhält eine NNZ-Anzeigen-Annahmestelle". Ein Foto zeigt das Gebäude.
1137 NNZ, Nr. 261 vom 10. November 1934, S. 14: „Unsere Stadtgeschäftsstelle...". – Nr. 281 vom 5. Dezember 1934, S. 16: „Unsere Geschäftsstelle und Buchhandlung..." – Nr. 295 vom 21. Dezember 1934, S. 19: „Die neue Stadtgeschäftsstelle der ‚Neuen National-Zeitung' Anna-Straße D 220". Dabei sind Bilder von innen und von außen zu sehen.
1138 ANZ, Nr. 102 vom 3. Mai 1938, S. 7: „Unsere neue Geschäftsstelle". Hier sind auch zwei Bilder vom neuen Gebäude zu sehen.
1139 NNZ, Nr. 94 vom 22. April 1933, S. 7: „Das Alte stürzt, es ändert sich die Zeit...".
1140 NNZ, Nr. 127 vom 2. Juni 1933, S. 6: „Wie die Neue National-Zeitung entsteht: Ein Blick in die Werkstatt unseres Zeitungsbetriebes".
1141 NNZ, Nr. 94 vom 22. April 1933, S. 7: „Das Alte stürzt, es ändert sich die Zeit...".
1142 *Ebd.*

be bringen.[1143] So rekordverdächtig wie die Versprechungen erschien auch der zeitliche Rahmen, der für die Umwandlung des zurückgebliebenen nationalsozialistischen Winkelblättchens in eine zeitgemäße Regierungszeitung vorgesehen war: Der Artikel, der den Umbau und die sonstigen Pläne ankündigte, stand am 22. April in der „NNZ". Die ‚Metamorphose' sollte diesem zufolge am 15. Mai abgeschlossen sein.

Währenddessen musste auch die redaktionelle Besetzung der „NNZ" in Angriff genommen werden. Anton Saule, Vertrauter des Gauleiters und seit November 1931 verantwortlicher politischer Schriftleiter, schied am 2. Mai auf Anordnung Wahls aus der Redaktion aus, „um sein derzeit stark überlastetes Amt als Gaugeschäftsführer voll ausfüllen zu können."[1144] War dieses Ausscheiden tatsächlich nur in der Aufwärtsentwicklung der Partei in den vergangenen Wochen und der dadurch bedingten Erweiterung des Aufgabenkreises in der schwäbischen Gauleitung begründet, wie es in einer kleinen Laudatio hieß, oder hatte Josef Sewald den „Aufpasser" überspielt? Lakonisch hieß es lediglich in dem Bericht, dass Saule weiterhin Mitglied des Redaktionsstabes bleibe, sich gleichzeitig aber um das neu geschaffene Gaupresseamt kümmere. Auf jeden Fall übernahm Sewald ab 5. Mai neben der Hauptschriftleitung, dem Augsburger Lokal-Anzeiger, und dem Feuilleton auch noch die Politik und den Leitartikel als verantwortlicher Redakteur. Karl Hofmann, der Letzte der ganz alten Garde, war für Provinz, Sport und Wirtschaft zuständig. Mit dieser Kleinstbesetzung arbeitete die Rumpfredaktion bis zum Bezug der neuen Räume einen Monat später.[1145]

Mit der „National-Zeitung im neuen Gewande" wurden die Leser am 2. Juni 1933 bekannt gemacht. Wer das Impressum näher studierte, der bemerkte einige neue Namen.[1146] Dr. Leo Hintermayr kümmerte sich ums Lokale,[1147] war ab 10. Oktober Chef vom Dienst,[1148] sowie ab 11. Januar 1934 auch stellvertretender

---

1143 NNZ, Nr. 125 vom 31. Mai 1933, S. 5: „Durchsichtige Schwätzereien".
1144 NNZ, Nr. 103 vom 4. Mai 1933, S. 2: „Veränderung in unserer Schriftleitung".
1145 NNZ, Nr. 94 vom 22. April 1933, S. 7: „Das Alte stürzt, es ändert sich die Zeit...".
1146 NNZ, Nr. 127 vom 2. Juni 1933, S. 5.
1147 Zu den Aufgaben des lokalen Ressortchefs gehörten der Umbruch des Lokalteils, die Bearbeitung der lokalen Post, außerdem war er unter anderem verantwortlich für die Rubriken Plakatsäule (also für die Ankündigung der Parteitermine), den Vereins- und den Kirchenanzeiger, die Opern-, Konzert- und Filmkritik sowie die Besetzung der Termine mit Fotografen. AG Augsburg, S-Registratur, Dr. Josef Sewald, Arbeits-Einteilung, 1. August 1935. Entsprechend dürfte es in den anderen Ressorts zugegangen sein.
1148 Als Chef vom Dienst musste Dr. Leo Hintermayr nicht nur den gesamten Schriftwechsel an die einzelnen Ressortredakteure verteilen, den täglichen Seitenspiegel erstellen und sämtliche Manuskripte überprüfen und an die Setzerei weiterleiten, sondern auch überwachen, ob die umbrochenen einzelnen Seiten rechtzeitig zum festgesetzten Ab-

Chefredakteur.[1149] Verantwortlicher Wirtschaftsredakteur wurde Dr. Theodor Eymüller. Josef Sewald vereinte weiterhin die Hauptschriftleitung und die Zuständigkeit für Politik in seiner Person. Hofmann behielt den Sport und die Politik bei.

Nicht im Impressum standen die Volontäre Werner Weitze und Otto Königsberger (Eintritt: 1. Mai 1933) sowie Dr. Ludwig Grösser, der offensichtlich eine Art Reportertätigkeit hatte. Als Musikreferenten schrieben nun Dr. Rudolf Steiger,[1150] der Vorsitzende des Augsburger Tonkünstlervereins, und Dr. Max Herre. Die Spezialität von Oberlehrer Hans Niederwieser stellten Geschichten aus dem schwäbischen Bauernleben dar.[1151] Weiter mit dabei waren der besoldete Mitarbeiter Eduard A. Mayr, der das Archiv betreute, und der Sportredakteur Hans Kastler (Eintritt: 1. Oktober 1933). Gertrud Seyboth, die einzige Frau in der Schriftleitung, erhielt ab 1. Mai 1934 ein Volontariat.[1152] Daneben arbeitete eine ganze Schar Mitarbeiter aus Augsburg, aber auch dem ganzen ‚Gaugebiet' der Redaktion zu, ohne dass ihre Berichte namentlich gekennzeichnet waren: „Der Name ist nur für die Schriftleitung bestimmt, der Oeffentlichkeit gegenüber wird das Redaktionsgeheimnis selbstverständlich jederzeit gewahrt."[1153] Alles beim Alten blieb an der Verlagsspitze mit Georg Boegner und bei der Anzeigenleitung mit Fritz Kiefer. Neu hingegen war der seit 31. Mai an prominenter Stelle im Zeitungskopf gebührend hervorgehobene Herausgeber-Status von Gauleiter Karl Wahl.[1154]

Um ihrem neuen Status als staatstragendes Gaublatt gerecht zu werden, zeigte sich die „NNZ" bei der Einführung von entsprechenden Beilagen – in erster Linie für die einzelnen Parteigliederungen – recht aktiv. „Die deutsche Arbeitsfront", die die „Mitteilungen der Gau-Betriebszellenleitung" veröffentlichte, erschien erstmals am 22. Juni unter der Schriftleitung des Gau-

---

lieferungstermin fertig wurden. Auch hatte er die Oberaufsicht über den Umbruch. Siehe hierzu ebd.

1149 NNZ, Nr. 8 vom 11. Januar 1934, S. 2.
1150 Studienrat Dr. Rudolf Steiger, der an der Oberschule an der Hallstraße unterrichtete, schrieb bereits für die „Augsburger Neuesten Nachrichten". Er war Gaufachschaftsleiter der schwäbischen Musikerzieher und Kulturhauptstellenleiter. 1943 starb er im Dienstgrad eines Oberleutnants in einem Lazarett. ANZ, Nr. 143 vom 29. Juni 1943, S. 3: „Oberleutnant Dr. Steiger gestorben".
1151 ANZ, Nr. 170 vom 23. Juli 1941, S. 4: „Augsburger Personalnachrichten".
1152 Da die Artikel nur selten gekennzeichnet waren und nur die verantwortlichen Ressortleiter im Impressum standen, lässt sich nicht genau rekonstruieren, wann ein Redakteur genau eingetreten ist und wer sonst noch in der Schriftleitung beschäftigt war.
1153 NNZ, Nr. 290 vom 18. Dezember 1935, S. 14: „An alle Mitarbeiter!"
1154 NNZ, Nr. 125 vom 31. Mai 1933, S. 1. Siehe dazu auch Kapitel III.2.2.

Betriebszellenleiters Wilhelm Aschka, wie bemerkenswerter Weise in fast der gleichen Schriftgröße wie der Rubrikenkopf vermerkt wurde.[1155] Dies war aber nur der Auftakt für eine Reihe weiterer, regelmäßiger Sonderseiten. Einen Tag darauf meldete sich erstmals das Organ der schwäbischen NS-Frauenschaft „Wir deutschen Frauen" zu Wort.[1156] Die Rubrik „Nationalsozialistische Kriegsopfer-Versorgung e. V.", für deren Redaktion der Betriebsobmann Josef Fink, wie ebenfalls groß im Seitenkopf zu lesen war, die Verantwortung trug, folgte im Oktober.[1157] Anfang November veröffentlichte dann auch noch die „Schwäbische Hitler-Jugend" unter der verantwortlichen Schriftleitung von Oberbannführer Friedrich Ehrlicher – er stellte dies wie seine publizierenden Funktionärskollegen auch deutlich sichtbar heraus – seine eigene Beilage.[1158] Sie galt als amtliches Organ.

Mit diesen Sonderseiten hatte die Redaktion nicht nur wenig Aufwand, sie befriedigte gleichzeitig die Eitelkeiten der jeweiligen ‚Führer'. Damit wurde aber auch deren Klientel an die „NNZ" gebunden. Als eine Art Tribut an die engere schwäbische Heimat kann im Übrigen die Einführung des „Schwabenspiegels" im März 1933 gelten, der 14-tägig erscheinend, sowohl belehrender als auch unterhaltender Natur sein sollte.[1159] Er wurde 1935 wieder eingestellt.

Da Hintermayr durch seine Doppelbelastung vor allem als Chef vom Dienst und Lokal-Ressortleiter stark gefordert war, hatte er 1935 für den Augsburger Teil die beiden Hilfsredakteure Königsberger und Weitze, die Volontäre Gertrud Seyboth, Hans Kastler (er arbeitete auch weiterhin für den Sport) und Eduard Mayr sowie weitere freie Mitarbeiter, die ihm unterstellt waren. Hintermayr – sein Dienst begann morgens um drei Uhr – und Sewald arbeiteten vorwiegend nachts.[1160] Die letzte Post kam um 23.30 Uhr, Redaktionsschluss scheint zwischen sieben und acht Uhr gewesen zu sein,[1161] die Arbeit im Setzmaschinensaal fing um Mitternacht an.[1162]

1155 NNZ, Nr. 142 vom 22. Juni 1933, S. 8.
1156 NNZ, Nr. 143 vom 23. Juni 1933, S. 6.
1157 NNZ, Nr. 230 vom 5. Oktober 1933, S. 8.
1158 In der NNZ, Nr. 253 vom 2. November 1933, S. 11, erschien die Beilage zum ersten Mal. Der Oberbann hatte im Gebäude der „NNZ", zweiter Stock, sogar eine eigene Zensurstelle, die sicherlich als Redaktionsraum gedient hat. NNZ, Nr. 8 vom 11. November 1934, S. 14: „Hitler-Jugend Achtung!" Die Schriftleitung wechselte im Laufe der Zeit.
1159 NNZ, Nr. 63 vom 15. März 1933, S. 4: „An unsere Leser!". Auch in diesem Zusammenhang wurde ein alter Zeitungstitel aus der „Kampfzeit" reaktiviert.
1160 AG Augsburg, S-Registratur, Dr. Josef Sewald, Arbeits-Einteilung, 1. August 1935.
1161 ANZ, Nr. 54 vom 5. März 1938, S. 6: „Bei der Zeitung? Wie romantisch".
1162 NNZ, Nr. 280 vom 1. Dezember 1938, S. 9: „Endlich haben wir es geschafft".

Obgleich alles auf zeitgemäßes Niveau gebracht wurde, traf dies nicht auf eine angemessene Bezahlung der Redakteure zu, obwohl einige von ihnen – genannt wurden explizit Dr. Ludwig Grösser und Gertrud Seyboth – dagegen offenbar immer wieder protestierten.[1163] 1933 sei noch kein Tarif bei der „NNZ" bekannt gewesen, rechtfertigte sich Hauptschriftleiter Dr. Josef Sewald später. „Die nationalsozialistische Presse hat sich damals um Tariffragen überhaupt nicht gekümmert, da sie noch zu sehr im Kampf und Aufbau begriffen war."[1164] Im Jahr 1936 scheint es deshalb zu größeren Auseinandersetzungen gekommen zu sein. Dr. Theodor Eymüller brachte die Sache ins Rollen und beschwerte sich beim Landesverband Bayern im Reichsverband der Deutschen Presse (RDP) über die Passivität seines Chefs, der über fast drei Jahre gewusst habe, dass er untertariflich bezahlt worden sei und ihn nicht, wie es seine Pflicht gewesen wäre, darüber aufgeklärt, geschweige denn dies bei der Verlagsleitung angemahnt habe.[1165] Als Eymüller weitere Schritte einleitete, indem er die tarifliche Entlohnung und eine Gehaltsnachzahlung einforderte, beziehungsweise den RDP in dieser Angelegenheit einschaltete, wurde ihm schnell vor Augen geführt, dass renitente Redakteure nicht beliebt waren: Er erhielt, wie aus erhaltenen Unterlagen hervorgeht, die Kündigung, obgleich diese seiner Meinung nach rechtlich nicht einwandfrei war. Sie fiel freilich noch in die Ära Georg Boegners, der am 7. März 1936 nach Stuttgart zur NS.-Gauverlag Württemberg G.m.b.H. wechselte.[1166] Zwischen ihm und Sewald muss das Verhältnis ziemlich zerrüttet gewesen sein.[1167]

Vielleicht lag darin das Ausscheiden Boegners mitbegründet. Sewalds Ausführungen zufolge wollte man Dr. Eymüller in der Schriftleitung halten: Seine Kündigungsfrist wurde deshalb verlängert, doch musste der Delinquent nun unter den Augen des Chefredakteurs in der Politik arbeiten. Als Verantwortlicher für die Wirtschaft zeichnete interimistisch Hans Kastler. Eymüller schied schließlich doch aus der Redaktion aus, da die Chemie zwischen ihm und dem

---

1163 AG Augsburg, S-Registratur, Dr. Josef Sewald, Bericht des Schriftleiters Dr. Theo Eymüller in Augsburg an den Landesverband Bayern im Reichsverband der Deutschen Presse in der Angelegenheit Dr. Sewald, 17. April 1936.
1164 AG Augsburg, S-Registratur, Dr. Josef Sewald, Sewald an den Landesverband Bayern im RDP, 15. Juni 1936.
1165 AG Augsburg, S-Registratur, Dr. Josef Sewald, Bericht des Schriftleiters Dr. Theo Eymüller in Augsburg an den Landesverband Bayern im Reichsverband der Deutschen Presse in der Angelegenheit Dr. Sewald, 17. April 1936.
1166 Interessanterweise wurde der Wechsel in der Verlagsleitung nur ganz kurz abgehandelt, jedes persönliche Wort oder ein Lob für Boegners Leistungen fehlte. NNZ, Nr. 57 vom 7. März 1936, S. 5: „Wechsel in unserer Verlagsleitung".
1167 AG Augsburg, S-Registratur, Dr. Josef Sewald, Sewald an den Landesverband Bayern im RDP, 15. Juni 1936.

neuen Verlagsleiter Georg Hiemer nicht gestimmt haben soll. Die daraus resultierende Umstrukturierung der Schriftleitung war bis zum 10. Juni 1936 abgeschlossen, wie im Impressum nachzulesen ist.[1168]

Dr. Ludwig Grösser – bisher in den verschiedensten Ressorts in Erscheinung getreten und seit 24. Mai 1935 für Feuilleton, Unterhaltung und Beilagen zuständig – betreute künftig die Politik und die Wirtschaft, zum Nachfolger in seinem Bereich rückte Werner Weitze auf. Ein neuer Chef vom Dienst, was zunächst auch erwogen worden war, wurde nicht eingestellt, jedoch übernahm Grösser die Stellvertretung des bisherigen Amtsinhabers Dr. Leo Hintermayr. Die letzte große personelle Veränderung in der Vorkriegszeit betraf den Verlag: Direktor Georg Hiemer starb bereits Ende 1937.[1169] Friedrich Füger übernahm in April 1938 dessen Posten, den er bis April 1945 innehatte.[1170]

Zur graphischen Ausgestaltung der „NNZ" trug der gelernte Gebrauchsgraphiker Richard Roth bei.[1171] Er entwarf nicht nur Zeitungsköpfe, sondern war auch für die entsprechende Ausgestaltung verschiedener Sondernummern und Festausgaben verantwortlich. Er verließ Augsburg im Juni 1938. Sein Kollege Hans Stury, der das Gaublatt ebenfalls seit Jahren belieferte, trat ganz in Roths Fußstapfen und hatte samstags eine feste Rubrik, die in einer Karikaturenfolge die schwäbische und Augsburger Mentalität aufs Korn nahm. Fotografien, jetzt auch im Lokalen, waren ab 1933 ein fester Bestandteil des Blattes. Nun stellte die „NNZ" sogar mehrere eigene Bildberichterstatter ein. Da sie ihre Fotos erst ab 1935 mit Nachnamen zeichneten und sie in den kommenden Jahren teilweise wieder damit aufhörten,[1172] kann nicht mehr genau nachvollzogen werden, wer

---

1168 NNZ, Nr. 133 vom 10. Juni 1936, S. 9.
1169 NNZ, Nr. 295 vom 20. Dezember 1936, S. 3: „Verlagsleiter Pg. Georg Hiemer gestorben".
1170 In der „ANZ" stand Friedrich Füger zum ersten Mal in der Nr. 85 vom 11. April 1938, S. 2, im Impressum.
1171 Richard Roth, gebürtiger Augsburger, war der Sohn eines Leiters der örtlichen Blindenanstalt. Nach dem Abitur studierte er in München und Leipzig. Seit 1933 arbeitete er als freier Graphiker. 1938 ging er nach Berlin, um dort „an größeren Aufgaben graphischer Art beim deutschen Film mitzuarbeiten." ANZ, Nr. 129 vom 4. Juni 1938, S. 5: „Erfolgreicher Graphiker verlässt Augsburg". Bereits 1937 hatte er von sich reden gemacht als er unter 900 Einsendern aus dem ganzen Reichsgebiet den ersten, mit 4000 Mark dotierten Preis beim Plakatwettbewerb zur Reichsgartenschau in Stuttgart 1939 gewann. ANZ, Nr. 286 vom 9. Dezember 1937, S. 1: „Preisträger unter Neunhundert".
1172 Normalerweise hieß es immer nur „Eigene Aufnahme der NNZ".

wann eintrat und wieder kündigte. Es scheinen drei – Silitsch, Hannes, Dantonello (ab März 1936) – gewesen zu sein. Sicher ist nur, dass es 1938 zu größeren Änderungen kam, denn sowohl Bildschriftleiter Rudolf Bergmayr als auch der Fotograf Drabe traten im April dieses Jahr ein.[1173]

Zum neuen Konzept gehörte auch der allmähliche Aufbau eines Korrespondentennetzes, das für jede richtige Zeitung unabdingbar war.[1174] In Berlin saß Dr. Kurt Metger, der eine Reihe von Provinzblättern belieferte. Im Februar 1938 löste ihn die Nachrichtenagentur von Graf Reischach ab.[1175] Aus Rom schrieben Dr. Gustav Eberlein, dessen Beiträge ab 1934 erschienen, und Wolfdieter Langen. Weitere Stützpunkte lagen Mitte der 30er Jahre im Fernen Osten mit Hans Tröbst (er starb im Juli 1939),[1176] mit Johann Newel in Mandschukuo, in London mit Werner Crome, später Fritz Braun. 1938 zählten dann noch in Genf Ottheinrich Schoetensack (1939 wechselte er nach Bern), in Kairo Paul Schmitz, in Salamanca Hans Decke (ab 1940 Madrid), in Paris Hans Wendt (1940 Kopenhagen/1941 Stockholm), in Prag Kurt Teege (1940 Oslo), in Budapest Hans-Klaus von Mühlen (1941 Ankara) und in Warschau Josef Berdolt (1939 Genf/1941 Vichy).

Korrespondenten berichteten Ende des Jahrzehnts außerdem aus Kopenhagen (Evan), Brüssel (Wilhelm Müller, bis Ende 1939 in Paris) und Amsterdam: „Mit diesem Vertreterstab anerkannter Pressemänner an allen Brennpunkten des europäischen Geschehens stellt sich die Augsburger National-Zeitung in die Reihen der tonangebenden deutschen Tageszeitungen", präsentierte sie sich 1939 selbstbewusst als eine der führenden Publikationen im Reich.[1177]

1173 Rudolf Bergmayr, geboren 1900 in Eggenburg/Österreich, studierte vier Klassen Fotografie und Kunstmalen. War bereits als 15-jähriger freiwilliger Standschütze, 1918/19 Freikorpskämpfer unter Lettow-Vorbeck in Berlin, Mitte der 20er Jahre Mitglied der neuen Wehrmacht in Österreich, dann gesundheitsbedingtes Ausscheiden. Seit 1933 Mitglied der NSDAP. BA Berlin-Zehlendorf, RS, Rudolf Bergmayr, Personal-Fragebogen vom 18. Oktober 1938. Ein Bildnachweis findet sich erstmals in der ANZ, Nr. 79 vom 4. April 1938.
1174 NNZ, Nr. 25 vom 30. Januar 1939, Beilage, nicht paginiert: „Ein Netz eigener ständiger Vertreter über ganz Europa".
1175 NNZ, Nr. 41 vom 18. Februar 1938, S. 13. Ab diesem Tag stand Hans Graf Reischach im Impressum.
1176 ANZ, Nr. 156 vom 8. Juli 1939, S. 1: „Hans Tröbst gestorben".
1177 NNZ, Nr. 25 vom 30. Januar 1939, Beilage, nicht paginiert: „Ein Netz eigener ständiger Vertreter über ganz Europa".

Als Nachrichtenagenturen hatte die „NNZ" zunächst weiterhin die T.U., also die Telegrafen-Union, und das W.T.B., das Wolffsche Telegrafen-Büro, abonniert.[1178] Beide wurden Ende 1933 durch Zwangsfusion zum Deutschen Nachrichtenbüro (DNB) vereinigt, das gleichzeitig als eine Art Filter fungierte, der die Aufgaben einer Vorzensur wahrnahm, da durch die neue Agentur alle für die Öffentlichkeit bestimmten Artikel und Kommentare gehen mussten.[1179] Über das DNB, das ‚halbamtlichen' Charakter hatte, ließ das Regime auch die Auflagennachrichten verbreiten, die im Wortlaut abzudrucken und oft mit Auflagenbildern der großen Agenturen gekoppelt waren.

Obligat war der Bezug der parteioffiziösen N.S.K., der Nationalsozialistischen Korrespondenz, die die parteiamtlichen Mitteilungen lieferte.[1180] Sie, nicht das DNB, war maßgeblich in allen Parteiangelegenheiten. Verschiedene Parteistellen und –organisationen, das Gaupresseamt usw. gehörten ebenfalls zu den gängigsten Nachrichtenlieferanten der „NNZ/ANZ". Die unterschiedlichsten Bilderdienste sorgten für entsprechendes Fotomaterial aus allen Teilen der Welt und des Deutschen Reiches. Die ehrgeizigen Bemühungen der Augsburger blieben nicht erfolglos – Reichspressechef Dr. Otto Dietrich zeichnete das Blatt innerhalb eines Wettbewerbs, an dem sämtliche deutsche NS-Zeitungen teilgenommen hatten, für Form und Inhalt als eine der acht besten Publikationen aus.[1181]

1178 NNZ, Nr. 127 vom 2. Juni 1933, S. 5: „Nachrichtenagenturen der NNZ: W.T.B. und T.U.". Zur Geschichte von Wolffs Telegraphischem Büro und der Telegraphenunion siehe auch GROTH, Zeitung 1, S. 489ff. und S. 519-521.
1179 Vgl. HAGEMANN, Presselenkung, S. 38. – HERZ, Hoffmann & Hitler, S. 82.
1180 Nach ihrer Übersiedlung nach Berlin baute die N.S.K., bedingt durch den starken Bezieherzuwachs, ihren Nachrichtenapparat aus und gab mehrere Sonderdienste heraus. Ein Funkdienst für die Parteizeitungen wurde dann im Februar 1934 eingerichtet. Danach kam es zu einer Zusammenfassung sämtlicher, außerhalb der N.S.K. herausgegebenen N.S.-Parteikorrespondenzen, die künftig als Sonderdienste der N.S.K. firmierten. Und seit September desselben Jahres wurden bei den Gaupresseämtern besondere Gaudienste, die unter redaktioneller Betreuung des N.S.K. standen, eingerichtet. Ihre Aufgabe war es, die Meldungen aller Parteigliederungen eines Gaues zu verbreiten. Vgl. WOWERIES, „N.S.-Presse 2", S. 112.
1181 ANZ, Nr. 269 vom 17. November 1938, S. 7: „Die Partei und ihre Zeitung". Interessant ist die Tatsache, dass darüber im Blatt nie groß berichtet wurde.

Exkurs: Der Journalist im Dritten Reich

Mit der veränderten Rolle der Tageszeitung als „Mittel der Staatsführung" ging auch ein neues Berufsverständnis einher, das der autoritäre Staat von den Journalisten forderte. Die juristischen Grundlagen dafür schuf die Regierung Hitler mit dem Reichskulturkammer- und dem Schriftleitergesetz.[1182] Doch ihre Umsetzung in die Praxis bedurfte erst noch einer gewissen Anlaufphase. In dieser Zeit, den Jahren 1933/34, fühlten sich Regierungsvertreter und nationalsozialistischen Autoren dazu veranlasst, ihre Anforderungen an die Redakteure im neuen NS-Reich auszuformulieren. Diese bewegten sich freilich eher fern einer Umsetzung in die Praxis. So verlangte Professor Brinkmann, verantwortlich für den Vortrag „Die Zeitung im neuen Staat", dass der Schriftleiter in erster Linie „Volkerzieher im Staate" sein solle, der sowohl als „Vertrauensmann der Regierung" wie auch als „Erwecker des Verständnisses im Volke" fungierte.[1183]

Früher sei die Achtung, die der „Zeitungsschreiber" in der Öffentlichkeit genossen habe, häufig im umgekehrten Verhältnis zum Einfluss, den seine Tätigkeit auf das Denken der Leser hatte, gestanden, fand Ministerialrat Kurt Jahncke.[1184] Jetzt, als Träger eines öffentlichen Amtes, stehe er bei Volk und Staat in der Pflicht. „Die freimütige Betätigung nationaler Gesinnung aus eigenster ideeller Überzeugung soll in Zukunft in der deutschen Presse in bezug auf das berufliche Fortkommen nicht mehr wie vielfach bisher bestraft, sondern belohnt werden", versprach der Reichspressechef der NSDAP, Dr. Otto Dietrich.[1185]

Dass sich der Schriftleiter nicht mehr vor der Gerichtsbarkeit des Staates, sondern seines Standes verantworten müsse, gebe ihm „in seiner Arbeit ein besonderes Gefühl der Sicherheit", pries Kurt Jahncke die neue Position dieses Berufsstandes in der Gesellschaft an.[1186] Er verlangte von ihm neben Aufgeschlossenheit, Geist und Wissen den eisernen Fleiß eines Menschen, „der von seiner Aufgabe besessen ist."[1187] Nur so könne dem Volk die „verwirrende Fülle des Geschehens" nahe gebracht und erklärt werden.[1188] Dazu müsse sich der Schriftleiter nur der Mühe unterziehen, „die Taten des revolutionären Aufbaus

---

1182 Siehe hierzu Kapitel III.2.3.2.
1183 „Die Zeitung im neuen Staat, Heidelberger Hochschulvorträge", in: Deutsche Presse 15 (1933), S. 218-220, S. 219.
1184 Kurt JAHNCKE, „Der Schriftleiter im Dritten Reich", in: Deutsche Presse 9 (1933), S. 7-8, S. 8.
1185 Dr. Otto DIETRICH, „Der Journalist im neuen Staat", in: Deutsche Presse 8 (1933), S. 90-92, S. 91.
1186 JAHNCKE, Schriftleiter, S. 8.
1187 *Ebd.*
1188 *Ebd.*

geistig zu verarbeiten, die Probleme und ihre Lösungsmöglichkeiten zu sichten, die neuen Ereignisse mit anderen in der gleichen Entwicklungslinie zu verknüpfen."[1189]

Und, das war dem Verfasser sehr wichtig: Der Journalist sollte den Mut haben, „auch einmal etwas zu schreiben, was in den amtlichen Verlautbarungen und Reden noch nicht gesagt worden ist."[1190] Denn mit dem Schriftleitergesetz sei die Angst vor einem Zeitungsverbot, einem Damoklesschwert, das „viel zur Überängstlichkeit mancher Schriftleiter" und zur Uniformierung der Presse beigetragen habe, aus dem Weg geräumt worden.[1191]

Nun werde der Betreffende zur Verantwortung gezogen – nicht mehr die ganze Zeitung. Allerdings musste sich Jahncke selber eingestehen, dass dieser neue Typ des Redakteurs bislang kaum existiere. Wahrscheinlich ahnte er, dass er über das schier Unmögliche schrieb.

Zwei Positionen in der Redaktion maßen die Propagandisten des ‚neuen' Journalisten eine besondere Bedeutung zu: Zum einen handelte es sich dabei um den Haupt-, zum anderen um den politischen Schriftleiter. Das Führerprinzip, das auf alle Bereiche der Gesellschaft übertragen werden sollte, musste selbstredend auch in den Zeitungen Einzug halten – und so war der deutsche Hauptschriftleiter dazu ausersehen, seine Gefolgschaft zu führen und hatte den journalistischen Nachwuchs zu erziehen.[1192]

Dazu habe er „die jeweils in einer Gemeinschaft vollkommenste Verkörperung der Berufsidee" darzustellen, sollte selbstredend der Beste unter seinesgleichen sein.[1193] „Vollnationalsozialist" sollte der für die Politik zuständige Mann sein, „worunter jene fast metaphysische Verbundenheit mit der Idee des Führers zu verstehen ist, die zur virtuosen Beherrschung des Stofflichen in der Politik unumgänglich erscheint", forderte Heinrich Goitsch 1934 in der Fachzeitschrift „Deutsche Presse".[1194] Voraussetzung sei eine seelische Verbindung zu „den tragenden Ideen des Nationalsozialismus", wobei dem Betreffenden „sein deutsches Volk" als „untrügliches Augenmaß für alle politischen Dinge auf der Erde" gelte.[1195] Und da sich der Politikredakteur „mit den höchsten Fragen seines Volkes und darüber hinaus der Menschheit beschäftige, müsse er selbst als Persönlichkeit und Mensch charakterfest dastehen."[1196]

1189 *Ebd.*
1190 *Ebd.*
1191 *Ebd.*
1192 „Zeitung im neuen Staat", S. 219.
1193 *Ebd.*, S. 219.
1194 Heinrich GOITSCH, „Pflichten und Auflagen des politischen Schriftleiters", in: Deutsche Presse (1934), S. 5-6, S. 5.
1195 *Ebd.*
1196 *Ebd.*, S. 6.

Als nötiges Rüstzeug für diesen Beruf waren „große Kenntnisse auf allen Gebieten der Wissenschaft und der Praxis" mitzubringen, aber auch gründliche Kenntnisse der neuesten Geschichte, besonders der Kriegsgeschichte, und über die „nervöse Geschichte des Weimarer Staates."[1197] Erst dadurch könne er die Regierungspolitik verstehen, „deren Interpret und leidenschaftlicher Propagandist er sein will."[1198] Kommentiere der Politikredakteur, müsse das Bestreben, „den Blick des Lesers auf die großen Schicksalsfragen zu richten, wie Hitler dies stets fordert",[1199] seine Richtschnur sein. Der Leitartikel wurde in Goitschs Aufsatz als ein „politischer Lehrstuhl für das ganze Volk" bezeichnet, der in einfacher und klarer Sprache für „die deutsche Sache werben und kämpfen" solle.[1200] Genauso wichtig wie die Innen- und Außenpolitik seien die Teilgebiete Kultur, Propaganda und Partei. Da ein einzelner Schriftleiter das gesamte politische Ressort nicht beherrschen und leiten könne, weil neben der Berufsarbeit auch noch ein ergiebiges Literaturstudium anfalle, seien weitere Stellen zu schaffen. Goitsch wollte bei der Indoktrination der Bevölkerung offenbar jegliche Schwachstelle vermeiden.

Was die anderen, nicht ganz so exponierten Ressorts anbelangte, machten die hier vorgestellten Theoretiker ihrem Berufsstand alle Ehre: Eine Grundforderung im Bereich der Wirtschaftspolitik sah Heinrich Goitsch darin, das Verständnis des Lesers durch das Aufdecken der Zusammenhänge in großen Linien zu wecken. Viel konkreter wurde er nicht in seinen Erläuterungen. Die bisherigen Wirtschaftsteile der Zeitungen seien kommerziell, großstädtisch und industrialistisch ausgerichtet gewesen, bemängelte auch Professor Brinkmann.[1201] Zwei große Interessen – die des Bauern und die des abhängigen Arbeiters – seien deshalb unter den Tisch gefallen. „Alle diese Kreise zueinander zu bringen, nicht in der Form der äußeren Annäherung, sondern in der Form des Aufzeigens der inneren Verbundenheit, das wird eine ganz gewaltige Aufgabe der Presse im neuen Staate sein."[1202]

Doch erst einmal galt es, die eigenen Reihen und Organisationen von „national Unwürdigen" freizumachen, um das „geistige Erneuerungswerk des deutschen Journalismus" in die Gänge zu bringen, denn deutsche Politik und deutsche Kultur könnten nur von Deutschen in der Presse vertreten werden, wie der Reichspressechef der NSDAP die Ausschaltung aller regimekritischen und jüdischen Zeitungsvertreter ankündigte.[1203]

1197 *Ebd.*
1198 *Ebd.*
1199 *Ebd.*
1200 *Ebd.*
1201 „Zeitung im neuen Staat", S. 219.
1202 *Ebd.*, S. 219.
1203 DIETRICH, „Journalist", S. 91.

Nachdem der politische Sieg nun sicher war, hielt es auch Wilfried Bade, Regierungsrat im Ministerium für Volksaufklärung und Propaganda, für „unendlich viel wichtiger, das Volk mit seinen Dichtern, Denkern, Wissenschaftlern, Musikern, Malern und Architekten, letzten Endes also mit sich selbst bekannt zu machen, als langatmige Ausführungen pseudopolitischer Art zu drucken."[1204] Die politische Kameradschaft müsse zu einer kulturellen Kameradschaft werden, die hart, sachlich und in eindeutiger Art den „Wiederaufbau wahrhafter deutscher Kultur" in Angriff nehme.[1205]

Er verfolgte mit seinem Konzept anscheinend eine Art Entpolitisierung der Bevölkerung. Auch müsse ein Blatt, das den Anspruch habe, kulturell führend zu sein, einen hauptamtlichen Buchrezensenten haben, der aus innerem Instinkt heraus sofort erkenne, „ob ein Werk aus aufbauendem, aus gleichgültigem, oder aus zersetzendem Geiste heraus geschaffen worden ist."[1206] Das „wahre Schrifttum der Nation ist keine bloße Mitteilung, oder auch nur Unterhaltung, - es ist immer und überall eine Manifestation des Blutes, ein integrales Bekenntnis, ein Glaube zum Leben der Väter und eine Verpflichtung an die Zukunft von Reich und Volk", räsonierte er geradezu mystisch.[1207]

Nur in der NS-Presse habe man sicher sein können, einen Romanteil zu finden, wo man das Gefühl hatte, „die Sorgen und Nöte, die Kämpfe, Freuden und den Glauben unserer Tage zu spüren."[1208] Dass das deutsche Feuilleton in gleichem Maße sowohl zukunftsträchtig als auch traditionsgebunden und konservativ sein sollte, wie er forderte, bildete für Wilfried Bade keinen Widerspruch in sich.[1209] Aus seiner Sicht war die „Erschaffung des neuen Menschen" nämlich nur ein kulturpolitisches Problem.[1210]

1204 Kulturpolitische Aufgaben der deutschen Presse, Eine Rede von Wilfried BADE, Berlin 1933, S. 17.
1205 *Ebd.*, S. 27.
1206 *Ebd.*, S. 16.
1207 *Ebd.*, S. 15.
1208 *Ebd.*, S. 26.
1209 *Ebd.*, S. 27.
1210 *Ebd.*, S. 7.

4.3 Expansion nach außen: Der Aufbau eines Zeitungsimperiums

Die Expansionsbemühungen der „NNZ" und der National-Verlag GmbH. zielten keineswegs nur auf die Gewinnung neuer Leser und Abonnenten. Vielmehr richteten sich ihre Blicke seit Frühsommer 1933 auf die kleinen Heimatblätter in der Region, die mittels eines ausgeklügelten Systems rechtlicher Abhängigkeiten in ihr Zeitungsimperium eingliederte – und dies lange vor den „Amann-Anordnungen" des Jahres 1935.

Die Vorbedingungen für die „NNZ" waren dafür ziemlich günstig. Immerhin zählte Franz Laschinger in einer Untersuchung mit Stichtag 3. Juni 1934 insgesamt 70 Zeitungen im Gau Schwaben.[1211] 55 davon galten als Hauptblätter[1212] und 15 als Nebenausgaben.[1213] Angesichts dieser nicht gerade kleinen Zahl sollte jedoch berücksichtigt werden, dass dieser von Klein- und Kleinstzeitungen geprägte publizistische Mikrokosmos allein in der ersten Jahreshälfte 1934 bereits 16 ‚Ausfälle' hatte.[1214] Als Ursache hierfür nannte er zahlreiche, in den vergangenen Jahren vorgenommene Betriebszusammenlegungen, wodurch sich auch die verhältnismäßig hohe Zahl an Nebenausgaben erkläre.

Von den verbliebenen 70 Zeitungen wurden dieser Untersuchung zufolge 41,4 Prozent in Gemeinden mit über 5000 Einwohnern und einer durchschnittlichen Leserzahl von 2,2 Personen pro Exemplar herausgegeben.[1215] In diesen Orten lebten 35,6 Prozent der Bevölkerung Schwabens. 58,6 Prozent der Presseerzeugnisse mit einer durchschnittlichen Leserzahl von 12,5 pro Zeitung erschien in Kommunen, die unter 5000 Bewohner hatten. In diesen Landgemeinden wohnten aber 64,4 Prozent der schwäbischen Bevölkerung. Wollte man die

---

1211 Vgl. LASCHINGER, Struktur, S. 31.
1212 „Hauptzeitungen sind selbständige Zeitungen, die entweder: a) einen eigenen, selbständigen Verlag und eine eigene selbständige Redaktion haben, oder b) solche Zeitungen, die in einer Verlagsgemeinschaft erscheinen, aber für jedes ihrer Blätter eine selbständige Schriftleitung besitzen." MÜNSTER, Zeitung, S. 114.
1213 „‚Nebenzeitungen' oder ‚Nebenausgaben' einer Hauptzeitung sind solche Zeitungen, die sich von der Hauptzeitung in deren Verlag sie erscheinen und von deren Redaktion sie hergestellt werden, nur durch einen besonderen lokalen Teil und Anzeigenteil unterscheiden, der von einer eigenen Lokalredaktion am Erscheinungsort der Nebenausgabe hergestellt wird ... Die technische Herstellung der Nebenausgaben geht entweder in der Weise vor sich, daß den Hauptzeitungen besondere Beilagen eingelegt werden, die am Erscheinungsort der Nebenausgabe gedruckt worden sind; oder aber in der Weise, daß die lokalen Teile am Erscheinungsort der Nebenausgabe im Manuskript fertiggemacht und dann am Druckort des Hauptblattes gedruckt und dem Hauptblatt eingelegt werden." *Ebd.*, S. 114.
1214 Vgl. LASCHINGER, Struktur, S. 31.
1215 Vgl. *ebd.*, S. 50. Zwölf Zeitungen wurden in Orten bis zu 7099 Einwohnern herausgebracht, fünf Publikationen machten keine Angaben. Vgl. *ebd.*, S. 45.

Menschen für den Nationalsozialismus ‚gewinnen', musste man sich also der kleinen Heimatzeitungen mächtigen.[1216]

Zunächst jedoch hatte die National-Verlag GmbH. dieses Konzept gar nicht verfolgt. Vielmehr fing sie – noch bevor sich die politischen Verhältnisse zugunsten der NSDAP gewendet hatte – an, im Gau Schwaben eigene Kopfblätter[1217] zu installieren. Diese Bemühungen hängen eng mit dem Amtsantritt des neuen Verlagsdirektors Georg Boegner am 1. September 1932 zusammen. Obgleich kein Geld in den Verlagskassen war, dachte er bereits daran, abhängige Tochterunternehmen aufzubauen und so den Grundstein zu einem Verlagsimperium zu legen.

Erste Station war Kempten, wo ab 1. Oktober 1932 die „Allgäuer National-Zeitung" mit dem Untertitel „Lokalanzeiger für Allgäu und Bodenseegebiet" herauskam.[1218] Lindau erhielt dann zum 1. März 1933 sogar eine eigene Redaktionsgeschäftsstelle.[1219] Am 10. Januar 1933 war von der Günzburger Kreisleitung beschlossen worden, ein Kopfblatt der „NNZ" herauszugeben, das zum 1. Februar erscheinen sollte.[1220] Dieses bediente zugleich den Kreis Neu-Ulm mit, wobei in Neu-Ulm selber eine eigene Schriftleitung mit Geschäftsstelle eingerichtet wurde.[1221] Geplant war eine Verbreitung des Günzburger Ablegers bis in die angrenzenden Bezirke Krumbach, Dillingen, Zusmarshausen und Weißenhorn.[1222] Im Juni 1933 waren dann Lokalredaktionen und Zweiggeschäftsstellen in Nördlingen, Günzburg, Neu-Ulm, Weißenhorn, Kaufbeuren, Kempten, Füssen und Lindau installiert. Außerdem soll es über 220 verlagseigene Agenturen gegeben haben.[1223]

Trotz dieser vordergründigen Erfolgsbilanz änderte Boegner noch im Sommer 1933 sein Konzept. Grund hierfür könnte gewesen sein, dass es nicht in dem Maße, wie erhofft, gelungen war, die Landbevölkerung mit diesen Blättern

---

1216 Neun Zeitungen erschienen in Orten unter 500 Einwohnern, 17 in Ortschaften bis zu 900 Einwohnern, das Gros von 23 Blättern kam in Kommunen bis 3000 Einwohner heraus. Vgl. *ebd.*, S. 45.
1217 „Kopfblätter sind solche Zeitungen, die keine Schriftleitung am Erscheinungsort haben. Die Redaktion der Hauptzeitung paßt entweder eine bestimmte Seite der Zeitung den Bedürfnissen des fremden Erscheinungsgebietes, für welches das Kopfblatt bestimmt ist, an oder aber druckt nur dem Teil der Auflage der Hauptzeitung, der im Gebiet des Kopfblattes erscheinen soll, einen Kopf auf, der den Anschein erweckt, es wäre die Zeitung eigens für dieses Erscheinungsgebiet des Kopfblattes hergestellt worden." MÜNSTER, Zeitung, S. 114.
1218 NNZ, Nr. 237 vom 19. Oktober 1932, S. 2: „Allgäuer!"
1219 NNZ, Nr. 64 vom 16. März 1933, S. 3: „An unsere Leser in Lindau und Umgebung".
1220 NNZ, Nr. 27 vom 3. Februar 1933, S. 4: „Nachrichten aus Günzburg Stadt und Land".
1221 NNZ, Nr. 71 vom 24. März 1933, S. 4: „Pg. Karl Boch +".
1222 NNZ, Nr. 18 vom 20. Januar 1933, S. 4: „Zum Geleit".
1223 NNZ, Nr. 127 vom 2. Juni 1933, S. 5: „Wie die Neue National-Zeitung entsteht".

für den Nationalsozialismus anzusprechen. Denn im Gegensatz zum jeweiligen Kopfblatt der Gauzeitung, das nicht über die jahrzehntelange Verwurzelung in der betreffenden Region verfügte, stellten die Privatverleger gemeinhin lokal gebundene, auf ein ganz bestimmtes Gebiet zugeschnittene Heimatblätter her. Gerade diese Verbundenheit mit dem heimatlichen Milieu fehlte den nationalsozialistischen Gründungen auf dem Land. Aber nur auf diese Weise fand die NS-Presse laut Hitler den Weg zur breiten Masse.[1224]

Und so ging die National-Verlag GmbH. nun dazu über, sich in der bis dato bürgerlichen und katholischen lokal gebundene Heimatpresse – mit mehr oder weniger Nachdruck – das Sagen zu verschaffen. Denn wie schon bei der Leserwerbung kannte die Verlagsleitung wenig Skrupel, wenn es um ihre Interessen ging. Schon Ende 1933 konnte die „NNZ" darauf verweisen, dass die gesamte führende Provinzpresse im Regierungsbezirk von Schwaben und Neuburg zu einem Ring mit zirka 80.000 Exemplaren Auflage zusammengeschlossen worden sei, der der Gauzeitung wirtschaftlich und politisch angeschlossen und unterstellt sei.[1225]

Mit der Gründung der „Schwäbischen NS-Presse GmbH" für die der „NNZ" angegliederten Heimatzeitungen „rückte die Entwicklung der parteiamtlichen Presse in ein neues Stadium."[1226] Mit ihrer „mustergültigen Organisation" verkörpere sie einen „machtvollen Zeitungsblock, dem in Schwaben und Neuburg nichts ähnliches an die Seite gestellt werden" könne, lobte sich die „NNZ" selbst.[1227] Auch der Motor des Ganzen wurde beim Namen genannt: Georg Boegner. Zeitgenossen stießen ins selbe Horn und betrachteten die Entwicklung als vorbildliche Erwerbspolitik für eine flächendeckende nationalsozialistische Pressearbeit.[1228] In Berlin sah man die Sachlage freilich etwas anders: Hier wurden die „Tributverträge" der National-Verlag GmbH. beanstandet, sagte Friedrich Füger nach dem Krieg.[1229]

Boegner bediente sich eines Netzes verschiedener rechtlicher Abhängigkeiten, um die Heimatverlage mit Augsburg zu verknüpfen. Damit entstand eine horizontale Konzentration, „wie sie umfassender kaum gedacht werden kann",

---

1224 Vgl. WURSTBAUER, Lizenzzeitungen, S. 97.
1225 NNZ, Nr. 284 vom 9. Dezember 1933, S. 7: „Pg. Boegner erster Vorsitzender des Bayerischen Zeitungsverleger-Vereins".
1226 WURSTBAUER, Lizenzzeitungen, S. 117.
1227 NNZ, Nr. 284 vom 9. Dezember 1933, S. 7: „Pg. Boegner erster Vorsitzender des Bayerischen Zeitungsverleger-Vereins".
1228 Vgl. LASCHINGER, Struktur, S. 94f. und 117f. – HART, „Augsburg", Spalte 400 Anmerkung 10.
1229 StA Augsburg, NS-Gauverlag Schwaben 66, Sitzung des Landgerichts Tübingen vom 10. November 1949, Aussage des Zeugen Füger.

wie schon damals festgestellt wurde.[1230] Dabei gab es unterschiedliche Vorgehensweisen: So ‚verzichtete' die „NNZ" auf ein eigenes Kopfblatt, brachte die bisherigen Abonnenten in den gemeinsamen Pool ein und wurde dafür durch eine geschäftliche „Beteiligung" entschädigt. Oder die bürgerlichen Zeitungsbesitzer wurden mit Druck dazu genötigt, dem Gauverlag das Verlagsrecht abzutreten, wofür sie im Gegenzug den Druckvertrag für das eigene Blatt erhielten.

Eine andere Form von Abhängigkeit waren so genannte Interessengemeinschaften zur Wahrung gleichartiger Interessen. Mit Variante vier gelang es Augsburg, über die Möglichkeit einer Gewinnbeteiligung Einfluss und Kontrolle auf den betreffenden Verlag auszuüben. Die finanziell auf schwachen Beinen stehende National-Verlag GmbH. schaffte es jedenfalls in kurzer Zeit, eine umfassende, flächendeckende Presseorganisation zu etablieren.

„Größere Investitionen konnten ohne hohes Risiko eingesetzt werden, da ja die Zeitungen aller Voraussicht nach in den Reihen der Parteimitglieder sichere Förderer und Abnehmer finden würden", schildert Laschinger das dahinter stehende Kalkül, das auf Grund der politischen Gegebenheiten auch aufging.[1231] Daher bereitete es dem späteren Gauverlag keine Probleme, sich „mit Großzügigkeit an die Schaffung des neuen Werkes" zu machen, wie die Zerstörung einer gewachsenen Zeitungslandschaft auch beschrieben werden kann.[1232] Allerdings ist diese Vorgehensweise keine schwäbische Besonderheit, wie mehrere Untersuchungen zeigen. Auch hier reihte sich die National-Verlag GmbH. in eine allgemeine Entwicklung ein.[1233]

Heinrich Wurstbauer unterstellte in seiner Analyse von 1952 den Expansionsbemühungen der Gauverlage rein politische und keine wirtschaftlichen Motive. Unter anderem erklärt er dies mit dem „zähen Festhalten" auch an unrentablen Zeitungen oder an der vertraglich fixierten Pachtvergabe an einzelne Drucker unter Einbehaltung der Verlagsrechte an den Blättern durch den Gauverlag.[1234]

1230 Vgl. LASCHINGER, Struktur, S. 117.
1231 *Ebd.*
1232 Vgl. *ebd.*
1233 In diesem Zusammenhang ist etwa die Untersuchung von FREI, Eroberung, speziell für die Bayerische Ostmark und Oberbayern zu nennen. Johannes BINKOWSKI, Diktatur, hat sich mit den Vorkommnissen in Baden und Württemberg auseinander gesetzt.
1234 Vgl. WURSTBAUER, Lizenzzeitungen, S. 84.

In der Tat bezeugte der letzte Verlagsleiter der NS-Gauverlag Schwaben GmbH., Friedrich Füger, 1949, dass bis auf die Verlage in Lindau und Neu-Ulm die Neigung bei den kleinen Verlagen gering gewesen sei, die Verträge abzuändern, da diese wirtschaftlich recht günstig für diese ausgefallen seien.[1235] Allerdings war Georg Boegner viel zu sehr Geschäftsmann, um neben der inhaltlichen und institutionellen Kontrolle die wirtschaftliche Gesamtlage nicht aus den Augen zu verlieren. Zutreffend ist jedenfalls Laschingers Vergleich, der sich an eine Organisation von Gebietskartellen erinnert fühlte, mit großen Eingriffen in die Selbständigkeit der einzelnen Redaktionen.[1236]

Bis zum Juni 1934 waren es schon 15 Zeitungen, die ein „lückenloses Netz von parteiamtlichen Blättern" bildeten.[1237] Das waren die „NS-Donauzeitung" (Dillingen), die „Donauwörther Nationalzeitung", die „Füssener Nationalzeitung", die „Günzburger Nationalzeitung", das „Allgäuer Anzeigeblatt" (Immenstadt), die „Kaufbeurer Nationalzeitung", das „Allgäuer Tageblatt" (Kempten), die „Lindauer Nationalzeitung", der „Neu-Ulmer Anzeiger", die „Rieser Zeitung" (Nördlingen), der „Oettinger Anzeiger", das „Anzeigenblatt für das westliche Allgäu" (Weiler), das „Tagblatt für Wemding und Monheim", die „Wertinger Zeitung" und die „Schwabmünchner Nationalzeitung", die ein Kopfblatt der „NNZ" war. Diejenigen Publikationen, die der National-Verlag GmbH. gehörten, galten als parteieigen, die anderen hatten parteiamtlichen Charakter. Die Gesamtauflage dieser Publikation lag 1934 bei 94.049 Stück.[1238]

Die gesamte NS-Tagespresse hatte zum 30. Juni 1938 allerdings dann nur noch eine Auflage von 80.792 Exemplaren.[1239] In einer im Jahr der „Amann"-Verordnungen, 1935, erstellten Liste über das im ‚Gau' Schwaben erscheinende NS-Schrifttum wurden darüber hinaus nun auch der „Krumbacher Bote" und die „Neuburger National-Zeitung" genannt.[1240] Diese Publikationen finden sich ebenso im Nationalsozialistischen Handbuch 1937.[1241] Heinrich Wurstbauer will

---

1235 StA Augsburg, NS-Gauverlag Schwaben 66, Sitzung des Landgerichts Tübingen vom 10. November 1949, Aussage des Zeugen Füger.
1236 Vgl. LASCHINGER, Struktur, S. 94f.
1237 Ebd., S. 117. – HART, „Augsburg", Sp. 400, spricht von 16 Nebenausgaben im Jahr 1934.
1238 Vgl. LASCHINGER, Struktur, S. 117. Diese Zahl hat Laschinger wiederum aus dem Handbuch 1934, S. 20.
1239 „Die Gesamtauflage der NS-Tagespresse im 2. Vierteljahr 1938", in: Archiv der NS-Presse 12 (1938), Blatt 52 Vorderseite.
1240 BA Berlin, NS 22/733, NSDAP-Gauleitung Schwaben an Reichsorganisationsleitung der NSDAP, 26. Februar 1935.
1241 Vgl. Nationalsozialistisches Jahrbuch, hg. von Reichsleiter Philipp BOUHLER (11. Jg.), München 1937, S. 233. Darin ist der Stand vom 1. August 1936 fixiert, wobei die Zeitungen teilweise mit ihren neuen, da geänderten Namen, vermerkt sind. Diese 17 (ohne Nebenausgaben), mit der „Augsburger National-Zeitung" verbundenen Blätter

gar 24 Töchter, die der Mutterzeitung in Augsburg bis 1937 ‚geschenkt' worden seien, gezählt haben, wobei er es unterlässt, deren Namen aufzuzählen.[1242] Wahrscheinlich handelt es sich dabei um die Nebenausgaben dieser genannten Blätter, die er eingerechnet hat.

1935 jedenfalls endete die erste große Expansionsphase der „NNZ". Nun ging die Verlagsleitung daran, ihre Eroberungen zu konsolidieren. Hinzu kam der berufliche Wechsel Georg Boegners im März 1936 nach Stuttgart. Dennoch traf der Orakelspruch der Sopade aus dem Jahr 1936 auch auf das Augsburger Gaublatt zu: „Die NS-Presse in ihrer heutigen Form ist zusammengestohlen und zusammengeramscht. Die Neuerwerbungen sind noch längst nicht abgeschlossen. Es wird fort und fort organisiert, zusammengelegt, eingestellt und neugegründet."[1243]

Der Krieg bereitete den Rahmen für eine weitere Ausdehnung des Zeitungsimperiums. Jetzt kaufte der Gauverlag unter Friedrich Füger weitere Verlagsrechte von Zeitungen, die sich bisher einer engen Verbindung mit Augsburg entziehen konnten oder nicht interessant gewesen waren. Diese zweite Expansionsphase beruft auf den ersten beiden in den Jahren 1941 und 1943 von der Reichspressekammer durchgeführten Schließungsaktionen aus kriegsbedingten Gründen. Betroffen waren der „Schwäbische Landbote" in Zusmarshausen, der an vier Tagen in der Woche produziert wurde, und der einmal pro Woche erscheinende „Schmuttertalbote" in Augsburg, deren Verlagsrechte jeweils ab 1. Juni 1941 auf den Gauverlag übergingen, ebenso wie diejenigen des „Mindel- und Zusamboten" in Thannhausen mit drei Ausgaben pro Woche und des am Samstag ausgelieferten „Augsburger Landkuriers" mit seinen Ausgaben „Gersthofer Zeitung", „Königsbrunner Zeitung", „Bobinger Zeitung", „Gablinger Gemeindebote" und „Haunstetter Zeitung".

---

sind auch in einer Pressestatistik des ersten Quartals von 1939 genannt. Siehe hierzu IfZ München, MA 726/2, Statistische Entwicklung, Bd. 2., ohne Paginierung. Im ersten Band, MA 726/1, S. 323, wird auch der „Markt Oberdorfer Landbote", der über kein Hoheitszeichen verfügte, zu den nationalsozialistischen Zeitungen des Gaues Schwaben gezählt. Dieses 1883 gegründete und national ausgerichtete Blatt, das in der rund 2400 Bürger zählenden Kommune herausgegeben wurde, hatte 1933 eine Auflage von 2100 Exemplaren. SPERLING 1933, S. 439.

1242 Vgl. WURSTBAUER, Lizenzzeitungen, S. 10f. Insgesamt gab es ihm zufolge in diesem Jahr noch 59 verschiedene Zeitungen im Gau, von denen 27 von der Partei und neun von anderen in Augsburg beheimateten Verlagen gelenkt wurden. Ohne Verbindung zu Augsburg eruierte er 23 schwäbische Blätter, darunter acht Tageszeitungen. Die 73 Prozent der Tageszeitungen stellenden Publikationen aus dem NS-Gauverlag Schwaben entsprachen 72,6 Prozent der Gesamtauflage in Schwaben.

1243 Sopade 1936, S. 815. Im Original ist das Zitat „Die NS-Presse" bis „zusammengeramscht" kursiv.

Das Verlagsrecht an der Tageszeitung „Burgauer Anzeiger"[1244] pachtete die „ANZ" ab 24. April 1943 für die Dauer des Krieges. Das Verlagsrecht für den „Nesselwanger Anzeiger",[1245] der Rupert Brand gehörte, und an der Zeitung „Der Falkenstein"[1246] von Sigbert Carl Völler ging ebenfalls zum 1. Juni 1941 an die Augsburger über. Daraus entstanden die „Ostallgäuer Nachrichten", deren Verlagsrecht aber wieder an Völler zurückverpachtet wurde. Dafür mussten 60 Mark pro Monat an den Gauverlag überwiesen werden.[1247]

Insgesamt kosteten Augsburg die Verlagsrechte in Zusmarshausen, Thannhausen und Nesselwang 64.993 Mark.[1248] Den größten Erfolg freilich konnte die NS-Gauverlag Schwaben GmbH. 1944 verbuchen – mit der Pachtung des Verlagsrechtes der „NAZ".[1249]

4.3.1. Zweigverlage

a) Der Zeitungsverlag Donautal G.m.b.H.

Der zum 1. Juni 1936 gegründete Zeitungsverlag Donautal G.m.b.H. war eine Tochtergesellschaft der National-Verlag GmbH. und vereinte vier Parteiblätter: die Dillinger, die Donauwörther, die Günzburger und die Wertinger „Nationalzeitung". Diese vier Orte gehörten nicht nur geographisch eng zusammen, sondern zeichneten sich durch eine besonders reichhaltige Presselandschaft, in der BVP-nahe, katholische Publizistik eine starke Stellung hatte, aus.

In Dillingen erschienen trotz seiner nur etwa 6100 Bewohner zwei verschiedene Zeitungen. Zum einen handelte es sich um die der BVP verbundene „Schwäbische Donauzeitung" mit 4000 Stück Auflage im Jahr 1933, die der ka-

---

1244 Der „Burgauer Anzeiger" hatte 1939 1709 Stück Auflage, der Erscheinungsort selber zählte 2337 Bewohner. SPERLINGS Zeitschriften- und Zeitungsadressbuch 1939: Handbuch der deutschen Presse, Die wichtigsten deutschen Zeitschriften und politischen Zeitungen Deutschlands, Österreichs und des Auslandes, 61. Auflage; Bearbeitet von der Adreßbücher-Redaktion der Geschäftsstelle des Börsenvereins der Deutschen Buchhändler zu Leipzig, Leipzig 1939, S. 400.
1245 Nesselwang hatte damals knapp 2000 Einwohner. Der „Nesselwanger Anzeiger" wurde an vier Tagen in der Woche produziert und hatte 1939 eine Auflage von 620 Stück. Anfang der 30er Jahre verfocht die 1906 aus der Taufe gehobene Publikation christlich-vaterländische Interessen. *Ebd.*, S. 411, sowie SPERLING 1930, S. 446.
1246 Die „Pfrontener Nachrichten. Der Falkenstein" erschienen sechsmal in der Woche in Pfronten, das damals 4500 Einwohner hatte. Das Blatt war 1925 gegründet worden und vermeldete 1939 eine Auflage von 1020 Exemplaren. *Ebd.*, S. 415.
1247 StA Augsburg, NS-Gauverlag Schwaben 1, Erworbene Verlagsrechte des NS-Gauverlages Schwaben GmbH., Augsburg.
1248 StA Augsburg, NS-Gauverlag Schwaben 31, Geschäftsbericht der NS-Gauverlag Schwaben GmbH., Augsburg, für das Geschäftsjahr 1941.
1249 Siehe hierzu Exkurs in Kapitel III.3.4.

tholischen Manz AG gehörte und 1876 gegründet worden war.[1250] Gleichauf, was die Auflage betraf, lag die zweite Publikation am Ort, der seit 1824 bestehende „Donaubote", der im Verlag der Schwäbischen Verlagsdruckerei G.m.b.H. herauskam.[1251] Die Schwäbische Verlagsdruckerei G.m.b.H. war, wie ihre Dependancen in Günzburg und Schwabmünchen, wiederum eine Tochter des katholischen Literarischen Instituts P. Haas & Co. KG in Augsburg, dem die „Neue Augsburger Zeitung" und die „Augsburger Postzeitung" gehörten.[1252] Interessanterweise nannte das Blatt seine politische Richtung entweder gar nicht oder gab sie mit neutral an.[1253]

Offenbar wurde noch Anfang 1936 der Versuch unternommen, den „Donauboten" an zwei Privatpersonen – unter anderem an Georg Birnmann, den Verlagsleiter des Blattes – zu verkaufen, um ihn vor dem Zugriff der Nationalsozialisten zu bewahren.[1254] Die Reichspressekammer versagte jedoch die Genehmigung. Die laut Kommerzienrat Paul Haas „meistverbreitete, führende Lokalzeitung" in Dillingen musste an die Phönix GmbH. abgetreten werden, die das Verlagsrecht wiederum der National-Verlag GmbH. übereignete.[1255] Nun erfolgte die Zusammenlegung der mittlerweile in „NS-Donauzeitung" umbenannten „Schwäbischen Donauzeitung" und des „Donauboten" zur ab 1. Juni 1936 erscheinenden „Dillinger National-Zeitung". 40.000 Mark zahlten die Nationalsozialisten für das Verlagsrecht samt Druckerei und vereinbarten mit der Schwäbischen Verlagsdruckerei G.m.b.H. einen Miet- und Druckvertrag.[1256]

Auch im 5000 Einwohner zählenden Donauwörth konnten sich vor der Regierung Hitler zwei Blätter halten: Dort machten sich die Manz-Publikation „Donauwörther Anzeigeblatt", die auf das Jahr 1804 zurückging und 3300 Stück Auflage hatte, und der sich seit 1932 zur NSDAP bekennende, 1918 gegründete „Generalanzeiger"[1257] von Franz und Gotthard Rappl mit 4000 Exemplaren pro

---

1250 SPERLING 1933, S. 431, und ALA 1933, S. 10.
1251 Für das Jahr 1934 registrierte Handbuch 1934, S. 23, für die in „NS-Donauzeitung" umbenannte „Schwäbische Donauzeitung" 3924, für den „Donauboten" hingegen 5700 Exemplare.
1252 StA Augsburg, NS-Gauverlag Schwaben 24, Gerichtsbeschluß vom 13. Oktober 1954 in Sachen Literarisches Institut Haas & Grabherr KG, Augsburg, Schwäbische Verlagsdruckerei GmbH. Dillingen/Sitz Augsburg gegen Franz Eher Nachf. GmbH.
1253 ALA 1931, S. 9, ALA 1932, S. 10, und MOSSE 1932, S. 9, geben die Richtung mit neutral an. Bei SPERLING 1930, S. 436, steht parteilos.
1254 StA Augsburg, Nachlaß Josef Hall, Bericht des Kommerzienrates Paul Haas über die Neue Augsburger Zeitung, 3. Mai 1945.
1255 *Ebd.*
1256 StA Augsburg, NS-Gauverlag Schwaben 24, Gerichtsbeschluß vom 13. Oktober 1954 in Sachen Literarisches Institut Haas & Grabherr KG, Augsburg, Schwäbische Verlagsdruckerei GmbH. Dillingen/Sitz Augsburg gegen Franz Eher Nachf. GmbH.
1257 Vgl. Übersicht bei STEIN, NS-Gaupresse, S. 213f.

Tag Konkurrenz.[1258] Bereits ab Mai 1933 benannte sich das „Donauwörther Anzeigeblatt" in „Donauwörther Nationalzeitung" mit dem Untertitel „Amtsblatt der NSDAP und sämtlicher Behörden" um.[1259] Mit dieser Zeitung wurden 1934 der „Generalanzeiger" und die „Harburger Zeitung" verschmolzen.[1260] Die durchschnittliche Auflage der „Donauwörther Nationalzeitung" lag im September 1934 bei knapp 4000 Stück.[1261]

Gleich drei Zeitungen warben Ende der 20er Jahre um die Gunst der 6100-Seelen-Stadt Günzburg. Die Haas & Grabherr-Filiale Schwäbische Verlagsdruckerei G.m.b.H. war Herausgeberin des BVP-nahen und erst 1928 entstandenen „Günzburger Tagblatt", das 1931 den ebenfalls BVP-geprägten, alteingesessenen „Günz- und Mindelboten"[1262] mit einer geschätzten Auflage von 2000 Stück vom katholischen Feiner-Verlag in Memmingen aufgekauft hatte.[1263] Es verfüge, so lobte sich das täglich 3000 Exemplare auflegende „Tagblatt" in einer Eigenwerbung 1933, über die „weitaus höchste Abonnentenzahl in Stadt und Bezirk Günzburg."[1264]

Drittes Presseorgan vor Ort war das „Schwäbische Volksblatt", das der Günzburger Druckereigesellschaft m.b.H. gehörte und die Interessen des Bauern- und Mittelstandsbundes vertrat. Es war 1913 begründet worden, nachdem der ursprünglich liberale „Günz- und Mindelbote" angefangen hatte, sich an die Mehrheitsverhältnisse im Bezirk Günzburg anzupassen und das Zentrum zu

---

1258 Die Auflage für das „Donauwörther Anzeigeblatt" bei ALA 1933, S. 10, für den „Generalanzeiger" bei SPERLING 1933, S. 431. Im ALA-Katalog 1933 gibt der „Generalanzeiger" seine politische Richtung mit neutral an, bei SPERLING 1933 bekennt er sich zur NSDAP.

1259 Vgl. Lore GROHSMANN, Geschichte der Stadt Donauwörth, 2. Bd., Von 1618 bis zur Gegenwart, unter Mitarbeit von Othmar SCHWARZ, Donauwörth 1978, S. 238.

1260 Vgl. Annemarie MEINER, G. J. Manz – Person und Werk 1830-1955, Verlagsanstalt vorm. G. J. Manz Buch- und Kunstdruckerei AG, München-Dillingen ihren Freunden zum 125. Jahr, München/Dillingen 1957, S. 238 Anmerkung 1.

1261 Die Auflage der „Donauwörther Nationalzeitung" lag laut SPERLING 1935, S. 380, bei 3710 Stück. ALA 1935, S. 99, gibt die Durchschnitts-Stückzahl für September 1934 mit 4005 Exemplaren an. Im Handbuch 1934, S. 23, sind 4470 Exemplare vermerkt.

1262 Der „Günz- und Mindelbote" geht auf das 1752 gegründete „Markgräflichburgauische Wochenblatt" zurück und erhielt 1869 seinen Namen. Seit 1907 erschien er täglich. Vgl. Paul AUER, Geschichte der Stadt Günzburg, Günzburg 1963, S. 143f.

1263 Vgl. NAUMANN (Hg.), Katholik, S. 224.

1264 SPERLING 1933, S. 434.

unterstützen.[1265] Das „Schwäbische Volksblatt" öffnete sich auch anderen Parteien wie etwa den Liberalen und den Sozialdemokraten. Seine Auflage 1933 schwankt den Angaben zufolge zwischen 3000 und 3300 Exemplaren.[1266]

Ab 1. Februar 1933 erschien sodann täglich die „National-Zeitung" für Günzburg, ein Kopfblatt der „NNZ".[1267] Mehr als 7000 NSDAP-Anhänger in Stadt und Bezirk, wie es in der Vorankündigung vollmundig hieß, rechtfertigten diesen Schritt. Das neue Blatt sollte gleichzeitig auch Organ für den Kreis Neu-Ulm sein. Es wolle „ein ausgesprochenes Kampfblatt sein gegen die Vampire des Mittelstandes und eine konsequente Verteidigerin der Lebensrechte aller durch eine unglückselige Politik enteigneten und entrechteten Volksgenossen."[1268] Der Bezugspreis lag bei 1,50 Mark inklusive Zustellgebühr, das war teuer im Vergleich mit den anderen Günzburger Blättern, die alle 1,20 Mark kosteten. Trägerin des Unternehmens war die Kreisleitung Günzburg der NSDAP. Die finanzielle Grundlage dafür bildeten „überaus zahlreiche Bestellungen."[1269] Auf Beschluss des Günzburger Stadtrates durfte das neue Kopfblatt kostenlos alle amtlichen Bekanntmachungen abdrucken.

Bereits im August desselben Jahres erfolgte die Zusammenlegung des „Schwäbischen Volksblattes" mit dem „NNZ"-Kopfblatt.[1270] Daraus entstand die „Günzburger Nationalzeitung", die am 1. November dann ‚Zuwachs' – im September 1934 bewegte sich die durchschnittliche Auflage der Zwangs vereinigten Günzburger Presse laut Zeitungskatalogen zwischen 4400 und 4800 Zeitungen -[1271] durch die Haas & Grabherr-Publikation „Günzburger Tagblatt" bekam. Hierzu kam es durch den Abschluss eines Pachtvertrages über die Betriebseinrichtung und das Verlagsrecht, der am 1. Mai 1936 aufgehoben wurde.

1265 Vgl. Zdenek ZOFKA, Die Ausbreitung des Nationalsozialismus auf dem Lande: eine regionale Fallstudie zur politischen Einstellung der Landbevölkerung in der Zeit des Aufstiegs und der Machtergreifung der NSDAP 1928-1936 (Miscellanea Bavarica Monacensia, Dissertationen zur Bayerischen Landes- und Münchner Stadtgeschichte, hg. von Karl BOSL und Michael SCHATTENHOFER, Bd. 87; Neue Schriftenreihe des Stadtarchivs München, Bd. 108), München 1979, S. 26 Anmerkung 3. Paul AUER, Günzburg, S. 143, zufolge soll es das „Schwäbische Volksblatt" bereits seit 1912 gegeben haben.
1266 SPERLING 1933, S. 434, schreibt 3000, ALA 1933, S. 12, 3300 Stück.
1267 NNZ, Nr. 16 vom 20. Januar 1933, S. 4: „Zum Geleit".
1268 Ebd.
1269 NNZ, Nr. 27 vom 3. Februar 1933, S. 4: „Nachrichten aus Günzburg Stadt und Land". Im Original ist der Text fett.
1270 IfZ München, MA 726/1, Statistische Entwicklung, S. 322.
1271 ALA 1935, S. 100, nennt 4400, Handbuch 1934, S. 27, 4800 Stück.

Die Schwäbische Verlagsdruckerei musste „unter starkem Zwang", so klagte die Firma 1949 dem Treuhänder der NS-Gauverlag Schwaben GmbH., der Phönix GmbH. der Günzburger Druckereigesellschaft m.b.H. mit Ausnahme des Gebäudes ihre Druckerei-Einrichtung samt Maschinen, Inventar und sonstigem Zubehör übertragen.[1272] Die Phönix GmbH. selber kassierte das Verlagsrecht ein, das ebenso wie der Betrieb an die National-Verlag GmbH. beziehungsweise deren Tochterunternehmung, den Zeitungsverlag Donautal G.m.b.H. überging.

Als alleiniges Organ vor Ort bediente die „Wertinger Zeitung" mit 2700 Auflage 1933 den gleichnamigen, knapp 2100-Einwohner-Ort und sein Umland.[1273] Vom 18. Mai 1936 datiert ein mit der Manz AG in Wertingen abgeschlossener Druckvertrag zum 1. Juni mit zwölf Jahren Laufzeit, der erstmals am 1. Juni 1947 gekündigt werden konnte.[1274]

Die katholischen Organe aller vier Städte hatten etwas gemeinsam: Sie waren ursprünglich Mitglieder im Verbund der „Veduka", der „Vereinigte Druckereien, Kunst- und Verlagsanstalt A.-G." gewesen, deren Ursprünge in der „Buchdruckerei, Buch- und Kunsthandlung und Verlagsanstalt J. Keller & Co.GmbH" in Dillingen lagen.[1275] Verlagsdirektor Max Überreiter hob die „Vereinigten Druckereien" 1921 zusammen mit dem Landtagsabgeordneten und Generalsekretär des Bayerischen Bauernverbandes in München, Dr. Sebastian Schlittenbauer, als neue Aktiengesellschaft aus der Taufe. Darin waren alle kleineren Druckereibetriebe in Nordschwaben und ihre Zeitungen zusammengefasst, um die BVP auf diese Weise besser unterstützen zu können.

1925 hatte das Unternehmen derartige Schulden, dass der geschäftsführende Vorstand als erste Amtshandlung die Fusion der „Veduka" in die Wege leitete. Kapitalkräftige Mitglieder der BVP trafen damals als Finanziers auf. Neben den im späteren „Donautal"-Verlag aufgehenden Blättern „Schwäbische Donauzeitung", Dillingen, „Donauwörther Anzeigeblatt", „Wertinger Zeitung" sowie dem „Schwäbische Volksblatt" mit „Günz- und Mindelbote", Günzburg, gehörte auch die „Rieser Volkszeitung", Nördlingen, der „Veduka" an. 1931 kaufte der

---

1272 StA Augsburg, NS-Gauverlag Schwaben 52, Schwäbische Verlagsdruckerei GmbH., Dillingen/Donau, Verwaltungsstelle Augsburg, an den Treuhänder des NS-Gauverlages Schwaben GmbH., 10. September 1939.
1273 SPERLING 1933, S. 450.
1274 StA Augsburg, NS-Gauverlag Schwaben 24, Angaben für das Verwaltungsamt des Reichsleiters für die Presse, 24. März 1944. – Während des Krieges wurde der Wertinger Druckereibetrieb dann stillgelegt, um frei werdendes Personal an die Front abzuziehen. Die beiden Zeitungen in Wertingen und Donauwörth wurden zusammengelegt und in Donauwörth, dem Amtssitz des Kreisleiters, produziert. Wertinger Zeitung, Nr. 160 vom 13./14. Juli 1996, S. 33: „125 Jahre Wertinger Zeitung – Die Zeitung mit Naturalien bezahlt".
1275 Vgl. MEINER, G. J. Manz, S. 169.

Verlag des „Günzburger Tagblatts", die Schwäbische Verlagsdruckerei G.m.bH., den „Günz- und Mindelboten" auf, und verleibte ihn dem „Günzburger Tagblatt" ein.[1276]

Am 28. August 1929 beschlossen die Aktionäre der Dillinger Manz AG eine Fusionierung mit der „Veduka".[1277] Dabei wurde das Vermögen der „Veduka" gegen Gewährung von Aktien im Gesamtwert von 150.000 Mark auf die Manz AG übertragen. Um die gleiche Summe erhöhte letztere ihr Grundkapital. Am 1. September 1929 begann die neue Firma „Verlagsanstalt vorm. G. J. Manz, Buch- und Kunstdruckerei AG München – Regensburg – Dillingen/Donau" mit 400 Beschäftigten und Betrieben in München, Regensburg, Dillingen und Donauwörth ihre Tätigkeit.[1278] Nach der Machtübernahme eröffnete die NSDAP, die mit ihren antiklerikalen und antireligiösen Ansichten im krassen Gegensatz zur Firmenphilosophie der Manz stand, den Kampf gegen das katholische Unternehmen.[1279] Die „Anordnung zur Wahrung der Unabhängigkeit des Zeitungsverlagswesens" vom 24. April 1935, die allen anonymen Gesellschaften untersagte, als Verleger aufzutreten,[1280] „war wohl der schwerste Schlag für die Manz-Gesellschaft."[1281]

Da die Verlagsrechte nur noch von Einzelpersonen wahrgenommen werden durften, die von der Reichspressekammer auf ihre ‚richtige' Gesinnung hin überprüft wurden, hatte die Unternehmung die denkbar schlechtesten Karten. Für eine Aktiengesellschaft vom Typ der Manz war vorauszusetzen, dass sich keine den Nationalsozialisten genehme Persönlichkeit als Verleger finden und sie über kurz oder lang als katholischer Verlag aufgelöst werden würde, wozu sie sich als Aktiengesellschaft 1938 veranlasst sah.[1282]

1276 Vgl. NAUMANN (Hg.), Katholik, S. 224. Annemarie MEINER zufolge wurde das Blatt bereits 1929 an den Memminger Feiner-Konzern verkauft, von dem Haas & Grabherr dann die Zeitung übernahmen. Vgl. G. J. Manz, S. 237 Anmerkung 2. – SPERLING 1930, S. 439.
1277 Vgl. MEINER, G. H. Manz, S. 170.
1278 Vgl. Anton BETZ, Zeit und Zeitung, Notizen aus acht Jahrzehnten 1893-1973, Düsseldorf 1973, S. 135. Betz übernahm ab 1929 die Vorstands- und Direktionsgeschäfte der Manz AG in München und führte die Gesellschaft auch nach der Fusion mit der „Veduka".
1279 Vgl. MEINER, G. J. Manz, S. 177.
1280 Vgl. hierzu auch Kapitel III.2.3.2.d).
1281 MEINER, G. J. Manz, S. 180.
1282 Vgl. *ebd.*, S. 185.

Die Dillinger „NS-Donauzeitung", die „Donauwörther Nationalzeitung" und die „Wertinger Zeitung" wurden 1936 unter Wert verkauft.[1283] Das Verlagsrecht ging an die Phönix-Zeitungsverlags G.m.b.H. in Berlin, die es an die National-Verlag GmbH. weiter übertrug.[1284] Die Manz AG wurde dafür mit einem Druckvertrag über ihre ehemaligen Blätter ‚entschädigt'.[1285] Somit waren die Weichen gestellt, um das Augsburger Presseimperium weiter zu arrondieren: „Zum 1. Juni 1936 erfolgte die einheitliche Zusammenfassung unserer Parteizeitungen in Dillingen, Donauwörth, Günzburg und Wertingen zu einem Donautal-Zeitungsverlag und deren Neuerscheinung unter dem Titel ‚National-Zeitung'. Damit vollzieht sich die schon längst angestrebte engere Angliederung dieser Zeitungen an unsere ‚Neue National-Zeitung' in Augsburg."[1286] Dies war jedoch nur ein weiterer Schritt auf dem Weg zur völligen Eingliederung dieser Publikationen. Augsburg entschloss sich, „im 1. Vierteljahr 1937 in seinem Verlag die bisher in eigener Regie herausgegebenen Provinzblätter" mit zu übernehmen.[1287] Mit betroffen davon war neben den vier Donautal-Zeitungen[1288] auch die „Neuburger National-Zeitung".[1289] Dadurch schnellte die Durchschnittszahl der „ANZ" von 19.072 auf eine Gesamtauflage von 43.738 im Januar 1937 nach oben. Durch diesen ‚Kunstgriff' machte das Augsburger Gaublatt einen bemerkenswerten Sprung in die Reihen der großen Provinzzeitungen.

Keine vier Jahre später, am 17. Februar 1940, erlosch die Zeitungsverlag Donautal GmbH., deren Sitz in Dillingen war, bereits wieder.[1290] Am 30. November 1939 war sie aus „verwaltungstechnischen Gründen" aufgelöst und von

---

1283 Vgl. *ebd.*, S. 181.
1284 StA Augsburg, NS-Gauverlag Schwaben 1, Erworbene Verlagsrechte des NS-Gauverlages Schwaben GmbH, Augsburg.
1285 StA Augsburg, NS-Gauverlag Schwaben 24, Angaben für das Verwaltungsamt des Reichsleiters für die Presse des Schwäbischen Volksblatts Wertingen, 24. März 1944 sowie NS-Gauverlag Schwaben GmbH., Zweigstelle Dillingen, an ANZ, 20. März 1944.
1286 Wertinger National-Zeitung, Nr. 1 vom 2. Juni 1936, S. 1: „Geleitwort des Gauleiters". Das Zitat stammt von Gauleiter Karl Wahl.
1287 IfZ München, MA 726/2, Statistische Entwicklung, nicht paginiert.
1288 In der ANZ, Nr. 49 vom 27. Februar 1937 ist erstmals die Gesamtauflage der „ANZ" abgedruckt, die Zahlen für den Monat Januar liefert. Im Einzelnen gliederte sich die Gesamtauflage von 43.738 folgendermaßen auf: „ANZ" 19.072, „Neuburger National-Zeitung" 5000, „Dillinger National-Zeitung" 7284, „Wertinger National-Zeitung" 2878, „Donauwörther National-Zeitung" 4094 und „Günzburger National-Zeitung" 5410 Stück.
1289 Zur „Neuburger National-Zeitung" siehe Kapitel III.4.3.1.d).
1290 ANZ, Nr. 42 vom 19. Februar 1940, S. 5: „Neuburg-Handelsregister".

der National-Verlag GmbH. übernommen worden.[1291] Die Verlagsrechte der ehemaligen Donautal-Blätter hatten einen Wert von 75.000 Mark. Die Gesellschafterversammlung vom 30. Dezember 1939 beschloss die Übertragung ihres Vermögens auf die National-Verlag GmbH.[1292] Dies scheint mit dem Plan einer Konzernbildung im Rahmen der Umstrukturierung der National-Verlag GmbH. in die NS-Gauverlag Schwaben GmbH. zusammenzuhängen, da eine ähnliche Entwicklung in Lindau und Neu-Ulm ablief. Ab 1. Juni 1940 mussten sich die Leser der ehemaligen Donautal-Blätter wieder an einen neuen Namen gewöhnen: Sie erhielten nun den Einheitsnamen „Schwäbisches Volksblatt" mit der jeweiligen Ortsbezeichnung dahinter.[1293] Damit dokumentierten sie zwar ihre Zusammengehörigkeit, hingegen war die enge Verbundenheit zur „ANZ" als ‚Mutterzeitung' aus dem Titel nicht ersichtlich.

b) Das „Lindauer Tagblatt"

Auch nach Lindau am Bodensee streckte die National-Verlag GmbH. nach dem Wahlsieg 1933 ihre Fühler aus. Objekt der Begierde war das 1853 gegründete, ursprünglich evangelische und nationalliberale, später deutschnationale „Lindauer Tagblatt" mit nach eigenen Angaben etwa 3000 Stück Auflage, das im Verlag von Dr. Karl Höhn erschien.[1294] Diesem gehörten daneben noch eine graphische Kunstanstalt in Ulm mit Zweigbetrieb in Biberach sowie Buchdruckereien mit Zeitungsverlagen in Tübingen und Blaubeuren.[1295] Die beiden letzteren veräußerte Höhn Ende 1933 und Ende 1935 an die NS-Presse Württemberg. Das „Lindauer Tagblatt" hatte Amtsblattcharakter,[1296] im Gegensatz zur auf das Jahr 1898 zurückgehenden „Lindauer Volkszeitung", die mit rund 2700 Exemplaren täglich die Ziele der BVP vertrat.[1297] Sie gehörte dem Kemptener Unternehmen Kösel & Pustet, das sein Verlagsrecht im März 1934 abtrat. Damit war das Ende der „Lindauer Volkszeitung" zum 1. April 1934 besiegelt.[1298]

1291 StA Augsburg, NS-Gauverlag Schwaben 31, Geschäftsbericht der Augsburger National-Zeitung für das Geschäftsjahr 1939.
1292 ANZ, Nr. 42 vom 19. Februar 1940, S. 5: „Neuburg-Handelsregister".
1293 BA Berlin, NS 26/1120, Schreiben Zeitungsverlag Donautal G.m.b.H. Dillingen/Donau an NSDAP-Hauptarchiv München, 5. Juni 1940.
1294 SPERLING 1933, S. 443. – Daheim im Landkreis Lindau, Hg. von Werner DOBRAS und Andreas KURZ, o. O., o. J. <1994>, S. 124.
1295 StA Augsburg, NS-Gauverlag Schwaben 66, Abschrift Teil-Urteil des Landgerichts Tübingen Höhn'sche Erbengemeinschaft gegen Württembergische Verwaltungs- und Treuhand GmbH. Tübingen, 13. Juli 1950.
1296 SPERLING 1933, S. 443.
1297 Jahrbuch 1930, Spalte 56.
1298 Siehe hierzu Kapitel III.4.3.3.a) über das „Allgäuer Tagblatt", Kempten.

Um das „Lindauer Tagblatt" unter Druck zu setzen, griff die NSDAP-Kreisleitung zu einem bewährten Mittel: Sie führte zum 1. März 1933 ein eigenes nationalsozialistisches Organ, die „Lindauer Nationalzeitung", die im National-Verlag Augsburg erschien, ein. Der Verlust sowohl von Abonnenten und Geschäftsanzeigen als auch der Entzug der Amtsblattfunktion ließen den Verlag zum Jahresende 1933 offenbar rote Zahlen schreiben.[1299] Der Versuch, sich mit der „Lindauer Volkszeitung" zusammenzuschließen, scheiterte. Mit Vertrag vom 10. März 1934 übertrug der Heimatverleger der National-Verlag GmbH. in Augsburg das Verlagsrecht an seiner Zeitung. Daraufhin wurden „Lindauer Tagblatt" und „Lindauer Nationalzeitung" unter dem Titel „,Lindauer Nationalzeitung' vereinigt mit dem ‚Lindauer Tagblatt'" fusioniert.

Als Gegenleistung erhielt Dr. Höhn in einem „Druck- (und Geschäftsführer-)Vertrag" den Druckauftrag für die neue Publikation.[1300] Außerdem vereinbarten beide Vertragsparteien, dass der erste Geschäftsführer des neuen Unternehmens der Geschäftsführer der National-Verlag GmbH. sein musste, während der zweite Geschäftsführer aus den Reihen der Firma Höhn stammen sollte. Auf diese Weise sicherte sich Augsburg die volle Kontrolle über Lindau. Schon eineinhalb Jahre später, im September 1935, wurde dieser „Druck- (und Geschäftsführer-)Vertrag" wieder durch eine neue Vereinbarung abgelöst, in der Dr. Karl Höhn zum monatlichen Preis von 1100 Mark das Verlagsrecht an der nunmehrigen „,Lindauer Zeitung' vereinigt mit dem ‚Lindauer Tagblatt'" pachtete.

Als der Unternehmer 1940 mit seinem Geschäftsführer zum Schein einen Kauf- und Pachtvertrag abschließen wollte, blieb ihm die Genehmigung verwehrt. Aufgrund einer 1939 gegen ihn verhängten Steuerstrafe wegen einer fast zehn Jahre zurückliegenden Begünstigung im Zusammenhang mit dem Kauf der „Tübinger Chronik", die einem Juden gehört hatte, war Höhn aus der Reichspressekammer ausgeschlossen und seiner Verlegertätigkeit enthoben worden. Damit wurde er zum Spielball in den Händen des Gauverlages. Durch Zahlung einer Abfindung in Höhe von 90.000 Mark an Höhn bekam Augsburg zum Jahresbeginn 1941 das uneingeschränkte Verlagsrecht an „Lindauer Nationalzeitung" und „Lindauer Tagblatt".[1301] Mit weiteren 65.000 Mark wurde ihm die

---

1299 StA Augsburg, NS-Gauverlag Schwaben 66, Klage Höhn'sche Erben gegen Vermögenskontrolle wegen Nichtigkeitserklärung, 10. November 1947.
1300 StA Augsburg, NS-Gauverlag Schwaben 3, Bericht über den Stand des Verfahrens Höhn'sche Erben gegen Vermögenskontrolle Lindau wegen Nichtigkeitserklärung, 2. Juli 1948.
1301 ANZ, Nr. 5 vom 7. Januar 1941, S. 5: „,Lindauer National-Zeitung' im Besitz der NSDAP".

gesamte technische Einrichtung der Druckerei abgegolten.[1302] Die Übergabe des Betriebs und der Einrichtung erfolgte am 2. Januar 1942. Dr. Karl Höhn starb am 1. April 1942.[1303]

Mit dem Eintrag ins Handelsregister Augsburg vom 13. Dezember 1943 kam es zum letzten Schritt: Der Lindauer Betrieb wurde nun vollständig ins Augsburger Verlagsimperium eingegliedert und hieß jetzt offiziell – das Gleiche passierte mit den ehemaligen Donautal-Zeitungen – NS-Gauverlag Schwaben GmbH. Zweigniederlassung Lindau, für die August Wetzstein die Prokura erhielt.[1304]

c) Der „Neu-Ulmer Anzeiger"

In der 12.500 Einwohner zählenden Stadt Neu-Ulm richteten die Nationalsozialisten ihr Augenmerk auf den Verleger des 1849 gegründeten „Neu-Ulmer Anzeigers", Willy Helb.[1305] Die Zeitung mit einer Auflage von 5800 Stück (1932) hatte Amtsblattcharakter und schätzte sich selber als parteilos ein.[1306] Die zweite örtliche Publikation, die der BVP verbundene „Neu-Ulmer Zeitung", gehörte dem Memminger Feiner-Konzern und erschien 1933 mit 3400 Exemplaren täglich.[1307] Sie musste 1935 unter dem Druck der Nationalsozialisten aufge-

---

1302 Über die Motive, warum der NS-Gauverlag Schwaben auch die Druckerei erwarb, heißt es in einer Berufungsbegründung an das Tübinger Oberlandesgericht 1950: „Die Organisation der NS-Presse im Gau Schwaben habe die obere Leitung in Berlin nicht befriedigt und man habe die Verhältnisse in Lindau als nicht genügend gesichert (im Sinne der alleinigen Einflussnahme der NS-Presse auf die Bevölkerung) gesehen. Die Verhältnisse in Lindau hätten als ein Schönheitsfehler in der Organisation der NS-Presse gegolten." Auch habe das Verwaltungsamt der NS-Presse um 1940 Wert darauf gelegt, „nicht nur Verlagsrechte oder Beteiligungen, sondern die Druckereieinrichtungen selbst zu bekommen." Rolf Rienhardt und Julius Mundhenke bestätigten, „dass der Höhn'sche Betrieb in Lindau 1933 bis 1940 im Einflussbereich des NS-Gauverlages Schwaben eine Ausnahme darstellte, die 1940 durch den Erwerb auch der Druckerei im Zuge der verstärkten Konzernbildung beseitigt worden ist." StA Augsburg, NS-Gauverlag Schwaben 66, Berufungssache Dr. Höhn Erben gegen Württ. Verwaltungs- und Treuhand G.m.b.H., 6. September 1950.
1303 StA Augsburg, NS-Gauverlag Schwaben 66, Landgericht Tübingen: Abschrift Teil-Urteil, 13. Juli 1950.
1304 ANZ, Nr. 302 vom 24. Dezember 1943, S. 10: „Amtsgericht Augsburg".
1305 Eine Kurzbiographie Helbs in ANZ, Nr. 31 vom 6. Februar 1942, S. 3: „Zeitungsverleger Helb 70 Jahre".
1306 ALA 1932, S. 16, Handbuch 1934, S. 41, verbucht 5400 Exemplare Durchschnittsauflage.
1307 SPERLING 1933, S. 442.

ben.[1308] Kurz nach den Märzwahlen zogen SA-Werbekolonnen in Stadt und Landkreis Neu-Ulm von Haus zu Haus und gingen nicht gerade zimperlich vor, um Abonnements für ein seit 1. Februar bestehendes Kopfblatt der „NNZ" zu verkaufen,[1309] dessen Redakteur und Geschäftsstellenleiter der Bruder des Kreisleiters Hermann Boch war.[1310] Nachdem der „Neu-Ulmer Anzeiger" innerhalb kurzer Zeit über die Hälfte seiner Käufer verloren hatte und wirtschaftlich vor dem Aus stand, hielt Georg Boegner die Zeit für gekommen, Helb vor die Wahl zu stellen, Augsburg entweder eine unentgeltliche 51-prozentige Beteiligung einzuräumen oder sich auf eine Interessengemeinschaft mit der National-Verlag GmbH. zu verständigen.

Diese Anstrengungen scheinen vor allem auf die Bemühungen des Kreisleiters zurückzugehen, der den „Neu-Ulmer Anzeiger" in ein „Propagandasuggestivität" verbreitendes Organ verwandeln wollte.[1311] Helb entschied sich für das kleinere Übel: die Interessengemeinschaft mit der Gauzeitung. Dabei wurden zwischen den Vertragspartnern unter anderem monatliche Zahlungen an die National-Verlag GmbH. vereinbart. „Seit Herbst 1933 ist der Verlag – als erste schwäbische Provinzzeitung – dem Gauverlag Schwaben der NSDAP. in Augsburg angegliedert", hatte der „Neu-Ulmer Anzeiger" die zweifelhafte Ehre.[1312] Die Nationalsozialisten, bürgerlichen Verlegern gegenüber immer misstrauisch gestimmt, sahen aber keinen Grund, ihre Repressionen einzustellen: „Auch in der Folgezeit ließ der auf den Verfolgten ausgeübte Druck, insbesondere durch die ihm aufgezwungene Einstellung von sogenannten alten Kämpfern nicht nach."[1313] So musste Willy Helb, der einer der Kommanditisten der Stuttgarter

---

1308 StA Augsburg, BLVW Außenstelle Memmingen, Vermögenskontrolle 197, Bericht über meine bei der Firma Feiner & Co. Buchdruckerei- und Verlagsgesellschaft m.b.H. in Memmingen ausgeführte Tätigkeit von Diplom-Kaufmann Dr. Erich Schulze, Wirtschaftsprüfer, 21. Juni 1946, S. 4. Zur Firma Feiner siehe auch Kapitel III.2.1. Anmerkung 10.

1309 StA Augsburg, NS-Gauverlag 7, Zusammenstellung Ebners, 21. Dezember 1948, S. 2f., und Erklärung Eugen Rohrers, 20. August 1948, S. 2f.

1310 Am 1. Februar 1933 hatte Karl Boch die Schrift- und Geschäftsstellenleitung des neuen Kopfblattes übernommen, starb aber kurz darauf im März 1933. NNZ, Nr. 71 vom 24. März 1933, S. 4: „Pg. Karl Boch +".

1311 Vgl. Stadt Neu-Ulm 1869-1994: Texte und Bilder zur Geschichte, Hg. im Auftrag der Stadt Neu-Ulm von Barbara TREU, Aus Anlaß des 125jährigen Jubiläums der Erhebung zur Stadt, Neu-Ulm 1994, S. 321. Treus Darstellung zufolge wollten Boch und ein weiterer Neu-Ulmer Ratsherr seit August 1933 die Interessengemeinschaft zwischen dem „Neu-Ulmer Anzeiger" und der National-Verlag GmbH. zu einer 51 : 49-Mehrheit für Augsburg erweitern.

1312 ANZ, Nr. 178 vom 1. August 1942, S. 4: „‚Neu-Ulmer Anzeiger' jetzt parteieigene Zeitung".

1313 StA Augsburg, NS-Gauverlag Schwaben 7, Zusammenstellung Ebners, 21. Dezember 1948, S. 3.

Firma Belser KG war, 1940 einem „Alten Kämpfer", der in dieser Firma größeren Einfluss gewinnen wollte, seinen Anteil verkaufen, wie der Prokurist der J. W. Helb'schen Buchdruckerei später aussagte.[1314]

Als der Verleger, der von 1919 bis 1933 für die Demokratische Partei im Neu-Ulmer Stadtrat saß, 1941 schwer erkrankte und einen Teilhaber in die Firma aufnehmen wollte – dieser hatte die Absicht, Verlag und Druckerei später zu kaufen - legte das Verwaltungsamt für die NS-Presse in Berlin unter Berufung auf das dem NS-Gauverlag Schwaben GmbH. zugesicherte Vorverkaufsrecht sein Veto ein. Unter diesem Zwang veräußerte er mit Vertrag vom 9. Juni 1942 das Verlagsrecht des „Neu-Ulmer Anzeigers" für 134.700 Mark und die Druckereieinrichtung für 48.978 Mark an den Gauverlag, der die Zeitung ab 1. August 1942 als 100-prozentige Tochter weiterführte.[1315]

4.3.2. Beteiligungen

a) Neuburg

Über eine 51:49-Beteiligung verschaffte sich der Augsburger Gauverlag den beherrschenden Einfluss beim „Neuburger Anzeigeblatt". Die 1803 gegründete, der BVP zugeneigte Zeitung – sie wurde von der Grießmayerschen Buchdruckerei GmbH. herausgegeben, die wiederum zu zwei Dritteln der Familie Loibl gehörte – hatte 1933 eine Auflage von zirka 5000 Stück.[1316] Für die „Neuburger Neuesten Nachrichten", das zweite Blatt in der 8000-Bewohner-Stadt, fehlen entsprechende Angaben. Diese Publikation, die auf das Jahr 1870 zurückgeht, bezeichnete sich als politisch „neutral", beziehungsweise ließ die Richtungsangabe ganz weg.[1317]

Wie die NS-Kreisleitung den „Neuburger Neuesten Nachrichten" jedoch im August 1933 bescheinigte, stellte sich der Eigentümer in den letzten Jahren „der NSDAP in der uneigennützigsten Weise zur Verfügung" und habe „insbesondere grosse Druckaufträge und Annoncenaufträge z. T. kostenlos getätigt."[1318]

1314 StA Augsburg, NS-Gauverlag Schwaben 7, Eidesstattliche Erklärung Eugen Rohrers, 25. März 1946.

1315 Laut ANZ, Nr. 178 vom 1. August 1942, S. 4: „‚Neu-Ulmer Anzeiger' jetzt parteieigene Zeitung" habe sich Helb „infolge hohen Alters entschlossen", Verlag und Druckerei zu verkaufen.

1316 MOSSE 1931, S. 14, und MOSSE 1932, S. 15, nennen als Auflage 5200 Stück; ALA 1931, S. 15, und ALA 1932, S. 16, sprechen von zirka 5200 Exemplaren. Bei SPERLING 1933, S. 441, stehen zirka 5000 Ausgaben pro Tag.

1317 Bei MOSSE 1931, S. 14, MOSSE 1932, S. 15, ALA 1931, S. 15, und ALA 1932, S. 16, wird bei der politischen Richtung parteilos angegeben, bei SPERLING 1933, S. 441, fehlt jeglicher Hinweis auf die Parteizugehörigkeit.

1318 Zit. nach FREI, Eroberung, Dokument 2, S. 327-329, S. 328.

Den Unwillen der Vertreter des neuen Regimes bekam das „Neuburger Anzeigeblatt" gleich 1933 zu spüren, denn diese rächten sich nun, weil es „nicht etwa den Kommunismus oder die Sozialdemokratie, sondern ausschliesslich den Nationalsozialismus bekämpft" hatte.[1319] Der Verleger und Redakteur Martin Loibl jun., der seine Gegnerschaft sowohl in schriftlicher als in rhetorischer Form zum Ausdruck gebracht hatte, wurde verhaftet und in Schutzhaft genommen, „obwohl er weder Parteiführer noch Stadtrat der BVP war."[1320]

Um seine Zeitung wirtschaftlich zu ruinieren, sollten die Abonnenten durch „gewaltsame Pressung" zur Bestellung der „Neuburger Neuesten Nachrichten" angeregt werden, weitere Schritte waren der Entzug der Amtsblattfunktion und das Verbot, einen Berichterstatter in die öffentlichen Stadtratssitzungen zu schicken.[1321] Außerdem wurden der Firma sämtliche behördlichen Druckaufträge entzogen. 1934 sind für die Publikationen gerade noch 1800 Stück Durchschnittsauflage angegeben, für die „Neuburger Neuesten Nachrichten" dagegen 3800.[1322] Laut Loibl, nach dem Krieg CSU-Bundestagsabgeordneter, sank die Auflage durch diese Maßnahmen um mehr als die Hälfte, wodurch der ehemals erfolgreiche Buchdruckereibetrieb nun rote Zahlen schrieb.[1323]

Im Frühjahr 1934 planten die Nationalsozialisten eine Fusionierung der beiden Neuburger Zeitungen. Dafür hätte Loibl 51 Prozent der Geschäftsanteile entschädigungslos an die ‚Partnerfirma' abgeben müssen. Dass die Zusammenlegung dann aber doch nicht zustande kam, lag an Differenzen zwischen der Neuburger Parteileitung und dem Verleger der „Neuburger Neuesten Nachrichten"[1324], weil dieser offenbar übersteigerte Gewinnansprüche anmeldete. Aufgrund der Drohung, im Falle einer Ablehnung die Arbeitslosigkeit seiner rund 20-köpfigen Belegschaft zu verschulden, überschrieb Loibl am 24. Mai 1934 der National-Verlag GmbH. rund 51 Prozent der Geschäftsanteile seines Betriebes im Nennwert von 18.790 Mark, und zwar ohne eine finanzielle Entschädigung.[1325]

1319 Zit. nach *ebd.*, S. 328.
1320 Zit. nach *ebd.*, S. 327.
1321 StA Augsburg, NS-Gauverlag Schwaben 29, Grießmayersche Buchdruckerei GmbH. an BLVW, 31. Januar 1948.
1322 Handbuch 1934, S. 40.
1323 Loibl spricht in diesem Zusammenhang von einem Mindestverlust in Höhe von 30.000 Mark.
1324 Das Verlagsrecht der „Neuburger Neuesten Nachrichten" ging 1937 für 16.000 Mark an die National-Verlag GmbH. über. StA Augsburg, NS-Gauverlag Schwaben 1, Erworbene Verlagsrechte des NS-Gauverlages Schwaben GmbH., Augsburg.
1325 StA Augsburg, NS-Gauverlag Schwaben 29, Abschrift des Geschäftsvertrages, 24. Mai 1934.

Zum ersten (ehrenamtlichen) Geschäftsführer wurde der jeweilige Direktor der National-Verlag GmbH. bestimmt, während Loibl als zweiter Geschäftsführer fungierte. Eine zusätzliche Kontrollfunktion übernahm ein fünfköpfiger Aufsichtsrat aus „bewährten Nationalsozialisten unter dem Vorsitz des Bürgermeisters und Kreisleiters."[1326] Die Vereinbarung trat zum 1. Juni des Jahres in Kraft. Ab diesem Zeitpunkt hieß das Unternehmen „Neuburger Nationalverlag (vorm. Grießmayersche Buchdruckerei) GmbH. in Neuburg a. d. Donau".

Das Verlagsrecht des „Neuburger Anzeigeblatts" ging auf die National-Verlag GmbH. Augsburg über, die wiederum den Druckvertrag an der nunmehr parteiamtlichen „Neuburger National-Zeitung" dem Neuburger Nationalverlag übertrug. Ab 1. August sicherte sich Augsburg noch eine monatliche Pauschale von 300 Mark zusätzlich zum Dividendenanspruch, der jeden Monat mit einem Vorschuss von 200 Mark abgegolten werden musste.[1327]

4.3.3. Gewinnbeteiligungen

a) Kempten

Otto Oechelhäuser, dem das „Allgäuer Tagblatt" in Kempten gehörte, kooperierte mit der National-Verlag GmbH. über eine Gewinnbeteiligung, die Augsburg auch ein wichtiges Mitspracherecht sicherte. Die Publikation, deren Ursprünge ins Jahr 1863 reichten, war 1933 eine von drei täglich erscheinenden Zeitungen in der rund 24.000 Einwohner zählenden Stadt.[1328] Das national gesinnte Blatt gab seine Auflage mit 13.600 Stück an. Damit lag ihr Verbreitungsgrad etwas höher als der seiner schärfsten Konkurrentin, der BVP-nahen, seit 1848 bestehenden, antinationalsozialistischen „Allgäuer Zeitung", von der 13.000 Stück pro Tag zirkulierten. Ihr Verlagsrecht gehörte bis März 1934 der Firma Kösel & Pustet und ging dann an die Allgäuer Nationalverlag GmbH. über.[1329] Dritte im Bunde war die „Allgäuer National-Zeitung", als deren Heraus-

---

1326 *Ebd.*
1327 Die Pauschale wurde 1935 auf 500 Mark erhöht, wobei der Dividendenvorschuss damit wegfiel. StA Augsburg, NS-Gauverlag Schwaben 29, Ergänzungs-Vertrag, 1. Oktober 1935.
1328 SPERLING 1933, S. 436.
1329 StA Augsburg, NS-Gauverlag Schwaben 24, Vertrag zwischen Otto Oechelhäuser und der National-Verlag GmbH. Augsburg, 17. Dezember 1937. – Vgl. Geschichte der Stadt Kempten, Im Auftrag der Stadt Kempten (Allgäu) hg. von Volker DOTTERWEICH et al, Kempten 1989, S. 442. Massive Drohungen der NSDAP und eine zusammengeschmolzene Leserschaft waren die Ursachen, warum das Blatt – obwohl es seine parteipolitische Bindung an die BVP angeblich freiwillig gelöst hatte – sein Erscheinen einstellen musste.

geberin die National-Verlag GmbH. fungierte. Dieses Kopfblatt verfocht seit 1. Oktober 1932 die Ideen des Nationalsozialismus und sollte das Allgäu und das Bodenseegebiet bis Lindau bedienen.[1330]

Wie es der Zufall wollte, war Georg Boegner in den 20er Jahren Werbefachmann bei der „Allgäuer Zeitung" gewesen.[1331] Im August 1933 nahm er die Gründung der Allgäuer Nationalverlag GmbH. in die Hand.[1332] Die nationalsozialistische Kopfzeitung und das „Allgäuer Tagblatt" wurden verschmolzen. Und so erschien mit dem 1. September 1933 das alleinige Amtsblatt für Bezirk, Stadt und Partei unter dem neuen Namen ‚„Allgäuer Tagblatt' vereinigt mit der ‚Allgäuer National-Zeitung'". Seit Juni 1934 durfte es sogar das Hoheitszeichen der Partei führen.[1333] Die Augsburger National-Verlag GmbH. trat mit Wirkung vom 1. Juli 1935 ihre Geschäftsanteile an der gemeinsamen Gesellschaft an Otto Oechelhäuser ab,[1334] um diesem das „Tagblatt"-Verbreitungsgebiet mit der seit September 1933 bestehenden Nebenausgabe „Kaufbeurer National-Zeitung" „zur alleinigen Bearbeitung" freizugeben.[1335] Der parteiamtliche Charakter dieser Zeitungen blieb dabei ebenso gewährleistet wie ihr Status als Organ für behördliche Veröffentlichungen.

Dieses ‚Entgegenkommen' war für Oechelhäuser jedoch nicht ganz billig: Für die Anteile an der gemeinsamen Gesellschaft wurde er mit 10.200 Mark zur Kasse gebeten. Zusätzlich musste er 8000 Mark Gewinn aus dem Geschäftsjahr 1934/35 auszahlen. Augsburg erhielt laut Vertrag künftig 50 Prozent des Gewinnes,[1336] wobei aus Kempten jeweils eine monatliche Vorauszahlung in Höhe von 2000 Mark zu fließen hatte.[1337] Weiterhin verpflichtete sich Otto Oechelhäuser, Augsburg ein Vorverkaufsrecht auf das Verlagsrecht des „Allgäuer Tagblatts" einzuräumen. Festgeschrieben wurde außerdem, dass die zuständigen Gau- und sonstigen Parteistellen „maßgeblichen Einfluß" auf die Besetzung der

---

1330 NNZ, Nr. 237 vom 19. Oktober 1932, S. 2: „Allgäuer!"
1331 StdtA Augsburg, Familienbögen.
1332 StA Augsburg, NS-Gauverlag Schwaben 4, Schreiben Kausches an das BLVW, Außenstelle Augsburg Stadt-Land vom 24. Oktober 1949.
1333 Siehe hierzu auch IfZ München, MA 726/1, Statistische Entwicklung, S. 322. Hier heißt es, das „Allgäuer Tagblatt" habe das Hoheitszeichen schon ab 1. Juni 1933 führen dürfen.
1334 In der Geschichte der Stadt Kempten, S. 442, ist dagegen von Ende 1935 die Rede.
1335 StA Augsburg, NS-Gauverlag Schwaben 4, Schreiben Kausches an das BLVW Außenstelle Augsburg Stadt-Land vom 24. Oktober 1949.
1336 In der Geschichte der Stadt Kempten, S. 442, wird von 50 Prozent des Gewinns ab 1937 gesprochen.
1337 Im Vertrag vom 16. Oktober 1935 wird die Summe vom 1. Oktober 1935 bis 30. September 1936 auf 1500 Mark und für die Zeit vom 1. Oktober 1936 bis 30. Oktober 1937 auf 1750 Mark reduziert. StA Augsburg, NS-Gauverlag Schwaben 24, Vertrag vom 16. Oktober 1935.

Politikredaktion haben sollten, wobei eine Neubesetzung oder eine Entlassung „nur nach ausdrücklicher Einverständnisverklärung" des National-Verlages möglich war, was im Übrigen auch für die Änderung der Zeitungstitel galt.[1338]

b) Kaufbeuren

Die „Kaufbeurer National-Zeitung", die erstmals im September 1933 auf den Markt der rund 9100-Einwohner-Kommune kam, war eine Nebenausgabe des „Allgäuer Tagblatts".1339 Ihre Auflage lag 1934 bei 2180 Stück.1340 Interessanterweise hatte hier der Verlag Kösel & Pustet, der ja auch in Kempten mit Oechelhäuser konkurrierte, ebenfalls eine Nebenausgabe, die „Kaufbeurer Volkszeitung und Tagblatt".[1341] Da die Firma das Verlagsrecht, das dann im Allgäuer Nationalverlag aufging, im März 1934 abgab, ist die Publikation wie in Kempten ebenfalls eingestellt worden.

4.3.4. Interessengemeinschaften

Unter einer Interessengemeinschaft verstand das Brockhaus-Lexikon 1931 im Allgemeinen jeden vertraglichen Zusammenschluss mehrerer Personen oder Unternehmen zur Wahrung gemeinsamer gleichartiger, meist wirtschaftlicher Interessen.[1342] Im engeren Sinn wurde die Interessengemeinschaft, die eine Gesellschaft des Bürgerlichen Gesetzbuches war, als organisatorische Kooperation von Wirtschaftsunternehmen mit dem Ziel definiert, durch eine vertragliche Verständigung an Stelle eines Wettbewerbsverhältnisses nun Gleichartigkeit der ökonomischen Interessen treten zu lassen. Häufig war sie nur die Vorstufe zu einer völligen Vereinigung der früher selbständigen Betriebe.

Der Gewinn floss meist in einen Topf und wurde über einen Schlüssel an die Gesellschafter verteilt oder die Beteiligten bedienten sich ähnlicher Verfahren. Die Betriebsführung und Arbeitsteilung war häufig unter den Gesellschaftern geregelt, wobei durchaus die Möglichkeit bestand, dass einer der Gesellschafter zum ausführenden Organ für die anderen wurde.

1338 StA Augsburg, NS-Gauverlag Schwaben 24, Vertrag vom 16. Oktober 1935.
1339 IfZ München, MA 726/1, Statistische Entwicklung, S. 323.
1340 Handbuch 1934, S. 31. Zuvor sind keine von Kempten getrennten Auflagezahlen vorhanden.
1341 Jahrbuch 1930, Spalte 55. In den Zeitungskatalogen sind keine Angaben über die Auflage des Blattes zu finden.
1342 Vgl. „Interessengemeinschaft", in: Brockhaus, 9. Band J-Kas, S. 163, S. 163.

a) Das „Füssener Blatt"

Das im Jahr 1838 gegründete „Füssener Blatt" – seit 1. April 1934 Parteiorgan für den Kreis Füssen – wurde mit dem von der National-Verlag GmbH. gelenkten Kopfblatt „Füssener Nationalzeitung" fusioniert.[1343] Die parteilose Zeitung brachte dabei ihre 2500 Bezieher mit ein.[1344] Rund 7200 Einwohner zählte die Stadt im Allgäu damals. Die gemeinsame Auflage des „'Füssener Blatt' vereinigt mit ‚Füssener Nationalzeitung'" betrug 1935 2700 Exemplare.[1345] Mit dem am 1. November 1935 in Kraft getretenen Vertrag über eine „Interessengemeinschaft" übertrug Augsburg die Vertragsrechte wieder auf die früheren Inhaber der Firma B. Holdenrieds Buch- und Steindruckerei, die Gebrüder Keller.[1346]

Sie mussten sich im Gegenzug damit einverstanden erklären, die redaktionelle Aufsicht durch die zuständigen Gau- und Parteistellen anzuerkennen, und ihnen ein maßgebliches Mitspracherecht bei der Besetzung der politischen Schriftleitung einzuräumen. Dafür hatten die alten und neuen Eigentümer ab 1. Januar 1936 bis Ende Februar 1937 zunächst jeden Monat 250 Mark an die Augsburger Geschäftspartner zu entrichten.[1347] Hinzu kamen weitere 150 Mark monatlich mit gleicher Laufzeit zur Tilgung der angefallenen Umsatzsteuer, die das Finanzamt vom National-Verlag eingefordert hatte.

So musste die Firma B. Holdenrieds Buch- und Steindruckerei also insgesamt 400 Mark pro Monat überweisen.[1348] Augsburg ließ sich auch vertraglich das Vorkaufsrecht am Verlag zusichern.

b) Das „Allgäuer Anzeigeblatt", Immenstadt

Mit dem im 6000 Einwohner zählenden Immenstadt seit 1860 beheimateten „Allgäuer Anzeigeblatt", das 1933 eine Auflage von 6200 Stück hatte,[1349] schloss die National-Verlag GmbH. ab 1. Oktober 1933 einen „Interessengemeinschaftsvertrag", der eine einmalige Abfindung auf Augsburgs Konto in Hö-

---

1343 IfZ München, MA 726/1, Statistische Entwicklung, S. 323.
1344 SPERLING 1933, S. 433.
1345 SPERLING 1935, S. 382.
1346 StA Augsburg, NS-Gauverlag Schwaben 1, Erworbene Verlagsrechte des NS-Gauverlages Schwaben GmbH., Augsburg.
1347 *Ebd:*
1348 Ab 1. März 1937 sollte dann ein neuer Pauschalsatz vereinbart werden, der nicht unter 300 Mark liegen sollte. *Ebd.*
1349 SPERLING 1933, S. 426.

he von 5500 Mark vorsah.[1350] Hinzu kam zum einen eine monatliche Vergütung von 250 Mark an die gleiche Adresse sowie eine ebenfalls monatlich fällige Überweisung von 100 Mark an die Kreisleitung des Bezirkes Sonthofen. Auf Anordnung der Gauleitung führte das „Allgäuer Anzeigeblatt" seit 2. Oktober 1933 den Untertitel „Oberallgäuer Nationalzeitung".[1351] Für hervorragende Leistungen wurde der Publikation im Frühjahr 1939 das Gaudiplom verliehen.

c) Der „Krumbacher Bote"

Im rund 3500 Einwohner großen Krumbach existierten Anfang 1933 zwei Zeitungen: der 1842 gegründete, keiner politischen Partei nahe stehende „Krumbacher Bote",[1352] der von der Schlachter'schen Buchdruckerei herausgegeben wurde, und die BVP-nahen „Krumbacher Neuesten Nachrichten" mit 1850 Exemplaren täglich, die seit 1884 bestanden und dem Katholischen Preßverein für Bayern angehörten.[1353] Ab 1. März 1934 wurde der „Krumbacher Bote", der nach Angaben der Regierung von Schwaben und Neuburg der NSDAP immer sehr nahe gestanden hatte,[1354] mit der Auflage des im Bezirksamt Krumbach verbreiteten „NNZ"-Kopfblattes zusammengelegt.[1355]

Dafür, dass die National-Verlag GmbH. auf die Herausgabe der Gauzeitung beziehungsweise eines Kopfblattes derselben in diesem Bereich verzichtete, musste die Schlachter'sche Buchdruckerei nicht eine einmalige Abfindung in Höhe von 700 Mark leisten, sondern auch jeden Monat 100 Mark auf das Konto des Vertragspartners überweisen. Im September 1934 brachte es die Zeitung auf

---

1350 StA Augsburg, NS-Gauverlag Schwaben 1, Erworbene Verlagsrechte des NS-Gauverlages Schwaben GmbH., Augsburg.

1351 Vgl. Immenstadt im Allgäu: Landschaft, Geschichte, Gesellschaft, Wirtschaft, kulturelles und religiöses Leben im Laufe der Jahrhunderte, hg. von Rudolf VOGEL, Immenstadt im Allgäu 1996, S. 481.

1352 Sowohl in SPERLING 1930, S. 442, und SPERLING 1933, S. 437, als auch im ALA-Katalog der Jahre 1931, S. 12, 1932, S. 13, und 1933, S. 13 und bei MOSSE 1931, S. 12 und MOSSE 1932, S. 12, fehlen beim „Krumbacher Boten" die Auflagezahlen als auch jegliche Parteiangabe. Für die „Krumbacher Neuesten Nachrichten" nennt lediglich der ALA-Katalog 1933, S. 13, eine Auflage von 1850 Blättern.

1353 Die ursprünglich als „Krumbacher Volksfreund" gegründeten „Krumbacher Neuesten Nachrichten" waren vom katholischen Preßverein für Bayern im Juni 1919 mitsamt Haus, Buchhandlung und Druckerei für 56.000 Mark aufgekauft worden. Im selben Jahr noch erfolgte auch die Umbenennung der Zeitung. Vgl. Karola NÜSSLER, Geschichte des Katholischen Preßvereins für Bayern 1901 bis 1934, phil. Diss. München 1954, S. 250.

1354 HStA München, MA 106682, Halbmonatsberichte der Regierung von Schwaben und Neuburg, 21. Oktober 1933.

1355 StA Augsburg, NS-Gauverlag Schwaben 1, Erworbene Verlagsrechte des NS-Gauverlages Schwaben GmbH., München.

eine Durchschnittsauflage von 2010 Stück.[1356] Für die „Krumbacher Neuesten Nachrichten" mit ihren zum gleichen Zeitpunkt angeblich 1440 Stück Auflage kam noch im selben Jahr das Ende.[1357] Auf der 28. und letzten Generalversammlung des Katholischen Pressvereins für Bayern, die am 4. September 1934 stattfand, genehmigten die Mitglieder den aus ökonomischen und politischen Gründen von der NSDAP erzwungenen, sofortigen Verkauf sämtlicher Tageszeitungen, die sich im Besitz des katholischen Vereins befanden.[1358] Profiteur vom Verschwinden der Konkurrenz war der „Krumbacher Bote", dem ein Großteil der Abonnenten zufiel. Als dann einzige Publikation am Ort zählte er im vierten Quartal 1936 eine Durchschnittsauflage von 3259 Stück.[1359]

d) Die „Rieser National-Zeitung", Nördlingen

Unter der Regie des Verlegers Georg Wagner erschienen in der zu Beginn der 30er Jahre von knapp 8800 Menschen bewohnten Stadt Nördlingen die beiden Heimatzeitungen „Nördlinger Zeitung" und „Rieser Tagblatt".[1360] Wagner hatte den Verlag des „Rieser Tagblatts" 1919 gegründet. 1928 kaufte er die „Nördlinger Zeitung" und das „Nördlinger Anzeigenblatt" und legte die Verlage der beiden Neuerwerbungen zusammen.[1361] Am 17. April desselben Jahres wurde die neue Firma beim Registergericht Neuburg an der Donau unter dem Namen „Vereinigte Zeitungsverlage Nördlingen Buchdruckerei Georg Wagner" eingetragen.

Ihre politische Zugehörigkeit bezeichneten beide Publikationen in den Zeitungskatalogen als neutral. Wagner war von seiner Haltung her ein Mann des Bayerischen Bauernbundes und galt als dem Nationalsozialismus gegenüber kritisch eingestellt. Die „Nördlinger Zeitung, vereinigt mit Nördlinger Anzeigenblatt" erschien als Mittagsausgabe im Stadtgebiet, das „Rieser Tagblatt" mit

---

1356 ALA-Katalog 1935, S. 101.
1357 Handbuch 1934, S. 33. Im ALA-Katalog 1935, S. 101, wird die Durchschnittsauflage für September 1934 mit nur noch 1300 Stück angegeben.
1358 Vgl. NÜSSLER, Preßverein, S. 285f.
1359 IfZ München, MA 726/2, Statistische Entwicklung, nicht paginiert.
1360 Vgl. Robert MILDE, „Heimatzeitungen verlieren ihre Identität", in: Die dunklen Jahre, Das Dritte Reich im Ries, hg. von Carl VÖLKL, Nördlingen 1984, S. 53-57, S. 53f.
1361 StA Augsburg, BLVW-Außenstelle Nördlingen, Vermögenskontrolle 19, Bericht der Allgemeinen Prüfungs- und Treuhandgesellschaft m.b.H. Wirtschaftsprüfungsgesellschaft über die bei der Firma Buchdruckerei Georg Wagner durchgeführte Buch- und Betriebsprüfung für die Zeit vom 7. März 1946 bis zum Juni 1947, S. 2.

einer Auflage von 3400 bis 3500 Exemplaren wurde am Vorabend des Erscheinens als Landausgabe gedruckt.[1362] Gleich nach dem Wahlsieg der NSDAP vom 5. März begannen dann auch im Ries die üblichen Repressalien, um die Heimatpresse unter Kontrolle zu bekommen.

Werberkolonnen des Augsburger Gaublattes zogen umher und erklärten, die Redaktion der „NNZ" werde demnächst nach Nördlingen verlegt.[1363] Mehrfach setzte sich Georg Wagner dagegen mit einem Aufruf an die Leserschaft zur Wehr. Der Kreisleiter der NSDAP, der den Verleger stark unter Druck setzte, ging fast täglich im Betrieb ein und aus. Um Wagner gefügig zu machen, richtete die „NNZ" sogar eine Agentur in der Stadt ein. Da er seinen Betrieb retten wollte, schloss er im Spätsommer 1933 einen Kompromiss mit den Nationalsozialisten: Seine beiden Publikationen fusionierten und wurden mit der im Bezirksamt Nördlingen erscheinenden „NNZ" zusammengelegt.

Die erste Nummer der neuen „Rieser National-Zeitung" kam am 1. September auf den Markt und trug den Zusatz „Vereinigt mit der Nordschwäbischen National-Zeitung, verpachtet an Georg Wagner."[1364] Für die politische Linie des Blattes war künftig der Hauptschriftleiter der „NNZ" zuständig. Es war amtliches Organ der Kreis- und Gauleitung für den Bezirk Nördlingen und hatte 1934 4800 Stück Auflage.[1365] Die „Rieser National-Zeitung", die in der Wagnerschen Druckerei hergestellt wurde, erschien bis zum 20. April 1945 im Eigenverlag des Besitzers.[1366]

1362 ALA 1930, S. 14, nennt 3400 Auflage für das „Rieser Tagblatt"; ALA 1931, S. 16, und MOSSE 1931, S. 15, geben 3500 Stück an; ALA 1932, S. 17, spricht wieder von 3400 Exemplaren; SPERLING 1933, S. 447, meldet 3300 Exemplare. Für die „Nördlinger Zeitung" wird bis 1933 keine Auflage genannt.
1363 Vgl. MILDE, Heimatzeitungen, S. 53f.
1364 StA Augsburg, NS-Gauverlag Schwaben 1, Erworbene Verlagsrechte des NS-Gauverlages Schwaben GmbH. Augsburg. – StA Augsburg, BLVW-Außenstelle Nördlingen, Vermögenskontrolle 19, Bericht der Allgemeinen Prüfungs- und Treuhandgesellschaft m.b.H. Wirtschaftsprüfungsgesellschaft über die bei der Firma Buchdruckerei Georg Wagner durchgeführte Buch- und Betriebsprüfung für die Zeit vom 7. März 1946 bis zum Juni 1947, S. 17. Vgl. auch Gustav Adolf ZIPPERER, Nördlingen: Lebenslauf einer schwäbischen Stadt, Nördlingen 1979, S. 251.
1365 Handbuch 1934, S. 41.
1366 StA Augsburg, BLVW-Außenstelle Nördlingen, Vermögenskontrolle 19, Rechenschaftsbericht Kurt Vogler, Treuhänder der Buchdruckerei Georg Wagner, Nördlingen, 31. Mai 1948, sowie Bericht Voglers an das BLVW, Außenstelle Nördlingen, 3. Dezember 1946.

Dabei war der technische Betrieb ausschließlich auf die Herstellung dieser Publikation ausgerichtet. Für die Überführung der Auflage der „Nordschwäbischen National-Zeitung" im Bezirksamt und in der Stadt Nördlingen sowie den Verzicht auf eine eigene Gauzeitung oder ein eigenes Kopfblatt im Verbreitungsgebiet der „Rieser National-Zeitung" ließ sich der National-Verlag 4500 Mark als Kompensation überweisen.[1367]

Weitere 500 Mark, die jeweils zwischen dem 1. und 5. des darauf folgenden Monats fällig wurden, flossen für „die Mitarbeit des National-Verlages während der Dauer dieses Vertrages" – davon gingen 400 Mark direkt an die „NNZ" und 100 Mark an die NSDAP-Kreisleitung.[1368]

Die dritte Zeitung, die in der Ries-Stadt erschien, die „Rieser Volkszeitung" mit 1650 Stück Auflage 1933,[1369] ein BVP-nahes Blatt, das Anfang der 30er Jahre noch der „Veduka" gehört hatte und später in den Besitz der Buchdruckerei Georg Appl übergegangen war,[1370] wurde ebenfalls mit der „Rieser National-Zeitung" vereinigt, die es 1935 auf eine Gesamtauflage von 4250 Exemplaren brachte.[1371]

e) Der „Oettinger Anzeiger"

Der „Oettinger Anzeiger" bestand seit 1786, gehörte Verleger Friedrich Kron und gab sich von der politischen Richtung her parteilos.[1372] 1933 hatte das Blatt, das in dem 3000-Einwohner-Ort Oettingen im Ries produziert wurde, eine Auflage von 1800 Zeitungen pro Tag. 1934 erfolgte die Zusammenlegung mit den Abonnenten des „NNZ"-Kopfblattes im Verbreitungsgebiet der Kron-Publikation. Das neue Produkt hieß ab jetzt „‚Oettinger Anzeiger' vereinigt mit der ‚Nordschwäbischen National-Zeitung'".[1373] Indizien sprechen für den Abschluss einer Interessengemeinschaft zwischen Friedrich Kron und der National-Verlag GmbH. Anzunehmen ist, dass der Heimatverleger einen monatlichen Tribut, vielleicht ungefähr in der Größenordnung des Tagblatts für Wemding und Monheim", an Augsburg bezahlen musste.

1367 StA Augsburg, NS-Gauverlag Schwaben 1, Erworbene Verlagsrechte des NS-Gauverlages Schwaben GmbH., Augsburg.
1368 *Ebd.*
1369 Die „Rieser Volkszeitung" hatte 1930 sogar nur eine Auflage von 1060 Stück. ALA 1930,
S. 14.
1370 SPERLING 1933, S. 443.
1371 SPERLING 1935, S. 390.
1372 SPERLING 1933, S. 443.
1373 SPERLING 1935, S. 391.

f) Das „Anzeigeblatt für das westliche Allgäu", Weiler

Das „Anzeigeblatt für das westliche Allgäu" mit 4600 Exemplaren täglich (1933) gehörte der Firma Buchdruckerei Holzer und kam in der rund 1500 Personen zählenden Gemeinde Weiler heraus.[1374] Das sich bis zur Machtübernahme als neutral einschätzende Organ bestand seit 1850, hatte sich aber, bevor Hitler kam, politisch an der BVP orientiert.[1375] Die monatliche Vergütung an Augsburg belief sich auf 250 Mark.[1376]

g) Das „Tagblatt für Wemding und Monheim", Wemding

Hergestellt von der Georg Appl'schen Buchdruckerei, erschien in Wemding im Ries, das damals 2600 Bewohner hatte, seit 1892 das „Tagblatt für Wemding und Monheim. 1933 wurden täglich 1600 Stück verkauft.[1377] Durch die Interessengemeinschaft mit der National-Verlag GmbH. hatte das ehemalige BVP-Blatt 100 Mark pro Monat an den ‚Geschäftspartner' zu bezahlen.[1378]

4.3.5. Verlagsrecht im Krieg gepachtet

a) Die „Schwabmünchner Nationalzeitung"

Im Jahr 1933 gab es im 3760 Einwohner zählenden Schwabmünchen zwei Zeitungen: das alteingesessene, 1864 gegründete „Schwabmünchner Tagblatt" und die Schwabmünchner Ausgabe der „NNZ".[1379] Das „Tagblatt", das der Haas & Grabherr-Tochter Schwäbische Verlagsdruckerei G.m.b.H. gehörte, galt wie die anderen im Verlag publizierten Blätter als BVP-nah und hatte damals eine Auflage von etwa 2000 Stück. Bereits seit Juli 1933 kursierten Gerüchte, dass die Zeitung ganz eingestellt werden solle.[1380] Im November entzog ihm der nationalsozialistische Gemeinderat die Amtsblattfunktion. Stattdessen fungierte nun

---

1374 SPERLING 1933, S. 450.
1375 Vgl. Daheim in Lindau, S. 116.
1376 StA Augsburg, NS-Gauverlag Schwaben 3, NS-Gauverlag Schwaben GmbH., Augsburg.
1377 SPERLING 1933, S. 449.
1378 StA Augsburg, NS-Gauverlag Schwaben 72, Undatierte Aufstellung NS-Gauverlag Schwaben GmbH., Augsburg.
1379 Als katholisches Organ ist das „Schwabmünchner Tagblatt" mit einer Auflage von 2100 Stück (1932) auch in der Statistik aller katholischen Zeitungen Deutschlands bei NAUMANN (Hg.), Katholik, S. 327, verzeichnet. SPERLING 1930, S. 451, schreibt von 2000 Exemplaren und MOSSE 1931, S. 18, nennt 2100 Stück. Die Auflage 1933 wird bei ALA 1933, S. 20, mit 2000 Exemplaren, bei SPERLING 1933, S. 446, mit 1900 Stück angegeben.
1380 Vgl. Joachim JAHN, Schwabmünchen: Geschichte einer schwäbischen Stadt, Schwabmünchen 1984, S. 336f.

die „Schwabmünchner Nationalzeitung" als „Amtsblatt für Gemeinderat, Finanzamt, Amtsgericht, Notariat Schwabmünchen, als Veröffentlichungsorgan für sämtliche Vereine und als Gaublatt der NSDAP" – wie es protzig im Untertitel stand.[1381]

Die Partei und der Bürgermeister versuchten in der Folgezeit, das „Schwabmünchner Tagblatt" auszumanövrieren.[1382] Willkommener Anlass dafür war die Kündigung eines Redakteurs zum 1. April 1934. Auf einer Kundgebung der NSBO und DAF im März 1934 warf der Bürgermeister der Zeitung die Unrechtmäßigkeit der Entlassung vor, im Gegenzug unterstellte die Beschuldigte dem Angreifer persönliche Motive. Daraufhin kappte der Gemeinderat die Geschäftsverbindung mit dem Blatt und untersagte dem zuständigen Schriftleiter, der Parteigenosse war, den Zutritt zu den öffentlichen Sitzungen des Gremiums. Außerdem durfte sich die Zeitung nicht mehr „amtliches Publikationsorgan für Gemeinden" nennen.

Ende 1934 bot die Schwäbische Verlagsdruckerei G.m.b.H. das „Schwabmünchner Tagblatt" für 60.000 Mark zum Verkauf an. Dem Gemeinderat waren die Presseverhältnisse am Ort als unhaltbar erschienen. Immerhin hatte die Zeitung doch ab und zu zwischen den Zeilen gewagt, Kritik an der Gemeindeführung zu üben. Eine geplante Übernahme durch den Rat (49 Prozent) und die NSDAP-Kreisleitung (51 Prozent) kam jedoch nicht zustande, sodass der Verlag mit Druckerei und Liegenschaften im Oktober 1935 für 45.000 Mark an den Verleger Josef Oberländer[1383] überging. Ab 2. Dezember nannte sich das jetzt einzige Printmedium „Schwabmünchner Nationalzeitung vereinigt mit dem Schwabmünchner Tagblatt". Die „Schwabmünchner Nationalzeitung" wurde jetzt auch direkt vor Ort gedruckt und war nicht länger ein Kopfblatt der „NNZ".

1381 Laut SPERLING 1935, S. 394, lagen das „Schwabmünchner Tagblatt" mit 1864 Stück und die „Schwabmünchner National-Zeitung" mit 1900 Exemplaren von der Auflagenstärke her praktisch gleichauf. Für das Jahr 1933 gibt es keine Zahlen für die „Schwabmünchner Nationalzeitung", da ihre Auflage noch bei der „NNZ" mitgerechnet wurde.
1382 Vgl. JAHN, Schwabmünchen, S. 336f.
1383 Als Inhaber wurde Josef Oberländer am 12. Februar 1936 ins Handelsregister des Amtsgerichts Augsburg eingetragen. Er hatte das Unternehmen am 22. Oktober 1935 erworben. Der Unternehmer war Alt-Pg. und SA-Obersturmführer. StA Augsburg, BLVW-Außenstelle Schwabmünchen, Vermögenskontrolle 47, Eigentumsfragebogen vom 22. Mai 1947 sowie Bericht der Allgemeinen Prüfungs- und Treuhandgesellschaft m.b.H., Wirtschaftsprüfungsgesellschaft, über die bei der Firma Schwabmünchner Druck- und Verlagsanstalt Josef Oberländer, Schwabmünchen, durchgeführte Buch- und Betriebsprüfung für die Zeit vom 7. November 1945 bis zum 31. Dezember 1946, S. 1.

Ab 1. April 1943 pachtete der NS-Gauverlag Schwaben dann das Verlagsrecht auf Kriegsdauer von der „Schwabmünchner Druck- und Verlagsanstalt J. Oberländer".[1384]

5. 1936: Aus der „Neuen National-Zeitung" wird die „Augsburger National-Zeitung"

Stillschweigend vollzog sich am Montag, 3. August 1936 – während die Olympischen Spiele in Berlin die Berichterstattung dominierten – eine bedeutsame Änderung in der Geschichte des Gaublattes. Aus der „Neuen National-Zeitung" wurde von einem Tag auf den anderen die „Augsburger National-Zeitung", ohne dass die Redaktion über die Gründe dafür auch nur ein Wort verlor.[1385]

Diese Namensänderung steht in kausalem Zusammenhang mit der Gründung des Zeitungsverlages Donautal G.m.b.H., einer Tochtergesellschaft der National-Verlag GmbH., zum 1. Juni desselben Jahres.[1386] In dieser neuen Verlagsgesellschaft wurden die Parteizeitungen in Dillingen, Donauwörth, Günzburg und Wertingen zusammengefasst und, wie schon längst angestrebt, enger an Augsburg angegliedert. Diese Zusammengehörigkeit drückte sich, soweit nicht schon vorgenommen, in der Umbenennung aller Donautal-Publikationen in „National-Zeitung" aus – und zwar mit dem jeweiligen Erscheinungsort davor. So gesehen vollzog Augsburg mit der Umtaufe nur die äußere Angleichung an eine laufende Entwicklung.

1384 StA Augsburg, NS-Gauverlag Schwaben 1, Erworbene Verlagsrechte des NS-Gauverlages Schwaben GmbH. Augsburg.
1385 ANZ, Nr. 178 vom 3. August 1936. Die Gestaltung des Zeitungkopfes änderte sich nicht.
1386 Zu den Donautal-Zeitungen siehe Kapitel III.4.3.1.a).

6. Die Entwicklung der Auflage vom März 1933 bis September 1939

Anders als in der Gründungszeit der „NNZ" lässt sich die Entwicklung ihrer Auflage leichter verfolgen, da ihre Durchschnittszahl, und zwar immer die des Vormonats, ab 1. Januar 1934 im Impressum abgedruckt werden musste – was übrigens für alle Zeitungen galt.[1387] Bis zu den Dezemberzahlen 1937 liefert das Blatt denn auch detaillierte Angaben, dann gibt es nur noch stark gerundete Zahlen. Auf diesem Material baut dieses Kapitel auf. Im September 1939, mit Ausbruch des Krieges, war die Veröffentlichung der Produktionsziffern nicht mehr gestattet.[1388]

Bis auf kleine Abweichungen für die ersten fünf Monate 1934 decken sich die in der Zeitung genannten Ziffern mit der bereits zitierten Aufstellung im Bundesarchiv Berlin, die die Auflagezahlen vom Februar 1931 bis zum Oktober 1935 beinhaltet.[1389] Etwas Licht in die Angaben der Zeit ab Dezember 1937 bringen dann die Quartalszahlen aus der Fachpublikation „Archiv der NS-Presse" der Jahre 1939 und 1940 und dem zweiten Band der Statistischen und geschichtlichen Entwicklung der NS-Presse.[1390]

Mit 14.300 Exemplaren Durchschnittsauflage hatte die „NNZ" im März 1933 ihren bisherigen Höchststand erreicht.[1391] Einerseits resultierte die Erhöhung aus der gesteigerten Produktion für den Wahlkampf, andererseits aus dem zunehmenden Interesse für das Parteiblatt der neuen Regierung, von dem sich wohl so mancher Leser einen Informationsvorsprung erhoffte. Ein Teil der verbotenen „Schwäbischen Volkszeitung" könnte zur nationalsozialistischen Konkurrenz übergegangen sein und auch so mancher Opportunist dürfte seine Zeitung gewechselt haben. Sicherlich haben aber auch die wichtigen politischen Ereignisse, die sich in diesem Monat aneinander reihten, zum gesteigerten Absatz beigetragen. Danach sackte die Stückzahl im April um 2400 auf 11.900 ab.

1387 Siehe hierzu NNZ, Nr. 301 vom 30. Dezember 1933, S. 13: „Neuregelung des Anzeigenwesens". Erstmals erschienen die Zahlen in der NNZ, Nr. 4 vom 5. Januar 1934. Anfänglich wurde die Durchschnittsauflage der in der Schwäbischen NS-Presse angegliederten Zeitungen mit angegeben. Die Gesamtauflage der „ANZ" mit den zu ihr gehörenden vier Donautal-Zeitungen und der „Neuburger National-Zeitung" erschien ab Februar 1937 und gab zuletzt im April den Stand vom März 1938 wider.
1388 In der ANZ, Nr. 210 vom 9. September 1939, fehlt die Auflage erstmals. Vgl. auch KOHLMANN-VIAND, NS-Pressepolitik, S. 29.
1389 BA Berlin, NS 26/1065, Bericht über die Entwicklung der ANZ, 5. August 1936.
1390 IfZ München, MA 726/2. Die Bilanz umfasst die Quartalszahlen von III/1936 bis I/1938.
1391 BA Berlin, NS 26/1065, Bericht über die Entwicklung der ANZ, 5. August 1936.

Doch dann kletterte sie bis zum Jahresende 1933 fast kontinuierlich aufwärts. Selbst im August ging die Auflagezahl nur um 100 Zeitungen gegenüber dem Juli mit 15.300 Exemplaren zurück.

Einen gewaltigen Sprung machte die „NNZ" von September mit 16.100 Stück auf Oktober mit 20.040. Im Dezember 1933 war mit 21.303 Stück sogar die 21.000er Grenze überschritten, die nur noch im Januar 1934 mit 21.308 Exemplaren übertroffen wird. Innerhalb eines Jahres – im Januar 1933 waren es noch 9500 verkaufte Zeitungen gewesen – hatte die „NNZ" ihre Bezieherzahl glatt verdoppelt. Ab Februar 1934 nahm die Auflage wieder ab, wobei sie aber nur Schwankungen im Bereich von mehreren hundert Stück unterlag, und unterschritt bis November 1935 nie die 20.000er Marke.

Gründe, warum die „NNZ" keine neuen Bezieher an sich binden konnte, liefern die Lageberichte der Polizeidirektion Augsburg: „Sehr ungehalten sind die Leute darüber, dass die Zeitungen manchmal über bedeutende Vorgänge wenig oder gar nichts berichten", hieß es im November 1934.[1392] Unmut erregten aber auch Anzeigen von Warenhäusern bei Kleinhändlern und Gewerbetreibenden, obgleich gerade die „NNZ" ihre Leser ermahnte, dort nicht einzukaufen.[1393]

Einmal jedoch, im Januar 1935, steigerte sich der Ausstoß auf den neuen Rekordwert 23.346 – dabei handelte es sich um genau 3037 Zeitungen mehr als im Dezember des Vorjahres. Ursache für die ungewöhnliche Nachfrage, obgleich in den Wintermonaten erfahrungsgemäß mehr Zeitung gelesen wurde als im Sommer, dürften nicht nur die Ereignisse um die Saarabstimmung am 13. Januar gewesen sein. Am 22. Januar 1935 wurde nämlich mit großem Aufwand und mit Unterstützung prominenter Parteiaktivisten der Region die „Werbewoche der NS-Presse" gestartet, um neue Leser zu rekrutieren.[1394]

„Die Werbeaktion für die NS-Presse brachte anscheinend gute Früchte. Die Neue Augsburger Nationalzeitung konnte nach einer anfangs März vorgenommenen Zählung innerhalb Monatsfrist etwa 3000 neue Bezieher buchen, die Mehrzahl hievon dürfte früher die inzwischen eingegangene Münchener-Augsburger-Abendzeitung bezogen haben", erklärte der Monatsbericht der Regierung von Schwaben lakonisch.[1395]

1392 HStA München, 11A 106697, Lagebericht der Polizeidirektion Augsburg, 1. November 1934.
1393 HStA München, 11A 106697, Lagebericht der Polizeidirektion Augsburg, 1. April 1935.
1394 Den Startschuss im ‚Gau' Schwaben gab Gauleiter Karl Wahl. NNZ, Nr. 18 vom 22. Januar 1935, S. 1: „Gauleiter Wahl zur Werbewoche der NS-Presse".
1395 HStA München, MA 106682, Monatsbericht der Regierung von Schwaben und Neuburg, 7. März 1935.

Die Auswahl auf dem Augsburger Zeitungsmarkt war ja mittlerweile auch etwas beschränkt. Doch die „NAZ", damals noch in der Hand des bürgerlichen Verlegers Paul Haas, profitierte ebenfalls davon, wie in der Analyse weiter zu lesen war, und gewann im selben Zeitraum über 1000 Leser für sich. Aber auch diese Publikation hatte zwischen Januar 1934 und Januar 1935 eine turbulente Entwicklung durchgemacht. Von 29.768 Stück zu Jahresbeginn war sie bis auf 26.835 Exemplare im Juli 1934 gefallen, um dann im Januar 1935 mit 29.276 Zeitungen wieder fast die alte Höhe zu erreichen.[1396] Die in ihren Leserzahlen stagnierende „NNZ" konnte ihr also keine Bezieher abwerben.

In den kommenden Jahren ist diese Berg-und-Tal-Fahrt der „NAZ" bei den Verkaufszahlen augenfällig, die Schwankungen bewegten sich jedoch in größerem Rahmen als bei der „NNZ". Als Paradebeispiel dafür bietet sich das Jahr 1935 an. Hatte das Haax & Grabherr-Blatt im Januar eine Durchschnittsauflage von 29.276 Stück, so verbuchte es im Juli 26.740 Exemplare – ein absolutes Minimum zwischen 1933 und 1939. Zum Jahresende erholten sich die Verkaufszahlen wieder auf 30.066.

Beim Gaublatt zeichnete sich in diesem Zeitraum hingegen eine völlig andere Entwicklung ab. Zunächst einmal konnte es seinen Zuwachs vom Januar 1935 nicht halten. Im Februar verlor es fast alle 3000 Leser wieder auf einen Schlag und hatte nun eine Auflage von 20.458 Stück. Auf dieser Basis bewegte sich die „NNZ" mit kaum merklicher Negativtendenz und erreichte bis zum November des Jahres den Stand von 20.120 Zeitungen, um dann im Dezember mit nur noch 18.729 Stück plötzlich fast 1400 Bezieher zu verlieren.

Die Umstellung der katholischen „Augsburger Postzeitung" ab 1. August 1935 vom täglichen zum wöchentlichen Rhythmus beziehungsweise ihr Ende nach nur zwei Nummern wirkte sich nicht, wie eigentlich zu erwarten, auf den Absatz des nationalsozialistischen Organs aus. Es nutzten aber auch keine Appelle führender Nationalsozialisten, um die Abnehmerzahlen zu erhöhen. Am 30. März 1935 forderte Rudolf Heß, der Stellvertreter des ‚Führers', alle Gliederungen der Partei dazu auf, „die Werbearbeit der NS-Verlage ausführlichst zu unterstützen."[1397]

In einem Runderlass vom 15. April, den der Reichs- und Preußische Innenminister Dr. Wilhelm Frick herausgab, bekundete er, dass die örtliche NS-Presse in erster Linie zu berücksichtigen sei.[1398] An sie sollten auch die amtlichen Bekanntmachungen von lokalem Belang vorzugsweise geliefert werden. Der

---

1396 Siehe hierzu die im „NAZ"-Impressum abgedruckten Zahlen.
1397 NNZ, Nr. 75 vom 30. März 1935, S. 5: „Der Stellvertreter des Führers gibt folgende Anordnung bekannt". Im Original ist das Zitat fett und gesperrt.
1398 NNZ, Nr. 88 vom 15. April 1935, S. 1: „Die örtliche Presse ist in erster Linie zu berücksichtigen! Ein Runderlaß des Reichsinnenministers".

Reichskriegsminister Werner von Blomberg schloss sich dem am 4. Juni an.[1399] Damit wollten die Regierungsvertreter das Primat der NS-Presse vor allen anderen Publikationen fördern, denn amtliche Bekanntmachungen zu veröffentlichen, bedeutete einen Informationsvorsprung vor den anderen zu haben und dies eröffnete somit bessere Absatzchancen. Interessant ist noch die Feststellung der Polizeidirektion Augsburg, dass sich ausländische Zeitungen, speziell schweizerische, 1935 zunehmender Verbreitung als Alternative zur deutschen Presse erfreuten.[1400]

1936 und 1937 rutschte die Augsburger NS-Zeitung in ein Absatztief, das sie so nie wieder erlebte. Zwar hatte sie im Januar 1936 mit 20.050 Exemplaren annähernd den Stand vom November 1935 erreicht und die abgesprungenen Bezieher zurück gewonnen, doch dann herrschte wieder, wie bereits 1935, zwischen Februar (18.640) und November (18.620) Stagnation. Die monatlichen Zahlen gingen höchstens 270 Exemplare nach unten. Bei der „NAZ" ist dagegen die übliche Wellenbewegung von 29.819 im Januar über den Jahrestiefstand im Juli (27.064 Exemplare) zu über 30.000 Nummern im November und Dezember feststellbar. Ihr blieb ihre Klientel offenbar weiterhin treu.

Im Jahr der Olympischen Spiele erreichte die Hetze gegen den politischen Katholizismus, aber auch gegen die angebliche Devisenschiebereien von Ordensleuten und moralische Verfehlungen von Pfarrern ihren Höhepunkt. Dies spaltete die öffentliche Meinung im mehrheitlich katholischen Augsburg, wie der Polizeibericht betont.[1401] Sicherlich ist dies ein Aspekt bei Überlegungen, warum sich vor allem die Verkaufszahlen der „NNZ" nach unten bewegten. Ursache, warum sie das einzige Mal im Januar die Stückzahl von 20.000 überschritt, dürfte die zweite „Woche der NS-Presse" in diesem Monat gewesen sein.[1402] Und obgleich der Reichsbauernführer Anfang Mai die Bauern dazu aufrief,[1403] die Zeitung auch im Sommer zu lesen und Ende Mai sogar ein Preisaus-

---

1399 NNZ, Nr. 127 vom 4. Juni 1935, S. 5: „Militärische Bekanntgabe in der NS-Presse".
1400 HStA München, MA 106697, Lageberichte der Polizeidirektion Augsburg, 1. Oktober und 1. Dezember 1935.
1401 HStA München, MA 106697, Lagebericht der Polizeidirektion Augsburg, 1. Oktober 1935.
1402 NNZ, Nr. 15 vom 18. Januar 1936, S. 1: „Der Appell der NS-Presse!". Siehe hierzu auch BA Berlin, Sammlung Schumacher 260, Beteiligung der SS an der Woche der NS-Presse, 17. Dezember 1935. Zu dieser Aktion des Pressepolitischen Amtes der NSDAP hieß es unter anderem: „Durch diese Werbemassnahmen sollen diejenigen Volksgenossen, die bisher keine Tageszeitung lesen, aus ihrer politischen Interessenlosigkeit aufgerüttelt werden."
1403 NNZ, Nr. 103 vom 5. Mai 1936, S. 9: „Der Bauer muß auch im Sommer die Zeitung lesen!"

schreiben unter dem Motto „Was man vom Gaublatt der NSDAP hat!" mit 50 Mark als Hauptgewinn ausgelobt wurde,[1404] ließ sich der Absatz nicht in die Höhe treiben.

Da diese Werbetricks nichts fruchteten, startete die nunmehrige „ANZ" eine kleine Kampagne für das Zeitung lesen, zu der es gewöhnlich eine einspaltige Karikatur gab. „Zeitungsgutscheine für jedes neue Ehepaar" sollten laut Ankündigung vom 2. Oktober Jungvermählte auf Anweisung des Reichsinnenministers für die Dauer eines Monats bei der Eheschließung erhalten.[1405] Auch Dr. Robert Leys „dringliche Mahnung an eine selbstverständliche Pflicht", nämlich dass die Arbeiter Zeitung lesen müssten, nutzte nichts.[1406] Im Dezember 1936 kam die „ANZ" erstmals nach zehn Monaten mit 19.916 Zeitungen wieder fast an die 20.000er Grenze und hatte im Vergleich mit dem November 1300 Blätter mehr verkauft. Im Januar waren es nur noch 19.072, im Februar 1937 19.129 Bezieher.

Danach ging es bergab und das Augsburger NS-Blatt erreichte im August mit 18.131 Nummern seinen Tiefststand seit September 1933 und hatte innerhalb eines halben Jahres ziemlich genau 1000 Käufer verloren. So weit sank die Auflage nie wieder ab – etwa zu diesem Zeitpunkt endete interessanterweise jedoch auch die Verleumdungskampagne gegen katholische Geistliche.[1407] Bis Oktober war die Talsohle durchschritten und die Publikation hatte mit 19.133 Stück diesen Verlust wieder wettgemacht.

So gesehen, bildete das Jahr 1937 den Endpunkt einer Entwicklung, die sich schon zwei Jahre vorher abzuzeichnen begann, als sich nach ihrem rasanten Aufschwung eine zweijährige Stagnation mit kaum wahrzunehmenden Rückgängen und schließlich ein richtiger Einbruch 1936 bei den Absatzzahlen einstellte, von dem sich die „ANZ" nur kurzfristig ein wenig erholen konnte, um dann wieder einzubrechen.

Mit diesem deutlich bekundeten Desinteresse der Bevölkerung am Zeitung lesen stand das NS-Organ nicht allein, vielmehr war es im ganzen Reich zu beobachten, wenn dieser Trend in Augsburg auch erst später einsetzte. Eine zurückgehende Nachfrage beim Zeitungskauf, da sich während der Zeit der Gleichschaltung des deutschen Pressewesens zwischen 1933 und 1936 eine gewisse

---

1404 NNZ, Nr. 125 vom 30. Mai 1936, S. 9: „Großes Preisausschreiben der NNZ".
1405 ANZ, Nr. 236 vom 2. Oktober 1936, S. 7: „Zeitungsgutscheine für jedes neue Ehepaar".
1406 ANZ, Nr. 241 vom 15. Oktober 1936, S. 2: „Arbeiter müssen Zeitung lesen".
1407 Auch die Gesamtauflage inklusive der Donautal-Blätter und der „Neuburger National-Zeitung" rutschte nie wieder so tief ab.

Müdigkeit der Leser ob der durch die Presselenkung einsetzenden Gleichförmigkeit sowie der klaffenden Lücke zwischen Nachrichtenpolitik und Wirklichkeit breit machte.[1408]

Im Dezember 1937 wuchs das Interesse an der Zeitungslektüre wieder und das Gaublatt übersprang wieder die Schallmauer von 20.000, die sie bis 1945 nicht mehr unterschritt. Leider heißt es im Impressum jetzt nur noch „über 20.000". Diese Angabe blieb das Jahr 1938 über unverändert. Das „Archiv der NS-Presse" hält sich weniger bedeckt und schreibt von 20.928 Exemplaren zum 30. September 1938 und von 22.889 Nummern zum Jahresende.[1409] Bei der „NAZ", die ebenfalls mit diesen gerundeten Ziffern arbeitete, zeichnete sich wie immer die klassische Kurve ab, die sich diesmal zwischen „über 30.000" zu Jahresbeginn, "über 28.000" (Jahresmitte) und „über 30.000" bewegte. Noch behauptete sich das alteingesessene Blatt unverdrossen gegen die Konkurrenz.

Dennoch hatte die „ANZ" schon 1938 zum Höhenflug angesetzt – nicht zuletzt aufgrund der politischen Ereignisse. Die Früchte dieses Erfolges erntete sie zu Propagandazwecken erst zum Jahrestag der Machtergreifung am 30. Januar 1939, als sie stolz und mit einer Grafik vermeldete, dass im vergangenen Jahr über 4000 neue Leser hinzugekommen seien. Die Produktion lag nun bei über 24.000,[1410] zum Ende des ersten Quartals waren es, konkreter gesagt, 24.871 Nummern.[1411] Sperlings Zeitschriften- und Zeitungs-Adreßbuch 1939 vermerkte übrigens mit 19.953 Stück Durchschnittsauflage eine Zahl unter 20.000.[1412]

Rechtzeitig zu Hitlers 50. Geburtstag rollte die Gauzeitung eine große Kampagne um den 25.000. Bezieher auf – was ja nicht mehr allzu schwer war – die sie sich auch etwas kosten ließ. Der Werber sollte 200 Mark, der Jubiläumsleser 50 Mark erhalten. „Darüber hinaus vergüten wir für jeden Bezieher eine Werbeprämie für RM 2,- in bar", gab sich die „ANZ" großzügig.[1413] Die Aktion dauerte vom 20. April bis einschließlich 19. Mai. Am 3. Juni jubelte das Blatt: „Unser 25.000 Bezieher ist da!" und im Kopf stand in roter Schrift „Jetzt über 25.000 Auflage".[1414] Mit 25.238 zum 30. Juni 1939 hatte es das Ziel deutlich überschritten.[1415]

1408 Vgl. STOREK, Öffentlichkeit, S. 73f. Siehe hierzu auch Kapitel 2.3.2.d).
1409 „Die Entwicklung der NS-Presse im IV. Vierteljahr 1938", in: Archiv der NS-Presse 7 (1939), Blatt 23 Vorderseite.
1410 ANZ, Nr. 25 vom 30. Januar 1939, nicht paginierte Beilage.
1411 „Die Entwicklung der NS-Presse im II. Vierteljahr 1939", in: Archiv der NS-Presse 5 (1940), Blatt 44 Rückseite.
1412 SPERLING 1939, S. 399.
1413 ANZ, Nr. 90 vom 18. April 1939, S. 12: „Wer bringt uns den 25.000 Bezieher?"
1414 ANZ, Nr. 127 vom 3. Juni 1939, S. 4.
1415 „Die Entwicklung der NS-Presse im II. Vierteljahr 1939", in: Archiv der NS-Presse 5 (1939), Blatt 44 Rückseite.

Noch nie zuvor wie in den letzten acht Monaten vor dem Krieg näherten sich die Produktionszahlen der beiden Augsburger Publikationen an. Hatte die Differenz stets zwischen mindestens rund 6500 – das war im Juli 1935, als die „NAZ" mit 26.740 Stück auf ihren zwischen 1934 und 1939 niedrigsten Wert gefallen war – und rund 11.000 Exemplaren betragen, so schrumpfte der Abstand nun rasch.

Vom Januar bis April 1939, als die „NAZ" „über 30.000"Auflage nannte, lag die „ANZ" bei „über 24.000". Im Mai hatte ersteres Blatt „über 29.000", zweiteres „über 24.000". Von Juni bis August zählte das einstige BVP-Organ noch „über 28.000" Stück, das NS-Medium „über 25.000". Es scheint, als ob die Augsburger das einstige Winkelblättchen als vollwertige Tageszeitung akzeptiert hatten.

7. Das veränderte Erscheinungsbild des Gaublatts

7.1 Veränderungen im Layout 1933 bis 1939

Im Gegensatz zu den großen inhaltlichen Veränderungen mussten sich die Leser der „NNZ/ANZ" zwischen 1932 und Mitte 1937 höchstens an geringe äußerliche Korrekturen ihres Blattes gewöhnen. Der Zeitungskopf, dessen aufdringliche „Wicking-Fraktur" nach wie vor die vierspaltige Einteilung der Publikation beherrschte, blieb vorläufig ebenso der alte wie das „Berliner Format" mit zirka 47:32 Zentimetern als eingeführte Zeitungsgröße. Daran wurde auch nach der Umbenennung der „Neuen National-Zeitung" in „Augsburger National-Zeitung" am 3. August 1936 festgehalten.

Die Unterzeilen im Kopf hingegen wechselten häufiger. Waren dort bis zum 30. Mai 1933 mit „Augsburger Lokalanzeiger" – „Schwäbischer Beobachter" lediglich geographische Hinweise vermerkt,[1416] so stand ab 31. Mai in einer ergänzenden zweiten Unterzeile zu lesen, dass die „NNZ" nun zum „Amtsblatt für den Regierungs-Bezirk Schwaben und Neuburg" avanciert war.[1417] Darunter, in einer Art dreiteiligem Kasten, wurde Karl Wahl MdL, prominent in der Mitte, als Herausgeber hervorgehoben, rechts und links flankiert von den Geschäftsbedingungen der National-Verlag GmbH. Das Parteisymbol der NSDAP – der Adler, der einen Eichenkranz mit Swastika trägt – war von diesem Tag an ebenfalls feiner ausgearbeitet. Hatte er zuvor ein grob gezeichnetes Gefieder, so waren Schwingen und Kopf nun mehr stilisiert. Dasselbe galt für den Kranz: Der Betrachter konnte die Eichenblätter jetzt als solche erkennen, ebenso das sie durchziehende Band. Das Hakenkreuz, vorher noch in der älteren, stehenden Form, erhielt die im Dritten Reich übliche, dynamischer wirkende Schrägstellung. Die

---

1416 NNZ, Nr. 124 vom 30. Mai 1933, S. 1.
1417 NNZ, Nr. 125 vom 31. Mai 1933, S. 1.

Köpfe der einzelnen Seiten trugen links oben die Seitenzahl, in der Mitte die Tagesangabe und das Datum und rechts die Nummer. Insgesamt wirkte die Zeitung nun professioneller und übersichtlicher.

Ihr Umfangs wuchs ebenfalls. War eine Ausweitung der Seitenzahl nach der Machtübernahme unter anderem aus technischen Gründen nicht möglich, so wurden die Käufer in einem Appell im April 1933 damit vertröstet, dass sich diese bald erhöhen werde.[1418] Denn nachdem sich die Herrschaftsverhältnisse eindeutig abzeichneten, entdeckten nun auch viele Geschäftsleute das Parteiblatt als Insertionsorgan. In der Tat wurde nach Abschluss des Umbaus und der Modernisierung der Druckerei Schroff sowie der personellen Aufstockung der „NNZ"-Redaktion ein Umfang von 14 Seiten unter der Woche üblich.

Am Wochenende umfasste eine Nummer nicht selten mehr als doppelt so viel. Am 4. November 1933 kam erstmals die neue, achtseitige illustrierte Wochenbeilage „NNZ-Bilderwoche" heraus, bei der es sich, wie bei ihrer Vorgängerin, um eine Spezialausgabe des „Illustrierten Beobachters" handelte.[1419] Der Abonnementspreis für die Gauzeitung war bereits zum 1. November 1933 um zehn Pfennig auf 2,10 Mark geklettert.[1420]

Die nächste, wenn auch in erster Linie rechtlich bedeutende Änderung, ergab sich zum 2. Januar 1934: Karl Wahls Name und seine Herausgeberschaft verschwanden aus der Unterzeile.[1421] An dieser Stelle prangte nun die Bezeichnung „Gaublatt der NSDAP", womit sich die „NNZ", wie bereits dargelegt, im Einklang mit dem von der Obersten Parteileitung angestrebten Reorganisationskonzept für die Gaupresse befand.[1422] Am 10. Mai 1935 wurden die bislang in Fraktur gehaltenen Überschriften auf Seite 1 etwas modernisiert und die Spaltenlinien fielen weg.[1423]

Ab 1937, speziell aber im Jahr 1938, kam einiger frischer Wind in die bewährte Typographie des Gauorgans. Zunächst versuchten Schriftleitung und Verlag ab 24. September 1937 eine behutsame Umgestaltung des Zeitungskopfes der „Augsburger National-Zeitung".[1424] Für „Augsburger" wurden nun Versal-Buchstaben gewählt, ebenso wie für die im Vergleich dazu etwas kleiner gehaltene Unterzeile „Augsburger Lokalanzeiger" und „Schwäbischer Beobachter". Ab 15. Januar 1938 bekamen die Artikel – ein Novum – einen fetten Vorspann, die Fraktur bei den Überschriften wirkte ausgeprägter und wuchtiger.[1425]

1418 NNZ, Nr. 84 vom 8. April 1933, S. 3: „An unsere Leser!"
1419 NNZ, Nr. 254 vom 3. November 1933, S. 5: „Morgen stellt sich vor ..."
1420 NNZ, Nr. 252 vom 1. November 1933.
1421 NNZ, Nr. 1 vom 2. Januar 1934, S. 1.
1422 Näheres in Kapitel III.2.2.
1423 NNZ, Nr. 107 vom 10. Mai 1935.
1424 ANZ, Nr. 222 vom 24. September 1937, S. 1.
1425 ANZ, Nr. 12 vom 15. Januar 1938.

Für den Leser wurde es allerdings nicht einfacher, sich auf der Seite zu orientieren; andererseits erhielt das Blatt einen seriöseren Charakter. Der kleine Kopf für die inneren Seiten wechselte ebenfalls: Nun waren links der Tag und das Datum, in der Mitte der Name „Augsburger National-Zeitung" mit der laufenden Nummer und rechts die Seitenzahl vermerkt. Genau zwei Monate später, am 15. März, ging die Redaktion ab vom so genannten Bogensystem und ließ die Seiten jetzt buchmäßig folgen.[1426]

Statt des „Lokalanzeigers", der sich bislang auf der ersten rechten Seite befunden hatte, platzierte die „ANZ" dort nun die dritte politische Seite, auf der Seite vier sollten künftig der tägliche Fortsetzungsroman und das Feuilleton erscheinen. Die Redaktion bemühte sich mit der Einführung des Buchsystems, endlich eine feste und damit leserfreundliche Ordnung in der Zeitung zu etablieren. Beabsichtigt war außerdem, das Layout „freundlicher und lichter" zu gestalten, und zwar mit Hilfe von leichteren Überschriften, durch gute, aufgelockerte Bilder, aber auch durch Bemühungen, Artikel und Seiten für sich abgeschlossen zu gestalten.[1427] Bislang hatten sich Berichte teilweise über mehrere Seiten erstreckt. Der vorläufige „Schlußpunkt dieser Entwicklung" gipfelte am 25. Juni 1938 mit der Einführung eines neuen Kopfes für die Titelseite, der ebenfalls dazu dienen sollte, „mehr Ruhe und Klarheit" in das Blatt zu bringen.[1428] Gewählt wurde eine elegante Fraktur für den Zeitungsnamen. Nummer und Jahrgang befanden sich links, Ort und Datum rechts oben, darunter war jeweils eine Linie gezogen, welche wiederum auf halber Höhe des Wortes „Augsburger" lag.

In Versalien gehalten waren die Untertitel „Augsburger Lokalanzeiger" und „Schwäbischer Beobachter". Ebenfalls in dieser Schriftart, aber deutlich größer hieß es darunter „Gaublatt der NSDAP" und nochmals eine Zeile tiefer und deutlich kleiner folgte „Amtsblatt für den Regierungsbezirk Schwaben und Neuburg". Damit wurde deutlich hervorgehoben, was Priorität hatte. Der Hoheitsadler, noch weiter abstrahiert als bisher, stand in der Mitte dieser drei Unterzeilen und hatte gliedernde Funktion. Links und rechts außen bildeten die Geschäftsbedingungen kompakte Blöcke, wobei der linke mit „Anzeigenpreis", der rechte mit „Bezugspreis" überschrieben war. Eine Linie trennte den Seitenkopf vom eigentlichen Zeitungsinhalt.

Bislang war all die Jahre die Größe der Publikation beibehalten worden. Doch auch hier bahnte sich ein Wechsel an. Ab 1. Dezember 1938 erschien sie künftig im „Rheinischen Format" mit zirka 51 auf 37 Zentimetern. Dies soll auf

---

1426 ANZ, Nr. 62 vom 15. März 1938, S. 7: „An unsere Leser!"
1427 ANZ, Nr. 145 vom 25. Juni 1938, S. 5: „An unsere Leser".
1428 *Ebd.*

den Wunsch des Gauleiters zurückgehen.[1429] Trotz erheblicher Mehrausgaben bei der Herstellung und des erweiterten Umfangs, schrieb die Redaktion selbstgefällig, werde der Bezugspreis von nach wie vor 2,10 Mark aber nicht erhöht – wahrscheinlich im Hinblick auf die Konkurrenzsituation mit der „NAZ".[1430] Überdies bedurfte es dafür der Genehmigung des Verwaltungsamtes für die Presse.

Die durchgehende Linierung der Spalten kam im Januar 1939 als Gestaltungsmittel erneut zum Einsatz. Ab 31. Juli desselben Jahres schließlich führte die „ANZ" zum Wochenbeginn am Montag die Bilderseite „Von allem etwas" ein.[1431] Der bald ausbrechende Krieg brachte der Zeitung allerdings bald darauf mehr und mehr Einschränkungen.

7.2 Themen und Sprache nach den Märzwahlen 1933 bis zum Krieg

Nachdem die entsprechenden rechtlichen Grundlagen geschaffen worden waren,[1432] unterlagen die Zeitungen in Hitlers Reich einer strengen Reglementierung, von der auch die bisherigen Parteiblätter nicht ausgenommen blieben. Dies fiel in eine Phase, wo die NS-Gaupresse sowohl wirtschaftlich als auch technisch saniert wurde. Nun verlor sie im inhaltlichen Bereich ebenfalls ihre Selbstständigkeit, die sie sich – trotz der Bemühungen der Münchner Parteizentrale – hatte bis zu einem gewissen Grad noch behalten können. Für jedes politische, ökonomische oder gesellschaftliche Ereignis existierte jetzt praktisch eine Sprachregelung, an dies sich die Journalisten halten mussten. Ihre Anzahl steigerte sich kontinuierlich von 1933 bis 1945.[1433] Zwischen 80.000 bis 100.000 sollen es in diesen zwölf Jahren gewesen sein.[1434] Nicht wenige von ihnen waren mit genauen Platzierungsvorschriften, Sperrfristen oder Schlagzeilen-Regelungen versehen, die regelmäßig vernichtet werden mussten. Denn nur,

---

1429 ANZ, Nr. 269 vom 17. November 1938, S. 7: „Die Partei und ihre Zeitung". Wie bei jeder Änderung wurde im Übrigen auch behauptet, die neue Größe gehe auf einen lang gehegten Wunsch der Leser zurück.
1430 ANZ, Nr. 269 vom 17. November 1938, S. 3: „Ab Dezember Großformat". Die Zeitung warb mit einer ganzseitigen Anzeige für das neue Format.
1431 ANZ, Nr. 175 vom 31. Juli 1939, S. 3.
1432 Siehe dazu Kapitel III.2.3.2.
1433 Vgl. NS-Presseanweisungen 1933/I, S. 24.
1434 Vgl. *ebd.* Die Zahl der überlieferten Anweisungen betrug nach dem bisherigen Stand der Auswertung in der zweiten Jahreshälfte 1933 330 Stück, im Jahr 1934 1000 Stück, im Jahr 1935 1500 Stück, im Jahr 1936 2500 Stück, im Jahr 1937 3100 Stück und 1938 3750 Stück. Vgl. NS-Presseanweisungen 1938, Bd. 6/I, S. 13.

wenn den ahnungslosen Lesern die Mechanismen der vom Staat gelenkten Presse unbekannt blieben, verloren sie auch nicht das Vertrauen in sie, sonst hätte dies zumindest ihre Schlagkraft vermindert.[1435] Trotzdem haben drei offiziell bekannte Sammlungen die Zeiten überdauert.

Auf Wunsch des Propagandaministers Dr. Joseph Goebbels erhielten im Oktober 1934 alle deutschen Schriftleiter „Richtlinien für die Gesamthaltung der deutschen Presse", die grundsätzliche Erklärungen zur vom Ministerium gewünschten Berichterstattung beinhalteten. 1936 erstellte es dann erneut Richtlinien, um den Umgang mit vertraulichen Mitteilungen zu regeln.[1436] Das „Deutsche Nachrichtenbüro" („DNB") besorgte ebenfalls bereits eine Art Vorzensur, weil durch sie alle Meldungen, Texte und Kommentare gehen mussten. Die Kommentare galten wiederum als Richtschnur für die Tendenz eigener Arbeiten. Neben dem „DNB" gab es weiterhin viele kleine Agenturen und Korrespondenzbüros, wobei seit Dezember 1933 keine neuen derartigen Anbieterfirmen mehr gegründet werden durften.[1437] Hitlers Reden waren immer maßgeblich für die weitere Behandlung eines Themas. Auch der Umbruch unterlag bis ins Einzelne den Anweisungen. Nicht nur der Aufmacher, sondern auch die Rangfolge und die Form der anderen Meldungen blieben davon nicht ausgenommen. Hielten sich die Redakteure nicht daran, drohten ihnen Strafen – ebenso wie bei Nichtbefolgung der Sprachregelungen.

Die wichtigste Informationsquelle überhaupt für die Zeitungen im Dritten Reich stellte jedoch die werktägliche Berliner Pressekonferenz dar.[1438] Ursprünglich war sie eine Einrichtung der in der Hauptstadt akkreditierten Journalisten gewesen und wurde dann zum 1. Juli 1933 „neu geordnet."[1439] Hatten bisher die Vertreter der Printmedien den Abgesandten der Ministerien an sechs Tagen der Woche die Gelegenheit gegeben, sie über Vorhaben, Ideen und Maßnahmen der Reichsregierung zu unterrichten, lief das Ganze nun umgekehrt. Das Propagandaministerium funktionierte die Konferenz zu einer Veranstaltung der Staatsführung um, zu der nunmehr ausgewählte Journalisten Zutritt hatten. Wer sich nicht an die Bestimmungen über den Umgang mit den dabei verkündeten amtlichen Informationen hielt, dem drohte der Ausschluss. Diese waren dreigeteilt: Die einen dienten der Veröffentlichung; andere wiederum erwiesen sich als vertraulich, durften aber an die Schriftleitung weitergegeben werden. Der dritten Kategorie gehörten Nachrichten an, die als streng vertraulich galten

---

1435 Vgl. STOREK, Öffentlichkeit, S. 76.
1436 Vgl. NS-Presseanweisungen 1933/I, S. 82f. Darin Genaueres über die Verfahrensweise beim Umgang mit vertraulichen Mitteilungen.
1437 Vgl. NS-Presseanweisungen 1934, Bd. 2/I, S. 17.
1438 Vgl. NS-Presseanweisungen 1933/I, S. 29ff.
1439 *Ebd.*, S. 32.

und nur für die Ohren der Anwesenden bestimmt waren. Unter diesen neuen Bedingungen wurde die Stoffbeschaffung für die Blätter recht einseitig, zumal die anderen Informationsquellen der Regierung jetzt offiziell versiegten.[1440]

Ab November 1940 wurde dann auf Initiative von Reichspressechef Dr. Otto Dietrich die so genannte „Tagesparole" eingeführt.[1441] Dies bedeutete, dass die Sprachregelungen und Informationen zu allen aktuellen Tagesgeschehnissen – ob militärischer oder politischer Natur – komprimiert werden sollten. Dietrich wollte darin die Wünsche und Anregungen aller Ministerien und der obersten Reichsbehörden vor dem Beginn der Pressekonferenz zusammengefasst formuliert haben. Im ständigen Kompetenzgerangel mit Propagandaminister Dr. Joseph Goebbels und Außenminister Joachim von Ribbentrop stehend, versuchte er auf diese Weise, deren Einfluss auf die offizielle Pressekonferenz einzudämmen.

Gabriele Toepser-Ziegert, die die Presseanweisungen der Vorkriegszeit mit bearbeitet hat, kommt aufgrund der Entwicklungen zu dem Resultat, „daß es eine gleichgeschaltete deutsche Presse nicht gab, wohl aber eine gelenkte Presse."[1442] Damit einhergehend lassen sich Veränderungen im Sprachgebrauch und ihre zunehmende Instrumentalisierung - etwa dann, wenn Wörter nur noch in einem ganz bestimmten Kontext verwendet werden durften – feststellen.[1443] Auch hielt ein militärischer Ton (häufig in den Überschriften) immer mehr Einzug in die Zeitungen.[1444]

Appelliert wurde – nach bewährtem Muster – an die Gefühle der breiten Masse, an ihre Instinkte und Urängste, was eine stetige Wiederholung der gleichen Propagandaparolen zur Folge hatte.[1445] Zur ideologischen ‚Unterwanderung' der ‚Volksgenossen' wählte man die schon in der ‚Kampfzeit' angewandte, primitive antisemitische Freund-Feind-Charakterisierung, überhaupt wurde nur in Gut und Böse eingeteilt. Dies machte die Publikationen nicht gerade abwechslungsreicher.

1440 Vgl. *ebd.*, S. 30.
1441 Vgl. KOHLMANN-VIAND, NS-Pressepolitik, S. 70f. Darin ab S. 73ff. auch Näheres zu den Berliner Pressekonferenzen während des Krieges.
1442 NS-Presseanweisungen 1933/I, S. 23.
1443 So hatte etwa der Begriff „Propaganda" einen positiven Charakter, während der Terminus Agitation negativ belegt und im Zusammenhang mit dem Bolschewismus zu verwenden war. Vgl. STOREK, Öffentlichkeit, S. 83. Dort finden sich weitere Beispiele.
1444 Diese Beobachtungen macht auch *ebd.*, S. 90.
1445 Vgl. HAGEMANN, Presselenkung, S. 13.

Eingezwängt in das enge Korsett von Presseanweisungen und durch die Vorgaben der Berliner Pressekonferenz blieb der Augsburger Gauzeitung, ebenso wie allen anderen Blättern, nicht viel Raum für Eigeninitiative. Zumal auch der Gauleiter seine Gründung nach wie vor gerne für seine Zwecke nutzte, und selbstverständlich hatte auch das Gaupresseamt jederzeit die Möglichkeit, entsprechendes Material in der Presse unterzubringen. Dazu kamen ständig Veranstaltungen wie Wettkämpfe, Feierstunden, Fahnenweihen, Aufmärsche oder Sammelaktionen, über die pflichtgetreu und in großer Aufmachung berichtet wurde. Nicht zu vergessen die festen Einrichtungen Winterhilfswerk, der Reichsberufswettbewerb oder der Eintopfsonntag.

Begleitet wurden sie von zur Teilnahme auffordernden Appellen führender regionaler NS-Funktionäre, die natürlich auffällig zu platzieren waren. Damit hielten Vertreter des Regimes und der Gliederungen der Partei die Menschen nicht nur im Reich, sondern auch in Augsburg und Schwaben stetig auf Trab und dies nicht ohne Grund: „Totalitäre Bewegungen sind bewegungssüchtig; der geregelte Ablauf staatlicher und gesellschaftlicher Vorgänge ist für sie lebensgefährlich. Propaganda ist das wichtigste Mittel zur ununterbrochenen Aktivierung der Massen", wie Jürgen Hagemann treffend bemerkt.[1446]

Neben diesen Aktionen, die selbstredend dazu dienten, die ‚Volksgemeinschaft' zusammenzuschmieden, existierte ein fester nationalsozialistischer Festtagskalender. Dazu zählten der 30. Januar (Machtantritt Hitlers), der 20. April („Führers Geburtstag"), der Reichsparteitag in Nürnberg Anfang September oder der 8./9. November (Marsch auf die Feldherrnhalle). Ganz wichtig für das schwäbische Selbstbewusstsein war die Feier des 9. März. Er war der mit Legenden verbundene Tag der Machtübernahme im Gau.[1447] Für die Berichterstattung über diese Feierlichkeiten wurde ein auffallend pathetisch-überhöhender Duktus in der „NNZ/ANZ" gewählt.

Auffallende Resonanz fanden die so genannten Erfolge des Regimes auf allen Gebieten des öffentlichen Lebens – die von der Bekämpfung der Arbeitslosigkeit über die Beseitigung der Armut im Ries, den Anschluss Österreichs oder den Ausbau der Autobahnen reichten. Dazu produzierte die Gauzeitung nicht selten eigene Reportagen oder gar Sonderseiten, die aus der Feder der Redaktionsmitglieder stammten, was den Stellenwert der Geschehnisse in der Öffentlichkeit noch hervorhob. Dienten sie doch dazu, nicht nur die Parteigänger, sondern auch diejenigen, die der Diktatur Hitlers bislang distanziert begegneten, zumindest von der Richtigkeit des eingeschlagenen Weges zu überzeugen.

1446 *Ebd.*, S. 11.
1447 Siehe hierzu Kapitel III.2.1.

Gleichzeitig sollten sie Hitler, als „Vollstrecker des Volkswillens",[1448] die Bestätigung durch sein Volk verschaffen, denn nur so konnte er seine Herrschaft legitimieren.

Einen weiteren, unabdingbaren Bestandteil bildeten die Meinungselemente, von denen es ab Mitte der 30er Jahre sogar täglich zwei zu lesen gab. Meist stammte einer der Kommentare von Hauptschriftleiter Dr. Josef Sewald alias „Cato". Ihr Credo war natürlich vorgegeben.

Die Diskriminierung und Ausgrenzung der Juden aus dem städtischen Leben ging dagegen etwa bis 1938 ohne großes mediales Interesse vor sich. Antisemitische Berichte finden sich zwar häufig, sie sind aber meist kleiner gehalten und nicht prominent veröffentlicht. Und der Hitlerkult nahm wie überall die Form einer Heiligenverehrung an – seine mehrfachen Besuche in Augsburg lesen sich wie Kitschromane.

Die „NNZ/ANZ" kam den an sie gestellten Anforderungen getreulich nach. Ob es nun um die Vermittlung des Führer-Gefolgschaftsprinzips ging oder um die Beschwörung der Volksgemeinschaft über alle gesellschaftlichen Schranken hinweg oder ganz allgemein um die Tradierung des Blut-und-Boden-Mythos: Die Augsburger Blattmacher erwiesen sich als brave Handlanger ihrer Regierung. Obgleich die Nationalsozialisten mit missionarischem Eifer daran gingen, die traditionellen Wertvorstellungen und gesellschaftlichen Strukturen aufzubrechen und hierfür die Presse massiv einspannten,[1449] nahmen andererseits gerade Werte wie Tradition, Heimat, schwäbische Sitten und Gebräuche einen wichtigen Platz in der Zeitung ein. Der stark ländlich geprägte Landstrich um die Stadt bot hierfür natürlich auch den richtigen Nährboden.

1448 HAGEMANN, Presselenkung, S. 14.
1449 Vgl. NS-Pressanweisungen 1933/I, S. 22.

IV. Größter Erfolg und das Ende: Die „ANZ" im Krieg

„Danzig ins Reich heimgekehrt – Deutschlands letztes Wort" titulierte die „ANZ" in roter Schrift am 1. September 1939.[1450] Der Krieg hatte begonnen und brachte gleich personelle Veränderungen mit sich. Dr. Ludwig Grösser übernahm ab 5. September zusätzlich zur Politik und zur Wirtschaft das Sport-Ressort als verantwortlicher Redakteur, während der stellvertretende Hauptschriftleiter und Chef vom Dienst, Dr. Leo Hintermayr, neben dem Lokalen nun auch noch die Provinz als Ressortleiter betreute.[1451] Für Feuilleton, Unterhaltung und Beilagen stand statt Werner Weitze jetzt Gertrud Seyboth im Impressum. Eineinhalb Jahre später, im März 1941, wechselte Karl Hofmann, das einzig verbliebene Redaktionsmitglied aus der Gründungszeit der „NNZ/ANZ"-Redaktion, als Nachfolger Eugen Finks als Pressereferent zum Reichspropagandaamt Schwaben.[1452]

Den Notwendigkeiten des Krieges unterworfen wurde nun auch die Erscheinungszeit der Zeitung, die bislang vormittags um 10 Uhr herausgekommen war. Sie sollte ab 1. Juli 1940 als Morgenausgabe schon um 5 Uhr früh erscheinen und ab 5.30 Uhr im Straßenhandel erhältlich sein.[1453] Dies sei zwar schon lange geplant gewesen, hieß es in einer Mitteilung an die Leser, denn bedingt durch den Krieg und die eingeschränkten Verkehrsmittel käme die „ANZ" oft nicht mehr am gleichen Tag in die Landkreise, was nun aber durch Umstellung gewährleistet sei: „Auf dem Lande wird selbst in den entferntesten Bezirken die Zeitung bis Mittag zugestellt sein."[1454] Gleichzeitig wurde eine „wesentliche Verbesserung des Nachrichtenempfangs" avisiert.[1455] So sollten Funkberichte und die Neueinführung eines Fernschreibers, aber auch Telefonate und ein Ausbau der weiteren Nachrichtenübermittlungsmöglichkeiten „höchste Aktualität" garantieren.[1456]

1450 ANZ, Nr. 203 vom 1. September 1939, S. 1.
1451 ANZ, Nr. 206 vom 5. September 1939, S. 2.
1452 ANZ, Nr. 56 vom 7. März 1941, S. 5: „Umbesetzung im Reichspropagandaamt". In dem Artikel heißt es, dass Hofmann bis zu seinem jetzigen Ausscheiden Ressortleiter für Sport und Provinz in der „ANZ" gewesen sei. Im Impressum, das allerdings Platz bedingt im Krieg immer kürzer gehalten wurde, fehlte sein Name seit 5. September 1939.
1453 ANZ, Nr. 144 vom 22. Juni 1940, S. 5: „An unsere Leser!" sowie Nr. 150 vom 29. Juni 1940, S. 5: „Zum letzten Male als Mittagsausgabe". Von dieser Umstellung war übrigens auch die „NAZ" betroffen.
1454 ANZ, Nr. 144 vom 22. Juni 1940, S. 5: „An unsere Leser!". Zitat im Original fett.
1455 ANZ, Nr. 150 vom 29. Juni 1940, S. 5: „Zum letzten Mal als Mittagsausgabe".
1456 *Ebd.* Zitat im Original fett.

Die Redaktion musste sich ebenfalls an veränderte Arbeitszeiten gewöhnen. Gearbeitet wurde nun vorwiegend in den Abendstunden – zwischen 18 und zwei Uhr nachts.[1457] Zunächst bestand das Personal noch aus etwa fünf bis acht Redakteuren, wobei die Organisation des Arbeitsablaufes wohl in erster Linie bei Dr. Leo Hintermayr gelegen hat. Außerdem kamen anfangs auch noch mehrere Fotografen zum Einsatz. Der erste Andruck der Zeitung begann gegen 0.30 Uhr. Eine weitere große optische Veränderung des seit 1. September 1944 als „Hauptorgan der NSDAP für den Gau Schwaben" firmierenden Blattes[1458] - womit die „ANZ" über die zweite schwäbische Gauzeitung, den „Allgäuer Beobachter" gestellt wurde – führte der Verlage ab 18. Juli 1942 ein. Die „ANZ" erschien statt vier- nur fünfspaltig, jede Spalte durch Linien getrennt.[1459] Die Zeitung wirke dadurch länger, „kann lebhafter gestaltet werden und außerdem spart man Platz", lautete die Begründung für diese Maßnahme.[1460] Vor allem Letzteres war wichtig, da sich der Umfang der Publikation mit dem Fortgang des Krieges mehr und mehr reduzierte.

Zwar hatte es ab dem Frühjahr 1937 bereits eine Beschränkung des Papierkontingents gegeben.[1461] Mit der ersten Kriegsanordnung der Reichspressekammer im September 1939 waren dann an Werk- und Sonntagen nur noch maximal zehn Seiten im „Rheinischen Format", beziehungsweise zwölf im kleineren „Berliner Format" zugelassen worden. Kurz darauf erfolgte eine weitere Kürzung auf sechs (acht) Blatt pro Ausgabe zuzüglich der Anzeigenteile, denn diese sorgten ja für klingelnde Kassen. Einen erneuten größeren Einschnitt brachte die im April 1941 verkündete fünfte Kriegsanordnung der Reichspressekammer über den Minimalumfang von vier (sechs) Seiten und das Maximum von acht (zehn) Blättern mit einer Sondervereinbarung über die wöchentliche Hauptausgabe und die Festsetzung des Verhältnisses zwischen Text- und Anzeigenteil.

1457 Mündliche Befragung von Frau Julika Leinwetter am 18. Juli 2001. Als Schriftleitungssekretärin begann ihre Arbeit bereits um 16 Uhr.
1458 ANZ, Nr. 204 vom 1. September 1944, S. 1.
1459 ANZ, Nr. 166 vom 18. Juli 1942, S. 3: „Fünfspaltig".
1460 *Ebd.*
1461 Es folgten weitere Verschärfungen, wobei die Blätter ab August 1944 ihre Feldpostlieferungen ganz einstellen mussten. Auch durften Zeitungen jetzt nur noch in einer 25-Kilometer-Zone im Einzelverkauf abgesetzt werden. Der Vertrieb unterlag der Beschränkung auf 100 Kilometer, was jedoch innerhalb eines Gaugebietes keine Gültigkeit hatte. Vgl. BECHTLE, Presse, S. 78f.

Dieses aus den Einschränkungen resultierende Layout wurde als „Schritt in der Weiterentwicklung" der „ANZ" angepriesen, wodurch diese „einen wesentlich großstädtischeren, modernen Charakter" erhalten habe und „sich eleganter und vielseitiger ansieht als zuvor."[1462] Dass kriegsbedingte Gründe den Hintergrund für diese Umstellung darstellten, wollte die Redaktion nicht allzu sehr hervorheben. Gewöhnen mussten sich die Leser im Übrigen auch an die neue Antiqua- oder Normalschrift, die gleichzeitig für die Überschriften eingeführt wurde. Diese „deutsche Einheitsschrift, die nicht nur sehr ansprechend wirkt", diente weniger der Ästhetik, sondern verdankte ihre Einführung politischen Zielen.[1463] Sie war als „Mitkämpfer für die deutsche Weltgeltung" gedacht, wie ein zeitgenössischer Aufsatz titelte,[1464] und sollte „geradezu als ein Zeichen der großen und entscheidungsvollen Zeit, in der wir leben, verstanden werden."[1465]

Ab 15. Januar wurde die Antiqua als Grundschriftart für alle Texte verwendet.[1466] Das Blatt bekäme ein wesentlich ruhigeres und einheitlicheres Bild, bekundete die Redaktion, außerdem bringe man mehr Text auf der Seite unter. Dies „gehört sich heute" einfach für eine moderne Gau- und Großstadtzeitung, nachdem auch die Festbeilagen schon seit Weihnachten 1942 regelmäßig in Normalschrift gedruckt worden seien.[1467]

Der Krieg brachte dem Gauorgan einen weiteren Prestigegewinn und noch mehr Einfluss. Im Oktober 1940 wurde es zum „Amtlichen Verkündigungsblatt der Stadt Augsburg" bestimmt.[1468] Ursache war die alle Kommunen des Reiches betreffende Regelung, das jeweilige Amtsblatt einzustellen, schon im Laufe des Vorjahres hatten Augsburger Umlandgemeinden die „ANZ" mit der Amtsblattfunktion ausgestattet.[1469] Im Zuge der verstärkten Konzernbildung läutete die NS-Gauverlag Schwaben GmbH. dann ab 1941 eine weitere Expansionsphase ein.

1462 ANZ, Nr. 166 vom 18. Juli 1942, S. 3: „Fünfspaltig".
1463 *Ebd.*
1464 Vgl. „Mitkämpfer für die deutsche Weltgeltung: Das Mittel des Antiquasatzes in den deutschen Zeitungen", in: Zeitungsverlag 8 (1941), S. 81.
1465 ANZ, Nr. 166 vom 18. Juli 1942, S. 3: „Fünfspaltig".
1466 ANZ, Nr. 12 vom 15. Januar 1944, S. 3: „Ab heute Normalschrift".
1467 *Ebd.*
1468 ANZ, Nr. 246 vom 19. Oktober 1940, S. 4: „National-Zeitung wird Amtsblatt der Stadt Augsburg".
1469 Beispielsweise Friedberg in der ANZ, Nr. 44 vom 21. Februar 1939, S. 7: „Aus dem Friedberger Rathaus", Bobingen in der Nr. 49 vom 28. Februar 1939, S. 7: „Die ‚ANZ' alleiniges amtliches Organ der Gemeinde Bobingen", Göggingen in der Nr. 76 vom 30. März 1939, S. 7: „Die ‚ANZ' amtliches Organ für Göggingen".

Dazu zählte die Übernahme der Verlage und Druckereien in Lindau (1941/42) und Neu-Ulm (1942),[1470] die Pachtung von Verlagsrechten des „Mindel- und Zusamboten" in Thannhausen, des „Augsburger Landkuriers" und seiner Nebenausgaben, des „Schwäbischen Landboten" in Zusmarshausen und des Augsburger „Schmuttertalboten" (alle 1941) sowie des „Burgauer Anzeigers" und der „Schwabmünchner National-Zeitung" (1943), aber auch die Errichtung weiterer Geschäftsstellen unter anderem in Friedberg, Mering, Thannhausen, Zusmarshausen oder Haunstetten.[1471] Zerstörungen und kriegerische Handlungen gab es zunächst hingegen kaum zu vermelden: Augsburg mit seiner kriegswichtigen Industrie – mit den Messerschmitt-Flugzeugwerken und der MAN (Maschinenfabrik Augsburg-Nürnberg) – blieb bis Ende 1943 von Angriffen der Alliierten relativ verschont.[1472]

Zwar warf im April 1942 eine kleine Anzahl britischer Bomber ihre Last auf die MAN, die als wichtigste Produktionsstätte von Dieselmotoren für U-Boote galt, doch der Erfolg der Aktion blieb eher bescheiden. Doch das war nur eine Art Ruhe vor dem Sturm, denn am 25./26. Februar 1944 flogen wiederum britische Flieger, diesmal zusammen mit amerikanischen Flugzeugen, drei Angriffswellen über die Stadt, davon zwei nachts. Dabei verloren annähernd 1000 Personen ihr Leben. Über 8000 wurden obdachlos. 3000 Häuser wurden total beschädigt, die MAN zu 60 Prozent, die Messerschmitt-Werke ebenfalls bis zu 60 Prozent.

Schwere Zerstörungen erlitten dabei auch die Gebäude der beiden Zeitungen. Die zum Firmenimperium der „ANZ" gehörende Buchhandlung sowie die Stadtgeschäftsstelle in der Karolinenstraße 14 brannten vollständig aus.[1473] Das Verlagshaus Katzenstadel 5 mitsamt der Druckerei Schroff stand in Flammen, übrig blieben lediglich die Rotationsmaschine und einige Setzmaschinen. Um den Geschäftsbetrieb notdürftig aufrechterhalten zu können, mietete der NS-Gauverlag kurzfristig in der Maximilianstraße 75 im dortigen Gasthof Stockhaus zwei Zimmer und einen Ladenraum sowie einen Ladenraum in der Hindenburgstraße 9.[1474]

1470 Näheres hierzu in Kapitel III.4.3.1.
1471 ANZ, Nr. 128 vom 4. Juni 1941, S. 8: „Geschäftsstellen der Augsburger National-Zeitung". – Nr. 143 vom 21. Juni 1941, S. 7: „In Haunstetten …".
1472 Vgl. „Kriegsalltag", in: Hakenkreuz, S. 54. – FILSER/SOBCZYK, Augsburg, S. 632. Drei Wochen später wurde Augsburg wieder Ziel der alliierten Luftstreitkräfte. Bis zum Kriegsende stieg die Zahl der Bombardierungen auf 20 an.
1473 StA Augsburg, Neue Augsburger Zeitung 11, Schreiben des ANZ-Verlagsdirektors Hall an den Reichsverband der deutschen Zeitungsverleger, Landesverband Bayern, 28. Februar 1944.
1474 StA Augsburg, NS-Gauverlag Schwaben 20, NS-Gauverlag Schwaben an Städtisches Quartieramt 20. März 1944.

Allerdings wurde dem Städtischen Quartieramt mitgeteilt, dass ein weiterer Ladenraum dringend benötigt werde. Zunächst wanderten Verlag und Schriftleitung in die Hindenburgstraße 9, ab 22. März zogen diese in die Maximilianstraße 75. Ab 24. Juli schließlich erhielt die „ANZ" eine Geschäftsstelle am Moritzplatz 6. Durch die Brandbomben fiel das Verlagsgebäude der „NAZ" ebenso einem Feuer zum Opfer, während im Druckereiunternehmen die Rotationsmaschine, die Stereotypie und der größte Teil der Akzidenzdruckmaschinen erhalten blieben, weil das Parterregeschoss nicht vernichtet wurde.[1475] Die Geschäftsstelle musste am Moritzplatz 7 und die Vertriebsstelle vorläufig am Mittleren Graben untergebracht werden. In einem Büro der Deutschen Bank fand die Schriftleitung, früher in der Hermanstraße 5 ½ untergebracht, eine Bleibe. Vom Schmiedlech 3 siedelte das Verlagsunternehmen in die Prinzregentenstraße 3 über.[1476] Bei der Zwangsvereinigung der beiden Publikationen zum 1. September 1944 zur „Augsburger National-Zeitung" arbeitete die minimierte „NAZ"-Verwaltung von hier aus weiter. Der Gauverlag übernahm im Oktober die Räumlichkeiten am Moritzplatz 7 – zusätzlich zu ihrer Dependance Moritzplatz 6 – und am Oberen Graben 4, während sich der Lohndrucker P. Haas & Cie. die ehemalige Schriftleitung in der Hermanstraße sicherte.[1477]

„Aus vereinfachten Gründen" erschien die erste gemeinsame Nummer der beiden Konkurrentinnen am darauf folgenden Wochenende 26./27. Februar 1944, also nicht erst nach der Zwangsvereinigung am 1. September 1944: Die „Kurznachrichten", so der Titel, eine Einheits-Notzeitung, wurde in der Dillinger Druckerei des „Schwäbischen Volksblattes" hergestellt.[1478] Ihr Format war kleiner und diese Größe behielt die „National-Zeitung" bis zum 2. Mai 1944 bei. Bereits ab Montag, 28. Februar, gingen beide Publikationen aber wieder ge-

---

1475 StA Augsburg, Neue Augsburger Zeitung 11, Schreiben des ANZ-Verlagsdirektors Hall an den Reichsverband der deutschen Zeitungsverleger, Landesverband Bayern, 6. März 1944.
1476 StA Augsburg, Neue Augsburger Zeitung 11, Schreiben des ANZ-Verlagsdirektors Hall an die Herold-Verlagsanstalt G.m.b.H., München, 8. Juli 1944.
1477 StA Augsburg, Neue Augsburger Zeitung 11, Bericht zum Jahresende 1944.
1478 StA Augsburg, Neue Augsburger Zeitung 11, Schreiben des ANZ-Verlagsdirektors Hall an den Reichsverband der deutschen Zeitungsverleger, Landesverband Bayern, 28. Februar 1944.

trennte Wege. Während die „NAZ" bis zum 1. Mai in Mindelheim entstand, wich die „ANZ" nach Ulm in die Druckerei des „Ulmer Sturm" aus.[1479] Ab 2. Mai erfolgte die Auslieferung dann wieder von Augsburg aus.[1480]

Der Gauleiter vergaß die räumlichen Probleme seiner Zeitung keineswegs: Schon Mitte April beschaffte er Gauverlag und Redaktion im noch erhaltenen Seitengebäude des Realgymnasiums An der blauen Kappe 10 eine Unterkunft, wo sie bis Kriegsende residierten.[1481] Im Juni befanden sich die Buchhandlung in der Maximilianstraße 75 und die Stadtgeschäftsstelle weiterhin am Moritzplatz 6, die Chemigraphie der „ANZ" und die Buchbinderei der Firma Schroff im Katzenstadel 8 und die Druckerei Schroff wieder im Katzenstadel 5.[1482] In einem Bereich siegte freilich der Pragmatismus über das Konkurrenzdenken. Die beiden Fotografen Rudolf Bergmayr („ANZ") und Karl Lischer („NAZ") mieteten gemeinsam Anfang März in einer Wohnung im Haus Kriemhildstraße 4 zwei Räume als gemeinsames Labor, das die „ANZ" dann ab 1. Juni nicht mehr benötigte.[1483]

Im Laufe der Zeit veränderte sich auch das Redaktionspersonal der Gauzeitung. Außer Hauptschriftleiter Dr. Josef Sewald, dem mittlerweile Dienstältesten, und Redakteurin Gertrud Seyboth arbeitete 1945 niemand mehr von den Kollegen aus der Vorkriegszeit für das Blatt. Die meisten von ihnen befanden sich bei der Wehrmacht oder beim Arbeitsdienst. Einberufen waren 1944 die Redaktionsmitglieder Hans Apian-Bennewitz, die Volontärin Alma Bollinger, Dr. Leo Hintermayr, Hans Kastler, Otto Königsberger, Werner Weitze, Ulrich Wagner und Adolf Mitter sowie der Bildberichterstatter Rudolf Bergmayr.[1484] Die Berliner Schriftleitung teilten sich ab 2. Mai 1944 Graf Reischach und

---

1479 Als Ausweichbetriebe waren daneben die „Münchner Zeitung" und der „Donaubote" in Ingolstadt vorgesehen. Siehe hierzu StA Augsburg, NS-Gauverlag Schwaben 31, Geschäftsbericht der NS-Gauverlag Schwaben G.m.b.H., Augsburg, für das Geschäftsjahr 1944.
1480 Siehe hierzu auch Ankündigung in der ANZ, Nr. 98 vom 28. April 1944, S. 3: „An unsere Leser".
1481 StA Augsburg, NS-Gauverlag Schwaben 22, NS-Gauverlag Schwaben an Wirtschaftsamt der Stadt Augsburg, 11. April 1944. – ANZ, Nr. 86 vom 14. April 1944, S. 3 „Wir sind umgezogen".
1482 StA Augsburg, NS-Gauverlag Schwaben 15, Schreiben ANZ-Verlagsdirektor Füger an Fernsprechamt Augsburg, 8. Juni 1944.
1483 StA Augsburg, NS-Gauverlag Schwaben 20, Schreiben ANZ an Karl und Frieda Sinz, 16. Mai 1944.
1484 StA Augsburg, NS-Gauverlag Schwaben 13, Mitarbeiterverzeichnis 1945, undatiert.

Dr. Walter Schneider. Dafür tauchten neue Namen auf: Walter Koch trat im Januar 1944 in die „ANZ" ein, zum gleichen Zeitpunkt begann Irmgard Mitter ihr Volontariat, Julius Diesbach wechselte von der Günzburger Redaktion im Mai 1944 nach Augsburg.

Infolge der kriegsbedingten Verschmelzung mit der „NAZ" zum 1. September 1944, durch die eine Großzeitung mit 91.129 Stück Auflage entstand, wurden Max Hohenester, Georg Schwerdt (ab 10. Dezember 1944 Versetzung nach Neuburg) und der Fotograf Karl Lischer in die Augsburger Redaktion übernommen, der Rest auf die Außenstellen verteilt.[1485] Die Aufmachung blieb wie gewohnt, lediglich im Untertitel wurde vermerkt „In schwerer Zeit vereinigt mit der ‚Neuen Augsburger Zeitung'". Dadurch bekam die „ANZ" aber nicht etwa mehr Papier zugeteilt. Ab Herbst 1944 waren sechsmal wöchentlich vier Seiten Höchstumfang erlaubt, ab Oktober 1944 stand ihr gar nur noch eine halbe Seite Anzeigenraum zur Verfügung.[1486] Im Januar 1945 reduzierte sich das Kontingent auf dreimal vier Seiten, ansonsten zwei Seiten in der Woche und im März waren es dann nur noch zwei Seiten.[1487] Am 26. April 1945 erschien die letzte Ausgabe des Blattes: Damit ging das Kapitel nationalsozialistische Pressegeschichte in Augsburg endgültig zu Ende.

1485   Zur Verschmelzung der „ANZ" mit der „NAZ" siehe Exkurs in Kapitel III.3.4. Die bisherige Unterzeile „Augsburger Lokalanzeiger – Schwäbischer Beobachter" entfiel, die Zeile „Hauptorgan der NSDAP für den Gau Schwaben" blieb auch im neuen Kopf bestehen.
1486   ANZ, Nr. 233 vom 5. Oktober 1944, S. 3: „Nur eine halbe Seite!"
1487   Vgl. KOHLMANN-VIAND, NS-Pressepolitik, S. 157 Anmerkung 148.

V. Ausblick

Für die Augsburger endete der Zweite Weltkrieg mit dem Einmarsch der Amerikaner am 27./28. April 1945. Die Übergabe der Stadt erfolgte friedlich – nicht zuletzt deshalb, weil sich eine aus mehreren voneinander unabhängigen Gruppen getragene Initiative, die „Deutsche Friedensbewegung in Augsburg" formierte, die einzig das Ziel verfolgte, Widerstand gegen eine Kriegsverlängerung zu leisten.[1488] Aus diesem Grund stellte sie auf eigene Faust Verbindung zu den Amerikanern her, was nicht ungefährlich war, doch auch nationalsozialistische Hoheitsträger wie Gauleiter Karl Wahl oder Oberbürgermeister Josef Mayr scheinen kein großes Interesse an einer Zerstörung der ohnehin schon von schweren Angriffen gebeutelten Stadt gehabt zu haben.[1489]

Mit der Gefangennahme des Augsburger Stadtkommandanten, Generalmajor Franz Fehn, durch die Amerikaner und einige Widerstandskämpfer, die am Morgen des 28. April in seine Befehlsstelle eindrangen, war die Kapitulation besiegelt.[1490] Panzer der 7. US-Infanteriedivision fuhren in die Innenstadt ein. Die Besatzungsmacht bildete sofort eine Militärregierung, um die Selbstverwaltung der Stadt aufzubauen.[1491] Noch am gleichen Tag wurde Dr. Wilhelm Ott, der bisherige Stadtkämmerer, zum „geschäftsführenden Bürgermeister" ernannt.[1492]

1488 Vgl. Kriegsende, Einleitung, S. 8 und S. 17 sowie Dr. med. Rudolf LANG, „Deutsche Freiheitsbewegung in Augsburg", in: ebd., S. 125-126. Die in dem unter dem Titel Kriegsende und Neuanfang in Augsburg 1945 herausgegebenen Sammelband edierten Berichte gehen auf einen Stadtratsbeschluss aus dem Jahr 1949 zurück, die Umstände der kampflosen Übergabe der Stadt für kommende Generationen schriftlich zu dokumentieren. Was dabei herauskam, sind sehr subjektive, aus der zeitlichen Distanz heraus verfasste Memoiren. Gerade im Falle des NS-Oberbürgermeisters Josef MAYR, der einen „Tatsachenbericht über die Vorgeschichte und Durchführung der Übergabe der Stadt Augsburg", S. 107-123, verfasst hat, sollten sie auch dazu beitragen, dessen unbestrittene Verdienste bei dieser nicht ganz ungefährlichen Aktion hervorzuheben.
1489 Vgl. MAYR, „Tatsachenbericht", in: *ebd.*, S. 119.
1490 Vgl. *ebd.*, S. 121, sowie Einleitung, S. 9. – FILSER/SOBCZYK, Augsburg, S. 634.
1491 Vgl. „Das Ende: Soldaten und Bewohner der Stadt Augsburg!"; (Amerikanisches Flugblatt, am 27. April 1945 aufgefunden), in: Hakenkreuz, S. 77.
1492 Vgl. Wilhelm OTT, „Erinnerungen an die Tätigkeit als geschäftsführender Bürgermeister Augsburgs", in: Kriegsende, S. 19-106, S. 29. Zur Biographie Otts, siehe *ebd.*, S. 101ff.

Die NS-Gauverlag Schwaben GmbH., die zum 30. April ihre Tätigkeit einstellte, kündigte ihren Angestellten fristlos.[1493] Sie kam unter die Vermögenskontrolle der Alliierten; ebenso am 12. Mai 1945 die für den Druck und die technische Herstellung der „Augsburger National-Zeitung" verantwortliche Druckerei Schroff. Die Behelfsräume des ausgebombten Zeitungskonzerns im ehemaligen Realgymnasium, An der blauen Kappe 10, wurden in der Folgezeit zunächst von der Militärregierung und von den Besatzungstruppen in Beschlag genommen, ehe dort ab 15. August die AMG-Druckerei (AMG = American Military Government) einzog.

Bis die ersten Lizenzzeitungen in Bayern fünf Monate nach dem Zusammenbruch des Deutschen Reiches herauskamen, konnten die Alliierten die Bevölkerung über die allgemeinen, aber auch regionalen Entwicklungen nicht völlig im Dunkeln lassen.[1494] Dabei war der Presse neben dem Radio die wichtigste Rolle zugedacht. Weil mit dem Gesetz Nr. 191 des obersten Befehlshabers der Alliierten Truppen vom 12. November 1944, das mit dem Einmarsch der Verbündeten in Kraft trat, sämtliche deutschen Publikationsorgane verboten wurden, erhielten die Deutschen ihre Informationen in der Regel durch so genannte Armeegruppenzeitungen, jedoch entstanden an einigen Orten aber auch mit Duldung oder sogar auf Anweisung der lokalen Besatzungsmacht eigene Bekanntmachungsorgane. In Augsburg war es das amerikanische Detachment G1H2 in den Tagen der völligen Auflösung des Reiches – zwischen Hitlers Selbstmord und der bedingungslosen Kapitulation am 8./9. Mai – das sich um die publizistische Betreuung der Bevölkerung kümmerte.[1495]

Die erste Nachkriegszeitung am Lech, der „Augsburger Anzeiger", titelte erstmals am 13. Juli und wurde von der 12. Amerikanischen Heeresgruppe herausgegeben. Das vierseitige Blatt erschien bis 23. Oktober in rund 240.000-facher Auflage einmal in der Woche unter der Regie des gebürtigen Augsburgers Max William Kraus, der damals als Presseoffizier in den Diensten der US Army stand.[1496] Neben weltpolitischen Ereignissen wie die Kapitulation der Amerikaner enthielt der „Augsburger Anzeiger" im Wesentlichen offizielle Mitteilungen der Besatzungsmächte für die deutsche Zivilbevölkerung.[1497]

1493 StA Augsburg, NS-Gauverlag Schwaben 15, Schreiben Theodor Wiegands an die Elektra-Versicherungs-Gesellschaft Frankfurt vom 18. März 1946.
1494 Vgl. FREI, Lizenzpolitik, S. 22. – SCHÜTZ, „Aufbau", S. 1159.
1495 Vgl. Berthold FÜGER, Pressestrukturen in Bayerisch-Schwaben nach 1945, unveröffentlichte Magisterarbeit, Augsburg 1997, S. 27ff.
1496 Vgl. KOSZYK, Pressepolitik, S. 44.
1497 Vgl. Augsburger Allgemeine 1945-1995, S. 8. Hier ist auch ein ausführlicher Bildteil enthalten.

In der Zwischenzeit bemühten sich die Amerikaner, in ihrer Zone geeignete deutsche Lizenznehmer zu finden, die wieder eine Presse aufbauen sollten, denn lange vor der Kapitulation war klar gewesen, dass diese Heeresgruppenzeitungen nur eine Übergangslösung sein sollten.[1498] Schon in den Sommermonaten 1944 war im Alliierten Hauptquartier in Paris ein Drei-Stufen-Plan ausgearbeitet worden, der die baldige Lizenzierung deutscher Zeitungen an Einheimische zum Ziel hatte. Diese mussten politisch unbelastet sein und durften während des Dritten Reiches weder als Verleger noch als Journalist gearbeitet haben. Dazu wurde Gesetz Nr. 191 am 12. Mai 1945 novelliert. Und obwohl die Lizenzierung erst im Oktober 1945 begann, erteilte die Pressekontrolle bis zum Jahresende immerhin noch zwölf Genehmigungen, vier weitere folgten im Januar und Februar 1946.[1499] Zunächst planten die Amerikaner, in jeder Stadt mit über 20.000 Einwohnern eine Lizenz zu vergeben, hingegen sollte in Städten mit über 100.000 Menschen später eine zweite Publikation hinzukommen.[1500]

In Augsburg setzte am 30. Oktober 1945 mit der Erteilung der Lizenz Nummer sieben, mit der die amerikanische Militärregierung Curt Frenzel[1501] und Johann Wilhelm Naumann[1502] zur Herausgabe der „Schwäbischen Landeszei-

---

1498 Vgl. FREI, Lizenzpolitik, S. 22.
1499 Vgl. KOSZYK, Pressepolitik, S. 57.
1500 Vgl. ebd., S. 56.
1501 Curt Frenzel, geboren 1900 als Sohn eines Postbeamten in Dresden. 1928 Eintritt in die sozialdemokratische „Chemnitzer Volksstimme", 1931 Ernennung zum stellvertretenden Chefredakteur. Im April 1933 Festnahme und sechsmonatiger Aufenthalt in Gefängnissen mit körperlichen Spätfolgen. Nach der Entlassung zehnjährige Bewährungsfrist und ständige Polizeiaufsicht. Außerdem erhielt er Berufsverbot. Ende 1944 Flucht nach Österreich, da erneuter Haftbefehl drohte. Nach Kriegsende bestimmten ihn die Militärregierung zum Treuhänder des „Reichenhaller Tagblatts". Diese Tätigkeit scheint aber wohl eher als eine Art Zwischenlösung für ihn gedacht gewesen zu sein, da er bereits als künftiger Lizenzträger an einem noch nicht bekannten Ort vorgesehen war. Drei Wochen später wurde ihm die Lizenz für Augsburg offeriert, sein Amt in Reichenhall setzte er nebenher fort. Curt Frenzel hatte großen Anteil beim Aufbau des Nachrichtendienstes „DANA", einer Vorläuferagentur der späteren „dpa". Er starb 1970 in Augsburg. Vgl. SCHÜTZ, „Aufbau", S. 1162. – Curt FRENZEL, Artikel: Leitartikel und Berichte 1928-1933 und 1945-1969, hg. von Ernst DEUERLEIN und Günter HOLLAND, Augsburg 1970, S. 9ff. – FREI, Lizenzpolitik, S. 33. – KOSZYK, Pressepolitik, S. 50.
1502 Johann Wilhelm Naumann, Jahrgang 1897, wurde in Köln geboren, studierte nach dem humanistischen Abitur Philosophie, Volkswirtschaft und Geschichte, diente drei Jahre lang im Ersten Weltkrieg und trat 1920 in die BVP-nahe Zeitung „Der Rheinpfälzer" (Landau) ein. 1928 Wechsel zu Haas & Grabherr nach Augsburg. Dort zunächst Redakteur bei der „NAZ", dann bei der „AP". Naumann machte sich auch als Buchautor im Dienste der katholischen Publizistik einen Namen. 1933 von der Berufsliste der Redakteure gestrichen. Tätigkeit als Verlagsangestellter in Augsburg, dann

tung" ermächtigten, ein neues Kapitel demokratischer Pressegeschichte ein,[1503] wozu am Vortag erst einmal der Verlag Naumann & Frenzel gegründet werden musste. Als Lizenznehmer für Augsburg war im Übrigen auch der ehemalige Redakteur der „Schwäbischen Volkszeitung" und SPD-Reichstagsabgeordnete Josef Felder von örtlichen Parteifreunden im Spätsommer ins Gespräch gebracht worden.[1504] Dass er keine Erlaubnis für die Wiederbelebung des SPD-Blattes erhalten habe, schrieb Felder einigen Augsburger US-Presseoffizieren zu, denen seine politische Grundrichtung – eine deutliche Abgrenzung von den Kommunisten – nicht gefallen habe.

Frenzels und Naumanns Pressebetrieb fand anfangs im Gebäude des ehemaligen Realgymnasiums, An der blauen Kappe 10, wo die „ANZ" ihr letztes Quartier hatte, einen Standort. Ganz ohne die Räumlichkeiten der Firma Schroff ging es zunächst freilich nicht: Im Haus Katzenstadel 8 befand sich die Buchbinderei, im Haus Katzenstadel 5 standen die Offsetanlage und die Rotationsanlage des Verlages.[1505] In den Michel-Werken bezog die expandierende Publikation dann zum 1. Mai 1947 vorläufig neue Verlagsräume. Das Mobiliar besorgten sich Verlag und Redaktion des neuen Blattes aus dem übrig gebliebenen Anlagevermögen der NS-Gauverlag Schwaben GmbH., das schnell die verschiedensten Interessenten gefunden hatte. Die komplette Chemigraphie-Einrichtung war schon im Juni 1945 nach München abtransportiert worden zum amerikanischen Zonenblatt „Die Neue Zeitung".[1506] Das Schicksal von zwei Pkw und drei Lkw blieb gänzlich ungeklärt.[1507] Schreib- und Rechenmaschinen sowie einen

---

arbeitslos. 1937 Übersiedlung nach Freiburg, wo er bis Kriegsende für das Päpstliche Missionswerk arbeitete. Naumann starb 1958 in Würzburg. Vgl. SCHÜTZ, „Aufbau", S. 1162.

1503 Zur Vorgeschichte, eine tägliche Publikation in Augsburg zu installieren, siehe FÜGER, Pressestrukturen, S. 29ff.

1504 Vgl. FREI, Lizenzpolitik, S. 40 Anmerkung 72. Felder erhielt 1946 die Lizenz für den „Südost-Kurier" in Bad Reichenhall. Vgl. ebd., S. 44ff.

1505 StA Augsburg, NS-Gauverlag Schwaben 20, Aktennotiz Schroff, undatiert, wohl nach dem 1. Mai 1947.

1506 Näheres über „Die Neue Zeitung" bei KOSZYK, Pressepolitik, S. 45ff.

1507 StA Augsburg, NS-Gauverlag Schwaben 23, Aktennotiz vom 14. Juni 1947. Bis der Pachtvertrag, rückwirkend zum 1. Oktober 1945, abgeschlossen wurde, hatte die „Schwäbische Landeszeitung" das Mobiliar schon geraume Zeit unentgeltlich in Benutzung. StA Augsburg, NS-Gauverlag Schwaben 7, Errechnung des angemessenen Pachtzinses für das Büro-Inventar der NS-Gauverlag Schwaben G.m.b.H. Augsburg, Katzenstadel 8, 28. Oktober 1947. Besichtigung sowie Pachtvertrag vom 21. Juni 1948 zwischen dem vom Bayerischen Landesamt für Vermögensverwaltung und Wiedergutmachung bestellten Treuhänder Ing. Gustav Jantsch, Augsburg, als Vertreter für den ehemaligen NS-Gauverlag Schwaben GmbH in Augsburg, und der Firma Schwäbische Landeszeitung GmbH in Augsburg, vertreten durch ihre Geschäftsführer Johann Wilhelm Naumann und Curt Frenzel.

Radioapparat hatten die Militärbehörden beschlagnahmt. So fielen letztlich nur die Büroausstattung und ein Pferdegespann für die „Schwäbische Landeszeitung" ab.

Bei den ehemaligen Tochter-Zeitungen in Wertingen, Dillingen und Neu-Ulm bedienten sich der Neu-Ulmer Landrat und die Dillinger Polizei aus der Büroeinrichtung, den anderen Teil übernahm dann ebenfalls die neu gegründete „Schwäbische Landeszeitung". In Günzburg arbeitete die Druckerei weiter, in der verpachteten Neu-Ulmer Druckerei – mit eigenem Subtreuhänder – wurde die „Ukrainische Zeitung" hergestellt, wobei hier Teile der Maschinen, der Einrichtung und weitere Materialien an andere Betriebe abgegeben worden waren. Die Zweigstelle in Lindau hingegen wurde unter Kontrolle der französischen Militärregierung fortgeführt.1508

Noch am Tag der Lizenzierung veröffentlichte die „Schwäbische Landeszeitung" – ab 1. November 1959 „Augsburger Allgemeine" – ihre achtseitige erste Ausgabe, in der Redaktion1509 und Verlag ihr Programm für die Zukunft manifestierten: Die Publikation diene „der Wahrheit, nur der Wahrheit. Sie wird helfen, ein demokratisches Deutschland aufzubauen, und sie wird ihren Lesern Aufklärungen geben über jene zwölf Jahre der Knebelung und Unfreiheit, die hinter uns liegen."1510 Auch solle sie ein „freies, unabhängiges, deutsches Organ" sein, das weder „eine Zeitung der Besatzungsbehörden, noch der Staatsregierung, noch der Stadt Augsburg" sei.1511

Zunächst kam das Blatt – wie die anderen Tageszeitungen in der US-Zone auch – zweimal in der Woche heraus. Erscheinungstage in Augsburg waren Dienstag und Freitag, die Auflage lag bei 160.000 Stück, 1,60 Mark kostete das monatliche Abonnement, wobei der für alle Tageszeitungen geltende Umfang durchschnittlich nur fünf Seiten betragen durfte.1512 Beliefert wurden nicht nur Stadt und Kreis Augsburg, sondern auch ganz Nord- und Mittelschwaben – also

---

1508 StA Augsburg, NS-Gauverlag Schwaben 66, Treuhänder „Tagblatt"-Druckerei an Treuhänder NS-Gauverlag Schwaben, Gustav Jantsch, 27. Februar 1948.
1509 Herausgeber waren Frenzel und Naumann. Während Naumann zusätzlich auch noch als Verlagsdirektor und Verantwortlicher für die Kulturpolitik zeichnete, hatte Frenzel den Posten eines Chefredakteurs und des Verantwortlichen für Politik und Wirtschaft inne. Für den Sport war August Ulrich (früher „Schwäbische Volkszeitung") zuständig. Als Chef vom Dienst kümmerte sich Dr. Otto Färber auch um das Feuilleton sowie um Augsburg und Schwaben.
1510 Schwäbische Landeszeitung, Nr. 1 vom 30. Oktober 1945, S. 1: „Unseren Lesern zum Gruss!". Seite 1 dieser Nummer ist als Faksimile abgebildet in: Augsburger Allgemeine 1945-1995, S. 128. Siehe auch SCHÜTZ, „Aufbau", S. 1163ff.
1511 In einer ersten Bewertung der Lizenzzeitungen in der US-Zone vom 1. Dezember 1945 erhielt die „Schwäbische Landeszeitung" übrigens das Prädikat sauber, gut geschrieben und intelligent. Vgl. KOSZYK, Pressepolitik, S. 65.
1512 Vgl. *ebd.*, S. 62.

die Kreise Dillingen, Donauwörth, Friedberg, Günzburg, Illertissen, Krumbach, Mindelheim, Neuburg, Neu-Ulm, Nördlingen, Schwabmünchen sowie Wertingen – und der Landkreis Landsberg im Regierungsbezirk Oberbayern.

Damit deckte sich das Verbreitungsgebiet der „Schwäbischen Landeszeitung" im Wesentlichen mit dem der „Augsburger National-Zeitung", wobei allerdings der Bereich Mindelheim und der Kreis Landsberg neu hinzukamen. Zum Vergleich: 1932 hatte es im nunmehrigen Absatzgebiet der „Schwäbischen Landeszeitung" 67 Tageszeitungen gegeben, 1936 noch 23 tägliche Publikationen plus 13 Wochenblätter mit einer Sammelauflage von rund 120.000 Exemplaren für 750.000 Einwohner.1513 Nach dem Krieg stieg die Bevölkerungszahl in diesem Bereich auf eine Million an. Die Wiederbelebung alter Strukturen sowie der Einsatz alter Mitarbeiter und Redakteure der „ANZ" erwiesen sich für die Neugründung als äußerst hilfreich, um sich etablieren zu können.1514

Bereits zum Jahresanfang 1946 produzierte der Verlag für das Augsburger Umland eine eigene Landausgabe, das heißt, die Stadt Augsburg und das restliche Schwaben erhielten unterschiedliche Zeitungsinhalte. Diese Schwabenausgabe wurde wiederum am 1. Oktober aufgeteilt und betreute künftig Mittel- und Nordschwaben mit eigenen Berichten, während im südlichen Teil des Regierungsbezirkes die in Kempten beheimatete Zeitung „Der Allgäuer" seit 13. Dezember 1945 über eine Lizenz verfügte.

Auf die Grob- folgte schließlich die Feinselektion: Heimatausgaben in Krumbach, Dillingen, Günzburg, Mindelheim, Neuburg, Neu-Ulm, Illertissen, Wertingen, Landsberg, Buchloe, Schwabmünchen und Friedberg firmierten erstmals ab September 1948 unter eigenem Titel und druckten dreimal pro Woche. Auf eine sechstägige Erscheinungsweise stellte die „Schwäbische Landeszeitung" dann ab 1. April 1951 in Augsburg-Stadt um, die restlichen Ausgaben folgten ihr erst am 1. Oktober 1952.1515

Obgleich wirtschaftlich auf Erfolgskurs gingen die Ansichten der beiden Lizenznehmer über den inhaltlichen Kurs ihres Blattes bald diametral auseinander. Frenzel wollte eine moderne Nachrichtenzeitung für alle Bevölkerungsteile anbieten, Naumann hingegen plädierte, seinen alten Überzeugungen gemäß, für eine richtungsbestimmte und weltanschaulich-katholische Presse. Dies musste zur zwangsläufigen Trennung führen. Naumann gelang es, eine neue Lizenz von

---

1513 Vgl. WURSTBAUER, Lizenzzeitungen, S. 11.
1514 Zu nennen sind hier als ‚prominenteste' Beispiele Verlagsdirektor Friedrich Füger oder die Redakteure Gertrud Seyboth und Dr. Leo Hintermayr, die bei der „Schwäbischen Landeszeitung" unterkamen oder Eduard A. Mayr, dessen Frau in Günzburg sofort nach Gründung als Mitarbeiterin für das Blatt arbeitete. Eine neue Beschäftigung fanden hier aber auch die beiden „NAZ"-Redakteure Georg Speckner und Sylvester Drexler. Vgl. PETERSON, Limits, S. 461.
1515 Vgl. Augsburger Allgemeine 1945-1995, Zeittafel.

den Amerikanern zu bekommen, zumal diese generell bei den Nachlizenzierungen auch Rücksicht auf die Wünsche und Interessen der katholischen Kirche zu nehmen hatten.1516 Seine „Augsburger Tagespost" mit ihren insgesamt elf Ausgaben im Regierungsbezirk Schwaben konkurrierte ab 28. August 1948 mit der „Schwäbischen Landeszeitung" um die Lesergunst.1517 Nach nur 14 Monaten musste Johann Wilhelm Naumann seine Zeitung wegen Überschuldung zum Jahresende 1949 einstellen. Auch ihre Nachfolgerin, die mit ihrem Namen an alte Zeiten anknüpfende „Neue Augsburger Zeitung", hielt sich nur von Januar 1950 bis Februar 1951. Das Konzept einer konfessionell gefärbten Presse kam in Augsburg nicht mehr an.

Bereits am 22. August 1949 hatten die Amerikaner den Lizenzzwang in Bayern aufgehoben. Auch die „Süddeutsche Zeitung" versuchte sofort nach dem Rückzug der „NAZ" am 1. März 1951 ihr Glück in Augsburg – mit einer eigenen Ausgabe und einem umfangreichen Lokalteil. Nach einem Jahr zog sie zurück.

Um den Erfolg Curt Frenzels noch zu komplettieren, schlossen sich die bislang mit der „Neuen Augsburger Zeitung" verbundenen Heimatverlage der nach dem Ausscheiden Naumanns am 1. September 1948 gegründeten Rechtsnachfolgerin der Schwäbischen Landeszeitung GmbH, der Presse-Druck GmbH, an.

Inzwischen wurde die NS-Gauverlag Schwaben GmbH. abgewickelt – ein langwieriges Unterfangen für mehrere aufeinander folgende Treuhänder. Unmittelbar nach Kriegsende war der ehemalige Prokurist des Gauverlages, Heinrich Bergmann, damit betraut, es folgten Theodor Wiegandt (seit 23. Januar 1946 Treuhänderschaft für NS-Gauverlag und Druckerei Schroff), Gustav Jantsch (ab 1. Juli 1947), Karlheinz Kausche (1. Oktober 1948 bis Ende 1953) und schließlich Berthold Herold, der ein Mitarbeiter Bergmanns gewesen war (bis Ende Februar 1954). Mehr als neun Jahre zogen ins Land, bis mit einem lapidaren Satz ein Kapitel dunkelster Zeitungsgeschichte in Augsburg und Schwaben endgültig zu den Akten gelegt wurde: „Das Vermögen des ehemaligen NS-Gauverlages Schwaben ist mit Urkunde Nr. 2047/V vom 22. Juni 1954 auf den Freistaat Bayern, vertreten durch das bayerische Staatsministerium der Finanzen, übertragen worden."[1518]

1516 Vgl. FREI, Lizenzpolitik, S. 25f.
1517 Vgl. SCHÜTZ, „Aufbau", S. 1166f.
1518 StA Augsburg, NS-Gauverlag Schwaben 24, Schreiben des Leiters der Außenstelle des Bayerischen Landesamtes für Vermögensverwaltung und Wiedergutmachung, Rössner, an das Amtsgericht Augsburg, 29. Juni 1954.

VI. Schlussbetrachtung

War die Entwicklung der „NNZ/ANZ" ein singuläres Phänomen oder doch nicht? Um dies bewerten zu können, muss sie von zwei unterschiedlichen Standpunkten aus betrachtet werden. In der wahrlich nicht armen, traditionsreichen Augsburger Zeitungsgeschichte stellt die 1931 gegründete NS-Tageszeitung ein Phänomen dar: nicht nur, dass sich diese „Frühgeburt", wie Gauleiter Karl Wahl ‚sein' Blatt in seinen Memoiren bezeichnet,[1519] dank des Wahlsiegs der NSDAP und ihrer Juniorpartnerin, der DNVP, von einem drittklassigen, heruntergewirtschafteten Parteiorgan zur größten und zum Schluss einzigen Tageszeitung ‚mauserte'. Vielmehr übernahm sie die Rolle eines Totengräbers für die reichhaltige und vielgestaltige Presselandschaft Bayerisch-Schwabens.

Eines ist klar: Einige dieser Klein- und Kleinstpublikationen hätten im Laufe der Jahre aus Rentabilitätsgründen aufgeben müssen, doch wären sie den Gesetzen des Marktes und nicht denen der Nationalsozialisten zum Opfer gefallen. Neu und damals viel bewundert war auch, diese Heimatzeitungen mit einem ausgeklügelten System von Abhängigkeiten – das Spektrum reichte von der Interessengemeinschaft über die Gewinnbeteiligung, die Beteiligung am Unternehmen bis hin zur 100-prozentigen Übernahme – in die Einflusssphäre des Augsburger Gauverlages zu zwingen. Ohne Hilfe willfähriger Behörden und Parteidienststellen wäre dies nicht in dieser Perfektion gelungen. Nötig war jedoch in erster Linie eine skrupellose Geschäftspolitik, wie sie Verlagsdirektoren vom Schlage eines Georg Boegner, aber auch seine beiden Nachfolger praktizierten. Sie wussten die politischen Rahmenbedingungen voll auszuschöpfen.

Doch die Grundvoraussetzung für die Macht der späteren NS-Gauverlag Schwaben GmbH. war der Aufstieg und die Diktatur der NSDAP und ihres Führers Adolf Hitler. Denn als nationalsozialistisches Organ war die „NNZ" auf Gedeih und Verderb mit dem Schicksal der Partei verbunden. Nichts macht dies deutlicher als ihr ruhmloses Ende, das ihr der Einmarsch der Amerikaner Ende 1945 bescherte. Undenkbar, dass eine Zeitung mit dieser Vergangenheit auf demokratischer Grundlage neu anfangen konnte. Doch waren zu einseitig ausgerichtete Blätter, dies zeigt das rasche Aus der katholischen Naumann-Gründungen oder der sich etwas länger haltenden „Schwäbischen Volkszeitung", nach dem Krieg nicht mehr gefragt.

Im Vergleich mit ihren Schwesterpublikationen überall im Deutschen Reich verliert die „NNZ/ANZ" allerdings den Nimbus des Außergewöhnlichen. Vielmehr lassen sich viele Parallelen ziehen, die beweisen, dass sich das Augsburger Gauorgan in einen Trend einpasste, der auf gleichen Ursachen und Bedingungen

---

1519 WAHL, Herz, S. 67.

aufbaute. Das beginnt schon bei den Ursprüngen: Das sensationelle Abschneiden der NSDAP bei den Reichstagswahlen im September 1930 verursachte ein regelrechtes ‚Zeitungsgründungs-Fieber', dem auch die Funktionäre im seit 1928 bestehenden ‚Gau' Schwaben verfielen – nur dass die Augsburger unter Gauleiter Karl Wahl ein wenig mehr Zeit brauchten als andere, um das Unternehmen Zeitung auf die Beine zu stellen. Eine Beobachtung übrigens, die sich im Zusammenhang mit der „NNZ/ANZ" mehrfach einstellt. So konnten die Memminger Parteigenossen um den Rechtsanwalt und Reichstagsabgeordneten Wilhelm Schwarz im Dritten Reich das schmeichelhafte Lobe für sich verbuchen, das erste, noch existierende, täglich erscheinende nationalsozialistische Blatt im Bereich der Regierung von Schwaben und Neuburg gegründet zu haben.

Ausschlaggebend für solche Gründungen war, wie auch in diesen beiden Fällen, der Wunsch höherer Funktionärschargen, über ein eigenes Verkündigungsorgan auf Gauebene zu verfügen, um sich, wie Hitler mit dem „VB" auf Reichsebene, in ihrem Gebiet das Meinungsmonopol zu sichern. Da die Parteizentrale in München erst anfing, die Provinzpresse zu kontrollieren, war ein derartiges Projekt noch ohne weiteres zu realisieren. Andererseits konnten die Zeitungsunternehmer aber auch auf keine Hilfe – weder organisatorisch und finanziell – von dieser Seite hoffen. In der Gauhauptstadt Augsburg gab es immerhin schon seit Mitte 1930 eine braune Wochenzeitung, den „Schwäbischen Beobachter", der nun eben ausgebaut werden sollte. Auch dies ist kein singuläres Ereignis – viele nationalsozialistische Tageszeitungen waren vorher wöchentlich herausgekommen.

Geradezu überstürzt kam die „Neue National-Zeitung" erstmals am 21. Februar 1931 auf den Markt. Das Gründungskapital von 30.000 Mark war viel zu gering und so mangelte es von Anfang an Geld, um geeignetes Personal, richtige Büros und den Drucker bezahlen zu können. Diese Bedingungen waren keine Seltenheit bei der Installation derartiger Blätter. Keine neue Idee war es auch, die notwendigen Mittel für die „NNZ" mittels Anteilsscheinen von Parteimitgliedern und –sympathisanten zusammenzubetteln. Bei der Zusammensetzung der Redaktion fällt hingegen auf, dass die ‚Gründungsväter' wenigstens in dieser Hinsicht professionell dachten und auf eine Reihe fundierter Journalisten setzten. Mit Karl Hofmann, Heinrich Eisen und vor allem Dietrich Loder kam Personal, das durchaus etwas von seinem Handwerk verstand.

Dilettantisch wirkte dagegen die Führungsmannschaft der National-Verlag GmbH., die die „NNZ" herausgab: Kein Wunder, wenn bis zum Eintritt Georg Boegners im September 1932 eine Krise die nächste jagte, wenn der erste Verlagsleiter, Josef Eder, nach nur wenigen Monaten das Handtuch warf.

Geldnot und niedrige Verkaufszahlen machten schnell eine Dezimierung der Redaktion notwendig. Loder und Eisen gingen im November beziehungsweise Dezember nach München, um dort Karriere zu machen. In Augsburg versuchte sich nun eine Rumpfredaktion mit fast nur unerfahrenen Kräften im Zeitungsmachen. In diesen Monaten wurde bei NS-Blättern überall in Deutschland das so genannte „Kampfblatt-Konzept" in die Tat umgesetzt, das damals von den höchsten Parteikreisen für die Presse verfochten wurde. Offiziell wurde der „neue Zeitungstyp" am Lech im Juni 1931 eingeführt,[1520] jedoch war er schon im September gescheitert. Der Leser des schwäbischen Gauorgans wollte diesen aggressiven Stil nicht. Die nun ist in der Tat eine Besonderheit, da sich die Münchner Parteiführung offiziell erst im Herbst 1932 vom „Kampfblatt-Konzept" distanzierte.

Mit der Kanzlerschaft Hitlers glaubte sich die „NNZ", die vor der Pleite stand, zu Recht gerettet. Dennoch dauerte es noch Jahre, bis sie finanziell auf die Füße kam. Zwar unterwarf sie sich – sie hatte auch keine andere Wahl – der angeordneten Reorganisierung, Neustrukturierung und Überwachung, doch konnte sie erst 1939 die Gesellschafter der National-Verlag GmbH. ausbezahlen. Auch hier brauchte die Augsburger Gauzeitung länger als viele andere NS-Provinzzeitungen. 1940 wurde die Umwandlung in die NS-Gauverlag Schwaben GmbH. vollzogen, deren Stammkapital 100.000 Mark betrug, welches jeweils zur Hälfte von der Standarte GmbH., der Dachgesellschaft für die Gauverlagsgesellschaften, und von Gauleiter Karl Wahl als ehrenamtlichem „Treuhänder der NSDAP" vertreten wurde.

Inhaltlich gesehen, hatte die „NNZ/ANZ" ebenfalls keine andere Möglichkeit, als sich den neuen Gepflogenheiten unterzuordnen. Die Zeitungen sollten nun als „Mittel der Staatsführung" dienen, große Eigeninitiative war, anders als in der ‚Kampfzeit' nicht gefragt. Der Handlungsspielraum wurde durch die so genannten Presseanweisungen immer enger. In anderer Hinsicht konnte sich die National-Verlag GmbH. jedoch entfalten: Nach und nach bemächtigte sie sich, juristisch von den Gesetzen der Jahre 1933 und 1935 flankiert, der Heimatzeitungen im Gau – bis auf das Gebiet des „Allgäuer Beobachters". Eine Unternehmensphilosophie, die die Augsburger relativ früh schon praktizierten, die jedoch in den anderen Gauen ihr, wenn auch nicht immer so erfolgreiches, Pendant hatte. Es kam eben nur darauf an, wie energisch und geschäftstüchtig die Verlagsführung vorging.

Die Beseitigung der Konkurrenz – am Lech buhlten immerhin fünf Tageszeitungen um die Lesergunst – erledigte das Regime für die Gaupresse. In den großen Städten über 100.000 Einwohnern blieb jedoch meistens neben der NS-Gründung noch eine zweite Publikation übrig. Da bildete Augsburg keine Aus-

---

1520 PLIENINGER, „Kampfpresse", S. 65.

nahme. Mit der kriegsbedingten dritten Schließungsaktion von Zeitungen 1944 wurde die bis dahin bestehende, seit 1936 in Parteibesitz befindliche „Neue Augsburger Zeitung" mit der „ANZ" Zwangs vereint. Dies war natürlich wiederum eine allgemeine Entwicklung.

So gesehen, ist die „NNZ/ANZ" geradezu der Prototyp für die Geschichte einer nationalsozialistischen Publikation in der Provinz. Für Augsburg hingegen bedeutet Aufstieg und Fall dieses Blattes etwas Einzigartiges.

VII. Anhang: Die wichtigsten Mitarbeiter in Schriftleitung und Verlag

1. Vorbemerkung

Alle in Bayern, das zur amerikanischen Besatzungszone gehörte, wohnhaften Deutschen, die über 18 Jahre alt waren, mussten im Frühjahr 1946 die Fragebögen der Besatzungsbehörden über ihre NS-Vergangenheit ausfüllen.[1521] Über 6,7 Millionen dieser Dokumente wurden im Zuge der Entnazifizierung bis zum Jahresende 1949 bearbeitet, jedoch kam es nur gegen rund 450.000 Personen zu einem Verfahren im engeren Sinn.[1522]

Die Betroffenen wurden dabei von den Spruchkammern in die Kategorien Hauptschuldige (Gruppe I), Belastete (Gruppe II), Minderbelastete (Gruppe III), Mitläufer (Gruppe IV) und Entlastete (Gruppe V) eingeteilt.[1523] Hauptschuldige oder Belastete waren, nach Artikel 58 des Befreiungsgesetzes anzuklagen. Auch ‚einfache' Mitglieder der NSDAP oder ihrer Gliederungen durften bis zum Spruchkammerverfahren weder in Aufsicht führenden noch in organisatorischen oder Personal entscheidenden Funktionen, noch in Berufen, die das Kultur- und Informationswesen betrafen, beschäftigt werden.[1524] Wer den Meldebogen nicht ausfüllte, hatte nicht nur mit einer Strafe zu rechnen, sondern erhielt auch keine Lebensmittelkarten, da an dem Dokument ein Abschnitt hing, den die Polizei abstempeln und als Quittung, die zum Bezug berechtigte, wieder aushändigen musste.[1525]

Ein Spruchkammerverfahren konnte im Übrigen auch gegen Tote – wie beispielsweise gegen „NNZ/ANZ"-Sportschriftleiter Hans Kastler – eingeleitet werden, damit die Erben Zugriff auf den der Vermögenssperre unterliegenden Nachlass des Verstorbenen hatten.[1526] Internierte, wie etwa Hauptschriftleiter Dr. Josef Sewald, kamen erst am Jahresende 1947 vor den Richter.

Um sich über das berufliche Verhalten der Betroffenen äußern zu können, bekamen unter anderem auch die Betriebsräte die Arbeitsblätter vorgelegt.[1527] Für den, dessen Beurteilung negativ ausfiel, blieb jedoch die Möglichkeit, aus seinem privaten Umkreis Bescheinigungen beizubringen, die ihn als unpolitischen Menschen charakterisierten. Den Untersuchungen Lutz Niethammers zu-

---

1521 Vgl. Lutz NIETHAMMER, Entnazifizierung in Bayern: Säuberung und Rehabilitierung unter amerikanischer Besatzung, Frankfurt am Main 1972, S. 568.
1522 Vgl. *ebd.*, S. 540 und S. 567.
1523 Vgl. *ebd.*, S 544.
1524 Vgl. *ebd.*, S 575.
1525 Vgl. *ebd.*, S 568.
1526 Vgl. *ebd.*, S 569.
1527 Vgl. *ebd.*, S 586f.

folge fanden gerade diese Zeugnisse bei den Klägern und Laienrichtern der ersten Instanz oft hohe Glaubwürdigkeit. Außerdem hatte jede Spruchkammer im Durchschnitt vier Fälle pro Tag zu bearbeiten: „Wer kann schon 20 Leben pro Woche durchfühlen, geschweige denn beurteilen?"[1528]

Fast alle der zu Entnazifizierenden führten in den Spruchkammerverfahren ihre Passivität ins Feld. Die meisten argumentierten mit ihrer persönlichen Lage: Ihr Engagement in der Partei sei weniger aus politischen oder ideologischen Motiven erfolgt, habe vielmehr seine Ursprünge in individuellen und wirtschaftlichen Gründen.[1529] Sehr häufig wurde auch von einer ‚positiven Distanz' zum Nationalsozialismus gesprochen. Der Kirche die Treue gehalten zu haben, führten die Angeklagten gerne als Beweis für ihre Nicht-Anpassung ins Feld.[1530] Zehn Prozent schließlich behaupteten, sie hätten sich für politisch und rassisch Verfolgte eingesetzt. In ihren Entnazifizierungs-Verfahren nahmen die Mitarbeiter der „NNZ/ANZ" ebenfalls Zuflucht zu derartigen Argumenten und ließen sich ihre regimekritische Haltung, die sie ihren Aussagen nach alle vertreten hatten, durch eidesstattliche Erklärungen bestätigen.

2. Die wichtigsten Verlagsleiter

2.1 Georg Boegner: 1932 bis 1936

Der gebürtige Nürnberger Johann Karl Georg Boegner, Jahrgang 1894, prägte von 1932 bis 1936 maßgeblich die Unternehmenspolitik der „NNZ".[1531] Er hatte Erfahrung in der Branche: Nach Absolvierung der Realschule in München und Berlin machte er eine Ausbildung zum Zeitungs- und Reklamefachmann. Von 1914 bis 1919 diente er als Soldat, kehrte dann zurück in seinen alten Beruf und „von da ab war Pg. Boegner immer in leitenden Stellungen tätig."[1532] Konkret arbeitete er seit 1927 bei der „NAZ" als „Propagandachef",[1533] was aber nach seinem Übertritt zu den Nationalsozialisten nie öffentlich verlautete. Zuvor hatte er diese Funktion im Übrigen schon in Kempten beim „Allgäuer Tagblatt" ausgeübt. Am 1. September 1932 übernahm der Kaufmannssohn die

---

1528 *Ebd.*, S. 607.
1529 Vgl. *ebd.*, S. 605.
1530 Vgl. *ebd.*, S. 611.
1531 StdtA Augsburg, Familienbögen.
1532 NNZ, Nr. 284 vom 9. Dezember 1933, S. 7: „Pg. Boegner erster Vorsitzender des Bayerischen Zeitungsverleger-Vereins".
1533 Ein Bild aus Boegners Zeit als Propagandachef bei der „NAZ" in: 75 Jahre NAZ, S. 149.

Verlagsleitung der „NNZ", nachdem er kurz zuvor, am 30. August, in die NSDAP eingetreten war.[1534] Vom selben Jahr an bis 1935 stellte er sich auch als Gauredner in die Dienste der Partei.

„Das eigentliche Werk des Pg. Boegner ist jedoch die Schaffung der Schwäbischen NS-Presse. Die gesamte führende Provinzpresse von Schwaben und Neuburg wurde zu einem Ring zusammengeschlossen, der politisch und wirtschaftlich der Neuen National-Zeitung angeschlossen beziehungsweise unterstellt ist", rühmte die „NNZ" ihren obersten Manager.[1535] Mit diesem beispiellosen Expansionsdrang verstand es Boegner innerhalb kürzester Zeit, ein regelrechtes Verlagsimperium zu schaffen, auf das seine Nachfolger weiter aufbauten.

Als Leiter eines aufstrebenden Gauverlags wurde Georg Boegner im Dezember 1933 zum Vorsitzenden des Vereins Bayerischer Zeitungsverleger ernannt. Der bisherige Amtsinhaber, Wilhelm Leupold, war nach offizieller Lesart „wegen Überlastung mit anderen Geschäften" zurückgetreten.[1536] Wahrscheinlicher ist aber, dass die Nationalsozialisten keinen bürgerlichen Verleger mehr an der Spitze dieser Standesorganisation dulden wollten.

1936 wechselte Boegner in gleicher Funktion zum Gauverlag NS-Presse Württemberg G.m.b.H. nach Stuttgart und avancierte auch hier wiederum zum Leiter des württembergischen Landesverbandes der Zeitungsverleger. Doch galt Georg Boegners Leidenschaft neben dem Pressewesen auch noch der Bühne. Im Libretto für die 1941 im Ulmer Theater uraufgeführte Operette „Liebe, Spuk und Zeitungsschreiben", das er unter dem Pseudonym Rolf Salwitz verfasste, versuchte er gar, beides unter einen Hut zu bringen.[1537]

1534 BA Berlin-Zehlendorf, RKK 2101, Box 0113, Georg Boegner, Personalakte der Reichskulturkammer.
1535 NNZ, Nr. 284 vom 9. Dezember 1933, S. 7: „Pg. Boegner erster Vorsitzender des Bayerischen Zeitungsverleger-Vereins".
1536 *Ebd.*, S. 7
1537 BA Berlin-Zehlendorf, RKK 2101, Box 0113, Georg Boegner, Antrag zur Bearbeitung der Aufnahme als Mitglied der Reichsschrifttumskammer, Gruppe Schriftsteller, 5. März 1941.

2.2 Georg Hiemer: 1936 bis 1937

Georg Hiemer trat die Nachfolge von Georg Boegner als Verlagsleiter der „NNZ" im März 1936 an. Der Wechsel wurde in der Ausgabe vom 7. März in ungewöhnlicher Kürze vermeldet.[1538] Doch Hiemer, Jahrgang 1901, war nur rund eineinhalb Jahre in dieser Position tätig, als der sechsfache Familienvater am 18. Dezember 1937 nach einer schweren Krankheit kurz vor seinem 37.Geburtstag starb.[1539]

Das Verwaltungsamt der NS-Presse hatte den aus Glogau Stammenden nach Augsburg geschickt. In seiner Heimat gehörte er der SA an. 1930 soll Georg Hiemer, wie es in einem Nachruf hieß, vom schlesischen Gauleiter den Auftrag bekommen haben, in seiner Geburtsstadt eine nationalsozialistische Zeitung aufzubauen. „In kurzer Zeit gelang es ihm, aus der von ihm betreuten ‚Nordschlesischen Tageszeitung' die führende Zeitung in Nordschlesien zu machen."[1540]

In Augsburg habe er sich für den Auf- und Ausbau des NS-Pressetrusts engagiert. Die Schaffung des Zeitungsverlags Donautal GmbH. ging maßgeblich auf sein Konto, wie die „ANZ" schrieb.

2.3 Friedrich Füger: 1938 bis 1945

1909 in Germersheim geboren, war Friedrich Füger nach dem Ende seiner Lehrzeit ab April 1924 im Beruf und trat am 1. Dezember 1937 in die Augsburger National-Verlag GmbH. ein.[1541] Seit 1. Januar 1938 fungierte er als Geschäftsführer, ab April bis zur letzten Nummer der „ANZ" amtierte Friedrich Füger als Verlagsdirektor. Nach dem Krieg arbeitete er unter dem Verleger Curt Frenzel bei der „Schwäbischen Landeszeitung", der späteren „Augsburger Allgemeine", in der gleichen Funktion.[1542]

1538 NNZ, Nr. 57 vom 7. März 1936, S. 5: „Wechsel in unserer Verlagsleitung".
1539 NNZ, Nr. 295 vom 20. Dezember 1937, S. 3: „Verlagsleiter Pg. Hiemer gestorben".
1540 *Ebd.*
1541 StA Augsburg, NS-Gauverlag Schwaben 13, Angestellte 1945.
1542 Vgl. PETERSON, Limits, S. 461.

3. Die Hauptschriftleiter

3.1 Hans Freiherr von Zobel: 1931 bis 1932

Ein „glühender, leidenschaftlicher Anhänger der NS-Ideologie" sei er gewesen, aber „im Grunde ein wohlmeinender Mensch", lautet das Urteil des Verfassers der Füssener Stadtgeschichte, Rudibert Ettelt,[1543] über Hans Heinrich Erwin Freiherr von Zobel von Giebelstadt zu Darstadt,[1544] den Mitfinanzier[1545] und ersten Hauptschriftleiter der „NNZ".

Der 1878 in Meran geborene Adelige ließ sich in den 20er Jahren in Füssen nieder, wo er, zusammen mit einer Reihe weiterer Zuhörer, nach einem am 1. Februar 1930 gehaltenen Vortrag von Gauleiter Karl Wahl der neu gegründeten NSDAP-Ortsgruppe beitrat.[1546] Von Zobel erwarb sich den Ruf, sowohl ein großzügiger Gönner der Partei als auch der SA zu sein. Dennoch kritisierte Wahl später seine mangelnde Bereitschaft, der „NNZ" finanziell unter die Arme gegriffen zu haben.[1547] Der Oberleutnant der Reserve wurde dem ‚linken', nationalrevolutionären Flügel der Bewegung zugerechnet. Er galt als Verfechter der sozialistischen Komponente des Nationalsozialismus und eckte mit seinen eigenwilligen Vorstellungen bei vielen seiner Parteigenossen an, die sich lieber an die von der Münchner Parteileitung seit 1930 straff organisierte und vereinheitlichte Parteilinie hielten.[1548]

Der ‚braune Baron', der kein gelernter Journalist war, verlies die „NNZ" nach nur gut eineinhalb Jahren im Amt: „Am Donnerstag, dem 8. September 1932, trat Pg. Baron Zobel von seinem Posten als Hauptschriftleiter zurück, um als Kreisleiter von Füssen sich ganz der hohen Aufgabe widmen zu können."[1549]

1543 Rudibert ETTELT, Geschichte der Stadt Füssen: Vom ausgehenden 19. Jahrhundert bis zum Jahr 1945, Bd. II, Füssen 1979, S. 297.
1544 Genealogisches Handbuch des in Bayern immatrikulierten Adels, Bd. XVIII, hg. von der Vereinigung des Adels in Bayern (e. V.) München/Neustadt an der Aisch (Mittelfranken) 1990, S. 429.
1545 Seine Einlage zur Gründung der National-Verlag GmbH. betrug 2000 Mark. Siehe hierzu Kapitel II.2.2.
1546 Vgl. ETTELT, Füssen, S. 296.
1547 Vgl. SOBCZYK, Partei, S. 325 Anmerkung 102.
1548 Vgl. SOBCZYK, Partei, S. 325 Anmerkung 98.
1549 NNZ, Nr. 127 vom 2. Juni 1933, S. 4: „Die ‚Neue National-Zeitung' als Kampfblatt der Bewegung". Zobel im Original gesperrt. Interessanterweise befindet sich in dieser Sondernummer, die sich unter anderem auch mit der Geschichte der Zeitung beschäftigt, kein Bild Zobels, obgleich dort Fotos der Mitbegründer und einiger früher Redakteure, die teilweise immer noch für die „NNZ" arbeiteten, abgedruckt waren. Erst vier Tage später, in der Nr. 130 vom 6. Juni 1933, S. 3: „Pg. Hans Freiherr von Zobel" zog die „NNZ" ein Bild nach, weil es angeblich durch die schnelle Zusammenstellung der

Denn scheinbar eigens für ihn wurde in Füssen ab 17. Januar 1933 eine NSDAP-Kreisleitung installiert, die allerdings nur bis zum abrupten Ende der Karriere des Amtsinhabers im Jahr 1934 bestand. Danach wurden die Kreise Füssen und Markt Oberdorf unter dem Markt Oberdorfer Kreisleiter zusammengelegt.[1550]

Weil er im August 1933 bei einem Konzertbesuch des Wagner-Liebhabers Hitler auf Schloss Neuschwanstein das EK I getragen hatte, obwohl ihm im Krieg nur die Auszeichnung zweiter Klasse verliehen worden war, musste sich der mit Titeln und Ämtern – Vorsitzender des „Vereins für Volksgemeinschaft" in Füssen,[1551] Stadtrat,[1552] Mitglied des Bezirkstags[1553] - geradezu überhäufte von Zobel relativ schnell von seinen Parteiämtern verabschieden.[1554] Gauleiter Karl Wahl hatte ihm nach bekannt werden des Frevels den freiwilligen Rücktritt als Kreisleiter nahe gelegt, und verschaffte ihm auf diese Weise im Juli einen einigermaßen ehrenvollen Abgang.

Ganz ungelegen scheint Wahl dieser Zwischenfall allerdings nicht gekommen zu sein, denn letzten Endes hatte der Verdacht, Zobel hänge ausgesprochen staatssozialistischen Lehren an, den Ausschlag für seine Entfernung aus diesem Amte gegeben.[1555] So konnte er ihn auf elegante Weise loswerden, ohne als ehemaliger Anhänger Gregor Strassers selbst noch in den Ruch solcher Ideen zu kommen. Nach seinem Ausscheiden wurde es still um den Freiherrn.

Festnummer kein geeignetes Bild zur Reproduktion gab. Jedoch war erst in der Nr. 117 vom 20. Mai 1933, S. 19f.: „Die politischen Leiter des Gaues Schwaben", dasselbe Portrait auf Seite 20 – nur kleiner – im Zusammenhang mit einer Amtswaltertagung verwendet worden.

1550 Vgl. ETTELT, Füssen, S. 352.
1551 Vgl. *ebd.*, S. 324.
1552 Vgl. *ebd.*, S. 348.
1553 Vgl. *ebd.*, S. 351.
1554 HStA München, MA 106682, Monatsbericht der Regierung von Schwaben und Neuburg, 8. August 1934. Zu diesem Vorfall und zur Rechtfertigung von Zobels siehe auch ETTELT, Füssen, S. 352f.
1555 ETTELT, Füssen, S. 353.

3.2 Dr. Josef Sewald: 1932 bis 1945

Josef Sewald, 1889 in Freising geborener Bauernsohn, war der Nachfolger Hans von Zobels, der laut Impressum am 2. September 1932 seinen Posten als Hauptschriftleiter der „NNZ" räumte.[1556] Sewald hatte in München, Rom, London und Paris studiert und 1912/13 sein Romanistik- und Anglistikexamen in München abgelegt.[1557] Promoviert wurde er allerdings erst 1933 – nach dreijährigen Studien, die er neben seiner Arbeit her betrieb. Im Ersten Weltkrieg diente er ab 1914 zunächst als Jägerunteroffizier, erhielt 1915 das Eiserne Kreuz I und arbeitete sich bis Kriegsende zum Kompanieführer hoch.[1558] Er galt als zu 25 Prozent kriegsversehrt, was ihn jedoch nicht von einer Mitgliedschaft in rechtsradikalen Vereinigungen wie dem Bund Oberland und dem Blücherbund 1923 abhielt.

Ab 1920 arbeitete Sewald in der Industrie. Seit 1922 in Rain am Lech wohnend, leitete er das dortige Isolierrohrwerk und die Metallwarenfabrik. 1930 wechselte der mittlerweile 41-Jährige zur Presse. Als Hauptschriftleiter der „Bayerischen Gerichtszeitung" in Augsburg, in der die Nationalsozialisten 1922 ihre ersten publizistischen Gehversuche unternommen hatten, verdiente er sich bis 1932 seinen Lebensunterhalt. Nach einem Besitzerwechsel und dem Konkurs der Firma musste sich Josef Sewald eine neue Beschäftigung suchen.

Ihm Herbst 1932 erhielt er – nach erfolglosen Bewerbungen bei der „NAZ" und der „SV" – schließlich eine Anstellung als Chefredakteur der „NNZ",[1559] die er bis zur letzten Nummer am 26. April 1945 beibehielt. Unter dem Pseudonym „Cato" zeichnete Sewald, NSDAP-Mitglied seit Spätherbst 1932, zahlreiche Leitartikel, die ihn bis zum Ende des Krieges als Verfechter der NS-Ideologie auswiesen. Zum Jahreswechsel 1932/33 lieferte ihm die damals für Aufsehen sorgende Broschüre „Christus! – nicht Hitler" des Feuilletonisten der „Augsburger Postzeitung", Dr. Hans Rost, Stoff für eine Serie von sechs Kommentaren, in denen er mit der katholischen Kirche abrechnete.[1560]

1556 In der NNZ, Nr. 127 vom 2. Juni 1933, S. 4: „Die ‚Neue National-Zeitung' als Kampfblatt der Bewegung" heißt es hingegen, von Zobel habe seinen Posten erst am 8. September geräumt.

1557 AG Augsburg, S-Registratur, Dr. Josef Sewald, Abschrift an die Spruchkammer des Interniertenlagers Regensburg, 16. April 1948.

1558 ANZ, Nr. 38 vom 14. Februar 1939, S. 5: „Hauptschriftleiter Dr. Sewald 50 Jahre alt". Dabei zeigt ihn ein Bild in Uniform.

1559 AG Augsburg, S-Registratur, Dr. Josef Sewald, Eidesstattliche Erklärung von Dr. Hans Rost, 22. Juli 1948.

1560 Näheres hierzu bei WALZEL, Postzeitung, S. 184ff. Sewald, der zunächst katholischer Pfarrer hatte werden wollen, hegte der Kirche gegenüber eine heftige Abneigung. Dies zeigte sich beispielsweise, als er von einem Ortsgruppenleiter Anfang Februar 1934 die sehr vage abgefasste Denunziation erhielt, die Englischen Fräulein in

Sewald war im Dritten Reich, zumindest auf Gauebene, eine bekannte Persönlichkeit – unter anderem hatte er den Vorsitz des Bezirksverbandes Schwaben im Reichsverband der Deutschen Presse inne, war Mitglied des Gaustabes der NSDAP, Gauhauptstellenleiter, Gaubeauftragter Schwaben der Dienststelle des Beauftragten der NSDAP für außenpolitische Fragen im Stabe des Stellvertreters des Führers sowie Gauredner der NSDAP.[1561] Für seine Verdienste verlieh im Hitler „aus Anlaß der Wiedervereinigung der sudetendeutschen Gebiete mit dem Deutschen Reich" am 1. Oktober 1938 eine Erinnerungsmedaille.[1562]

Am 29. April 1945 kam Sewald in Internierungshaft, die bis September 1948 dauerte.[1563] Die Spruchkammer des Internierungslagers Regensburg reihte ihn zunächst unter die Mitläufer (Gruppe IV) ein.[1564] Sein Verfahren wurde jedoch wieder aufgenommen, wobei ihn diesmal die Berufungskammer München, I. Senat, nach Aufhebung des vorhergehenden Urteils der Gruppe der Belasteten zurechnete.[1565]

Augsburg hätten Schülerinnen einer unteren Klasse ihres Lyzeums angehalten, ein Woche für das Seelenheil eines hingerichteten Kommunisten zu beten. Sewald leitete das Schreiben an das Bayerische Staatsministerium für Unterricht und Kultus weiter, doch die weitere Untersuchung verlief im Sande. Der Vorgang ist abgelegt im HStA München, Mk 22048.

1561 ANZ, Nr. 38 vom 14. Februar 1939, S. 5: „Hauptschriftleiter Dr. Sewald 50 Jahre alt".
1562 „Personalien: Weitere Auszeichnungen verdienstvoller NS-Schriftleiter durch den Führer", in: Archiv der NS-Presse 10 (1939), Blatt 29 Vorderseite.
1563 AG Augsburg, S-Registratur, Dr. Josef Sewald, Beglaubigte Abschrift Kassationsregister K 7002, 18. September 1948.
1564 AG Augsburg, S-Registratur, Dr. Josef Sewald, Abschrift des Urteils der Spruchkammer des Interniertenlagers Regensburg, 28. Mai 1948.
1565 AG Augsburg, S-Registratur, Dr. Josef Sewald, Beglaubigte Abschrift der Berufungskammer München, I. Senat, 3. Januar 1950.

4. Die wichtigsten Redakteure
4.1 Heinrich Eisen: 1931

„Für den Augsburger Lokal-Anzeiger, Provinz und Wirtschaft bestellte die Verlagsleitung Pg. Heinrich Eisen aus Eisenach."[1566] Eigentlich hatte der 1895 geborene Eninger (Kreis Reutlingen) Architekt werden wollen und studierte dieses Fach auch zwei Semester lang – dann brach der Erste Weltkrieg aus.[1567] Der mit verschiedenen Auszeichnungen dekorierte Kriegsfreiwillige und Leutnant der Reserve verdingte sich ab 1919 zunächst im kaufmännischen Bereich, ehe er sich drei Jahre später entschloss, Schriftleiter zu werden. Aus dem Thüringischen kommend, gehörte Eisen zu dem Kreis von Redakteuren, die am 21. Februar 1931 die erste „NNZ" herausbrachten.

Noch kurz zuvor, am 13. Februar, war er in die NSDAP eingetreten. Anfang Dezember kehrte das Parteimitglied Nummer 489.709 Augsburg den Rücken, um in München als „verantwortlicher Lokalredakteur" beim „VB" einzutreten. Offenbar scheint sich Heinrich Eisen bei diesem Wechsel nicht groß um Formalitäten gekümmert zu haben. Da er sich bei einem Wohnungswechsel weder an- noch abgemeldet hatte, galt er im Februar 1934 als „unbekannt verzogen" und wurde aus der Gau- und Reichskartei gestrichen.[1568] Dabei ging er seiner Parteizugehörigkeit verlustig, die durch den am 1. Mai 1933 verhängten Mitgliederstopp gar nicht so leicht zurückerhalten war.[1569]

Und dennoch machten die maßgeblichen Stellen eine Ausnahme – für den Redakteur des offiziellen Verkündigungsblattes Hitlers galten offensichtlich doch etwas andere Maßstäbe: „Wenn trotz dieser Gleichgültigkeit Pg. Eisen wieder eingemeldet wird, dann kann es nur geschehen mit Rücksicht auf die schon seit Jahren (1932) der Bewegung geleistete Tätigkeit des Pg. Eisen in seiner Eigenschaft als Schriftleiter des Völkischen Beobachters."[1570]

1566 NNZ, Nr. 127 vom 2. Juni 1933, S. 3: „Die ‚Neue National-Zeitung' als Kampfblatt der Bewegung". Eisen im Original gesperrt.
1567 BA Berlin-Zehlendorf, RKK 2101, Box 0263, Lebenslauf vom 22. September 1942.
1568 BA Berlin-Zehlendorf, RKK 2101, Box 0263, NSDAP-Gaugericht München-Oberbayern an Gauschatzmeister des Gaues München Oberbayern, 12. November 1935.
1569 Vgl. FREI, Führerstaat, Zeittafel, S. 314. Am 1. Mai 1937 wurde die Mitgliedersperre dann zunächst vorübergehend aufgehoben. Zu diesem Termin traten einige „ANZ"-Redakteure – Gertrud Seyboth, Hans Kastler, Dr. Ludwig Größer und Otto Königsberger – in die NSDAP ein.
1570 BA Berlin-Zehlendorf, RKK 2101, Box 0263, Brief vom 12. November 1935.

Bei Kriegsbeginn wurde der mittlerweile 44-Jährige eingezogen – bis Februar 1941 hatte er den Rang eines Hauptmannes. Seit Frühjahr desselben Jahres u. k., also unabkömmlich, gestellt, widmete sich Eisen an der Heimatfront der Schriftstellerei und erwarb sich mit seinem die Tugenden des deutschen Landsers verherrlichenden Roman „Die verlorene Kompanie", der 1943 in München veröffentlicht wurde, sowohl finanzielle als auch ideologische Verdienste.[1571] An dem Stoff, dessen Alleinverwertungsrechte dem Eher-Verlag 10.000 Mark wert waren,[1572] zeigte sich Ende 1943 sogar eine Filmfirma interessiert.[1573] Auch nach dem Krieg trat Heinrich Eisen, der auch unter dem Pseudonym Viola Violetta schrieb, mit weiteren Romanen in Erscheinung.

4.2 Dr. Ludwig Grösser: 1933 bis 1940

Dr. Ludwig Grösser, Jahrgang 1901, stammte aus dem elsässischen Straßburg, das damals zum Deutschen Reich gehörte.[1574] Im Juli 1919 übersiedelte die Familie nach Augsburg, wohin der Vater, ein Rechnungsinspektor, ab beordert worden war. Ein Studium der Germanistik an der Münchner Ludwig-Maximilians-Universität endete 1924 mit der Lehramtsprüfung, eine Dissertation zum Thema „Der gemäßigte Liberalismus im bayerischen Landtag von 1819-1848" schloss sich an. Grösser volontierte 1927/28 bei der „NAZ" und schrieb zwischen 1930 und 1933 als freier Mitarbeiter für das Blatt.

1933 kam er zur „NNZ" und scheint dort zunächst als eine Art „Allzweckwaffe" in den verschiedensten Ressorts gearbeitet zu haben. Ab 10. Juni 1936 stand Dr. Ludwig Grösser als Schriftleiter für Politik und Wirtschaft im Impressum.[1575] Nach der vorübergehenden Aufhebung der Mitgliedersperre trat er 1937 als Nummer 5.175.703 in die Partei ein. Die Zugehörigkeit zur NSDAP endete 1943 mit dem Eintritt in die Wehrmacht. Von 1940 bis 1943 war der Redakteur in seiner Geburtsstadt für die „Straßburger Neuesten Nachrichten" tätig und wurde 1943 „wegen meiner Opposition gegen das NS-Gewalt-Regime im Elsass trotz schweren Herzleidens strafhalber zur Wehrmacht gesteckt."[1576]

1571 Die Handlung spielt während des Russlandfeldzuges 1941/42 und schildert den Überlebenskampf einer deutschen Kompanie inmitten der russischen Front. Der Held, Hauptmann Rott, ist als klassische Führerfigur konzipiert.
1572 BA Berlin-Zehlendorf, RKK 2101, Box 0263, Vertriebsleitung des Eher-Verlages an Buchverlag des Eher-Verlags, 6. März 1943.
1573 BA Berlin-Zehlendorf, RKK 2101, Box 0263, Eher-Verlag, Zweigniederlassung Berlin, an Eisen, 27. November 1943.
1574 AG Augsburg, Akten der Spruchkammer I Augsburg G 559, Dr. Ludwig Grösser, Spruchkammerurteil vom 27. November 1947.
1575 BA Berlin, NS 26/971, ANZ an NSDAP-Hauptarchiv München, 11. Mai 1937.
1576 AG Augsburg, Akten der Spruchkammer I Augsburg G 559, Dr. Ludwig Grösser. Meldebogen vom 3. Mai 1946.

Dr. Ludwig Grösser, der sich nach dem Krieg in seinem Fragebogen zu den „Entlasteten" (Gruppe V) zählte, fiel unter die Weihnachtsamnestie vom 5. Februar 1947. Das Verfahren gegen ihn wurde eingestellt.

4.3 Dr. Leo Hintermayr: 1933 bis 1941

Dr. Leo Hintermayr kam am 25. März 1906 in Salmannshofen, heute ein Ortsteil des Marktes Biberbach im Kreis Augsburg, als neuntes von elf Kindern eines Landwirts und Mühlenbesitzers zur Welt.[1577] Nach dem Studium der Philosophie, Germanistik und Theaterwissenschaft in München und Würzburg promovierte er 1931 in Würzburg über „Sozialismus und Darwinismus. Eine Untersuchung über den Einfluß der Deszendenztheorie auf die Lehren des wissenschaftlichen Sozialismus der Neuzeit". Seit 1927 war Hintermayr in der „NAZ" beschäftigt, volontierte dort, wechselte als Ressortleiter in die Sportredaktion der „Neuesten Nachrichten" nach Braunschweig und schlug sich ab 1930 als freier Journalist durch, bis er zum 1. Juni 1933 bei der National-Verlag GmbH. als Schriftleiter Fuß fassen konnte. Noch im selben Jahr trat er in die Partei ein und unterhielt von 1935 bis 1938 eine Mitgliedschaft bei der SS.

Hintermayr machte schnell Karriere bei der „NNZ": Er übernahm die Aufgaben eines verantwortlichen Lokalschriftleiters, des Ausbildungsleiters der Volontäre, des Chefs vom Dienst. Und schließlich amtierte er auch noch als Stellvertreter des Hauptschriftleiters Dr. Josef Sewald. Das Verhältnis zum Gauleiter war besonders eng.[1578] So war es in der Regel Hintermayr, der Karl Wahl journalistisch betreute, wie eine Vielzahl von Berichten dokumentiert. Als dieser bald nach Kriegsbeginn die Soldatenzeitung „Front und Heimat" herausgab, bat er seinen Leibjournalisten, damit verbundene organisatorische und technische Aufgaben wahrzunehmen. Ins Blickfeld des Interesses geriet er, als ihm in einer amtlichen Bekanntmachung im Namen Hitlers „die öffentliche Anerkennung" des Regierungspräsidenten ausgesprochen wurde, weil er im Dezember 1941 zwei Menschen vor dem Tod durch Ertrinken gerettet hatte.[1579] Im September 1943 musste der zweite Mann in der „ANZ" zur Wehrmacht einrücken. Nach

---

1577 AG Augsburg, Akten der Spruchkammer I Augsburg H 682, Dr. Leo Hintermayr, Meldebogen vom 4. Mai 1945. – Augsburger Allgemeine, Nr. 11 vom 14. Januar 1978, S. 4: „Trauer um Dr. Leo Hintermayr".
1578 Bezeichnenderweise hat Hintermayr – nicht wie man annehmen könnte, der Dienst ältere und ranghöhere Hauptschriftleiter – auch eine Spezialedition des NS-Gauverlag Schwaben, die Karl Wahl gewidmet und nur in ganz geringer Auflage erschienen ist, bearbeitet. Siehe hierzu Karl Wahl, hg. vom NS-Gauverlag Schwaben, bearbeitet von Leo HINTERMAYR, Augsburg 1942. Die ehemalige Schriftleitungssekretärin Julika Leinwetter bestätigte dies bei einer mündlichen Befragung am 18. Juli 2001.
1579 ANZ, Nr. 162 vom 14. Juli 1941, S. 6: „Bekanntmachung des Polizeipräsidenten".

seiner Internierung erfolgte im April 1946 die Entlassung. Bei der Entnazifizierung wurde er in die Kategorie „Mitläufer" eingestuft.[1580]

In den Nachkriegsjahren baute er das Bayerische Fußballtoto mit auf. Bevor der Familienvater schließlich ab 1954 bei der „Schwäbischen Landeszeitung" als Hauptwerbeleiter sein Auskommen fand, war er Chefreporter beim „Sportkurier".[1581] Dr. Leo Hintermayr verstarb im Januar 1978.

4.4 Hans Kastler: 1933 bis 1943

Der 1904 in Diedorf bei Augsburg geborene Hans Kastler war seit ihrer Gründung freier Mitarbeiter bei der „NNZ".[1582] 1932 hatte er eine Stelle als Sportschriftleiter bei den „Augsburger Neuesten Nachrichten" inne.[1583] In die National-Verlag GmbH. trat er am 1. Oktober 1933 ein und arbeitete dann bis zu seiner Einberufung zur Wehrmacht am 1. April 1943 hauptsächlich in der Sportredaktion. In der lokalen Schriftleitung war er als fest besoldeter Mitarbeiter tätig. Der NSDAP trat der Mann mit der Mitgliedsnummer 4.136.312 im Mai 1937 bei. Der Gefreite Hans Kastler starb im Mai 1946 in einem Lazarett für deutsche Kriegsgefangene am Schwarzen Meer.[1584]

4.5 Otto Königsberger: 1933 bis 1941

Otto Königsberger, Jahrgang 1912, volontierte wie Werner Weitze ab 1. Mai 1933 bei der „NNZ".[1585] Nach dem Ende seiner zweijährigen Ausbildung arbeitete der aus Augsburg stammende Königsberger in der Lokalschriftleitung und übernahm die Stellvertretung von Dr. Leo Hintermayr, der Verantwortlicher für dieses Ressort war. Seit 1937 hatte er die NSDAP-Mitgliedschaft, zuvor war er von 1933 bis 1936 bei der HJ gewesen. 1939 wurde der Leutnant der Reserve zur Wehrmacht eingezogen, kam im August 1940 bis August 1941 nochmals

---

1580 AG Augsburg, Akten der Spruchkammer I Augsburg H 682, Dr. Leo Hintermayr, Sühnebescheid vom 1. Dezember 1947.
1581 Augsburger Allgemeine, Nr. 11 vom 14. Januar 1978, S. 4: „Trauer um Dr. Leo Hintermayr".
1582 StA Augsburg, NS-Gauverlag Schwaben 1, Personal, undatiert.
1583 AG Augsburg, Akten der Spruchkammer I Augsburg K 139, Hans Kastler, Meldebogen vom 14. Juli 1947 und Auskunft des Arbeitsamtes vom 11. Juli 1947.
1584 AG Augsburg, Akten der Spruchkammer I Augsburg K 139, Hans Kastler, Sterbeurkunde vom 9. Juli 1947.
1585 AG Augsburg, Akten der Spruchkammer I Augsburg K 610, Otto Königsberger, Meldebogen vom 3. Mai 1946 und Auskunft des Arbeitsamtes vom 8. Januar 1948.

zurück in die Redaktion und musste dann bis 1945 erneut an die Front. Nach dem Krieg fand er in der britischen Zone, beim „Neuen Westfälischen Kurier" in Werl, eine Stelle als Redakteur und wurde in seinem Spruchkammerverfahren als „entlastet" eingestuft.[1586]

4.6 Dietrich Loder: 1931

„Als politischer und Feuilleton-Schriftleiter wurde Pg. Dietrich Loder, der Herausgeber der vielgelesenen Münchner Wochenschrift ‚Die andere Seite' berufen. Pg. Loder ist nun Hauptschriftleiter des ‚Illustrierten Beobachters', sowie verantwortlicher Schriftleiter der ‚Brennessel'", brüstete sich die „NNZ" 1933 des zu Ansehen gekommenen, ehemaligen Redaktionsmitglieds der ersten Stunde.[1587] Dieser so Gepriesene, 1900 in München geboren, wurde in einem 1936 erschienenen Artikel als ein „seit der Freikorpszeit von 1919 ununterbrochen aktiver Kämpfer des Schwertes und der Feder" charakterisiert.[1588]

Bereits mit 16 Jahren ging Loder zur Marine, schied mit dem Dienstgrad eines Leutnants zur See aus, studierte nach dem Krieg Geschichte, Literatur und Philosophie und war als Mitglied verschiedener Freikorps unter anderem bei der Niederschlagung der Münchner Räterepublik 1919 aktiv mit dabei.[1589] Als SA-Mann beteiligte er sich 1923 am Hitler-Putsch.

Seine journalistischen Sporen verdiente sich Loder 1924/25 als Redakteur bei der Zeitschrift „Jugend" und der „Münchener Illustrierten Presse". 1926 arbeitete er in der Schriftleitung des „Arminius", einer Zeitschrift des späteren Chefredakteurs des „VB", Hauptmann Wilhelm Weiß. Für das Zentralorgan der Bewegung schrieb er seit 1927, als ständiger Mitarbeiter für Dr. Joseph Goebbels' Kampfblatt „Der Angriff" seit 1929.

Wie es scheint, konnte der ehrgeizige junge Mann während dieser Jahre wichtige Kontakte knüpfen, die ihm später zupass gekommen sind. Zunächst übernahm er jedoch, von der „Schlesischen Tageszeitung", einem NS-Blatt in Breslau, wo er 1930 Chef vom Dienst war, kommend, von Februar bis Anfang November 1931 neben der politischen Schriftleitung und dem Feuilleton denselben Posten bei der „NNZ".

1586 AG Augsburg, Akten der Spruchkammer I Augsburg K 610, Otto Königsberger, Spruchkammer I Augsburg-Stadt, 16. April 1948.
1587 NNZ, Nr. 127 vom 2. Juni 1933, S. 3: „Die ‚Neue National-Zeitung' als Kampfblatt der Bewegung". Loder im Original gesperrt.
1588 F. H. WOWERIES, „Unsere NS-Presse: Ihr Weg von der Opposition zum Mittel der Volks- und Staatsführung, Erster Teil: ‚Völkischer Beobachter' und Zentralverlag, in: Der Schulungsbrief: Reichsschulungsamt der NSDAP und der DAF 2 (1936), S. 69-76, S. 76.
1589 Vgl. „Nationalsozialistische Führung der deutsche Presse: Die leitenden Männer im RDP", in: Deutsche Presse (1935), S. 613-624, S. 618. Darin ist auch ein Bild Loders.

Nach diesem Intermezzo in Augsburg wechselte Dietrich Loder in die Redaktion des NS-Satireblatts „Die Brennessel"[1590] und avancierte 1933 zum Hauptschriftleiter des 1926 gegründeten „Illustrierten Beobachters".[1591] Einen weiteren Sprung auf der Karriereleiter machte Loder 1934, als er zum Leiter des Landesverbandes Bayern im Reichsverband der Deutschen Presse (RDP) ernannt wurde.[1592] Im selben Jahr stand er auch als Feuilleton-Schriftleiter des „VB" im Impressum.[1593] Er hatte jedoch noch weitergehende Ambitionen, indem er selber als Autor ins Rampenlicht der Öffentlichkeit trat. Dem Augsburger Publikum wurde 1934 im Stadttheater mit dem Stück „Konjunktur" eine „Revolutionskomödie aus dem Frühjahr 1933" präsentiert, die aus Loders Feder stammte.[1594]

4.7 Eduard A. Mayr: 1931 bis 1945

Eduard A(nton) Mayr, 1897 in Schwarzenfeld geboren, gehörte der „NNZ" von Anbeginn an. Der gelernte Plakatmaler und Graphiker hatte im Ersten Weltkrieg nicht nur sein rechtes Auge verloren, sondern litt auch an Beeinträchtigungen auf dem linken Sehorgan.[1595] Als ihm Anfang 1931 aufgrund von Personaleinsparungen in seiner Firma gekündigt wurde, verschaffte ihm der mit ihm bekannte Musikschuldirektor Hans Schilling-Ziemßen beim NS-Blatt die Stelle eines „Musikreferenten". Mayr befasste sich in seinen Beiträgen dann auch hauptsächlich mit Musik und Kunst und fand in der Zeitung gleichzeitig ein Medium zur Veröffentlichung eigener Romane und Abhandlungen. Noch im selben Jahr wurde er als Mitglied Nummer 850.222 in die NSDAP aufgenommen.

1590 „Die Brennessel", seit Januar 1931 bestehend, war als eine Art nationalsozialistisches Gegenstück zum wöchentlich erscheinenden, international bekannten Satireblatt „Simplicissimus" gegründet worden. Vgl. WILCOX, Press, S. 220.
1591 Vgl. NNZ, Nr. 127 vom 2. Juni 1933, S. 3: „Die ‚Neue National-Zeitung' als Kampfblatt der Bewegung". Der „Illustrierte Beobachter" erschien zunächst als monatliche Beilage im „VB" und war die einzige illustrierte Zeitschrift der Bewegung. Vgl. *ebd.*, S. 219f.
1592 Vgl. „Nationalsozialistische Führung", S. 618. In diesem Artikel wird Loder bereits 1924 zum Leiter des Landesverbandes Bayern im RDP ernannt. Richtig ist aber 1934.
1593 Vgl. die Übersicht über die „VB"-Redaktion 1934 bei HOSER, Hintergründe 2, S. 1092.
1594 NNZ, Nr. 9 vom 12. Januar 1934, S. 7: „Erstaufführung im Stadttheater ‚Konjunktur'". In der Besprechung von Dr. Leo Hintermayr wird die Verbindung des Autors zur „NNZ" und zu Augsburg interessanterweise nicht erwähnt.
1595 AG Günzburg, Spruchkammerakte Eduard A. Mayr 48/260, Spruch vom 21. August 1947.

1932 erhielt der mit einer Sängerin verheiratete Vater einer Pflegetochter die Aufgabe, das verlagseigene Zeitungsarchiv aufzubauen. Eine Beschäftigung, die er bis 1938 ausübte. In der Hauptsache, erklärte Mayr nach dem Krieg, habe er zwischen 1932 und 1934 als Schriftsteller für Zeitungsverlage gearbeitet. Erst in den Jahren 1938 bis 1945 sei er als Schriftleiter tätig gewesen. Auch seinen Beitritt zur Reichspressekammer datierte er auf das Jahr 1938. Auf einem handgeschriebenen Zettel in seiner Spruchkammerakte bekundete er hingegen, er sei von 1931 bis 1938 als Schriftleiter beim NS-Gauverlag Schwaben beschäftigt gewesen.[1596] Wahrscheinlich war er während dieser Zeit aber „nur" ständiger Mitarbeiter – diese Meinung vertrat auch die Spruchkammer Günzburg.

Ab 1938 übernahm Mayr die Schriftleitung der „Günzburger National-Zeitung" (ab 1940 „Schwäbisches Volksblatt"), die damals zur Zeitungsverlag Donautal GmbH., einem Tochterverlag der Augsburger Gauzeitung, gehörte.[1597] Dort war der Träger des bronzenen Dienstabzeichens der Partei verantwortlich für den Lokalteil. Weitere Versetzungen nach Donauwörth und Augsburg folgten zwischen 1939 und 1943. Mit der Einberufung des Günzburger Kreispresseamtsleiters zur Wehrmacht 1944 wurde Mayr dieses Amt vertretungsweise übertragen. Letzte Station in seiner Redakteurskarriere war die Versetzung zum „Neu-Ulmer Anzeiger" im Jahr 1944,[1598] einem weiteren Ableger des NS-Gauverlages.[1599]

Laut Spruchkammerurteil vom 21. August 1947 galt Eduard A. Mayr als „Minderbelasteter" (Gruppe III). Er ging in die Berufung, aus der 1948 – nach einer Gnadenentschließung des Staatsministeriums für Sonderaufgaben – die Einstufung als „Mitläufer" (Gruppe IV) resultierte. Seine Ehefrau hatte von der in Augsburg ansässigen „Schwäbischen Landeszeitung" mittlerweile die Lizenz für die Berichterstattung im Kreis Günzburg erhalten. Mayr, der als zunächst „Minderbelasteter" eine zweijährige Bewährungsfrist hatte, während der er unter anderem weder als Redakteur noch als Schriftleiter tätig sein durfte, half ihr bei den Schreibarbeiten. Nach seiner Amnestierung beabsichtigte er, „seine alte Tätigkeit als Redakteur und Schriftsteller wieder aufzunehmen."[1600]

1596 Korrekterweise handelte es sich damals noch um die National-Verlag GmbH.
1597 Zu den Donautal-Zeitungen siehe Kapitel III.4.3.1.a).
1598 Vor Gericht sagte Mayr aus, er sei zum 1. Februar 1944 nach Neu-Ulm versetzt worden, in seinem Meldebogen ist noch von 1943 die Rede. Grund für den Wechsel waren offenbar Unstimmigkeiten mit dem Geschäftsführer des „Schwäbischen Volksblattes" in Günzburg, der die Versetzung Mayrs über die Kreisleitung Günzburg betrieben haben soll. Siehe hierzu AG Günzburg, Spruchkammerakte Eduard A. Mayr 48/260, Betroffenen- und Zeugenaussagen.
1599 Zum „Neu-Ulmer Anzeiger" siehe Kapitel III.4.3.1.c).
1600 AG Günzburg, Spruchkammerakte Eduard A. Mayr 48/260, Ermittlungsbericht vom 5. März 1948.

4.8 Anton Saule: 1931 bis 1933

Anton Saule, 1901 geboren, war Augsburger.[1601] Er verlor sehr jung – kurz nach seinem 20. Geburtstag – den Vater. Im Gefolge des späteren Gauleiters Karl Wahl, zu dessen engster Entourage er zählte, stieg der Student der Landwirtschaft innerparteilich schnell in die Führungsspitze der schwäbischen NSDAP auf: Er brachte es bis zum Geschäftsführer des 1928 gebildeten Gaues Schwaben. Bereits seit 1927 war er Adjutant der schwäbischen SA-Standarte,[1602] woraus auch seine engen Kontakte zu dieser Organisation resultierten. Saule konnte sich rühmen, sowohl Blutordensträger als auch Inhaber des Goldenen Ehrenzeichens der Partei zu sein;[1603] seine Mitgliedsnummer 9774 war niedriger als die des Gauleiters.[1604]

Von der ersten Ausgabe des Gauorgans an gehörte er mit zur Schriftleitung, galt als ihr „Spiritus Rector" und als Statthalter seines Förderers Wahl.[1605] Dieser äußerte sich Jahrzehnte später über die journalistischen Fähigkeiten seines Vertrauten jedoch nicht sehr positiv.[1606] Saules Aufgabengebiet, das zunächst nur verantwortlich die SA-Rubrik „Die braune Front" umfasste, weitete sich im November 1931 vorübergehend auch auf deren Ressorts Politik, Feuilleton und Wirtschaft aus. Er war es auch, auf dessen Konto 1931 und 1932 mehrere Verbote der „NNZ" gingen.[1607] Am 2. Mai 1933 schied der Parteifunktionär auf Wahls Wunsch aus der Redaktion aus, um sich ganz auf seine Aufgaben als Gaugeschäftsführer konzentrieren zu können, wie es offiziell hieß.[1608] Noch im November desselben Jahres erhielt er seine Ernennung zum Stadtrat, 1935 aufgrund der neuen Gemeindeordnung zum Ratsherrn.[1609] Die Gaugeschäfte führte Saule bis 1934, dann ernannte ihn der Gauleiter zu seinem persönlichen Adjutanten.[1610] Da er offenkundige Alkoholprobleme hatte, schob ihn Wahl, der ihn nicht ganz fallen lassen wollte, Mitte der 30er Jahre ins Gauarchiv ab.[1611]

1601 StdtA Augsburg, Familienbögen.
1602 NNZ, Nr. 272 vom 24. November 1934, S. 5: „13 Jahre Kampf in Augsburg und Schwaben".
1603 Fünf Jahre Aufbau, Die Ratsherren, ohne Paginierung. Hier befindet sich auch ein Bild Saules, ebenso in der NNZ, Nr. 127 vom 2. Juni 1933, S. 3: „Die ‚Neue National-Zeitung' als Kampfblatt der Bewegung".
1604 NNZ, Nr. 256 vom 7. November 1935, S. 3: „Die Träger des Blutordens in Augsburg".
1605 NNZ, Nr. 103 vom 4. Mai 1933, S. 2: „Veränderung in unserer Schriftleitung".
1606 Vgl. SOBCZYK, Partei, S. 325 Anmerkung 102.
1607 Siehe hierzu Kapitel II.2.5.
1608 NNZ, Nr. 103 vom 4. Mai 1933, S. 2: „Veränderung in unserer Schriftleitung".
1609 Fünf Jahre Aufbau, Die Ratsherren, ohne Paginierung.
1610 NNZ, Nr. 129 vom 7. Juni 1934, S. 1: „Personelle Veränderungen in der Gauleitung Schwaben".
1611 BA Berlin, NS 26/158, Franz Maria Miller an NSDAP-Hauptarchiv, 11. März 1937.

4.9 Gertrud Seyboth: 1934 bis 1945

Gertrud Seyboth trat ihre Ausbildung zur Schriftleiterin am 1. Mai 1934 bei der „NNZ" an.[1612] Sie stammte eigentlich aus München und wurde dort 1914 geboren. Seit 1929 jedoch lebte sie in Augsburg. Nach ihrem Volontariat wurde sie bei der „NNZ/ANZ" vom 1. Mai 1936 an bis zur letzten Ausgabe im April 1945 als Schriftleiterin im Lokalen beschäftigt. Im September 1939 kümmerte sie sich verantwortlich um das Ressort Feuilleton, Unterhaltung und Beilagen.

Im BdM war Gertrud Seyboth seit 1934 aktiv und stellte sich parallel dazu bis 1936 als Gaupressereferentin in den Dienst der NS-Frauenschaft, die ja in der Gauzeitung auch eine eigene Seite hatte, die die junge Frau anscheinend federführend betreute. Der Parteibeitritt erfolgte 1937. Gertrud Seyboth wurde bei der Entnazifizierung der Gruppe der „Mitläufer" zugerechnet.[1613] Nach dem Krieg kam sie bei der „Schwäbischen Landeszeitung", der späteren „Augsburger Allgemeine", unter.

4.10 Werner Weitze: 1933 bis 1939

Werner Weitze, Jahrgang 1914, war ein Mitvolontär des zwei Jahre älteren Otto Königsberger.[1614] Als Absolvent des Abiturjahrgangs 1933 wollte der Sohn eines Justizamtmannes zunächst zur Bühne, bewarb sich dann aber um ein Volontariat bei der „NAZ". Nach einer Absage erhielt er zum 1. Mai 1933 eine entsprechende Ausbildungsstelle bei der „NNZ".[1615] Im selben Jahr trat Weitze der Partei bei.

Ab 15. Mai 1935 arbeitete der gebürtige Oberfranke, der seit 1928 in Augsburg wohnte, als Schriftleiter im Lokalen und betreute als Theaterkritiker die Bereiche Oper, Operette sowie das Unterhaltungsressort. Noch im August 1939 erhielt Werner Weitze seine Einberufung zur Wehrmacht. Im Dezember 1940 zum Unteroffizier befördert, nahm er zuletzt als Feldwebel (ab 1. Mai 1945) bis zur Kapitulation am Krieg teil. Er wurde von seinen Spruchkammerrichtern als „Mitläufer" eingestuft.[1616]

1612 AG Augsburg, Akten der Spruchkammer I Augsburg S 736, Gertrud Seyboth, Meldebogen vom 6. Mai 1946 und Arbeitsblatt des öffentlichen Klägers der Spruchkammer I Augsburg-Stadt, 15. Dezember 1947.
1613 AG Augsburg, Akten der Spruchkammer I Augsburg S 736, Gertrud Seyboth, Sühnebescheid des öffentlichen Klägers bei der Spruchkammer I Augsburg-Stadt, 19. Mai 1948.
1614 AG Augsburg, Akten der Spruchkammer I Augsburg W 205, Werner Weitze, Meldebogen vom 10. Mai 1946.
1615 AG Augsburg, Akten der Spruchkammer I Augsburg W 205, Werner Weitze, Eidesstattliche Aussage von Gertrud Weitze, 18. März 1947.
1616 AG Augsburg, Akten der Spruchkammer I Augsburg W 205, Werner Weitze, Sühnebescheid des öffentlichen Klägers der Spruchkammer I, 10. Dezember 1947.

Abkürzungen

AG	Amtsgericht
ANN	Augsburger Neueste Nachrichten
ANZ	Augsburger National-Zeitung
AP	Augsburger Postzeitung
BA	Bundesarchiv
BLVW	Bayerisches Landesamt für Vermögenskontrolle und Wiedergutmachung
DM	Deutscher Michl
HstA	Hauptstaatsarchiv
IfZ	Institut für Zeitgeschichte
MAA	München-Augsburger Abendzeitung
NAZ	Neue Augsburger Zeitung
NNZ	Neue National-Zeitung
SB	Schwäbischer Beobachter
StA	Staatsarchiv Augsburg
StdtA	Stadtarchiv Augsburg
SV	Schwäbische Volkszeitung
VB	Völkischer Beobachter

Quellen- und Literaturverzeichnis

A. Ungedruckte Quellen

I. Archivalien

BUNDESARCHIV BERLIN – ABTEILUNGEN POTSDAM
NS 22: Reichsorganisationsleiter
NS 26: NSDAP-Hauptarchiv
Sammlung Schumacher: Bde. 227 und 260
Reichsministerium für Volksaufklärung und Propaganda: R 55771

BUNDESARCHIV BERLIN – AUßENSTELLE BERLIN-ZEHLENDORF
(EHEMALIGES BERLIN DOCUMENT CENTER)

RKK 2101, Box 0113, Georg Boegner
RKK 2101, Box 0263, Heinrich Eisen
RS, Rudolf Bergmayr

BAYERISCHES HAUPTSTAATSARCHIV, MÜNCHEN
MA 102149
MA 106252
MA 106503
MA 106682
MA 106697
Regierung 17863
Regierung 18287
MK 22048

INSTITUT FÜR ZEITGESCHICHTE, MÜNCHEN
MA 726/1+2, Hauptarchiv der NSDAP (Hg.), Die geschichtliche und statistiche Entwicklung der N.S.-Gaupresse 1926-1935, Bd. I (N.S.-Gaupresse) und Bd. 2, München 1936.
MA 737, NSDAP-Hauptamt
Fa 223/97, Personalakte Karl Wahl

BAYERISCHE STAATSBIBLIOTHEK, MÜNCHEN

Mapp. VIII, 210 fr, HORN, Ernst (Hg.), Übersichtskarte über die Presse der NSDAP im Deutschen Reich, Berlin 1932.

AMTSGERICHT GÜNZBURG
Spruchkammerakte Eduard A. Mayr 48/260

AMTSGERICHT AUGSBURG
Akten der Spruchkammer I Augsburg:
G 559, Dr. Ludwig Grösser
H 682, Dr. Leo Hintermayr
K 139, Hans Kastler
K 610, Otto Königsberger
S 522, Ludwig Schroff
S 736, Gertrud Seyboth
W 205, Werner Weitze
S-Registratur, Dr. Josef Sewald

STAATSARCHIV AUGSBURG
NS-Gauverlag Schwaben:
1 – Treuhänderakte
3 – BLVW-Vermögenskontrolle 1946-1949
4 – BLVW-Vermögenskontrolle 1949-1954
7 – Miet- und Pachtverträge 1947-1948
13 – Personalakten Gehaltsempfänger 1944-1945
15 – Schriftwechsel D-F 1945-1951
18 – Schriftwechsel L-M 1945-1951
20 – Schriftwechsel S-St 1945-1951
22 – Schriftwechsel W-Z 1945-1951
23 – Schriftwechsel mit Banken
24 – Schriftwechsel mit Außenstellen 1937-1954
29 – Schriftwechsel mit Neuburger Nationalverlag
30 – Schriftwechsel mit Druckerei Oechelhäuser, Kempten
31 – Bilanzen
52 – Inventarlisten
66 – Zweigniederlassung Tagblatt-Druckerei Lindau
72 – Berichte an die Militärregierung Augsburg
73 – Urlaubs- und Weihnachts-Gratifikationen

Vermögenskontrolle:
BLVW-Außenstelle Memmingen Vermögenskontrolle 197
BLVW-Nördlingen Vermögenskontrolle 19
BLVW-Außenstelle Schwabmünchen Vermögenskontrolle 47

Nachlässe:
NSDAP Gauleitung Schwaben 12/1, Nachlaß Sewald 62
Nachlaß Josef Hall

Neue Augsburger Zeitung:
5 – Schriftverkehr mit NZ Augsburg
11 – Zentralstellen/Reichsverband/Pressewesen
24 – Zusammenlegung mit Augsburger NZ
50 – Schriftleitung

Bezirksamt Günzburg 2939

STADTARCHIV AUGSBURG

Familienbögen:
Boegner, Georg
Eder, Josef
Hager, Konrad
Saule, Anton
Rieber, Alois

Polizeidirektion Nr. 216

II. Personenbefragung

Leinwetter, Julika, Schriftleitungssekretärin bei der „ANZ" 1939-1941, Augsburg

B. Ausgewertete Zeitungen

Deutscher Michl, 1924ff.
Schwäbischer Beobachter, 1930f.
Neue National-Zeitung/Augsburger National-Zeitung, 1931ff.
Neue Augsburger Zeitung, 1931ff.
Augsburger Neueste Nachrichten, 1932
Schwäbische Volkszeitung, 1931ff.

C. Gedruckte Quellen, Lexika und Handbücher

ALA-Zeitungskataloge 1930-1935, 55.-60. Jahrgang, Berlin o. J.

ALTMEYER, Karl Aloys, Katholische Presse unter NS-Diktatur. Die katholischen Zeitungen und Zeitschriften Deutschlands in den Jahren 1933 bis 1945. Dokumentation, Berlin 1962.

Das Schriftleitergesetz vom 4. Oktober 1933 nebst den einschlägigen Bestimmungen. Erläutert von Hans SCHMIDT-LEONHARD und Peter GAST, Berlin 1934.

Deutschland-Berichte der Sozialdemokratischen Partei Deutschlands (Sopade) 1934-1940, Dritter Jahrgang 1936, Salzhausen/Frankfurt am Main 1980.

Die kirchliche Lage in Bayern nach den Regierungspräsidentenberichten 1933-1943, Bd. 3, (Schwaben), bearbeitet von Helmut WITETSCHEK, Mainz 1971.

FILSER, Karl/Hans THIEME (Hg.), Hakenkreuz und Zirbelnuß. Augsburg im Dritten Reich. Quellen zur Geschichte Bayerisch-Schwabens für den historisch-politischen Unterricht, Bindlach 1993.

Genealogisches Handbuch des in Bayern immatrikulierten Adels, Bd. XVIII, Hg. von der Vereinigung des Adels in Bayern (e. V.), München/Neustadt an der Aisch (Mittelfranken) 1990.

„Gesellschaft mit beschränkter Haftung", in: Der Große Brockhaus. Handbuch des Wissens in 20 Bänden, 7. Bd. Gas-Gz, Leipzig 1930 (15. Auflage), S. 272f.

Handbuch der Deutschen Tagespresse 1934, hg. vom deutschen Institut für Zeitungskunde, 5. Auflage, Berlin 1934.

Handbuch der Deutschen Tagespresse 1937, hg. vom Institut für Zeitungswissenschaft an der der Universität Berlin, 6. Auflage, Leipzig/Frankfurt am Main 1937.

HINKEL, Hans (Hg.), Handbuch der Reichskulturkammer. Bearbeitet von Günther GENTZ, Berlin 1937.

„Interessengemeinschaft", in: Brockhaus, 9. Bd. J-Kas, Berlin 1931, S. 163.

Jahrbuch der Tagespresse 1930, 3. Jahrgang, Berlin 1930.

Karl Wahl. Hg. vom NS-Gauverlag Schwaben, bearbeitet von Leo HINTERMAYR, Augsburg 1942.

Kleines Statistisches Lexikon der Stadt Augsburg, Augsburg 1936.

Kriegsende und Neuanfang in Augsburg 1945. Erinnerungen und Berichte. Bearbeitet von Karl-Ulrich GELBERG (Biographische Quellen zur Zeitgeschichte, Bd. 17, hg. im Auftrag des Instituts für Zeitgeschichte von Werner RÖDER und Udo WENGST), München 1996.

Nationalsozialistische Jahrbücher 1927-1931, hg. unter Mitwirkung der Reichsleitung der N.S.D.A.P., 1.-6. Jahrgang, München o. J. <1926ff>.

Nationalsozialistisches Jahrbuch 1937, hg. von Reichsleiter Philipp BOUHLER, 11. Jahrgang, München 1937.

„NS-Presseanweisungen der Vorkriegszeit". Edition und Dokumentation. Bde. 1-7: 1933-1939. Bearbeitet von Gabriele TOEPSER-ZIEGERT et al., hg. von Hans BOHRMANN et al., Institut für Zeitungsforschung der Stadt Dortmund, München (usw.) 1984ff.

Parteistatistik: Stand 1. Januar 1935 (ohne Saargebiet). Bd. 1: Parteimitglieder. Herausgeber: Der Reichsorganisationsleiter der NSDAP, München o. J..

Reichsgesetzblätter 1919, 1931-1933.

SPERLINGS Zeitschriften- und Zeitungsadreßbücher 1930-1939. Handbuch der deutschen Presse. Die wichtigsten deutschen Zeitschriften und politischen Zeitungen Deutschlands, Österreichs und des Auslandes. 56.-61. Ausgabe. Bearbeitet von der Adreßbücher-Redaktion der Geschäftsstelle des Börsenvereins der Deutschen Buchhändler zu Leipzig, Leipzig 1930ff.

Zeitungskataloge 1930-1932, 56.-58. Ausgabe, Annoncen-Expedition Rudolf MOSSE, Berlin o. J..

D. Memoiren

BETZ, Anton, Zeit und Zeitung. Notizen aus acht Jahrzehnten 1893-1973, Düsseldorf 1973.

FELDER, Josef, „Mein Weg. Buchdrucker – Journalist – SPD-Politiker", in: Abgeordnete des Deutschen Bundestages. Aufzeichnungen und Erinnerungen, Bd. I, Boppard 1982, S. 9-79.

GOEBBELS, Joseph, Kampf um Berlin. Der Anfang, Berlin 1938 (12. Auflage).

HITLER, Adolf, Mein Kampf, München 1931 (7. Auflage).

KREBS, Albert, Tendenzen und Gestalten der NSDAP. Erinnerungen an die Frühzeit der Partei (Quellen und Darstellungen zur Zeitgeschichte, Bd. 6), Stuttgart 1959 (2. Auflage).

ROST, Hans, Erinnerungen aus dem Leben eines beinahe glücklichen Menschen, Westheim 1962.

WAHL, Karl, „... es ist das deutsche Herz". Erlebnisse und Erkenntnisse eines ehemaligen Gauleiters, Augsburg 1954.

DERS., Patrioten oder Verbrecher. Aus 50jähriger Praxis davon 17 Jahre als Gauleiter, Heusenstamm bei Offenbach am Main 1973.

E. Sekundärliteratur

ABEL, Karl-Dietrich, Presselenkung im NS-Staat. Eine Studie zur Geschichte der Publizistik in der nationalsozialistischen Zeit, Berlin 1968.

Univers.-Professor Dr. ALSBERG, „Zeitungsverbote", in: Deutsche Presse 6 (1932), S. 329-340.

AUER, Paul, Geschichte der Stadt Günzburg, Günzburg 1963.

AUERBACH, Hellmuth, „Regionale Wurzeln und Differenzen der NSDAP 1919-1923", in: Horst MÜLLER/Andreas WIRSCHING/Walter ZIEGLER (Hgg.), Nationalsozialismus in der Region (Sondernummer der Vierteljahreshefte für Zeitgeschichte), München 1996, S. 65-86.

Augsburger Allgemeine 1945-1995. Ein halbes Jahrhundert Zeitgeschichte im Rückblick, Augsburg o. J. <1995>.

Augsburger Buchdruck und Verlagswesen. Von den Anfängen bis zur Gegenwart, hg. von Helmut GIER und Johannes JANOTA im Auftrag der Stadt Augsburg, Wiesbaden 1997.

Augsburger Stadtlexikon, hg. von Günther GRÜNSTEUDEL, Günter HÄGELE und Rudolf FRANKENBERGER in Zusammenarbeit mit Wolfram BAER et al., Augsburg 1998 (2. völlig neu bearbeitete und erheblich erweiterte Auflage von 1985).

BAUMANN, Gerhard, Der organisatorische Aufbau der deutschen Presse, phil. Diss. München 1938.

BECHTLE, Friedrich, Die nordwürttembergische politische Presse 1930 bis 1949 unter Berücksichtigung allgemeiner Vorgänge im deutschen Zeitungswesen, phil. Diss. München 1952.

BERTKAU, Friedrich/Karl BÖMER, Der wirtschaftliche Aufbau des deutschen Zeitungsgewerbes (Zeitung und Zeit, Bd. III), Berlin 1932.

BESTLER, Max, Das Absinken der parteipolitischen Führungsfähigkeit deutscher Tageszeitungen in den Jahren 1919 bis 1932. Ein Vergleich der Auflageziffern mit den Wahlziffern der Parteien, phil. Diss. Berlin 1941.

BINKOWSKI, Johannes, „Die Diktatur des Nationalsozialismus. Die Presse in Baden-Württemberg 1933-1945", in: Von der Preßfreiheit zur Pressefreiheit. Südwestdeutsche Zeitungsgeschichte von den Anfängen bis zur Gegenwart, hg. von der Württembergischen Landesbibliothek Stuttgart in Zusammenarbeit mit dem Verband Südwestdeutscher Zeitungsverleger und dem Verband der Druckindustrie in Baden-Württemberg, Stuttgart 1983, S. 155-170.

BRAMSTED, Ernest K., Goebbels und die nationalsozialistische Propaganda 1925-1945, Frankfurt am Main 1971.

BROSZAT, Martin, Die Machtergreifung. Der Aufstieg der NSDAP und die Zerstörung der Weimarer Republik, München 1994 (5. Auflage).

Daheim im Landkreis Lindau, hg. von Werner DOLRAS und Andreas KURZ, o. O., o. J. <1994>.

d'ESTER, Karl, Augsburg und die deutsche Presse, Sonderdruck Augsburg 1955.

„Die Entwicklung der NS-Presse im IV. Vierteljahr 1938", in: Archiv der NS-Presse 7 (1939), Blatt 23 Vorderseite.

„Die Entwicklung der NS-Presse im II. Vierteljahr 1939", in: Archiv der NS-Presse 5 (1940), Blatt 44 Rückseite.

Die NSDAP am Platze, hg. vom Organisationsamt der Nationalsozialistischen Deutschen Arbeiterpartei Gau Schwaben, Augsburg 1935.

Die Presse und der Katholik. Anklage und Rechtfertigung. Handbuch für Vortrag und Unterricht, hg. von Schriftleiter Johann Wilhelm NAUMANN im Auftrag des „Akad. Klub f. kath. Schrifttum e. V.", München, und in Zusammenarbeit mit der „Kath. Information", Wiesbaden, Augsburg 1932.

„Die Zeitung im neuen Staat. Heidelberger Hochschulvorträge", in: Deutsche Presse 15 (1933), S. 218-220.

DIETRICH, Otto, „Der Journalist im neuen Staat", in: Deutsche Presse 8 (1933), S. 90-92.

DERS., Nationalsozialistische Pressepolitik. Rede vor Diplomatie und Auslandspresse am 7. März 1938 (Schriften des Dt. Instituts für außenpolitische Forschung 2), Berlin 1938.

DOMARUS, Wolfgang, Nationalsozialismus, Krieg und Bevölkerung. Untersuchungen zur Lage, Volksstimmung und Struktur in Augsburg während des Dritten Reiches (Miscellanea Bavarica Monacensia, Dissertationen zur Bayerischen Landes- und Münchner Stadtgeschichte, hg. von Karl BOSL und Michael SCHATTENHOFER, Heft 71; Neue Schriftenreihe des Stadtarchivs München, Bd. 91), München 1977.

DOMRÖSE, Ortwin, Der NS-Staat in Bayern von der Machtergreifung bis zum Röhm-Putsch (Miscellanea Bavarica Monacensia, Dissertationen zur Bayerischen Landes- und Münchner Stadtgeschichte, hg. von Karl BOSL und Michael SCHATTENHOFER, Heft 47; Neue Schriftenreihe des Stadtarchivs München, Bd. 65), München 1974.

DOVIFAT, Emil, „Die Tageszeitung als Mittel der Staatsführung", in: Deutsche Presse 18 (1933), S. 265-266.

325 Jahre Bayern und die München-Augsburger Abendzeitung, Jubiläumsausgabe 1934.

ETTELT, Rudibert, Geschichte der Stadt Füssen. Vom ausgehenden 19. Jhdt. bis zum Jahr 1945, Bd. II, Füssen 1979.

FILSER, Karl, „Augsburger Weg in das ‚Dritte Reich'", in: Josef BECKER (Hg.), 1933 – Fünfzig Jahre danach. Die nationalsozialistische Machtergreifung in historischer Perspektive (Schriften der Philosophischen Fachbereiche der Universität Augsburg, Bd. 27), München 1983, S. 195-215.

DERS./Peter SOBCZYK, „Augsburg im Dritten Reich", in: GOTTLIEB et al. (Hgg.), Augsburg, S. 614-637.

FISCHER, Heinz Dietrich, Handbuch der politischen Presse in Deutschland 1480-1980. Synopse rechtlicher, struktureller und wirtschaftlicher Grundlagen der Tendenzpublizistik im Spannungsfeld, Düsseldorf 1981.

Flugblatt und Zeitung. Ein Wegweiser durch das gedruckte Tagesschrifttum, Bd. II. Von 1848 bis zur Gegenwart. Unter Zugrundelegung des Textes von Karl SCHOTTENLOHER neu verfaßt und bis in die Gegenwart fortgeführt von Johannes BINKOWSKI (Bibliothek für Kunst- und Antiquitätenfreunde, Bd. XXI/2), München 1985.

FREI, Norbert, Der Führerstaat. Nationalsozialistische Herrschaft 1933-1945, München 2001 (6. erweiterte und aktualisierte Neuauflage).

DERS., Nationalsozialistische Eroberung der Provinzpresse. Gleichschaltung, Selbstanpassung und Resistenz in Bayern (Studien zur Zeitgeschichte, Bd. 17, hg. vom Institut für Zeitgeschichte), Stuttgart 1980.

DERS., Amerikanische Lizenzpolitik und deutsche Pressetradition: die Geschichte der Nachkriegszeitung Südost-Kurier (Schriftenreihe der Vierteljahreshefte für Zeitgeschichte, Bd. 52), München 1986.

DERS./Johannes SCHMITZ, Journalismus im Dritten Reich (Beck'sche Reihe, Bd. 376), München 1999 (3. überarbeitete Auflage).

FRÖHLICH, Elke/Martin BROSZAT, „Politische und soziale Macht auf dem Lande. Die Durchsetzung der NSDAP im Kreis Memmingen", in: Vierteljahreshefte für Zeitgeschichte 25 (1977), Heft 4, S. 547-572.

FÜGER, Berthold, Pressestrukturen in Bayerisch-Schwaben nach 1945, unveröffentlichte Magisterarbeit, Augsburg 1997.

Fünf Jahre Aufbau der Stadt Augsburg. Ein Rechenschaftsbericht über die Jahre 1933-1937. Textband. Hg. vom Oberbürgermeister der Gauhauptstadt, Augsburg 1938.

75 Jahre Neue Augsburger Zeitung. Seinen Freunden, Mitarbeitern und Lesern gewidmet vom Verlag der Neuen Augsburger Zeitung. Festschrift hg. vom Literarischen Institut Haas & Grabherr GmbH & CoKG, Augsburg 1927.

G. J. Manz Aktiengesellschaft München/Dillingen (Hg.), G. J. Manz AG 1830-1980. Festschrift zum 125jährigen Bestehen, München/Dillingen 1980.

GAST, Peter, „Die rechtlichen Grundlagen der Reichskulturkammer", in: HINKEL (Hg.), Reichskulturkammer, S. 17-23.

Geschichte der Stadt Kempten. Im Auftrag der Stadt Kempten (Allgäu) hg. von Volker DOTTERWEICH et al., Kempten 1989.

GOITSCH, Heinrich, „Pflichten und Aufgaben des politischen Schriftleiters", in: Deutsche Presse (1934), S. 5-6.

GOTTLIEB, Gunther et al. (Hgg.), Geschichte der Stadt Augsburg von der Römerzeit bis zur Gegenwart, Stuttgart 1984.

GROHSMANN, Lore, Geschichte der Stadt Donauwörth. Zweiter Band. Von 1618 bis zur Gegenwart. Unter Mitarbeit von Othmar SCHWARZ, Donauwörth 1978.

GROSSKOPFF, Rudolf, Die Zeitungsverlagsgesellschaft Nordwestdeutschland GmbH 1922-1940. Beispiel einer Konzentration in der deutschen Provinzpresse (Dortmunder Beiträge zur Zeitungsforschung 7), Dortmund 1963.

GROTH, Otto, Die Zeitung. Ein System der Zeitungskunde (Journalistik), Bde. I-IV, Mannheim/Berlin/Leipzig 1928-1930.

HAGEMANN, Jürgen, Die Presselenkung im Dritten Reich, Bonn 1970.

HAGEMANN, Walter, Publizistik im Dritten Reich. Ein Beitrag zur Methodik der Massenführung, Hamburg 1948.

HALE, Oron J., Presse in der Zwangsjacke, 1933-1945, Düsseldorf 1965.

Handbuch der bayerischen Geschichte. Bd. IV/2. Das neue Bayern 1800-1970. In Verbindung mit Dieter ALBRECHT et al., hg. von Max SPINDLER, München 1979.

HART, Hermann, „Augsburg", in: Walter HEIDE (Hg.), Handbuch der Zeitungswissenschaft. Bearbeitet von Ernst Herbert LEHMANN, Bd. 1, Leipzig 1940, Spalte 386-403.

HEENEMANN, Horst, Die Auflagehöhe der deutschen Zeitungen. Ihre Entwicklung und ihre Probleme, phil. Diss. Leipzig 1929.

HERZ, Rudolf, Hoffmann & Hitler. Fotografie als Medium des Führer-Mythos. Katalog zur gleichnamigen Ausstellung im Fotomuseum des Münchner Stadtmuseums, München 1994.

HETZER, Gerhard, „Das Dritte Reich: Schicksalsjahre auch für Augsburg", in: 2000 Jahre Augsburg. Das Buch zum Jubiläum, hg. von Willi SCHWEINBERGER, Augsburg 1984, S. 396-409.

DERS., „Die Industriestadt Augsburg. Eine Sozialgeschichte der Arbeiteropposition", in: Bayern in der NS-Zeit III. Herrschaft und Gesellschaft im Konflikt, Teil B, hg. von Martin BROSZAT, Elke FRÖHLICH, Anton GROSSMANN (Veröffentlichung im Rahmen des „Widerstand und Verfolgung in Bayern" im Auftrag des bayerischen Staatsministeriums für Unterricht und Kultus, bearb. vom Institut für Zeitgeschichte in Verbindung mit d. Staatl. Archiven Bayerns), München/Wien 1981, S. 1-234.

DERS., Kulturkampf in Augsburg: 1933-1945. Konflikte zwischen Staat, Einheitspartei und christlichen Kirchen, dargestellt am Beispiel einer deutschen Stadt (Abhandlungen zur Geschichte der Stadt Augsburg, Bd. 28), Augsburg 1982.

DERS., „Presse und Politik 1890-1945 – Beobachtungen des lokalen Kraftfeldes", in: Augsburger Buchdruck, S. 1135-1157.

DERS., „Von der Reichsgründung bis zum Ende der Weimarer Republik 1871-1933", in: GOTTLIEB et al. (Hgg.), Augsburg, S. 568-592.

HOFMANN, Georg (Hg.), Rückschau in vergangene Zeiten. 30 Jahre Schwäbische Volkszeitung – 20 Jahre Augsburger Buchdruckerei und Verlagsanstalt G.m.b.H., Augsburg 1931.

HORN, Wolfgang, Führerideologie und Parteiorganisation in der NSDAP 1919-1933, Düsseldorf 1972.

HOSER, Paul, Die politischen, wirtschaftlichen und sozialen Hintergründe der Münchner Tagespresse zwischen 1914 und 1934. Methoden der Pressebeeinflussung, Teil 1 und 2 (Europäische Hochschulschriften: Reihe 3, Geschichte und ihre Hilfswissenschaften, Bd. 447), Frankfurt am Main (usw.) 1990.

DERS., „Max Huttler als Zeitungs- und Buchverleger (1823-1887)", in: Augsburger Buchdruck, S. 1019-1032.

HÜTTENBERGER, Peter, Die Gauleiter. Studie zum Wandel des Machtgefüges in der NSDAP (Schriftenreihe der Vierteljahreshefte für Zeitgeschichte, Bd. 19), Stuttgart 1969.

100 Jahre Manz, München 1930.

Immenstadt im Allgäu. Landschaft, Geschichte, Gesellschaft, Wirtschaft, kulturelles und religiöses Leben im Laufe der Jahrhunderte. Hg. von Rudolf VOGEL, Immenstadt im Allgäu 1996.

JAHN, Joachim, Schwabmünchen. Geschichte einer schwäbischen Stadt, Schwabmünchen 1984.

JAHNCKE, Kurt, „Der Schriftleiter im Dritten Reich", in: Deutsche Presse 9 (1933), S. 7-8.

JENTZSCH, Walter, „Die wirtschaftliche und soziale Lage der deutschen Redakteure", in: Deutsche Presse 27 (1928), S. 393-397.

KAUPERT, Walter, Die deutsche Tagespresse als Politikum, phil. Diss. Heidelberg 1932.

KELLENBENZ, Hermann, „Wirtschaftsleben in der Blütezeit", in: GOTTLIEB et al. (Hgg.), Augsburg, S. 258-301.

KOHLMANN-VIAND, Doris, NS-Pressepolitik im Zweiten Weltkrieg: die „vertraulichen Informationen" (Kommunikation und Politik, Bd. 23), München (usw.) 1991.

KOSZYK, Kurt, Das Ende des Rechtsstaates 1933/34 und die deutsche Presse (Dortmunder Vorträge, Heft 39), Düsseldorf 1960.

DERS., Deutsche Presse 1914-1945. Geschichte der deutschen Presse, Teil III, Berlin 1972.

DERS., Pressepolitik für Deutsche 1945-1949. Geschichte der deutsche Presse, Teil IV (Abhandlungen und Materialien zur Publizistik, Bd. 10), Berlin 1986.

DERS., Zwischen Kaiserreich und Diktatur. Die sozialdemokratische Presse von 1914 bis 1933 (Deutsche Presseforschung, Bd. 1), Heidelberg 1958.

DERS./Gerhard EISFELD, Die Presse der deutschen Sozialdemokratie. Eine Bibliographie, Bonn 1980 (2. Auflage).

KÜHNL, Reinhard, Die nationalsozialistische Linke 1925-1930, Maisenheim am Glan 1966.

KÜNAST, Hans-Jörg, „Dokumentation: Augsburger Buchdrucker und Verleger", in: Augsburger Buchdruck, S. 1205-1340.

Kulturpolitische Aufgaben der deutschen Presse. Eine Rede von Wilfried BADE, Berlin 1933.

LASCHINGER, Franz, Die Struktur der bayerischen Presse am 3. Juni 1934 (Zeitung und Leben. Schriftenreihe, hg. von Univ.-Professor Dr. Karl d'ESTER, Direktor des Instituts für Zeitungswissenschaft an der Universität München, Bd. XXI), phil. Diss. München 1936.

LINDEMANN, Margot, Deutsche Presse bis 1815. Geschichte der deutschen Presse, Teil I, Berlin 1969.

LÖFFLER, Klemens, Geschichte der katholischen Presse Deutschlands (Soziale Tagesfragen, Heft 50), Mönchen-Gladbach 1924.

LÜDDECKE, Theodor, Die Tageszeitung als Mittel der Staatsführung, Hamburg 1933.

MANCAL, Josef, „Augsburger Zeitungen. Abend- und Postzeitung", in: Aufbruch ins Industriezeitalter. Aufsätze zur Wirtschafts- und Sozialgeschichte Bayerns: 1750-1850, Bd. 2, hg. von Reiner A. MÜLLER unter Mitarbeit von Michael HENKER, München 1985, S. 607-620.

DERS., „Zu Augsburger Zeitungen vom Ende des 17. bis zur Mitte des 19. Jahrhunderts: Abendzeitung, Postzeitung und Intelligenzzettel", in: Augsburger Buchdruck, S. 683-733.

MASER, Werner, Die Frühgeschichte der NSDAP. Hitlers Weg bis 1924, Frankfurt/Bonn 1965.

G. J. Manz AG 1930-1980. Festschrift zum 150-jährigen Bestehen, hg. von der G. J. Manz Aktiengesellschaft München-Dillingen, München/Dillingen o. J. <1980>.

MATT, Heinrich, Die Kapitalorganisation der Deutschen Tagespresse, staatswissenschaftl. Diss. Heidelberg 1931.

MEHLS, Walter, Die wirtschaftliche Struktur der deutschen Tageszeitungsverlage unter Berücksichtigung ihrer Auswirkung für die verlegerische Arbeit, staats- und wirtschaftswissenschaftl. Diss. Heidelberg 1937.

MEHRINGER, Hartmut, „Die KPD in Bayern 1919-1945. Vorgeschichte, Verfolgung und Widerstand", in: Die Parteien KPD, SPD, BVP in Verfolgung und Widerstand von Hartmut MEHRINGER, Anton GROSSMANN, Klaus SCHÖNHOVEN. In: Bayern in der NS-Zeit V, hg. von Martin BROSZAT und Hartmut MEHRINGER (Veröffentlichung im Rahmen des Projekts „Widerstand und Verfolgung in Bayern" im Auftrag des bayerischen Staatsministeriums für Unterricht und Kultus, bearb. vom Institut für Zeitgeschichte in Verbindung mit d. Staatl. Archiven Bayerns), München/Wien 1983, S. 1-286.

MEINER, Annemarie, G. J. Manz – Person und Werk. Verlagsanstalt vorm. G. J. Manz Buch- und Kunstdruckerei AG, München-Dillingen ihren Freunden vom 125. Jahr, München/Dillingen 1957.

DIES., „Max Huttler 1823 bis 1887", in: 100 Jahre Manz, München 1930, S. 65-82.

MENDER, Max, „Aus der Geschichte der NS-Presse: Die Augsburger ‚Sturmglocke'. Geschichte einer nationalsozialistischen Zeitung der ersten Kampfzeit", in: Archiv der NS-Presse 11 (1939), Blatt 31 Vorderseite – Blatt 32 Rückseite, und 12 (1939), Blatt 33 Vorder- und Rückseite.

MILDE, Robert, „Heimatzeitungen verlieren ihre Identität", in: Die dunklen Jahre. Das Dritte Reich im Ries, hg. von Carl VÖLKL, Nördlingen 1984, S. 53-57.

MÜNSTER, Hans A., Geschichte der deutschen Presse – in ihren Grundzügen dargestellt (Meyers kleine Handbücher, Bd. 26), Leipzig 1941.

DERS., Zeitung und Politik. Eine Einführung in die Zeitungswissenschaft, Leipzig 1935.

MÜSSE, Wolfgang, Die Reichspresseschule – Journalisten für die Diktatur? Ein Beitrag zur Geschichte des Journalismus im Dritten Reich, München (usw.) 1995.

„Nationalsozialistische Führung der deutschen Presse. Die leitenden Männer im RDP", in: Deutsche Presse (1935), S. 613-624.

NIETHAMMER, Lutz, Entnazifizierung in Bayern. Säuberung und Rehabilitierung unter amerikanischer Besatzung, Frankfurt 1972.

NOLLER, Sonja, Die Geschichte des „Völkischen Beobachters" von 1920-1923, phil. Diss. München 1956.

DIES./Hildegard von KOTZE (Hg.), Facsimile Querschnitt durch den „Völkischen Beobachter" (Facsimile Querschnitt durch alte Zeitungen und Zeitschriften), Bern/München o. J.

NÜSSLER, Karola, Geschichte des Katholischen Preßvereins für Bayern 1901-1934, phil. Diss. München 1954.

PAUL, Gerhard, Aufstand der Bilder. Die NS-Propaganda vor 1933, Bonn 1990.

PETERSEN, Klaus, Zensur in der Weimarer Republik, Stuttgart/Weimar 1995.

PETERSON, Edward N., The Limits of Hitler's Power, Princeton 1969.

PLIENINGER, Martin, „Die Kampfpresse – ein neuer Zeitungstyp", in: Zeitungswissenschaft 2 (1933), S. 65-75.

PRIDHAM, Geoffrey, Hitler's Rise to Power. The Nazi Movement in Bavaria, 1923-1933, London 1973.

RAHM, Hans-Georg, "Der Angriff" 1927-1930. Der nationalsozialistische Typ der Kampfzeitung, phil. Diss. Berlin 1939.

RIEGELE, Eberhard, Parteienentwicklung und Wiederaufbau: die lokale Neugründung und Politik der SPD in den Jahren 1945-1949 am Beispiel der Stadt Augsburg, Augsburg 1980.

RIETZLER, Rudolf, „Gegründet 1928/29: Die ‚Schleswig-Holsteinische Tageszeitung'. Erste Gau-Tageszeitung der NSDAP", in: Erich HOFFMANN/Peter WULF (Hg.), „Wir bauen das Reich". Aufstieg und erste Herrschaftsjahre des Nationalsozialismus in Schleswig-Holstein, Neumünster 1983, S. 117-133.

DERS., „Kampf in der Nordmark". Das Aufkommen des Nationalsozialismus in Schleswig-Holstein (1919-1928) (Studien zur Wirtschafts- und Sozialgeschichte Schleswig-Holsteins, Bd. 4), Neumünster 1982.

ROLLWAGEN, Hans Otto, „Hans Rollwagen und die Schwäbische Volkszeitung in Augsburg", in: Von der Klassenbewegung zur Volkspartei. Wegmarken der bayerischen Sozialdemokratie 1892-1992. Im Auftrag der Georg-von-Vollmar-Akademie hg. von Hartmut MEHRINGER, München (usw.) 1992, S. 83-86.

SCHMID, Ulrich, „Augsburger Buchdruck und Verlagswesen im 19. Jahrhundert", in: Augsburger Buchdruck, S. 993-1002.

SCHMIDT, Frieder, „Papierherstellung in Augsburg bis zur Frühindustrialisierung", in: *ebd.*, S. 73-95.

<SCHMIDT, Fritz>, Presse in Fesseln. Eine Schilderung des NS-Pressetrusts (Das Zeitungsmonopol im Dritten Reich). Gemeinschaftsarbeit des Verlags auf Grund auth. Materials, Berlin o. J. <1947>.

SCHÖNHOVEN, Klaus, „Der politische Katholizismus in Bayern unter der NS-Herrschaft 1933-1945", in: Bayern in der NS-Zeit V, S. 541-646.

SCHNEIDER, Werner, Die Faktoren der Rentabilität einer Zeitung (Wirtschafts- und Verwaltungsstudien mit besonderer Berücksichtigung Bayerns 62), Leipzig 1924.

SCHWERIN, Graf E. von, „Nationalsozialistische Provinzpresse", in: Deutsche Presse 18 (1934), S. 6-8.

SEWALD, Josef, „Geschichte der ‚Augsburger National-Zeitung' – wie sie die Schriftleitung sieht", in: Archiv der NS-Presse 13 (1938), Blatt 55 Vorder- und Rückseite.

70 Jahre Schwäbische Volkszeitung 1891-1961, Augsburg 1961.

SOBCZYK, Peter L., Partei, Industrie und Arbeiterschaft in Augsburg: 1933-1945, phil. Diss. Augsburg 1984.

Stadt Neu-Ulm 1869-1994. Texte und Bilder zur Geschichte, hg. im Auftrag der Stadt Neu-Ulm von Barbara TREU. Aus Anlaß des 125jährigen Jubiläums der Erhebung zur Stadt, Neu-Ulm 1994.

STARKULLA, Heinz, „Zur Geschichte der Presse in Bayern", in: 50 Jahre Verband Bayerischer Zeitungsverleger e. V. 1913-1963, München 1963, S. 7-47.

STEIN, Peter, Die NS-Gaupresse 1925-1933. Forschungsbericht – Quellenkritik – neue Bestandsaufnahme (Dortmunder Beiträge zur Zeitungsforschung, Bd. 42), München (usw.) 1987.

STOREK, Henning, Dirigierte Öffentlichkeit. Die Zeitung als Herrschaftsmittel in den Anfangsjahren der nationalsozialistischen Regierung, Opladen 1972.

STRÜDER, Rolf, Der ökonomische Konzentrationsprozeß im deutschen Zeitungswesen unter besonderer Berücksichtigung der Provinzpresse. Ein wirtschaftsgeschichtl.-soziol. Versuch, phil. Diss. Heidelberg 1933.

SÜNDERMANN, Helmut, „Die Entwicklung der nationalsozialistischen Presse", in: Deutsche Presse 18 (1934), S. 1-2.

TÖDT, Hermann, „Volksparole" und „Rheinische Landeszeitung". Geschichte des Kampfblattes des Gaues Düsseldorf, phil. Diss. Köln 1937.

TYRELL, Albrecht, Vom „Trommler" zum „Führer". Der Wandel von Hitlers Selbstverständnis zwischen 1919 und 1924 und die Entwicklung der NSDAP, München 1975.

WALZEL, Richard, Die Augsburger Postzeitung und der Nationalsozialismus. Ein Beitrag zur Geschichte der katholischen Presse, phil. Diss. München 1956.

WIESEMANN, Falk, Die Vorgeschichte der nationalsozialistischen Machtübernahme in Bayern 1932/33 (Beiträge zu einer historischen Strukturanalyse Bayerns im Industriezeitalter, hg. von Karl BOSL, Bd. 12), Berlin 1975.

„Wieviel nationalsozialistische Zeitungen gibt es?", in: Deutsche Presse 6 (1932), S. 68-69.

WILCOX, Larry D., The National Socialist Party Press in the „Kampfzeit", 1919-1933, phil. Diss. University of Virginia 1970.

WOWERIES, F. H., "Unsere NS-Presse. Ihr Weg von der Opposition zum Mittel der Volks- und Staatsführung. Erster Teil: ‚Völkischer Beobachter' und Zentralverlag", in: Der Schulungsbrief. Reichsschulungsamt der NSDAP und der DAF 2 (1936), S. 69-76.

DERS., „Unsere NS-Presse. Ihr Weg von der Opposition zum Mittel der Volks- und Staatsführung. Zweiter Teil: Die NS-Blätter in den Gauen bis zur Machtübernahme", in: Der Schulungsbrief. Reichsschulungsamt der NSDAP und der DAF 3 (1936), S. 107-117.

WURSTBAUER, Heinrich, Lizenzzeitungen und Heimatpresse in Bayern, phil. Diss. München 1953.

WULF, Joseph, Presse und Funk im Dritten Reich, Gütersloh 1964.

ZIPPERER, Gustav Adolf, Nördlingen: Lebenslauf einer schwäbischen Stadt, Nördlingen 1979.

ZOFKA, Zdenek, Die Ausbreitung des Nationalsozialismus auf dem Lande: eine regionale Fallstudie zur politischen Einstellung der Landbevölkerung in der Zeit des Aufstiegs und der Machtergreifung der NSDAP 1928-1936 (Miscellanea Bavarica Monacensia, Dissertationen zur Bayerischen Landes- und Münchner Stadtgeschichte, hg. von Karl BOSL und Michael SCHATTENHOFER, Heft 87, Neue Schriftenreihe des Stadtarchivs München, Bd. 108), München 1979.

ZORN, Wolfgang, Augsburg. Geschichte einer europäischen Stadt, Augsburg 1994 (3. Auflage).

DERS., Schwaben und Augsburg in der ersten Hälfte des 20. Jahrhunderts (Schriften der Philosophischen Fachbereiche der Universität Augsburg 5, hg. von Josef BECKER und Rolf BERGMANN, München 1976.

„Zum Konkurrenzkampf im Zeitungsgewerbe", in: Deutsche Presse 15 (1933), S. 220.

www.ingramcontent.com/pod-product-compliance
Lightning Source LLC
Chambersburg PA
CBHW021934290426
44108CB00012B/832